U0567887

历史政治学与中国政治学
自主知识体系论丛

文教国家

中国国家形态的历史政治学研究

姚中秋　著

中国人民大学出版社
·北京·

总 序
Preface

历史政治学与中国政治学知识体系的建构

杨光斌

国际社会科学就是对各主要国家现代化经验的历史叙事。中国式现代化已经是一个不争的事实，但关于中国式现代化的社会科学理论远远滞后，很多时候人们还在以外源性理论来对照中国式现代化，结果出现理论与现实之间的巨大张力。中国式现代化亟须中国自主知识体系的支撑，而自主知识体系的基础是方法论，没有自主的方法论，就不可能有自主的知识体系。中外政治学的发展历程表明，政治学知识体系通过政治学原理体系集中地体现出来。政治学的知识统摄性和社会科学学科基础性，决定了政治学原理的重构已为中国自主知识体系的建构迈出了决定性的一步。

一、呼唤基于中国历史文化的政治学原理

从古到今，任何政权都需要自己的"政治学原理"以论述政治统治的合理性、合法性。中国几千年的经史之学就是政治学原理，新文化运动之后，作为政治学原理的经史之学被西方政治学取代，即以植根于西方历史文化的政治学方法论和历史观去评判中国政治的对错与好坏，政治学从政治辩护的身份走向批判者乃至革命者的角色。从晚清到 1949 年之前的中国政治学，在方法论上流行的是源自欧洲大陆的制度主义，这是自古希腊以来

的欧洲政治学传统，即追问什么样的政体是最好的。19世纪欧洲普遍发生资产阶级革命之后，政体论传统在政治学方法论上就演变成制度主义，而制度主义方法论背后的历史观（或世界观）则强调代议制政府是最好的政府形式，从著名历史学家基佐到自由主义大师穆勒都执迷于这种方法论和世界观。因此，制度主义方法论绝不是所谓静态的和法条主义等弊端所能概括的，作为流行的方法论事实上在普及一种历史观，即以此来衡量一国政治的好坏。这样的政治学与当时的中国政治之间的张力不言而喻。

1980年，中国政治学得以恢复，马克思主义政治学得以系统化研究，中国政治的研究也开始被触及。但是，尚未建成自己政治学原理体系的中国政治学乃至整个中国社会科学猝不及防遭遇美西方政治学，中国政治学乃至整个中国社会科学深受美西方社会科学的影响。在方法论上，第二次世界大战后美国政治学的行为主义-理性选择主义大行其道。基于个体利益最大化的理性选择，就是把个人利益至上论加以学术范式化的包装，理性选择主义无疑植根于美国这个"天然的个体主义"文化。福山的"历史终结论"就是理性选择主义所表达的历史观，即实现个体价值的最好的也是最终的政府形式就是美式代议制民主。以这样的历史观去衡量中国政治，学科与政治之间的紧张关系更加明显。

120多年的中国政治学之路并不平坦。一方面，中国传统政治思想高度发达，马克思主义是指导思想，但它们的学科化程度亟待提升；另一方面，在中国并没有思想根基的西方政治学的学科化程度又很高，对中国政治学的学科体系影响深远。这一对矛盾严重制约了中国政治学乃至整个社会科学的发展，中国式现代化呼唤建构中国政治学自主知识体系。自主知识体系的基础是方法论，正如有制度主义、理性选择主义才产生西方政治学。各学科都在努力建构自主知识体系，但关键的前提是要有专属于本学科的方法论。

二、历史政治学的含义与功能

历史政治学是基于中国历史文化的一种学科性方法论。这是因为中国是世界历史上唯一几千年未曾中断的大型政治文明体。德国曾有发达的历史学派，英国至今是政史不分家的传统，中国社会科学更应该拥有历史传统。几千年的政治史所塑造的政治制度、政治文化、政治行为的影响之深之远，无论如何估量都不为过；由此所蕴含的政治理论资源，无疑更是有待发掘的富矿。因此，历史主义方法论在中国学术史上并不鲜见。

然而，不同于含糊性因果律的历史主义，历史政治学是一种社会科学方法，追问的是重大现实和理论问题的历史渊源与时间性因果机制，并以此发现理论。历史本体论、历史连续性和时间空间化，是理解历史政治学的几个关键词。历史本体论重视历史的本质属性，社会史属性的历史和政治史属性的历史具有与生俱来的不同的制度变迁方式。历史连续性是说任何属性的历史在制度变迁过程中都具有时间上的连续性和传承性。所谓时间空间化，意味着空间化形式的当下政治都是历时性制度变迁的产物。这些关键词是解释性概念，不但可以用来分析历史上少数民族政权自我"中华化"，也能说明"中华文明基因共同体"的形成和延续，也可以用于比较历史分析去阐释不同的现代化模式。

历史政治学与政治史研究不同，后者主要聚焦于"事件史"，即把历史上的政治事件说清楚，属于历史学范畴；前者旨在回答当下重大的现实问题并发现理论，属于政治学范畴。历史政治学也不同于西方流行的历史社会学，后者是从社会史出发回答资本主义-工业革命和民族国家两大主题，而前者则是从政治史出发寻找大一统国家延绵不断的内在机理。

和其他政治学方法论一样，历史政治学首先具有论述政治合法性的功能。有了历史政治学，对民主集中制、协商民主、群众路线、人类命运共同体等诸多重大现实政治问题的理解和看法就完全不一样了。比如，在历史政治学这里，民主集中制事实上传承的是几千年中国政治最根本的传统——大一统，而西方政治学推崇代议制民主。又比如，在历史政治学这里，人类命运共同体是中国历史上源远流长的天下观的一种自然延续，而西方政治学更愿意相信基于实力政治的"修昔底德陷阱"。可见，本土方法与外来方法对于中国政治的认识有着天壤之别。

和其他政治学方法论一样，历史政治学是一种生产知识的方法论。简单地说，历史本体论决定了制度变迁方式，不同的制度变迁方式产生了性质迥异的历史政治理论，因此所有政治理论都是历史的。具体而言，西方从古希腊开始就是"多统"的社会史，它决定了"多统"之间为生存而争夺资源的对抗性制度变迁方式，这种制度变迁方式所产生的政治理论必然是对抗性的，而且是以个人权利为宗旨的，比如以权力制衡为基础的代议制政府理论。相反，基于国家统一的中国政治史发端很早，大一统国家的制度变迁重视的是由"致治"而达成的民心，即便是在历史上的分裂割据时代，主要王朝追求的还是通过"致治"而实现大一统。这种制度变迁方式所产生的政治理论必然是以民本为核心的思想体系，民心是最大的政治。可见，历史政治学是一种知识生产流程，以此生产以概念为基础的知识体系。

和其他政治学方法论不一样的是，历史政治学还是一种知识社会学，具有理论辨识功能。几乎所有的政治理论，从社会中心主义这样的理论体系到以自由民主为代表的基础概念，再到理性选择主义这样的方法论，都是历史政治理论，但在传播过程中非历史化为普遍主义。有了历史政治学，很多流行的政治学概念和理论就可以得到检验而达成新的理解。比如，被奉为"历史终结论"的代议制民主，不过是社会史演绎的对抗性制度变迁的一种制度安排；反过来，过去以"多统"之争、今天以党争民主为主要形式的代议制民主，到头来又可能加剧社会史的"多统"之争，引发身份政治与认同政治问题。这就是很多发展中国家因实行代议制民主而出现无效治理的原因，美国也因此出现了政治极化的历史政治学。还比如，西方人为什么喜欢"修昔底德陷阱"的零和游戏？这同样是由历史起源上的社会史属性所演绎的"多统"之间的你死我活的对抗性资源分配方式所决定的，由此造就的政治观或文明观就必然建立在对立和冲突之上。历史政治学有助于我们理解诸多时代问题的政治起源。

三、基本概念重述与政治学原理的重构

按照知识诞生的时间性逻辑，政治学原理是由政治学研究方法和政治、权力、国家、政体、政党、科层制、民主、治理等"概念集群"构成的。流行的概念演化为观念，观念演变为思维方式和政治态度。目前对政治学原理中的上述基本概念的解释不同程度地受制于、产生于社会史的西方政治学，因此建构自主知识体系的前提是重述概念以达成新的理解，在此基础上重构政治学原理体系。历史政治学的知识生产和辨识功能有助于概念重述，因此它也是建构自主知识体系的方法论基础。

1. 研究方法

中国政治学已经探索出基于自己历史文化的方法论即历史政治学，并被认为是中国政治学发展的突破口和新方向。中国政治学的发展方向无疑是马克思主义政治学与中国具体实际和中华优秀传统文化相结合，历史政治学方法论几乎是为"两个结合"量身定制的方法论。

2. 概念集群

关于政治。二战后世界上流行的就是源自马克斯·韦伯的权力分配而被行为主义概念化的权威性资源分配，这显然是对抗性制度变迁所产生的个人利益最大化的政治理论。把政治定位为利益分配并以此而形成制度安排，必然是少数人的利益最大化并导致社会的不公正。与此不同，国家史开启得很早的中国，几千年一以贯之地强调民心的重要性，为此必须实现"致治"和社会和谐。

关于权力。西方政治学的权力类型就是行政、立法、司法"三权"，但在中国，中国共产党的领导是首要的，中国的权力体系由领导权、执行权、监督权构成。

关于国家。西方政治学讲的都是战争制造的民族国家，具有与生俱来的扩张性；但几千年的大一统中国是由文明史观塑造的文教型国家，天下大同是其最高追求。

关于政体。西方政治学一开始就定义为权力的组织形式，但中国自西汉就开始讲"治体"，即如何维护大型政治秩序的价值、制度和方法。国家治理体系和治理能力现代化命题与"治体"有直接的关系，与"政体"理论无关。

关于政党。现代政治中的很多制度诞生于古代，但作为组织权力的政党则是一种独特的现代性政治。尽管如此，在西方政治学那里，政党依然不过是对抗性资源分配中的利益集团型组织，这显然不能解释很多非西方国家的政党属性。在中国，政党是拯救国家并组织国家的一个核心力量，因此中国学者提出了"政党中心主义"概念。

关于科层制或官僚制。西方流行的是马克斯·韦伯的非人格化的组织理论，但中国事实上是具有道德责任感的干部制。

关于民主。西方流行的是选举式民主或党争民主，中国的协商民主源于中国历史上几千年的协商政治传统。

关于治理。西方治理理论的主体是社会组织，而中国则有几千年的"致治"传统。

习近平总书记在 2022 年 4 月 25 日考察中国人民大学时指出，中国哲学社会科学的根本出路在于建构中国自主的知识体系。中国人民大学是建构自主知识体系的高地和沃土。深谙学科建设之道的中国人民大学党委书记张东刚教授多次高度肯定历史政治学，并指出社会科学的一个出路是"历史＋N"。林尚立校长是历史政治学的先行者，他对中国人民大学政治学有了历史政治学而感到放心，并提醒不要把历史政治学研究弄得太复杂，概念要简明易懂。前校长、中国人民大学一级教授刘伟叮嘱笔者，历史政治学是能够留下来的，要坚定信念、坚持不懈，关键是建好学术团队。学校规划处资助我们建立了"历史政治学与世界政治研究交叉学科平台"，学校科研处拨付了本丛书的"第一辑"出版经费。也正是因为学校上下的大力支持，历史政治学走在了建构中国自主知识体系的前列，《光明日报》辟"中国自主知识体系的建构"专栏，历史政治学成为开栏第一篇文章。探索出历史政治学的中国政治学，正坚定地走在建构中国政治学自主知识体系的路上。政治学的知识统摄性和社会科学学科基础性决定了自主政治学知识体系的形成必将夯实中国式现代化的理论根基，助推中华民族的伟大复兴。

序　言
Foreword

中国是世界上历史最悠久的国家之一，从世界范围看，生活在中国大地上的这群人以国家形态存在、延续和发展的时间是最为悠久的。中国文明的历史首先就是国家的历史。在西方哲学社会科学范式普遍失灵之时，为了构建中国自主知识体系而进入历史，首先就应当进入中国这个国家的历史。这就是历史政治学在中国兴起并将繁荣发展的文明理由所在，本书则是笔者近些年来循此方向进行研究的一个初步成果。

本书缘起于如下理论性问题意识：西方主流哲学社会科学把兴起于西方的国家形态——民族国家或民主国家（自由主义国家），确立为现代国家的正统。然而，它们果真是普适的吗？今日中国显然已经定型为一种现代国家形态，并表现出优异的整合、发展、治理的能力与绩效，但今日中国既不是民族国家，也不是西式民主国家。那么，我们该如何在理论上界定这一国家形态并证成其世界历史正当性甚至先进性？带着这样的问题意识，本书进入历史，从五千多年国家诞生、演变的超长时间尺度上，对中国国家形态进行历史政治学研究，最终提炼出"文教国家"的概念，用于宏观地刻画中国国家形态。

国家是人类所能结成的最大规模的组织化生活形态，它是整全性的，因而具有高度复杂的面相，所以对它的概念化、理论化可以从不同视角展开，比如从生产力形态的角度区分为农业国家与工业国家，从经济社会形态角度区分为封建制国家、奴隶制国家等，从权力归属的角度区分为地主阶级国家、资产阶级国家等。本书则以教观国，从"教"的角度考察国家。

之所以选择这一角度，乃是因为，数量庞大的一群人为了组织成为一个稳定的国家，必须综合运用两种组织化机制——政与教。一切伟大的政治家都在这两个方面同时努力，一切伟大的政治哲学都在这两个维度上同时展开思考。政的本质是基于组织化暴力的强制；教的功能则是教化，通过各种形式的教育，塑造共同体成员的合作倾向与合宜行为，甚至直接塑造普遍的国家认同。政、教兼备，国家始有全面归化民众，成为一个具有凝聚力的共同体。但各文明的具体历史环境不同、发展进程各异，也就形成了不同类型的教，最为宏观地可以区分出中国式与广义西方式两类：颛顼、帝尧"绝地天通"，其教以敬天为中心，而天是无人格的；孔子对此予以发展，以先王之德、政典范施行普遍性教化。这就构成"文教"传统，三代礼乐之教是其初级版本，孔子之教是其高级版本。在亚欧大陆中部和西部，情况则大不相同，各文明由古典时代的多神教，经由轴心突破发展为一神教，始终以神灵崇拜为中心，且人格化程度不断加深，故本书称之为"神教"——在教义、教化方式、组织机制等方面，皆与文教大相径庭。

依据这些历史事实，本书重构了"宗教"这一概念。上文的论述中我们特意使用"教"而非"宗教"一词，乃是因为后者在现代中文中已被高度特异化，仅指称神教。返回历史就能发现，宗教普遍存在于人类各个文明，并呈现出多样化形态——人类文明多样性，首先就体现在这一点上。这其中，文教与神教构成最基本的类型之别。西方学界基于"西方中心论"偏见，无视其他文明的宗教，于是，似乎只有西方式神教是宗教。对此，中国人普遍予以接受，造成了一系列理论上的混乱，国内外学界就曾广泛讨论中国文明是否有宗教、儒教是不是宗教之类的问题。依据历史事实重构宗教概念，有助于回答这些理论问题——这正是历史政治学的重要功能所在。同时，发现文教——一种不借助人格化神灵崇拜而广泛进行国民教化的机制，也具有非常重大的实践意义。

本书的主要研究对象是国家，故着眼点在于这样一种独特的普遍教化机制对于国家形态形成、演变的持久、重大制约作用。我们发现，中国文明与广义西方各文明分别以文教、神教广泛教化民众，也就形成了不同类型的国家形态。自进入文明时代以来，在中国，政府主要以文教普遍地教化民众，我们称之为"文教国家"，它的价值、结构与运转逻辑截然不同于以神教作为教化机制的广义西方各文明的国家，对此，全书在比较视野下进行了广泛、深入的研究，从而比较准确地把握了数千年来一以贯之的中国式国家之根本属性。

这一研究不仅有助于我们认识古代历史，也有助于我们认识现代中国，进而把握世界政治发展之长期趋势。尽管经历了猛烈的外部冲击，也出现过一定的曲折，但中国式现代国家始终具有独特的价值、组织机制和政治生态——这是中华民族现代文明的关键的标志性因素。本书的研究表明，文教国家传统是一个至关重要的塑造性力量。自 19 世纪中期以来，西式现代国家形态广泛流行于世界，但我们也见证了无数国家建设的失败，今天在西方，我们又看到了普遍而严重的国家衰败。以文教国家为尺度进行分析，我们可以发现，民族国家、西式民主国家形态存在无法克服的内在矛盾。就此而言，文教国家概念和理论是具有普遍学术与实践意义的。

姚中秋

2024 年 7 月

目 录
Contents

导 论

历史地重审国家与国家理论

迄今为止，人类所发明的最复杂、最高级的大规模组织形态是国家。国家（state）是生活在相对明确、稳定的疆域中、以多种纽带联结为一体的大规模人群组成之高度组织化的共同体。国家的联结纽带是多样的，包括宗教信仰、情感、经济社会关系网络等，但政治权力居于枢纽位置。政治权力是以对高度组织化暴力的垄断性使用为依托、强制疆域内一切个体和组织服从、维护公共秩序之权力。政治权力的出现标志着国家的形成，行使这种权力的实体就是政府。政府形成之后，为了有效地组织、管理国家，必然综合运用包括政治权力在内的各种权力和机制。政府（government）是运用各种手段组织、管理国家之权力机构，政府所组织、管理的个体和组织就构成所谓的"社会"（society），国家是政府与社会以复杂方式联结为一体的政治共同体。

考古学把国家的出现作为一个族群进入文明状态的最重要标志，历史也已证明，国家的成败好坏直接决定族群之盛衰兴亡。因此，人类数千年来的思想活动基本上就是围绕国家展开的。形成于西欧的现代社会科学，同样以国家问题为中心构建、发展。在西方各国凭借坚船利炮建立资本主义-帝国主义世界体系之后，这套知识体系传播到整个世界，包括中国。西方政治理论、国家理论在中国学界长期占据主流地位，学界以此研究古代历史，并以此作为现代国家构建之规范。

随着中国式现代国家之定型，西方理论的适用性成了一个问题：当代中国已形成比较成熟、完备的现代国家形态，而在价值、制度、机制等几乎所有方面，均极大地不同于西方国家理论之界定。理论与现实发生了偏离甚至冲突，此时唯一正确的态度是，抛弃失灵的理论，基于事实重构理论。这就是我们倡导历史政治学的用意所在，其基本方法论取向是，摆脱理论教条，面向实践及其所形成的历史，重建更为可信的新理论。本书就是循此进行研究的一个阶段性成果。我们将返回历史，发现和刻画中国型国家，重点是全面描述秦汉以来逐渐凝定的文教国家之构造和运作逻辑，据以构建一个新的国家理论框架。

本书的目标是理论性的，这就决定了在事实维度上，我们不能局限于就中国论中国，而须把中国事实置于动态演变的世界政治进程中进行比较性研究；在理论维度上，我们也不能自说自话，而须随时自觉反思、超越既有西方理论。据此，这篇导论将首先提供一个关于国家在世界范围内起源、发展的历史叙事框架，以展示中国型国家之世界历史地位，揭示西方国家包括其现代形态的地方性；其次，我们将简单回顾欧美较有代表性的国家理论，对其偏失进行反思，证成基于中国事实另建国家理论之必要性；最后，简单介绍本书的宗旨、方法与论述逻辑。

第一节　国家起源、发展的历史考察

历史是教条的最好解毒剂。西方政治理论，尤其是国家理论是否具有可信的解释力，不是一个逻辑性问题，而是一个事实性问题。我们倡导历史政治学，就是决心进入历史，面对丰富多彩的政治事实，据以提炼概念、发展理论。[①]　一旦进入历史我们就能看到，国家是一种历史现象：它是历史地起源的，其形态是历史地演变的，在不同历史时期、不同地区呈现出高度多样的形态，而中国型国家具有重要的类型学意义——本书的研究就是基于这个事实展开的。

一、国家的起源及其组织优势

关于国家起源，荀子提出过如下逻辑性解释：

---

① 姚中秋. 历史政治学的中国议题. 中国政治学，2019（2）.

水火有气而无生，草木有生而无知，禽兽有知而无义，人有气、有生、有知亦且有义，故最为天下贵也。力不若牛、走不若马而牛马为用，何也？曰：人能群，彼不能群也。人何以能群？曰：分；分何以能行？曰：义。故义以分则和，和则一，一则多力，多力则强，强则胜物，故宫室可得而居也。故序四时，裁万物，兼利天下；无它故焉，得之分义也。故人生不能无群，群而无分则争，争则乱，乱则离，离则弱，弱则不能胜物，故宫室不可得而居也，不可少顷舍礼义之谓也。能以事亲谓之孝，能以事兄谓之弟，能以事上谓之顺，能以使下谓之君。君者，善群也。群道当，则万物皆得其宜，六畜皆得其长，群生皆得其命。故养长时，则六畜育；杀生时，则草木殖；政令时，则百姓一，贤良服。（《荀子·王制》）

人类区别于动物之处在于其有自觉地合群、组织的能力。借助这种能力，人类得以克服奥尔森所说的"集体行动的困境"[①]，更好地生产和分配公共品，从而集体地改善境遇。这种能力也驱动人类的组织机制、形态持续地进化，群体组织化程度的突破、提升就是其文明演进发展的主要标志。

关于国家起源，历史学、人类学、考古学、政治学等学科提出过众多理论。这里我们主要依据中国古代思想典籍的记载、论述，结合现代考古发现，提出一个简明的国家起源理论。人类形成之后，先后有过三种群体组织形态。

第一种是血亲性团体。

人是高级哺乳动物，由其父母生育，《孝经·开宗明义章》肯定了这一事实，"身体发肤，受之父母"。而且，人在出生之初是高度不成熟的，完全不能独立生存，唯有依靠父母养育才能存活，孔子观察到并肯定了这一重要事实："子生三年，然后免于父母之怀。"（《论语·阳货》）这一生物学事实决定了，初生者必须由父母长期抚养、教育，才能成为具有独立生活能力的人。这就形成了家；家通过生育和婚姻关系扩展为族。家、族

---

① 奥尔森．集体行动的逻辑：公共物品与集团理论．上海：上海人民出版社，2018．

是以血亲相联结的人类组织，人类这个物种自定型以来的绝大多数时间就生活在血亲性团体中，尽管家、族的具体形态有过一定变化。

对人群组织而言，血亲纽带有其先天缺陷：随着代际更替，血缘性"亲亲"之情日益淡薄，因而血亲性团体的规模必然是有限度的，通常只有几十人、最多几百人。如此规模的组织是非常脆弱的，提供公共品的能力是低下的，依托这种组织，人类只能做到简单生存而已，无从实现文明的积累和进步；面临较大冲击、灾变，也根本无力应对。

第二种是原始教权国家。

距今一万多年前，气候趋于暖湿，这有利于人口的繁衍。人口增多，原始的采集经济模式无法满足人的生存需求，具备有利条件的族群尝试进行人工种植和养殖，逐渐形成农业。农业生产方式带来定居生活形态，人际关系由此趋于稳定、密切，刺激人的心智发育和语言表达的复杂化。人群逐渐改进工具，深化分工，生产效率提高，农业、手工业生产出现剩余，乃涌现出商业和远距离贸易等交换活动。由此，人群内部关系同样趋于复杂化，各群体间交往的需求提高，需要进行更大范围的、比较有力的组织、协调。这种需求推动人们以共同崇拜神灵为组织机制，构建超出血亲纽带的大规模共同体，此即最早的国家——原始教权国家。《国语·楚语下》记载的楚国史官观射父的一段话，对这种国家的形态有比较完整的描述：

> 古者民神不杂，民之精爽不携贰者，而又能齐肃衷正，其智能上下比义，其圣能光远宣朗，其明能光照之，其聪能听彻之，如是则明神降之，在男曰觋，在女曰巫。是使制神之处位次主，而为之牲器时服，而后使先圣之后之有光烈，而能知山川之号、高祖之主、宗庙之事、昭穆之世、齐敬之勤、礼节之宜、威仪之则、容貌之崇、忠信之质、禋洁之服而敬恭明神者，以为之祝。使名姓之后，能知四时之生、牺牲之物、玉帛之类、采服之仪、彝器之量、次主之度、屏摄之位、坛场之所、上下之神、氏姓之出，而心率旧典者为之宗。于是乎有天、地、神、民、类物之官，是谓五官，各司其序，不相乱也。民是以能有忠信，神是以能有明德。民神异业，敬而不渎，故神降之嘉

生；民以物享，祸灾不至，求用不匮。

这个共同体的管理明显分为两个层次。上层是三类神职人员：巫觋凭借其所拥有的特殊艺能降神，聆听神灵对人间事务所下达的命令；祝负责唱诵祝神之词；宗负责安排祭祀仪节。他们凭借神的绝对权威构建并拥有神圣性统治权力，其中巫觋权力最大，享有领袖地位。下层由五个专业性官职构成，是最早的"行政部门"，分工负责执行巫觋所转达的神命，天、地、神涵括了各种神灵，类物指祭品。可见，这个原始教权国家的行政活动主要是组织人们崇拜神灵，这是共同体联结的纽带；为此，已有一个专业的民事部门，但其职能似乎主要是征收祭品。

神圣性统治权力与已有所分工的行政权力共同构成了原始的"教权政府"：它主要组织祭祀活动，为此而管理民事活动，并且征收赋税。经由这些权力，人民和其中的小型组织联结为一个较大规模的共同体。根据考古遗存可以确认，距今五千年前后的中国北方红山文化、东南良渚文化、西亚两河流域早期的苏美尔国家大体上都属于这种原始教权国家，神庙是其公共生活中心、财政中心，当然也是国家权力的寄存所。① 实际上，在更为成熟的政治性国家出现之后，基层社会也仍由这种神圣性权力来组织、管理，宗教场所是其公共生活中心，即便进入现代仍然如此。

第三种是政治性国家。

距今四五千年前，亚欧大陆极少数地区涌现出世界上最早的政治性国家，其最高领导者是"王"。对政治性国家的起源，考古学已有大量研究，恩格斯的《家庭、私有制与国家的起源》主要基于欧洲历史，依据早期人类学研究成果提出了一系列论断。不过对于政治学来说，起源问题不是非常重要，重要的是政府拥有何种权力以及如何行使权力。

相对于宗教领袖的神圣性，王是世俗的。王权政府与血亲性团体、原始教权国家的最大区别在于，它以组织化的物理性暴力为依托，这是政治权力的本质所在。因此，政治权力对人的约束力是最大的，甚至可以剥夺

---

① 王震中. 中国文明起源的比较研究：增订本. 北京：中国社会科学出版社，2013：159 - 172，370 - 387.

人的生命。也恰恰是这一点，政府比较有效地解决了规模日益扩大的人群所必然面临的日益严重的"集体行动困境"。相比于血亲性团体和原始教权国家，由政府来组织、管理的国家有两个明显优势。

第一，政府权力可以持续扩大其覆盖范围。血亲性团体和原始教权国家的联结纽带都是特殊的，因而其群体规模有明显限度。政府权力却是高度一般化的，任何人，只要表示顺服，即可成为其所统治的共同体的成员。因而就性质而言，政府权力可以覆盖任何人；政府所组织、管理的国家克服了人类组织的特殊化限制，从理论上说可以无限扩展；从历史上看，国家也都普遍有扩张其规模的内在冲动。

第二，政府权力可以持续提高其穿透程度。政府的优势在于掌握政治权力，可以依托组织化的暴力，持续提高其对治下个体和组织的穿透程度。当然这是需要成本的，只能在技术进步、剩余增加（通过生产或暴力掠夺）的情况下有所提高。同时，作为后出的权力实体，它可以凭借其权力的一般性，综合运用此前已有的各种组织、管理机制，比如控制、利用宗教权力、血缘性组织的管理权力等（此时它们转化成为"社会权力"）。由此，政府可以对人群进行更为有效的穿透，在更高水平上实现组织化，且随着技术进步、观念变化持续提升、突破。

因此，相比于此前两种人类组织机制，政府凭借权力的一般化性质和高强度的暴力，在权力的覆盖性、穿透性上拥有明显优势，其所组织、管理的国家在规模化、组织化两个维度上可以持续提高。政府把大规模人群闭锁在特定地理空间内，持续穿透，逐渐打破其在地域、种族、宗教、习惯等方面的阻隔，普遍降低其合作交易成本，提高共同体在人口、物质、文化等方面进行生产的效率，由此日益积累的剩余则支持人们改善物质生活条件，支持劳心者与劳力者之间的稳定分工，从事精神生产活动，创造出思想、文化、艺术等意识形态。这就有了"文明"，人类在质上脱离蒙昧、野蛮状态。

因此，政府的出现，突破了人类组织化进程的瓶颈，政府所管理的国家是人类所发明的最高级的组织形态，考古学把是否形成国家，作为判定特定人群是否走出"野蛮"、进入"文明"的主要标志。国家组织、管理机制之好坏，决定其命运之盛衰；国家形态相对于周边人群之优劣，决定该人群之兴亡。一群人，如果在历史某个阶段建立了规模化和组织化水平相对较高的国家，则其文明一般都能持续积累，从而保持历史连续性，成为"历史性国家"；那些未能建立国家或国家形态相对低级的族群，则在漫长历史中或者自行湮灭，或者被征服而消亡，或者主动、被动地融入了既有国家。因此，国家历史、人类文明历史的关键主题就是国家在规模化、组织化两个维度上的盛衰起伏。

二、国家的演变与扩展：中国国家形态的类型学意义

不同人群构建、发展国家的条件和能力存在显著差异，因而国家的形成、发展在世界上是高度不平衡的。综合考虑国家的地理扩展和组织化提升这两个维度，我们把国家的全球发展史划分为四个阶段。[①]

第一阶段，国家初创。

世界范围内的原生型政治性国家有三个，分别出现在亚欧大陆的美索不达米亚（西亚的两河流域，位于今伊拉克），中国的黄河、长江流域，以及中、南美洲。但中、南美洲的原生型政治性国家形成很晚，水平低下，16 世纪遭西欧列强征服后而消亡，真正具有世界历史意义的原生型国家是前两个，世界上几乎所有国家都由其直接或间接地衍生而出——因而从国家的起源上看，中国型国家有重大类型学意义。

第二阶段，古典国家的扩展和发育。

古典国家的扩展和发育主要发生在亚欧大陆（包括北非）的温带：在中国，夏、商、周三代渐次更替，规模持续扩展，周代已把黄河中下游和长江中下游地区初步整合为一体；国家的组织化程度也有所提高，出现了早期官僚制。两河流域的国家组织化水平同样在提高并向外扩展：向西，

---

① 这里的历史叙事，参见：姚中秋．可大可久：中国政治文明史．北京：华龄出版社，2021；芬纳．统治史：卷一．2 版．上海：华东师范大学出版社，2014；芬纳．统治史：卷二．上海：华东师范大学出版社，2014；芬纳．统治史：卷三．上海：华东师范大学出版社，2014；斯塔夫里阿诺斯．全球通史：从史前史到 21 世纪：第 7 版修订版：上、下．2 版．北京：北京大学出版社，2006.

衍生出古埃及国家，且进一步深入东非；向东，衍生出古印度国家；地中海东北角的古希腊众城邦同时受到古埃及、小亚细亚影响而成型；古希腊文明又向西扩展，衍生出古罗马文明。经历了大约两千年的漫长扩展，国家初步覆盖了从黄海到地中海的北温带广阔地带。

古典国家有两大类型：第一类是西方极为典型的"城邦"，一个城市与其周边乡村构成"城邦国家"，城邦可以对外征服而扩大规模，城邦之间也可能结成联盟，但城邦是国家的基本形态。从政治上看，城邦公民可以直接参与城邦公共事务。第二类是大规模广域国家，主要是埃及和中国，由众多城市和广袤的乡村构成。限于成本和技术，这类国家只能实行"间接统治"，三代"封建"之制就是典型。古埃及国家后来被罗马征服，三代国家则经秦汉的再造延续至今。

第三阶段，普遍性国家的构造。

公元前 6 世纪，人类几个重要的古代文明普遍经历全面而深刻的大转型，古典的宇宙论秩序崩溃，政治与宗教经历了分殊化发展[①]：一方面形成了基于个体生命成长、救赎的普遍性信仰、教化体系，如孔子创立文教，释迦牟尼创立佛教，琐罗亚斯德创立波斯祆教，苏格拉底、柏拉图构造普遍性哲学体系；几个世纪之后，犹太人耶稣创立基督教。另一方面，持续不断的战争推动政府大幅度提高其军事能力，军事能力强大的国家进行更大规模战争，最终构造出规模空前的政治体。这个政治体与初创的宗教都有普遍化雄心，但在价值、方式、机制等方面存在重大分歧，两者之间爆发冲突，比如雅典城邦处死苏格拉底、秦朝焚书坑儒、罗马帝国迫害基督徒等。但随后，两者分别进行调适，最终实现政教合一，超大规模政治体融合普遍性信仰体系，定型为普遍性或世界性政治体，以维护合众为一的普遍性秩序为志业。普遍性政治体在亚欧大陆有三个典范。

在东方，先是秦国以其强大武力扫灭六国，在人类历史上第一次实现了对超大规模人群的直接统治，皇帝通过科层制官僚以统一法律直接统治数千万国民；后来汉武帝接纳孔子文教为普遍的国民教化机制，中国定型

---

① 对此段历史的哲学性分析，参见：沃格林. 秩序与历史：天下时代. 南京：译林出版社，2018.

为超大规模、直接统治的"文教国家"——这就是本书的主要研究对象。

西方的普遍性政治体的构建则经历了两次接力：先有祆教支持之波斯帝国（公元前558—前330年）兴起，创造了第一个环地中海帝国；经亚历山大统治（公元前336—前323年）的短暂过渡，最终定型于奉基督教为国教之罗马帝国。罗马帝国承接波斯帝国遗产，又向北扩张，征服、开发西欧、中欧，基督教随之传播，初步创造了文明意义上的欧洲。

在这之后几百年，在亚欧大陆中央出现过同样作为普遍性教化体系的伊斯兰教所支持之阿拉伯帝国，创造了伊斯兰普遍政治秩序。

但与中国不同，西方的普遍性帝国都只做到了间接统治。因此，当两者同样面临亚欧大陆北部草原、森林民族周期性冲击时，虽均告解体，后续故事却大不相同：隋唐重建普遍性文教国家，罗马帝国之后的欧洲却再未重建政治一统，伊斯兰世界同样没有在政治上再次统一。尽管如此，普遍性帝国形态具有强大历史感召力，后世不断有人试图重建之，这构成世界政治演进的重要驱动力量，尽管这些努力均告失败。

第四阶段，国家的普遍化与其组织化程度的普遍提高。由于技术进步和人类交往趋于频密，本阶段世界政治变化快速而深刻，国家的发展、演变又可细分为三个时期。

第一个时期，1500—1830年，国家形态覆盖整个亚欧大陆。一方面，游牧民族最大也是最后一次冲击来自蒙古人，亚欧大陆几乎所有古代国家均被摧毁，世界格局经历一次全面重组。蒙古人直接统治过的广阔地域分别形成了明清国家（1368年明朝立国）、俄罗斯帝国（1721年形成）、莫卧儿帝国（建于1526年）、改宗什叶派的伊朗诸帝国（1502年信奉什叶派的萨非王朝建立）、奥斯曼帝国（1453年灭拜占庭帝国，迁都君士坦丁堡）等。他们持续在疆域上扩张，并经历了一次繁荣。

另一方面，罗马帝国崩溃后，地中海以北欧洲长期处于混乱之中，政治版图高度破碎，罗马教会拥有广泛支配权。1508年开始的宗教改革解放了世俗君权，各国相互征战，消灭贵族群体。王权建立常备军，设立官僚，进行直接统治，加强财税汲取能力，形成绝对主义国家（absolutist state）。杂乱的政治体收敛为若干大型国家，但始终没有实现欧洲范围内的政治统一，威斯特伐利亚和约体系反而以主权和均势观念确认了欧洲的永久政治分裂状态。各国持续进行战争，刺激其制度和技术变革。奥斯曼帝国带来的巨大压力刺激西部欧洲兴起，展开大西洋海上贸易远征，遂征服美洲，建立海洋殖民帝国，发展远距离贸易，形成以跨洋分工体系为基础的资本主义经济形态，西欧各国有所发展。但相比于亚欧大陆中东部大型政治体相对成熟的国家制度和经济力量，西欧的这些变化也只是补课而已。

第二个时期，1830—1945 年，西欧列强支配世界，其国家形态向外传播。多种因素促成英国率先完成工业化，随后西欧、北美各国陆续完成工业化，对其他国家和地区拥有了明显的技术、军事、经济优势。西方列强对外进行广泛征服，印度完全沦为殖民地，中国和奥斯曼帝国沦为半殖民地，国家形态比较原始的东南亚和非洲沦为殖民地。英国在人类历史上第一次以岛国身份构建了权力遍布全球的海洋帝国。

欧美帝国主义国家以各种机制推动了现代国家形态的普遍化：美洲的政治发育程度本来比较低下，被西欧列强完全征服后，逐渐发展为殖民者国家，以美国独立为起点，各殖民者陆续独立建立现代国家；非洲、东南亚等广大地区本来只有原始的政治组织形态，殖民化使之接纳西欧式政治、行政机制，虽然是碎片化的；历史性国家沦为半殖民地之后多次进行变革，试图转型为西式国家形态。本阶段世界政治的主题是西式国家形态之世界化，但并未完成。

第三个时期，1945 年以后，国家覆盖全球，但形态多样。西方列强的侵略、压迫和剥削激起殖民地、半殖民地人民的反抗，形成民族主义观念。列宁领导的俄国布尔什维克在人类历史上第一次高度自觉地依据特定意识形态构建国家，此后，意识形态斗争弥漫全球，以美国为首的西方力推自由主义，苏俄建立共产国际，积极传播共产主义、社会主义，现代意识形态的抉择成为国家构建之中心议题。两次世界大战加速了帝国主义殖民、支配体系的瓦解；共产国际、苏联和后来的中国积极推动反对资本主义-帝国主义的世界革命，通过理论、组织等形式支持殖民地、半殖民地人民的反帝反殖斗争。二战后，广大亚非拉地区陆续摆脱殖民统治，实现民族解放、国家独立，构建现代国家。这是人类历史上规模最为宏大的一次国家构建运动，当今世界大多数国家均建立于二战后几十年间，且其中多数是民族主义-社会主义（或共产主义）国家。

至此，国家普遍化了，所有人群都生活在国家之中。但是，国家形态是高度多样的：各国有明显意识形态分歧，最主要的是自由主义与社会主义、共产主义之分。由于历史、政治、宗教等因素影响，各国政治经济制度有较大差异，有西式自由主义的资本主义国家，也有中国这样的人民民主专政的社会主义国家；国家组织化程度也有巨大差异，中国的党-政权力实现了高水平的覆盖和穿透，但大量第三世界国家处在"强社会、弱政府"状态，西方国家则介于两者之间，资本居于支配地位。

世界范围内国家发展的历史叙事是我们构建普遍的国家理论的基本事实依据，以下几点具有重要的方法论意涵：

第一，从国家诞生到覆盖全球，差不多构成人类历史的全过程，大量人口迟至 20 世纪中后期才进入国家生活。可见，国家并不是理所当然之事，建立和维系国家是一件难度很高的事情，需要具备各种条件，且有坚定意志。据此，对于人类历史上构建国家的各种努力，我们应有敬意，进行内在的、同情的理解，不可用现代标准、西方标准轻易贬低、否定之。

第二，历史地看，不同国家在规模化、组织化两个维度上的进化是高度不平衡的，这造成了今日世界政治的结构性不平衡和国家形态的多样性。据此，进行国家理论研究，应牢记多样性，不可把依据一种类型的国家总结出的理论视为普遍的。

第三，同一疆域的国家的历史不是线性演进的，完全有可能退化。罗马帝国曾是规模和组织化上实现突破的普遍性帝国，但崩溃之后再未重建，此后上千年间，欧洲的政治版图极为破碎，组织化水平也十分低下，直到 16 世纪以来才有所改观。现代国家同样会退化：强大的苏联在一夜之间解体，裂解出的各国规模缩小，组织化程度明显下降。美国目前正处在"国家衰败"（state decay）进程中，国家组织化水平下降，联邦也完全有可能解体。据此，研究国家理论应有历史视野，必须摒弃"历史终结论"，不可幻想人类可以找到完美的政治制度，而应通过历史比较，总结国家兴盛衰亡的经验性规律。

第四，世界上重要国家在规模化、组织化两个维度上的相对变化，必然重塑世界政治格局，这又反过来影响众多国家的形态，这是作为一个整体的世界政治演进之基本动力。苏联曾引领众多殖民地、半殖民地在独立之后构建社会主义国家形态；苏联解体后，美国一强独霸，掀起了"民主化第三波"，众多国家转向西式自由主义国家形态。据此，研究国家理论应有世界视野，尤其是在研究现代国家时，须将其置入世界政治体系框架中予以理解、分析。①

第五，中国型国家具有重要类型学意义。由于地理上的分割，国家在中国诞生之初，就与广义西方的对应物有明显区别；普遍性国家的形成强化了这一区别；更为重要的是，深受西方观念和制度影响之后所形成的中国式现代国家，仍与西方式现代国家存在众多重大区别。② 也就是说，中国型国家自身保持了明显的历史连续性，而与广义西方各地区的国家始终有明显区别。这就要求我们，不可不加反思地把西方理论运用于中国，而须基于中国事实构建国家理论。

总之，政治学的主要研究对象是国家，其基本理论任务是探寻国家构建原理与其可大可久之道；完成这一理论任务，应有历史的、世界的视野，历史政治学和世界政治学是国家研究的元方法，对中国学者来说，更应"以中国为方法"③。

三、西方国家形态的历史性考察

近世以来，欧美的国家形态有世界化之势；相应地，从 19 世纪中后期开始，欧美的国家理论逐渐向世界各地扩散，成为整个世界思考、研究政

---

① 姚中秋.现代世界政治体系理论：基于对列宁帝国主义、殖民地理论的重述.社会科学，2022（6）.

② 姚中秋.中国式现代国家的形态特征及其理论意涵.学术前沿，2023（10）.

③ 杨光斌.以中国为方法的政治学.中国社会科学，2019（10）.

治问题的主流思想、学术范式。然而，这些理论是否具有普遍性？历史唯物主义的基本命题是："意识［das BewuBtsein］在任何时候都只能是被意识到了的存在［das bewuBteSein］，而人们的存在就是他们的现实生活过程。"① 国家理论必然是生活在特定国家中的思想者为了解决自己国家之根本问题而构建的，据此我们可以说，西方理论必然是历史性的、地方性的。为证明这一点，我们不能不对西方的国家形态进行简单的历史性考察，从中可以明确看到其与中国的广泛、深刻差异。

这里所说的西方，主要指现代西欧，加上 18 世纪后期以来的北美，即所谓"欧美"。现代欧美常将其政治、文明源头上溯于古希腊、古罗马和基督教（所谓"两希"——古希腊、希伯来），具体来说，包括古希腊的城邦民主制（及其理性主义哲学）、古罗马的共和制和帝国、基督教的普遍秩序观念和普世教会。

首先确认一个基本而重要的事实：从全球史角度看，作为西方国家源头的三个政治体都不是原生型的，而是西亚、北非的国家和宗教向西、向北传播衍生而成的。这也构成西方文明演变、发展的原型：其政治和宗教持续地向西、向北扩展，先是以西欧为中心，最后以北美为中心。空间的转移造成了历史的断裂，西方政治缺乏明显的连续性——这一点完全不同于中国。

扩展主要体现为征服。古希腊城邦形成于北方民族的征服与其所引发的移民浪潮，征服者或移民零散建立城邦；为缓解人口压力，城邦定期派遣剩余人口向外征服、殖民。热衷进行远距离征服是西方的政治传统，西方历史上的大量国家都是通过远距离征服而建立的：欧洲各国是日耳曼人在罗马帝国崩溃之后四散征服的产物，包括美国在内的美洲、大洋洲各国则是西欧各国进行贸易远征的产物，属于鸠占鹊巢的殖民者国家——这一点对于理解其国家的价值、结构具有决定性意义。②

征服造就国家内部的种族等级制：征服者是"自由人"或"公民"，

---

① 马克思，恩格斯．马克思恩格斯文集：第 1 卷．北京：人民出版社，2009：525．
② 卡赞斯坦．英美文明与其不满者：超越东西方的文明身份．上海：上海人民出版社，2018；拉纳．美国自由的两面性．上海：上海人民出版社，2021．

被征服者被"降为"奴隶。种族等级制同样成为西方的基本传统，1787年，美国联邦宪法第一条第二款明文规定其境内人民划分为三等：拥有完全公民权的自由人，投票权相当于自由人之五分之三的"所有其他人口"即黑人奴隶，未被征税、因而完全没有公民权的印第安人。种族在法律上或事实上的相互分隔，始终是西方宪制的要害所在；种族紧张、冲突也始终是其政治的最大问题。

城邦规模很小，以一个防御性城市为中心，统治周围若干乡村，人口通常只有数万人。规模最大的雅典在其鼎盛时期人口约 30 万，且近半数是奴隶，还有大量"外邦人"。古希腊人没有建立超出城邦的超大规模政治体，最多只组织了多个城邦的"联盟"。现代欧洲的政治版图同样是高度破碎的：其面积约一千万平方千米，人口七八亿，分居于近五十个国家中，大国相当于中国的省，大多数国家则相当于中国的市或县。

古典城邦的政治形态是多样的，有些实行直接民主制，即公民共同参与城邦公共事务，其中雅典的民主制最为典型。但雅典民主制与其"帝国主义"相始终，城邦用征服虏获之战利品或附属城邦被迫缴纳之贡赋支付贫穷公民，换取其参与城邦政治；同时，雅典的公民权资格十分严格，仅少数人可参与政治，其民主制具有高度排斥性。[①]

在西方，超乎城邦之上的超大规模共同体有两种。第一种是帝国。亚述人在古代两河流域建立了西方历史上最早的帝国，此后有波斯帝国，经过短命的亚历山大帝国之后，罗马人创造了帝国的典范。罗马统治者是贵族，若干家族势均力敌，因而采用共和制。贵族与平民严重对立，将其联系在一起的纽带主要是对外征服：平民为兵，贵族出钱为将。因而，罗马共和国以征服为业，先后征服了环地中海地区和西欧，政治上的欧洲第一次浮现出来。大规模征服所带来的种族、宗教的多样性，以及征服达到其极限后横财输入减少、内部利益之争趋于紧张，促使军人独裁兴起，贵族共和制逐渐转型为帝国。相比于同时期的秦汉国家，罗马帝国是高度军事化的间接统治：皇帝是军队将领，"总督"以军事方式统治被征服的"行

---

① 姚中秋.论西式民主的帝国主义基础：对恩格斯列宁命题的验证和发展.江苏社会科学，2022（4）.

省"，来自罗马城的权力不能穿透传统的种族、宗教、地方壁垒，因而帝国缺乏凝聚力，终至于崩溃而无法重建。

明清之际进入中国的欧洲传教士看到中国的广土众民与罗马帝国颇为类似，乃称之为"中华帝国"。这一称谓先在西方流行，后回传中国，为学界所使用，有秦汉帝国、隋唐帝国、明清帝国之类说法。但这明显属于张冠李戴，中国的超大规模国家不是通过征服建立的，亦非实行军事化统治，因而完全不同于罗马帝国意义上的帝国。[①]

基督教创造了西方超大规模共同体的第二种形态：普世教会。基督教兴起之后，在罗马帝国境内广泛传播，并建立建制化教会，以神律约束信众，对信众征税，相当于建立了另一个政府，与世俗的帝国政府抗衡而立，形成了事实上的二元政府并立格局。帝国为稳定秩序，先对基督教进行镇压；镇压无效之后转而承认其为国教。教会与帝国相互支持，但仍持续争夺统治权力，从而削弱了国家能力。帝国无力抵御北方日耳曼各族的冲击，终于崩溃。在帝国废墟上，政治发育水平低下的蛮族各部建立了互不统属的中小型政治体。基督教趁机扩充权力，最终在11世纪后期，罗马教会确立了对世俗君权的支配权，世俗君权更为微弱，而教会权力却是高度残缺的，这样，中世纪欧洲在各个维度上都是破碎的。这创造了众多"权力缝隙"，自治性城市兴起，城市中的工匠、商人行会兴起，构造了相对独立的权力，甚至法律人也试图构造相对独立的权力。长达千年的欧洲中世纪政治之根本特征就是没有国家，如布罗代尔所说："对中世纪来说，只有一种历史，即社会史。它吞噬和消化了一切；国家分解成我们已经说过的各种实体：城市、领地、村社。"[②] 这是西欧国家构建的初始条件。

现代西方政治的第一阶段即"早期现代"（early modern），持续了三百年，以国家构建为主题。构建主体是有野心的世俗君王，目标是聚集、扩大、深化政治权力。君权的对手依次是：罗马教会、世俗贵族、工商业者所拥有的各种社会性权力。君王的策略是，与后者结盟，打击前两者。

---

① 关于秦汉国家与罗马帝国的差异，参见：芬纳.统治史.卷一.2版.上海：华东师范大学出版社，2014：503-599.

② 布罗代尔.论历史.北京：北京大学出版社，2021：144.

为此，君王以等级会议等机制将城市中社会性力量吸纳到权力结构之中，后来发展为议会。由此，君王得到城市工商阶层的财力支持，持续发动战争，尤其是海外殖民战争。战争的需要刺激王权建立常备军；为支持常备军，建立了征税制度；为征税、直接管理民众，在世袭贵族之外建立了专业化官僚队伍；为统一管理民众，制定了统一的法典。这一系列历史进程共同促成国家构建，其结果是形成绝对主义国家，这是相对于中世纪权力破碎化、社会化而言的，意谓政府权力在其疆域之内取得了相对于其他组织、力量、权力的至上性。① 绝对主义国家的支柱是君王的主权（sovereignty），即在其统治范围内压倒一切权力的最高权力。此前，民众分属于不同权力主体，王权对其只有间接统治；现在，王权对民众实行直接统治。② 统一王权直接统治之下的民众成为国民（nation），现代国家就是国民国家（nation-state）。历史社会学对这一阶段的国家构建进行了非常广泛的研究。

西方现代政治的第二阶段在 19 世纪，主题是对外的帝国主义化与内部的自由主义化、民主化。两者的共同前提是工业化，使生产率大幅度提高、剩余大幅度增加；欧美各国也凭借工业化赋予之强大军事力量对外进行更大规模征服，建立海外殖民帝国，掠夺资源、开拓市场、进行投资，世界规模的利润持续回流本国，缓解其内部阶级、群体矛盾，并有条件建立大众参与的选举制度，由新兴的现代政党吸纳中产阶级甚至工人阶级参与利益分配，这就是民主化。③ 政党成为主要政治组织机制，普遍依托现代意识形态进行动员，主要有三种：自由主义、保守主义、马克思主义，前两者是西方主流观念，尤其是自由主义居于支配地位，造就了自由主义政治。④

---

① 安德森. 绝对主义国家的系谱. 上海：上海人民出版社，2001.

② 蒂利. 强制、资本和欧洲国家：公元 990—1992 年. 2 版. 上海：上海人民出版社，2012：124 - 129.

③ 姚中秋. 论西式民主的帝国主义基础：对恩格斯列宁命题的验证和发展. 江苏社会科学，2022（4）.

④ 沃勒斯坦. 现代世界体系：第 4 卷 中庸的自由主义的胜利：1789—1914. 北京：社会科学文献出版社，2013.

西方现代政治的第三阶段是"短二十世纪"①，主题是自由主义与马克思主义的全面斗争。这一斗争首先在西欧展开，19世纪后期，西欧各国信奉马克思主义的知识分子与工人运动结合，建立社会民主党，领导、组织社会政治运动，迫使政府实施了一系列社会主义福利政策。苏俄革命胜利之后，自由主义与马克思主义的斗争扩展到全世界，尤其是二战以后，美国领导的西方资本主义阵营与苏联领导的社会主义阵营展开全面斗争，广大第三世界民族主义-社会主义国家则试图在其中谋求独立和发展。20世纪80年代末90年代初，苏联东欧社会主义阵营崩溃，"民主化第三波"席卷全球，很多国家转向西式民主制度，美式自由主义价值观席卷全世界。

西方现代政治目前已处于第四阶段，大趋势是国家衰败，美国最为典型。冷战结束以后，美国以各种方式几乎控制全球，成为史无前例的新型帝国。但是，帝国统治侵蚀了国家基础：对全球贸易、金融的资本主义控制导致其经济的去工业化和金融化；其社会后果是中产阶级萎缩，财富分配极化；其政治后果是政治极化、党争劣化，形成否决政治。② 2021年1月6日，特朗普支持者占领美国国会大厦事件，标志着国家衰败已达到非常严重的程度。而面对这一大势，西方政治学界没有提出有效的解决方案，甚至根本不去触碰这个大问题，这表明其政治理论已陷入整体失灵状态。

第二节　西方主流国家理论的反思性检视

以上我们回顾了国家的世界史，发现了国家形态在世界范围内的多样与多变，即便现代国家也存在多种样态并变化不已。而西方主流国家理论

---

① 霍布斯鲍姆把第一次世界大战爆发到苏联解体称为"短二十世纪"，参见：霍布斯鲍姆. 极端的年代：1914—1991（上）. 南京：江苏人民出版社，1998：1-25.

② 福山. 政治秩序与政治衰败：从工业革命到民主全球化. 桂林：广西师范大学出版社，2015：第四部分 政治衰败.

对此并未予以全面反映，实际上主要是基于西方事实的地方性知识。下面我们简单回顾西方比较有代表性的国家理论，并阐明其地方性、局限性。

一、西方代表性国家理论的简要回顾

西方现代政治理论、国家理论内生于其现代国家演进的历史进程之中，有明显的时代相关性，按时间顺序，形成如下重要理论范式：

第一个阶段，以国家构建为主题的政治哲学相当繁荣，构成国家理论的哲学范式。早期现代西欧各国寻求构建现代国家，其政治思想自然以国家构建为主题，呈现为政治哲学的学术形态。博丹等人提出主权理论，决意在国家之中树立主权者，这是现代国家的政治标志。然后出现以逻辑推理方式构想国家形成的自然状态-社会契约理论，霍布斯、洛克、卢梭是其代表人物。在他们的论述中，人首先被自然化，作为原子化的理性经济人，基于对成本-收益的计算，以个体意志相互订立契约，为自己构建政府。这一思想奠定了西方现代政治理论的基础。

第二个阶段，出现国家理论的意识形态范式，以自由主义为基调。早期现代西欧各国构建了强有力的国家权力统治体系，18 世纪末以后，人们开始呼吁政府给予市场、社会以自由，形成了国家理论的自由主义范式，核心议题是政府与市场、社会之间的关系，斯密的《国民财富的性质和原因的研究》建立了讨论政府与市场关系的基本范式，托克维尔的《论美国的民主》探讨政府与社会自治之间的关系，穆勒的《论自由》进一步提出个体自由（individual freedom）命题，而对其威胁不仅来自政府，更来自其所谓舆论，要求划定社会与个人自由的界限。英国学者边沁等人则基于功利主义学说，呼吁政府追求最大多数人的最大幸福，由此发展出"激进主义"即积极自由主义政治思想，要求政府对民众的成长、发展提供经济社会条件。由此进一步发展则出现了福利国家理论。[1] 美国人构建了深刻怀疑政府权力的个人主义的自由主义意识形态，带有强烈的去国家化倾

---

① 哈列维. 哲学激进主义的兴起：从苏格兰启蒙运动到功利主义. 长春：吉林人民出版社，2006.

向，而这与其独特的地缘环境、地理条件有直接关系。可见，19 世纪初以来的西方国家理论不是价值中立的，而有明确的意识形态倾向。

第三个阶段，19 世纪中期以后，形成国家理论的社会科学范式，有马列主义和韦伯所创立的两个谱系。

19 世纪中后期，西欧现代国家基本定型，自然科学基本成熟，人文社会学者争相以科学方法研究社会，形成"社会科学"，国家是其重要研究对象，对后世影响最大的则是历史社会学（historical sociology）进路的研究，马克思、涂尔干、韦伯都采取这一进路，当然其中有重大区别①：马克思的国家理论是批判性的，批判资产阶级国家的压迫性，由此发展出马列主义国家理论谱系；韦伯的国家理论则是解释性的，对资产阶级国家予以解释，从而形成自由主义国家理论谱系。

晚近以来倡导"国家自主性"（state autonomy）理论的学者常把马克思主义国家理论归入"社会中心论"。② 马克思主义国家理论确有这一面相，马克思曾阐明其研究国家理论之基本进路："任何时候，我们总是要在生产条件的所有者同直接生产者的直接关系——这种关系的任何当时的形式必然总是同劳动方式和劳动社会生产力的一定的发展阶段相适应——当中，为整个社会结构，从而也为主权关系和依附关系的政治形式，总之，为任何当时的独特的国家形式，发现最隐蔽的秘密，发现隐藏着的基础。"③ 从生产力形态到分工所塑造的阶级关系，再到国家权力结构，由此确实可以得出公认的马克思主义政治理论基本命题：国家是一个阶级统治、压迫、剥削其他阶级的工具。

但这只是马克思主义国家理论的一面，另一面则强调国家的公共性，因而强调国家的自主性。恩格斯曾这样说："社会为了维护共同的利益，最初通过简单的分工建立了一些特殊的机关。但是，随着时间的推移，这些机关——为首的是国家政权——为了追求自己的特殊利益，从社会的公

---

① 德兰迪，伊辛. 历史社会学手册. 北京：中国人民大学出版社，2009：第一部分 基础.

② 比如：斯考切波. 国家与社会革命：对法国、俄国和中国的比较分析. 3 版. 上海：上海人民出版社，2015：6-9.

③ 马克思，恩格斯. 马克思恩格斯文集：第 7 卷. 北京：人民出版社，2009：894.

仆变成了社会的主人。这样的例子不但在世袭君主国内可以看到，而且在民主共和国内也同样可以看到。"①恩格斯在讨论雅典城邦国家诞生时说过的一句话，更为简明地概括了国家的二元属性："国家的本质特征，是和人民大众分离的公共权力。"②

列宁进一步发展了马克思主义国家理论的这一面。在《怎么办？》《进一步，退两步》等著作中，列宁指出，工人阶级只有追求经济利益的"自发性"，而缺乏追求政治目标的自觉性，政治意识只能从外面灌输，为此必须建立职业革命家所领导的先锋队政党（vanguard party），党对工人阶级拥有领导权；党领导无产阶级进行革命，建立党全面领导的国家。这样的国家以追求无产阶级利益为宗旨，但拥有高度的政治自主性，按照客观的政治经济规律追求社会主义建设与世界革命的目标。斯大林凭借这一具有高度自主性的党-政体制推动工业化，并取得成功。令人惊讶的是，探讨国家自主性理论的学者对列宁、斯大林的理论几乎未加关注。

马列主义传入广大殖民地、半殖民地，生成了各种民族主义-社会主义或民族主义-共产主义的意识形态和国家理论，极大地影响了 20 世纪广阔地区的国家构建进程，对中国也产生了决定性影响。但在西方政治学界，马列主义国家理论被严重忽视，其理论潜力远没有发挥出来，当代中国政治学的重要任务是推动马列主义国家理论的社会科学化并予以进一步发展，以下几点或可作为重点：

第一，国家的历史性。唯物史观构建了以国家为核心的社会形态演变规律理论，尽管其主要以西欧历史为材料，未必完全适用于中国，却有重要方法论意义：国家是历史的存在，是历史地起源、演变的；因此，历史方法是研究国家的基本方法。

第二，技术、生产形态的变化对国家影响巨大。唯物史观指出，国家形态的重大历史变化均与技术进步、生产力突破有直接关系，这一点对于研究现代国家尤其重要：欧美现代国家构建就是起步于西欧贸易、农业的发展，最终定型于工业化初步完成之后。西方主流国家理论普遍忽视这一

---

① 马克思，恩格斯. 马克思恩格斯文集：第 3 卷. 北京：人民出版社，2009：110.
② 马克思，恩格斯. 马克思恩格斯文集：第 4 卷. 北京：人民出版社，2009：135.

点，局限于讨论政治、文化，甚至宗教等上层建筑因素，既不能完整解释西方现代国家构建，又极大地误导非西方的国家构建方向和方案。晚近以来的技术变化同样对国家形态与国家治理产生重大影响。

第三，国家的世界性。马克思分析了资本主义的扩张本性与其世界性；列宁发展了帝国主义和民族理论，指出现代世界的基本结构是，欧美帝国主义列强瓜分全世界，所有国家、民族被纳入同一世界政治体系之中，分为压迫民族与被压迫民族。由此，所有国家的现代政治都是世界性的，而世界是体系化的，世界体系是国家构建和制度设计、变革的结构性约束，不同国家处在体系的不同位置，工业化程度不同，其政治任务也就完全不同，政治组织形态、国家形态必然完全不同，但又处于同一世界政治逻辑支配之下。世界体系方法是研究现代国家的基本方法。[①]

第四，国家的人民性。马克思主义站在一国内部被剥削、被压迫阶级一边，列宁主义站在世界上被剥削、被压迫的人民一边，都具有显著的人民性。列宁、毛泽东把革命的人民性转化为国家的人民性，构建了人民民主专政的国家形态。中国共产党致力于以人民为中心的发展，具有重大理论意义。

国家理论之现代社会科学范式的第二个谱系以韦伯为代表。对于欧美现代国家的价值和制度安排，马克思主义持批判性立场，马克斯·韦伯则持顺应性、解释性立场。二战结束之后，塔尔科特·帕森斯等美国学者对后者大力介绍、推广，使之逐渐成为西方学术界影响最大的国家理论，并在冷战结束之后流行于全世界，包括中国。

在韦伯生活的时代，欧美各国已普遍建立资本主义制度和相应的现代政治制度，韦伯试图为其提供一套理论解释，为此建立了一个宏大的历史社会学理论体系。理性化是其关键概念，它在经济上带来资本主义，在政治上带来官僚制，两者相互匹配，即构成现代国家。韦伯在其《新教伦理与资本主义精神》中论证说，世界各大宗教中，唯有新教，主要是北美清教有理性化精神。为证成这一论点，韦伯对历史上各主要文明的宗教及其

---

① 姚中秋. 现代世界政治体系理论：基于对列宁帝国主义、殖民地理论的重述. 社会科学，2022（6）.

与经济生活、政治制度之间的关系进行了广泛的比较性研究——但充满"西方中心论"色彩。韦伯的国家理论则包括如下核心命题：

"权力"就是在一种社会关系内部某个行动将会处在一个能够不顾他人的反对去贯彻自身意志的地位上的概率，不管这种概率的基础是什么。

"支配"就是某项包含了特定明确内容的命令将会得到某个特定群体服从的概率。

只有实际出现了某个能够成功地对他人发布命令的人物时，才会开始存在支配……只要一个组织的成员根据秩序的效力服从支配，那就存在着一个"统治的组织"。

一个"统治的组织"的存在及其秩序，如果是由它的行政班子在一个特定区域范围内以物理暴力的威慑与运用而持续不断地予以保障，它就应当称为"政治"组织。

一个政治机构性的组织，如果并且只要它的行政班子卓有成效地运用其对物理暴力的正当性垄断以保障秩序的实施，它就应当称为"国家"。

现代国家的主要特征如下：拥有一种可以通过立法进行变革的行政与法律秩序，行政班子的组织活动——同样受规范的制约——则以该秩序为取向。这个秩序不仅要求对国家的成员——公民，即由于出生于此而获得成员资格的绝大多数成员，而且在很大程度上也要求对她管辖权所及区域内发生的一切行动行使具有约束力的权威。[①]

根据韦伯的论述，现代国家有如下特征：第一，有明确划定、相对固定的疆域。第二，对疆域内一切人、组织、活动拥有最高权力，此即主权。第三，对物理暴力的合法垄断，这是国家一切权力的基础，国家禁止人民或其他社会组织拥有组织化暴力。第四，拥有可按其政治意志制定法律之权力。第五，构建了一套行使权力的机构，最重要的是专业化、理性化官僚队伍，按照既有规则管理公共事务。

---

① 韦伯. 经济与社会：第1卷. 上海：上海人民出版社，2010：147-148.

现代国家对国民拥有广泛的支配权，韦伯又构建了支配权的"正当性"〔legitimacy，不同于合法性（legality）〕理论。正当性来源于被支配者服从的主观意识，即"对正当性的信仰"，它有三种来源：理性、传统、超凡魅力；据此形成三种权威：合法型权威、传统型权威、超凡魅力型权威。作为现代国家之标志的官僚的权威正是理性的。①

迈克尔·曼大体上在韦伯学术传统之中建立了权力来源分析框架，即国家权力有四种来源：意识形态的、经济的、军事的、政治的。国家通过这四种机制联结为一体，研究一个国家需同时关注这四者。对现代国家，曼给出如下定义：

> "现代国家"具有一种行政、法律秩序，且后者随立法而变，同时，立法也决定了行政人员——他们也一样受到制度的约束——的有组织行为。这一由秩序组成的体系要求对国家的组成成员、公民——以及，在很大程度上对其管辖范围内发生的所有事情——拥有令行禁止的权威。因此，"现代国家"是具有明确地域的强制性组织。②

这里没有提及暴力垄断，反而可以容纳更多国家控制手段："这样一来，现代国家将更大范围内例行的、正式的、合理化的制度加于其公民和地域上。"③ 由此，曼提出了一对颇有创见的分析性概念：专制性权力（despotic power）和基础性权力（infrastructural power）④，并以两者强弱的不同组合建立了一个国家类型学框架：封建制是两者皆弱，现代威权主义国家是两者皆强，绝对主义王权制是强专制权力、弱基础权力，现代西方民主-官僚制国家则是弱专制权力、强基础权力⑤。曼又分解出两对权力机制：第一对，广泛性（extensive）和深入性（intensive）权力；第二对，权威性（authoritative）和弥散性（diffused）权力⑥，这些概念极大地丰

---

① 韦伯.经济与社会：第1卷.上海：上海人民出版社，2010：318-329.
② 曼.社会权力的来源：第2卷.2版.上海：上海人民出版社，2015：65.
③ 同②65-66.
④ 同②68-69.
⑤ 同②69-70.
⑥ 曼.社会权力的来源.第1卷.2版.上海：上海人民出版社，2015：10.

富了研究国家的分析工具。

第四个阶段，20 世纪中期以来，国家理论有明显的民族化转向，"民族国家"成为主流概念。

现代国家构建的核心是塑造国家的主体——"nation"，其含义经历了从国民向民族的转移。受中世纪观念影响，宗教信仰是早期现代欧洲人的第一身份，因而西欧各国的现代国家构建均以"教随君定"、君主为国家确立国教为关键环节。宗教的同质化塑造了同质的国民，西欧各国逐渐形成相对强势的世界地位和比较发达的经济社会，强化了国民的国家认同。但在南欧、中欧、东欧，众多族群在拿破仑帝国、奥匈帝国或沙皇俄国的政治统治之下，寻求建立独立国家的精英们没有政治权力，只能以宗教、文化等因素构建政治认同和政治力量，这就形成了反抗帝国统治的民族主义观念。西欧各国是先有政府，政府构建了民族；在这里则是先构建民族，再由民族构建政府，这就是民族主义的政治实质。在欧美工业帝国主义支配下的广大殖民地、半殖民地，情形与此相似，形成了反帝的民族主义；建国之后，这类国家内部资源约束普遍较紧，经济、社会、政治矛盾激烈，必然以外在表征明显的民族、族群对立的方式相互斗争，形成族群猜疑和冲突。另一方面，这些国家仍受资本主义-帝国主义世界体系的压迫、剥削，必有对外的防御性、反抗性民族主义情绪。内外双重民族问题成为这类国家政治生活中的根本议题。

这种现象推动学界构建民族主义理论，也推动国家理论的民族化转向。西欧国家较多地强调政治意义上的"国民"，后发国家则较多强调种族、文化、宗教意义上的"民族"，于是，"nation"的含义就发生了漂移，形成"民族国家"概念。西方学者围绕这些事实构建了多个二分法，用以标示两者的差异：安东尼·史密斯区分了民族的公民模式（civic model）与族裔模式（ethnic model）[1]；菲利克斯·格罗斯区分了公民国家（the civic state）与部族国家（the tribal state）[2]；还有人区分老的持续的民族与刻意创造的民族（设计出来的民族）、西方的民族主义与东方的民族主

---

[1]　史密斯. 民族认同. 南京：译林出版社，2018.
[2]　格罗斯. 公民与国家：民族、部族和族属身份. 北京：新华出版社，2003.

义、共和爱国主义与文化-民族主义等。这些二分法固然部分揭示了事实，但其中十分明显的价值倾向，即褒扬西欧模式而贬低后发国家模式，则极不公正，因为这种分化是由世界体系的支配性结构造成的。①

有些西方学者对这一点是有所认识的。本尼迪克特·安德森在其名著《想象的共同体：民族主义的起源与散布》中，追溯民族主义的源头到世界体系的边缘地带。它首先形成于 18 世纪末和 19 世纪初的南北美洲殖民地独立运动，后传入欧洲，由欧洲人散布到其在亚洲、非洲的殖民地、半殖民地。民族、民族属性与民族主义是一种"特殊的文化的人造物"，民族被其成员视为拥有主权的想象共同体，因而是一种主观事实。民族作为想象的共同体形成于世界性宗教共同体解体、具有神圣性的古代王朝覆灭、永恒时间观念消亡之后，作为其替代物发挥作用；其技术条件则是国家教育和语言文字体系的创建、"印刷资本主义"的繁荣等，民族主要是通过文字来想象的。②

安东尼·吉登斯的国家理论较多关注民族问题，其《民族-国家与暴力》强调："民族-国家只存在于与其他民族-国家的体系性关系之中。从一开始，民族-国家内部的行政调节就仰赖于那些能反思性地予以监控并具有国际特性的条件。'国际关系'与民族-国家同时起源。"而这一体系由资本主义和战争的工业化所塑造，资本主义内在具有扩张性，战争的工业化"型构了民族-国家体系（nation-state system）的轮廓"。③ 这种民族-国家具有文化面向："随着民族-国家的到来，国家成了一个行政和领导有序化的统一体，这在以前还未曾出现过。这个统一体不可能纯粹是行政性的，因为它所包含的协调活动预设了文化同质性的因素。"这些因素强有力地塑造了国民"对主权的文化感受"。④ 由此，"国民"具有"民族"的面相。

---

① 赵鼎新强调帝国政治在民族主义运动发展中的主导作用，参见：赵鼎新. 帝国政治和主导性意识形态：民族运动的起源、发展和未来. 二十一世纪，2021（6）.

② 安德森. 想象的共同体：民族主义的起源与散布：增订本. 上海：上海人民出版社，2011.

③ 吉登斯. 民族-国家与暴力. 北京：生活·读书·新知三联书店，1998：5.

④ 同③264.

第五个阶段，20 世纪后期，美国式去国家化理论取得全面支配地位，但也出现了若干理论突围的努力。

二战结束后，美国式学术兴起，以韦伯式国家理论为基础，发展出更为技术化的国家理论，显著特征是去历史化，转而重视技术方法：先有结构主义或功能主义方法、行为主义方法；后引入经济学方法，形成理性选择学派、新制度主义学派等。[①] 其国家理论偏于技术性研究，长于中层理论，国家的整体性被消解，成为破碎的部件、机制。可以说，美国式社会科学的基本特征是去国家化。

但也有一些例外，试图跳出这一陷阱。有些学者研究后发国家的政治发展，注意到强大政府的重要性，其中最重要的是亨廷顿。在《变化社会中的政治秩序》中，他高度肯定列宁式先锋队政党构建现代政治秩序的作用，认为美国的国家形态是非现代的。这是国家中心主义理论范式之先声。[②]

到 20 世纪后期，一批美国学者呼吁"找回国家"，重建国家（政府）自主性，形成国家中心主义范式。其代表人物斯考切波（又译为斯考克波）在《国家与社会革命：对法国、俄国和中国的比较分析》中倡议重视国家自主性；与之同道的一批学者出版论文集《找回国家》[③]，掀起了"把国家带回来"（bringing the state back in）的学术运动。需要说明的是，这一学派所说的国家，基本上是指理性化官僚所组成的政府。

国家中心主义的基本理论命题、取向可概括如下：（1）国家（政府）的功能是统治和控制而非资源配置；（2）国家是一个自主的行为主体，而非各种利益博弈的平台；（3）国家自主性体现为它可以与社会主导性阶级、群体的利益相反而坚持己见；（4）国家的行为可以决定个体或社会组织对自身利益的界定和可支配资源。实际上，国家中心主义在美国学界并非主流，且主要存身于社会学界而非政治学界，从而创造了"历史社会学"分支；但其研究取向还是敞开了众多政治学研究议题，推动了政治学

---

① 郭台辉. 西方社会科学方法论的历史之维. 中国社会科学，2019（8）.

② 亨廷顿. 变化社会中的政治秩序. 北京：生活·读书·新知三联书店，1989.

③ 埃文斯，鲁施迈耶，斯考克波. 找回国家. 北京：生活·读书·新知三联书店，2009.

的发展，其中比较重要的有以下三个领域：

国家能力（state capacity）理论：国家（实际上指政府）拥有自主性的前提或结果是拥有能力，即按照自己的意愿维护或者改变国家事态的能力。能力的强弱决定其能否维护秩序或实现发展。第三世界的最大问题就在于其政府缺乏自主行动的能力，形成米格代尔所说的"强社会、弱国家"状态。[①] 国家能力已成为社会科学的重要研究议题。[②]

发展型国家（developmental state）理论：东亚儒家文化圈的日本、韩国、新加坡在二战之后实现快速发展，有学者运用国家能力对其进行解释，构建出发展型国家理论[③]，由此，学界日益重视国家与经济发展之间的正向关系。

国家构建理论：国家中心主义范式推动学者探讨具有自主性和行动能力的国家是如何形成的，国家形成（state formation）或国家构建成为历史社会学的重要议题，产生了一批比较重要的理论成果，尤其是打破了社会契约论的迷思，还原了西欧现代国家形成的历史真相，指出战争在其中的决定性作用，蒂利提出的"战争制造国家，国家发动战争"命题[④]，似已成为共识；相应地，学界开始重视对财政制度、官僚制等问题的研究[⑤]。

有些学者运用这一研究范式研究中国的现代国家形成，福山在《政治秩序的起源：从前人类时代到法国大革命》中明确肯定秦朝建立了世界上最早的现代国家；赵鼎新系统研究春秋到秦汉时代"儒法国家"的形成过程[⑥]。经济史领域中的加州学派从国家能力角度比较研究早期现代的西欧与中国，尤其是英格兰与江南，从而说明西方的兴起不是因为其更为自由

---

① 米格代尔. 强社会与弱国家：第三世界的国家社会关系及国家能力. 南京：江苏人民出版社，2009.

② 庞金友，汤彬. 当代西方"回归国家"学派国家能力理论的逻辑与影响. 天津社会科学，2018（2）.

③ 约翰逊. 通产省与日本奇迹：产业政策的成长（1925—1975）. 长春：吉林出版集团有限责任公司，2010；禹贞恩. 发展型国家. 长春：吉林出版集团有限责任公司，2008.

④ 蒂利. 强制、资本和欧洲国家：公元990—1992年. 2版. 上海：上海人民出版社，2012.

⑤ 张长东. 比较政治学视角下的国家理论发展. 北大政治学评论，2018（1）.

⑥ 赵鼎新. 东周战争与儒法国家的诞生. 上海：华东师范大学出版社，2006.

或者民主，而是因为其政府有更为强大的财政汲取与军事征服能力，从而征服了美洲，获取了"生态横财"。[①]

不过，在美国主导的西方学术界，国家中心主义并非主流，其主流始终是自由理论、个体权利理论、权力分立理论、民主化理论、代表权理论、投票理论、治理理论等，所有这些理论的共同取向是解构国家、怀疑政府、贬斥权力。冷战结束之后的超级全球化时代，更是出现了人权高于主权、市场替代国家之类的理念和理论。

二、欧美主流国家理论的缺陷

以上简单梳理了西方几百年来较有代表性的国家理论，19 世纪后期以来，这些理论陆续向外传播，尤其是冷战结束后几乎一统全球，中国政治学也几乎为其所支配。然而，理论的有效性、可信性，终究要看其是否准确地反映了现实。以上一节简单叙述的国家的历史来比对就会发现，这些理论存在严重偏失，我们仅列举比较明显的三点。

第一，缺乏历史意识，忽略众多非西方的古代国家事实，尤其是中国漫长的现代国家事实。

西欧在前现代的漫长历史时期中只有社会、没有国家，构建国家的努力标志着其进入历史分期上的现代。基于这一事实，西方的国家理论基本上是关于"现代国家"的理论；且在其论述中，现代与古代（中世纪）之间存在明显断裂。然而，西欧以外存在若干"历史性国家"，在所谓现代之前已有颇为完善的政府组织、管理机制，且对西方的帝国主义做出过有效回应并存活下来：奥斯曼帝国转型为现代土耳其，波斯恺加王朝转型为现代伊朗，清朝政府基本维护了政治版图的完整性，20 世纪陆续建立的中华民国、中华人民共和国与之保持了明显的历史连续性。

更进一步，越来越多的学者已经认识到，战国时代的中国在各方面类似于早期现代的西欧，秦朝的国家形态与其绝对主义国家存在明显的

---

① 彭慕兰. 大分流：欧洲、中国及现代世界经济的发展. 南京：江苏人民出版社，2003；王国斌，罗森塔尔. 大分流之外：中国和欧洲经济变迁的政治. 南京：江苏人民出版社，2018.

结构相似性，合乎西方国家理论中所定义的现代国家标准。① 那么，即便研究所谓现代国家，也应当除了研究西欧事实，亦需研究中国事实。实际上，仔细考察奥斯曼帝国也可以发现其中诸多现代因素，如常备军、官僚制。思想界有多元现代性之说，国家理论理应认真面对多元现代国家形态，由此可以完整理解现代国家的全生命周期，更好揭示国家兴衰之道。

第二，缺乏世界体系意识，忽略了欧美国家的帝国主义面相和非西方国家的反帝反殖面相。

西方现代国家理论大体上采取方法论的国家本位主义，聚焦于国家内部的制度构建与运作。然而，西欧现代国家几乎都有另一身份——帝国。英国被视为第一个现代国家，其构建所谓现代国家的进程，全程伴随着对外征服、殖民、构建海外殖民帝国，事实上这是其最重要的政治。因而，欧美现代政治体实为国家-帝国复合体，西方国家理论却普遍忽略了其帝国面相。

由此，西方现代国家理论也普遍忽略了世界体系对于国家构建进程及其所形成的国家形态的决定性塑造作用。正是在大西洋体系中，法国、西班牙为与英国争夺北美殖民地，支持北美殖民者独立建立了美国这个国家，因此，北美只是独立而没有发生社会革命，这对美国的国家形态产生了巨大影响。反过来，海外战争给法国带来沉重财政危机，引发其内部革命，同样影响了其现代国家形态。② 拿破仑的征服又引发欧洲乃至北非的现代国家构建浪潮，推动了国家的民族化转向。

借助大西洋体系带来的优势，英国率先完成工业化，其他欧美国家同样陆续工业化，征服、瓜分全世界，由此塑造了一个覆盖所有国家、地区、民族的现代世界政治体系。处在中心的欧美各国凭借世界垄断权，推进其内部的自由化、民主化、福利化。自由主义政治的基本要素均以帝国

---

① 姚中秋．可大可久：中国政治文明史．北京：华龄出版社，2021：卷三 大转型：从孔子经秦始皇到汉武帝；福山．政治秩序的起源：从前人类时代到法国大革命．桂林：广西师范大学出版社，2012：19-20，109-134.

② 沃勒斯坦．现代世界体系：第3卷 资本主义世界经济大扩张的第二时期：1730—1840年代．北京：社会科学文献出版社，2013：第二章 中心地区的斗争——第三阶段：1763—1815.

主义为前提，这一点在西方国家理论中被遮蔽了。

这个体系也为被支配、被压迫的广大非西方民族、地区划定了政治演进的方向、路径：第一，都走上了构建现代国家之路，这种政治组织形态最终覆盖了全球；第二，为反抗帝国主义，不能不首先构建民族，从而形成民族主义，并构建民族国家；第三，为摆脱帝国主义所维护的资本主义世界体系，普遍选择共产主义或社会主义意识形态；第四，独立建国之后，为实现发展，普遍建立集权性政府。凡此种种，均与西方的价值和制度相反，西方学界普遍不能予以同情性理解，反而多加贬斥。

第三，局限于西欧事实，混淆国家与政府。

中世纪欧洲政治的根本特征是缺乏有效政府组织、管理的国家。到早期现代，一些强大的世俗君王开始强化其相对于其他权力的力量，陆续构建了国教、常备军、官僚机构、财政体系、司法机构等，这些构成了政府；政府以其权力进行战争，拓展疆域，"归化"人民，最终构造出内部有凝聚力的政治共同体，即国家。在这里，政府的形成过程确实等同于国家的构建过程。早期现代政治哲学家甚至预设"自然状态"，建立主权、政府等同于创造文明。

对于殖民地的国家构建，这种理论也是适用的。在被征服之前，这些地区的社会组织形态比较原始，征服性帝国为其带来现代政治、行政理念和组织；独立之后建立政府，以政治方式把原始的社会组织整合为国家。在这里，构建政府与构建国家也是同步的。美国就是典型的殖民者帝国：殖民者替代原住民，为自己制定宪法，建立政府，然后才有美国这个国家。

但对于中国这样的历史性国家来说，政府与国家是有明显区别的：国家是在漫长历史进程中形成的，人民、宗教和疆域是历史地给定的，政府则只是统治和管理的组织。因此，统治主体和制度完全有可能发生剧烈变化，国家却仍可保持恒定。这就决定了，其在现代转型中的任务只是构建"现代政府"，而非构建"国家"。唯有做出这一区分，才能比较准确地讨论历史性国家的现代转型。

总之，西方现代国家理论是在西方文明传统中，主要基于西方自身现代政治历史构建起来的；而国家是历史性的，文明是多元的；尤为重要的是，现代政治是世界性的，世界是体系化的，体系是支配性的，不同国家处在不同发展阶段，处在不同甚至相反的体系位置上，其国家生存、发展的逻辑必然不同。这些因素共同决定了，政治学必然有民族性、国家性、政治性，因而，西方现代国家理论只是一种带有一定普遍性的地方性知识而并非唯一的普遍性理论。分析中国的历史和现实，当然可引以为参考，但大可不必迷信膜拜。

因此，中国政治学必须建立自主知识体系，其基本路径是对中国政治事实进行概念化、理论化——这就是本书的目标；在此基础上，纳入广大第三世界的事实，并吸收西方理论，或可重构一个更为完善的普遍性政治理论。

第三节　本书的宗旨、方法与结构

在中国发展包括国家理论在内的政治学理论的有效途径是进入历史，因为中国有漫长的历史，且首先是政治的历史；这个历史也保持了明显的历史连续性，因而研究历史有助于理解当代政治。基于这些认识，笔者曾提出："对中国学者而言，历史政治学的议题大约有三：第一，完整地描述国家形态在中国的演变历史，以揭示当代国家形态之渊源，把握政治演变之趋势，探讨改善政治之方案；第二，通过历史的比较政治分析，充分发掘最为重要而突出的中国经验之理论意义，与其他文明的政治、国家进行分析，构建关于政治、国家的一般理论；第三，揭示中国与中国以外国家的政治互动过程，立足中国，研究世界政治体系演变的历史，以探讨中国为改善世界体系可发挥之积极作用。"[①] 本书就是围绕着这些方法论认识展开的研究的一个阶段性成果。

---

① 姚中秋.历史政治学的中国议题.中国政治学，2019（2）.

一、本书的宗旨和方法

本书宗旨是，带入历史（bring history back in），以理解中国型国家，主要是文教国家，进而依据中国事实，尝试重建一个包括国家理论在内的政治学理论体系。因此，本书的讨论是政治学的而非历史学的。我们当然会叙述历史，但目的不是建立历史叙事，而是建立政治学理论。为此，我们将努力对历史事实进行概念化，从历史过程和政治结构中提炼命题。基于这一考虑，本书各章节的历史叙事是跳跃性的，从古代跳跃到现代，从中国跳跃到西方，从事实跳跃到理论。这些跳跃服务于概念的提炼与理论命题的构建。

为了从历史中发展理论，本书主要采用了以下两种研究方法：

第一种，政治现象学方法。现代中国社会科学具有明显的教条主义倾向，以西方理论为教条。事实证明，这些教条并不具有普遍性，所以我们必须重建理论。西方理论是对西方事实的观念反映，那么要在中国重建理论，就需要首先返回中国事实。这就需要运用政治现象学的方法。这是历史政治学的一种操作性方法，即悬置既有理论——也就是西方理论，朝向事实本身。[1] 本书的首要任务就是尽可能准确地刻画中国事实，这是重建理论的前提。

第二种，宏观历史比较方法。社会科学不可能拿社会进行试验，因此其理论只能出自比较，对我们的研究而言，则是进行中国与西方，尤其是欧美之间的宏观历史比较。西方政治理论形成于西方历史之中，是西方思想者对其政治的历史与现实之观念表达。反思、超越西方政治理论，不能仅在理论中打转——这样做只能是被归化；有效的办法是跳出其理论，进入其据以构建理论的历史，并借助中国事实，对其进行反向观照。由此，我们就可以确认其理论之地方性，打破其普遍性神话；然后以中国事实进行理论的重构，发展更为普遍的理论。因为我们的目的是进行理论的反思

---

[1]　王海洲. 政治现象学：理论脉络与研究方法. 探索与争鸣，2019（10）.

和构建，所以我们的比较是宏观性的——在时间和空间上都是宏观的，我们将笼统地看待"西方"，并且经常打通古今；对中国事实的刻画同样是宏观的。

以历史发展理论，主要体现为对历史现象的概念化和命题化。概念化是命名，以一般性理论术语刻画具体历史现象和过程，尤其是历史上反复出现的、具有构成性意义的政治现象与过程。命题化是以政治学概念表述历史现象和过程的内在关系。唯有通过这些理论性努力，我们才能从历史中提炼出理论。在这一过程中，历史是历史政治学的矿石，通过我们的冶炼，生产出政治学理论。

历史政治学的概念化、理论化当然不是从头开始的，而是通过对西方理论的批判性超越进行的。即便运用政治现象学方法言说事实，也不可能不使用既有的概念和分析方法——而它们通常出自西方理论。但这种运用只是学术上的权宜之计，始于借用，经由引入中国事实，终于超越，对西式概念、命题予以拓展。比如，我们首先基于中国事实建立了"文教"概念，据此，把西方的对应物定性为"神教"，由此，也就重构了"普遍性宗教"概念——为其建立了一个新的分类框架，一般性宗教理论由此获得发展。历史政治学研究中国历史，不仅仅为了解释中国，同时也是为了批判西方既有理论，在中国发展更有普遍性的理论。

为进行这样的批判性超越，我们决意走出西方理论所构筑的价值牢笼，实现一次立场的哥白尼式翻转。现代社会科学诞生于19世纪中期的西欧，尤其是英国，而此时这些国家已初步完成工业化、构建了资本主义-帝国主义世界体系，并在其中享有霸权，包括意识形态和政治霸权。[①] 这样的社会科学把西方的现代国家形态树立为现代的、唯一正当的、必然普遍化的；现有西方社会科学的全部研究就奠基于如下判断：人类政治的历史已经终结于西式自由民主制度。西方学界研究非西方国家的政治，不论是现代的还是古代的，毫不掩饰其价值偏见；至关重要的是，这一价值立场也世界化了，哪怕中国学者研究中国传统、现代政治，也带有明显的西

---

① 姚中秋．西方思想学术霸权的形成、支配机制及其反抗者．江海学刊，2023（2）．

方式价值偏见，比如，确信中国古代政治是专制的、非理性的等。然而，一旦我们进入历史、面对现实并进行横向比较就会发现，古代中国的国家治理绩效基本上是优于西方的，当代中国的国家发展、治理绩效同样是优于西方的，中间的一百多年只是一个短暂的插曲。基于这一事实，我们转换立场，对中国型国家、对文教国家的研究不是批判性的而是解释性的，更进一步说是肯定性的。我们倾向于把中国作为尺度，以中国为方法，反向地考察西方的古代乃至于现代。只有当我们实现这一价值转向时，中国事实才能成为我们提炼新理论的珍贵矿石。

本书的研究是有现实关怀的。这是历史政治学不同于美国式历史社会学之处："历史社会学普遍奉行'价值中立'原则，以解释或理解社会变迁为己任；历史政治学有明确价值追求，本乎'资治'传统，以寻求善治之道为己任，从历史中寻找构建或改善政治秩序之方案。"[①] 我们的研究旨在通过揭示中国型国家的原理促成一种政治自觉，即放弃所谓"转型"观念，自主地完善历史地内生的国家形态。当然，在这个"世界历史的中国时刻"[②]，日益完善的中国型国家形态以及我们据此建立的政治理论，也完全有可能产生世界性作用，这也是我们倡导历史政治学的抱负之一。这并不是妄想：基于西方事实的政治理论在过去一百多年间推动了众多民族、国家的国家构建——包括中国，那么，基于中国事实的政治理论也完全有可能发挥这种改变世界的作用，重要的是我们能否构建出令人信服的理论，提供一种建立更好国家的理论蓝图。

二、本书的结构

书名已经表明本书的论述围绕两个关键词。第一个是"中国国家形态"。由于以下原因，它在人类历史上构成一种国家类型，故可称之为"中国型国家"：首先，从古到今数千年来，中国的国家形态保持了明显的

---

① 姚中秋.学科视野中的历史政治学：以历史社会学、政治史、比较政治学为参照.政治学研究，2020（1）.

② 姚中秋.世界历史的中国时刻.海口：海南出版社，2019.

历史连续性，其中有众多要素近乎保持恒定，既可见于尧舜时代，也可见于当代。其次，这个古今保持明显连续性的国家形态，与中国以外的国家形态——当然主要是对世界产生了巨大影响的西方的国家形态，有着广泛而深刻的差异。最明显而重要的差异体现于第二个关键词——"文教国家"。统一华夏诞生之时就是文教国家，经由孔子创立人类普遍性宗教的一种类型——"文教"，至秦汉与郡县制政治统治体制相结合，而基本完备，并以复杂的方式延续至今——当代中国就是一个现代文教国家，而非西方意义上的民族国家或者自由主义国家。本书通过深入分析文教国家的构成和运转机制，据以尝试提出新的国家理论。围绕这个主题，章节安排如下：

第一章讨论中国国家形态起源并保持连续性之条件。首先是地理条件，我们把中国划分为三个地理板块：适合农耕的东南（中原），位于西北、主要是草原的中国弧地带，介乎两者之间的农牧交错地带。历史上诸多重大政治突破都发生在最后一个地理板块，而面积广阔的中原农耕地区吸引中国弧地带如"滚雪球"一样持续卷入并被消化。其次是经济条件，最早的中国拥有相对独立而广阔的可耕地，故以农业为基本生业，国家以此为中心组织发展，成为"生产型国家"，相反，广义西方经常出现军事贸易型国家，19世纪后期以来的英国和20世纪后期以来的美国则是其高级形态——军事金融帝国。最后是宗教条件，统一的中国在诞生之时就确立以敬天为中心的复合宗教体系，由此走上"人文之治"道路，孔子文教就是在此宗教政治传统中发展出来的，正是它构成文教国家的宗教维度。

以敬天为中心的复合宗教体系引领中国意识从神灵世界转向人生世界，确认人是父母所生、所养的事实，进而把亲亲之情确认为道德的根基，把家确认为社会组织的基本单元，把生生不已确认为人生和共同体之基本价值，这些都对中国政治产生了决定性影响，第二章对此进行了多个维度的探讨。我们首先指出，中国型国家的组织原理是生生论的关系主义，通过肯定家内人伦与亲亲之情，确立了人的普遍合作倾向与组织倾向；接下来论证指出，中国型国家在构建以暴力为依托的政治统治机制之时，容纳了家、族，使得基于亲亲之情的博爱情感同样成为国家的基本联结纽带，因而中国型国家是有情意的政治共同体，两者看似相反的机制共同保持了国家的凝聚。

中国国家形态最明显的特征是超大规模，第三章阐明了这一事实，并分析了超大规模的大一统国家的整合机制，我们着重讨论了三种较为重要者：第一种，厚生主义政治经济体制，以国民的生存、发展与繁衍为根本宗旨组织和运转经济体系，为人群的生生不已创造物质条件；第二种，大一统理念，这是中国型国家的根本政治价值，我们引入国家整合理论分析秦汉之际三场政治论辩，全面地揭示大一统的内涵，尤其强调了其中的时间统绪维度；循此我们讨论了第三种机制，即主宰中国意识的历史政治理性——这也是我们倡导历史政治学的重要依据。

第四章在比较的视野中厘定文教与文教国家的概念。在雅斯贝斯所说的"轴心时代"（axial age），各古典文明均有精神突破，多数是创建一神教，孔子却自成一格，以历史地积累形成的六经（秦之后多言五经）之文教导弟子，教其以成人之道，是为文教。文教与神教是人类普遍性宗教的两大基本类型。文教可以涵摄神教，故文教国家形成了"一个文教、多种神教，众神教统于文教"的复合格局。最后我们分析了文教的重要功能：通过"绝地天通"机制，治理各种神教。

第五章论述文教国家的建立过程与基本结构。宏观地看，文教国家经由三个历史关键节点形成：孔子创立普遍性宗教——文教，秦始皇在超大规模疆域上建立皇权官僚郡县制国家，汉武帝展开"第二次建国"，融合两者，最终构建文教国家。我们发现，后世王朝更替，普遍有此第二次建国环节，这清楚地呈现了文教国家的历史必然性。在文教国家构建过程中，士人群体发挥了主体能动作用，我们以文翁兴学于蜀郡为例对此进行分析。最后在中西比较视野下分析了文教国家的政、教关系，概括出"政教兼体而分用"这样的结构性特征。

第六章研究文教国家的为政者——先进性领导者。我们首先指出，古典的君子、儒教所养成之士人，就是中国型国家的"积极公民"。随后我们对文教国家所特有的政治能动主体——士大夫，进行历史政治学分析，指出其统合了韦伯意义上的理性化官僚、政治家以及教化者身份，可定性为"领导性治理者"。士人-士大夫是道德-知识上的先进分子，当代的党员-干部与之保持了比较明显的连续性。

第七章讨论文教国家的治理机制。我们首先揭示了文教国家治理机制的突出特征：多元一体。随后比较细致地讨论了礼治，强调礼治与政治权力之间的复杂互动关系，据此揭示礼治在郡县制的文教国家内部的作用范围和机制，认为其功能在于塑造和维系有情意的共同体生活。最后讨论文教所塑造之普遍秩序——东亚天下秩序，相比于以往的相关研究，我们强调了文教国家形态的普遍性维度，也就间接证成了现代文教国家普遍化的可能。

全书的结论一章则通过宏观历史比较揭示了文教国家形态之普遍理论意义，尤其是突出了其现实的实践意义。我们认为，从构造原理和绩效上看，文教国家既优于西方古代的神教统治秩序，也优于现代西方的民族国家、自由主义国家——而这被普遍视为现代国家的"正统"，但本书的研究否证了这一偏见。相反，如果以文教国家为尺度来衡量，我们可以说，西方式民族国家、自由主义国家其实都是其现代国家构建不够成功的产物。据此我们得出结论：应当全面、认真地研究古、今文教国家，据以发展新的国家理论，它不仅可以更好地解释中国，也可以作为进行新的比较性研究的尺度。在百年未有之大变局时代，这一理论具有重要实践价值，或可推动新的一轮世界性国家建设运动，即文教国家的普遍化。

第一章

中国国家形态的地理、经济和宗教基础

国家作为一种上层建筑，必然是在特定历史条件下形成和发展的。首先是地理条件，地理条件决定人口的生业形态，构成国家形态的经济基础；其次这两者又决定宗教的基本取向，构成国家形态的宗教基础。本书所讨论的对象——中国型国家，及其在秦汉之际所凝定的形态——文教国家，就是在亚欧大陆东部这一特定地理空间内形成的，生活在其核心地带即"中原"的人口主要以农业作为生业，并形成以敬天为中心的复合宗教体系。这三者影响了中国型国家的形成，并构成此后历史演变的结构性约束，使其形态保持了显著的历史连续性。

第一节　一阴一阳之谓中国：中国政治演进的地理动力

国家是存身于特定疆域的。地理决定论当然是过甚其词的，但疆域确实在内外两个维度上广泛而深刻地影响国家的起源、演变和结构。内部的地理条件决定居民的生业、交通、居住方式等，有可耕地才有可能发展种植业，草原则只能形成游牧业，处在交通要道上则可发展商业、贸易。外部的地缘环境决定共同体的对外交往方式、安全系数，比如在冷兵器时代，牧人对定居农业族群拥有战争优势，若后者的可耕地面积过小，可养活的人口过少，就会被牧人征服。中国这个国家的显著特征是可大可久，这得益于中国比较优越的内部地理条件和地缘环境。

人类古典文明发源于亚欧大陆（含北非）也即所谓的"世界岛"，由于帕米尔高原和喜马拉雅山脉之阻隔，东西交往不便，乃生成两种不同类型的文明：在"世界岛"东端相对独立的地理单元内，中国自成一体；西方各地交往便利，其古典文明间多见传播、交融之事，可统归一类，是为广义西方。中国内部又有两个地理和文化上的子系统，借用易学的表述，所谓一体涵阴、阳。此在地理上显而易见，可以燕山、阴山、贺兰山、邛崃山为界，分中国为两部分：此线以东、以南地区为"华夏（或中原）"，因其在南、在东，当为阳，但其地势较低，亦可谓之阴；此线以北、以西为中国弧地带，因其在北、在西，当为阴，但其地势较高，亦可为阳。故阴、阳并非固定，重要的是，确可分阴、分阳。

这一分界线与"胡焕庸线"有所不同：胡线是东北-西南走向的直线，此处所划阴阳分界线则为曲线，其样态颇类于古人所画"阴阳图"，但转动方向不同，与山西襄汾县陶寺遗址出土之彩绘龙纹陶盘中的龙纹转动方向一致。

略加观察即可发现，西北阳面之中心在三江源，一源分出长江、黄河和澜沧三江，其在阳面，却滋养阴面文明之发育，阴阳互涵之意甚明。阴面之中心在虞、夏最初立国之晋南、豫西，此为中国最早凝定之地。

就面积而言，阴、阳两面明显失调。但若加上人居条件和人口因素，大小、多寡相互抵消，则两面大体平衡。东南在亚热带、温带，有或大或小的河流冲积平原，适合发展种植农业；西北以干旱、寒冷的高原为主，人口以游牧、渔猎和高原农业谋生。

两地自然条件不同，人民生业不同，则其社会组织和文化必定不同。但两者不是自我封闭的。恰恰因为一阴一阳，其性相异，两者必定相感、互动。总体上，西北族群所从事的产业之效率低下，无以自足，其生计所需重要物品如金属甚至粮食，需从外部输入，用于标志社会等级的奢侈品更是如此。且西、北地区生态环境脆弱，一旦遭遇气候变化，如异常的冷、干气候，人民难以生存，必然南下。因此，西北族群主动交感于东南族群之动力更为充分。东、南农业族群大体可以自足，但亦有仰赖于西北之处，最为重要的是，作为重要的交通和战争工具之马匹，来自西北。总体上，两者相互需求，而西北有求于东南地区者略多，故历史上阴阳互感之动力多首发于西北，此即所谓阳性动而阴性静也。

文化上的阴阳互感，必展开于特定地理范围，此即阴阳交接区域，可谓之"阴阳交感地带"，具体为今甘肃东部，陕西西、北部，山西、河北北部，内蒙古河套地区、东部草原，以及辽宁西部，呈现为一弧形地带，可谓中国弧地带。古代长城就在这一地带，亦可谓长城地带。自然条件决定此处为介于农业区和牧业区之间的亦农亦牧地带。[①] 这是东南农业区与西北高原区互动之地，可以是和平的交易场所，也可以是相互争夺的战场所在。三代之时，此地活跃着众多山地牧人族群，常向南、向东与农业区族群发生冲突。战国以后，草原游牧民族形成，则以此地为进入农业区之跳板，这里也成为草原民族与农业民族反复争夺之地。

借用《周易·系辞上》"一阴一阳之谓道"的表述，在政治上、文化上我们也可以说：一阴一阳之谓中国。中国历史上具有突破意义的重大制度创新，多由生存于阴阳互感弧形地带之族群率先突破，此即《周易·系辞下》所谓"变"。不过，最终仍需借东南地区更为发达的文化传统予以充实、完善，此即所谓"通其变"，最终推动整个中国趋向于良好秩序。以下试以阴阳交感、互动模式，对中国历史上几个关键节点略作分析，以见地理、文化意义上一阴一阳相互交感之神妙。

一、华夏国家诞生于阴阳互感

孔子删定《尚书》，断自尧舜，盖孔子以为中国诞生于尧舜时代。《尧典》曰："克明俊德，以亲九族。九族既睦，平章百姓。百姓昭明，协和万邦。"众多族群、邦国之聚合而有中国。哪些族群？何方邦国？去古未远的司马迁已感慨，上古茫昧，文献不足。然而，20世纪以来诸多重大考古发现，已初步展现中国诞生的过程。

传世文献多以为"尧都平阳"，20世纪最有理论意识、文明自觉的考古学家苏秉琦先生以为，其地可对应于近年来发掘的山西襄汾县陶寺遗址，此遗址"是迄今中原地区考古发现唯一较早近似社会分化达到国家

① 唐晓峰认为，古代中国北方有三元人文地理结构：汉族农业地带、戎狄混合经济地带、匈奴草原游牧经济地带。参见：唐晓峰.先秦时期晋陕北部的戎狄与古代北方的三元人文地理结构.地理研究，2003（5）.

（古国）规模的大遗址，绝对年代距今 4 500 年前后，与《史记·五帝本纪》后半的尧舜禹从洪水到治水、从治水不成功到成功的时期大致吻合"①。据此似可认定陶寺为尧舜王天下之都也。

苏秉琦又指出，陶寺遗址是"多种文化融合产生的文明火花，如从国家形成模式看，它是以外部因素影响为主形成的次生型'古国'的典型实例。陶寺遗址发现的鼍、鬲、彩绘龙纹陶盘，彩绘、朱绘黑皮陶器，包含北方因素，根与北方有关"②。此北方指燕山北侧地区的红山文化地区，主体位于今赤峰市、通辽市、朝阳市。

苏秉琦分析北方因素进入陶寺的路径曰："我们似还可以作进一步理解：距今 7 000—5 000 年间，源于华山脚下的仰韶文化庙底沟类型，通过一条呈'S'型的西南-东北向通道，沿黄河、汾河和太行山山麓上溯，在山西、河北北部桑干河上游至内蒙古河曲地带，同源于燕山北侧的大凌河的红山文化碰撞，实现了花与龙的结合，又同河曲地区古文化结合产生三袋足器，这一系列新文化因素在距今 5 000—4 000 年间又沿汾河南下，在晋南同来自四方（主要是东方、东南方）的其他文化再次结合，这就是陶寺。"③

此处提及两次文化融合。第一次是成熟于华山脚下的文明之北上："在距今五六千年间，源于关中盆地的仰韶文化的一个支系，即以成熟型玫瑰花图案彩陶盆为主要特征的庙底沟类型，与源于辽西走廊遍及燕山以北西辽河和大凌河流域的红山文化的一个支系，即以龙形（包括鳞纹）图案彩陶和压印纹陶的瓮罐为主要特征的红山后类型，这两个出自母体文化，而比其他支系有更强生命力的优生支系，一南一北各自向外延伸到更广、更远的扩散面。它们终于在河北省西北部相遇，然后在辽西大凌河上游重合，产生了以龙纹与花结合的图案彩陶为主要特征的文化群体。红山文化坛、庙、冢就是它们相遇后迸发出的'火花'所导致的社会文化飞跃发展的迹象。"④ 以上考古学所揭示的，乃中国文明诞生过程中的第一轮阴

---

①②　苏秉琦. 中国文明起源新探. 北京：人民出版社，2013：118.

③　同①118 - 119.

④　同①90.

阳互感。

第二轮阴阳互感、文化融合则是河套地区之北方文化南下："源于关中，作为仰韶文化主要特征器物之一的尖底瓶，与源于河套地区土著文化的蛋形瓮结合，诱发了三袋足器的诞生"，此即鬲，为中国古文化所独有的器物。① 此器广泛传播，遍及大半个中国，推动中国进入考古学上的"龙山化"时代，而这正是中国诞生之前一幕。

越来越多的考古学家相信，参与中国诞生的北方文化因素，似即传世文献所说之黄帝。传世文献所记黄帝之事多在燕山南北长城地带，《史记·五帝本纪》所记黄帝与炎帝之间的战争，"与考古学上以红山文化与仰韶文化这一南北之间主要文化关系及其重大影响，两者惊人的吻合"②。

可见，在华夏国家形成过程中，燕辽地区发挥了极重要作用，苏秉琦先生强调，"辽西地区的'北方古文化'不能认为是或仅仅是'中原古文化'衍生的一个支系或地方变体，我们绝不可低估辽西地区、河套地区'北方古文化'在我'中华古文化'形成发展中所曾起过的作用"③。

燕辽地区何以如此重要？苏秉琦分析其原因时曰："在史前时代，这里的社会发展曾居于领先地位"④，原因在于，此地带属《尚书·禹贡》所说冀州，"厥土惟白壤"，也即"沙质土壤易于开发"，这在农业工具主要为石器的旱作农业时代，占有优势。⑤ 此地生产力水平较高，农业产生足够剩余，礼乐文明乃较早成熟，"以祭坛、女神庙、积石冢群和成批成套的玉质礼器为标志"，"早期城邦式的原始国家已经产生"。与此形成对比，同时代的中原地区，迄今尚未发现同一水平的礼制。⑥ 苏秉琦又指出："但也许正是这一原因，这一带的地力也最先遭到破坏，水土流失早……所以到红山文化以后，农区衰退，文化中心也向南、向西转移。"⑦ 其族群由此进入冀北张家口一带，再进入晋南，与其他文化聚合而

---

① 苏秉琦. 中国文明起源新探. 北京：人民出版社，2013：35.

② 郭大顺. 追寻五帝：揭幕中国历史纪元的开篇. 沈阳：辽宁人民出版社，2010：123.

③ 同①72.

④⑤ 同①100.

⑥ 同①102.

⑦ 同①100 - 101.

成中国。

故《史记·五帝本纪》以黄帝为首，确有所本；其所记黄帝之所行，确契合于北方民族之习性，如"教熊罴貔貅貙虎"，此习可见于东北渔猎民族；"迁徙往来无常处，以师兵为营卫"，后世北方民族多有此习惯；"官名皆以云命，为云师"，北方高原上空无一物，唯云之变幻最为醒目，红山文化玉器中也多有勾云形器；又谓黄帝有二子，"其后皆有天下：其一曰玄嚣，是为青阳，青阳降居江水；其二曰昌意，降居若水"。"降"常指从北方南下。

当然，综合《史记·五帝本纪》和《尚书》记载，或许可以说，黄帝虽开启了构建华夏王制国家之事业，但未能凝定之，最终则由尧舜通过融汇东方文化完成之。

据《尚书·尧典》，帝尧对于构建中国有三大功：第一，以其大德，初步建立华夏国家，即本节开头所引。第二，"乃命羲和，钦若昊天"。树立敬天，以为华夏信仰之本，进而"历象日月星辰，敬授民时"，治历明时。第三，开始治水事业，任命鲧治水。

接下来，四岳推举舜为王位继承人。孟子曰："舜生于诸冯，迁于负夏，卒于鸣条，东夷之人也。"（《孟子·离娄下》）舜来自黄河下游，从考古学上看，当属山东龙山文化。此地在黄河下游，洪水泛滥，舜乃率其族群西迁至于晋南，这可以解释何以今日山东济南和晋东南均有舜之传说。由此，东、西方文化融汇于晋南。

由《尚书·舜典》可见舜为华夏国家之立法者：舜本身以大孝闻名于天下，其被举荐为王，标志着新生的华夏国家立孝教为普遍的教化之道。上任之后，舜立刻祭祀天与各种神灵，建立祀典；巡守四方，与诸侯共同制礼；又作刑，并执行之，"流共工于幽州，放驩兜于崇山，窜三苗于三危，殛鲧于羽山，四罪而天下咸服"；尧崩之后，舜正式继位，建立政府。舜所任命之人多数来自东方和东南方，黄河下游和淮河流域各族群之代表；代舜而兴的禹，即来自淮河流域，其源头甚至是在太湖流域的良渚文化。①

---

① 对这一点的论述，参见：郭大顺. 追寻五帝：揭幕中国历史纪元的开篇. 沈阳：辽宁人民出版社，2010：51-60.

也就是说，华夏国家教化、法制完备于舜，舜带来东方地区发达的文化，融会贯通，创制立法，此可谓阴阳互感、文化融合之第三轮。帝尧融汇渭河、汾河流域文化和北方文化初建华夏国家之骨干，舜带领东方、东南方圣贤君子则使这个初生的华夏血肉丰满。

尧舜缔造单一政治体，内部组织化程度提高，文明演进速度加快；相形之下，未加入此政治体的诸多族群则日见野蛮，由此而有文明意义的华夏与蛮夷戎狄之别，且重新分配居住地：华夏凭其较强组织力，在平原上扩展；蛮夷戎狄被排挤至山区。于是，此前文化程度相当的各族群互感的地带，转化成有明显文明程度之别的华夷交错、争夺地带，后世长城正位于华夏与西、北戎狄争夺之地带。

总结以上所述，华夏国家之诞生经历了多轮阴阳互感：来自黄河中游地区的诸多文化北上与当地文化融汇，在燕辽地区形成高度发达的红山文化；此文化南下，与来自黄河下游、长江下游的文化融合于晋南、豫西，而有华夏国家之诞生。后人以豫西伊洛地区为天下之"中"，良有以也；此地也正是中国之阳即东南面之中心。也就是说，华夏国家本身是来自广阔地域的多种不同文化相互碰撞、融汇之产物，西方、北方、东方、东南方的文化汇聚一处，圣人和而不同，多元合为一体，故中国诞生之初就是费孝通所说的"多元一体"格局。① 也因此，中国是有"中"的，四方辐辏于中，构成中国历史演进之大势。② 正是这种向"中"辐辏的力量，又造就此后多次阴阳互感。

二、周"文"完备于阴阳互感

呈现为弧形的阴阳互感地带，是海洋秩序兴起之前中国与中国以外文明"交易"的地带。当时世界主要文明集中于亚欧非大陆，中国位于其东端，故华夏远距离对外交易主要向西展开，周人正是凭借其交易优势，兴起于西部。

---

① 费孝通.中华民族多元一体格局：修订本.北京：中央民族大学出版社，1999.
② 姚中秋.原治道：《尚书》典谟义疏.北京：商务印书馆，2019：第五章.

　　周人祖先为弃，《史记·周本纪》记，帝舜"封弃于邰，号曰后稷，别姓姬氏"，邰在今西安以西的武功县。此地距离虞夏活动中心区域晋南、豫西有六七百里之远。华夏之王何以任命僻在西方之周人"播时百谷"？因为周人最早掌握了一种重要农作物——麦——的种植技术。传世文献已明言麦类作物系由外部传入华夏，《诗经·周颂·思文》讴歌弃之功业曰："思文后稷，克配彼天。立我烝民，莫匪尔极。贻我来牟，帝命率育。无此疆尔界，陈常于时夏。""来"即小麦，所谓"牟"即大麦。"麦"的本字即为"来"，古人造字已指明麦是从外部来到华夏的，作为"到来"之"来"，系由此引申。

　　全球有三大农业起源中心：第一个是中国，北方培育了世界上最早的粟、黍、菽（豆类），南方培育了世界上最早的水稻；第二个是西亚，最早培育出小麦；第三个则是美洲，培育出玉米、薯类。大约在龙山文化时代，麦类作物通过北方草原大通道传入中国。而在华夏各族群中，周人在最西北，故得以最先接触、种植小麦，以此闻名于华夏。帝舜命弃为后稷，将其种植技术推广到华夏中心区域，此后逐渐成为北方重要农作物。凭借这一功德，周人在华夏诸多族群中兴起，最终成就王业。

　　此后，周人一直活动在阴阳互感地带。据《史记·周本纪》记载，后稷最初立国于邰，夏后氏政衰，其族群乃窜于戎狄之间，约在今甘肃庆阳一带，则必有戎狄化过程，其生业大约也有所调整，或以畜牧为主。约至商前期，"公刘虽在戎狄之间，复修后稷之业，务耕种，行地宜"，周人逐渐恢复种植业，这很可能是因为气候变得暖湿，但畜牧可能在其经济生活中仍占重要地位。"公刘卒，子庆节立，国于豳"，约在今陕西彬县，这显示其已向南迁徙。到古公亶父时代，已在殷后期，"复修后稷、公刘之业"，周人决计全面恢复种植业。由此引发其与当地人的文明冲突，于是"薰育戎狄攻之"。周人乃南迁至于岐下，已在关中渭河北岸，"于是古公乃贬戎狄之俗，而营筑城郭室屋，而邑别居之。作五官有司"，至此，周人在经济和文明上完全恢复华夏文化。

　　周人本为华夏重要族群，但有过戎狄化、再华夏化的过程。此后四五千年，在阴阳互感地带，如此故事反复发生。而总体趋势是，蛮夷戎狄持续地华夏化。毕竟，相对于蛮夷戎狄，华夏的文明程度更高，为蛮夷戎狄所向往，通过各种方式努力进入华夏，辐辏于"中"，这就形成费孝通所说的中国作为文明与政治共同体的"滚雪球式"扩展之势[①]或赵汀阳所说的"旋涡模式"[②]。

正是由于这一在文化地理上的反复过程，周人得以完整地体认一阴一阳之中国，对中原文化和戎狄文化皆有把握，故能涵摄东南文明可取之处，同时掌握应对戎狄之道。周人在殷人治下即得以扩展其影响力，恐怕主要就是因为其掌握应对戎狄之道，此为面临戎狄威胁的殷人所迫切需要的，故季历、文王得以为"西伯"。同样因为对戎狄有较深认识，故武王、周公克殷之后，虽倾向于"宅兹中国，自之乂民"[③]，以位居华夏之中心位置的洛邑为成周，终未放弃关中故地，而以丰镐为宗周，以防御西、北方向的戎狄。由《诗经》《史记·周本纪》可见，有周一代，戎狄的威胁始终存在。

在成周，周公从容地制礼作乐，兼具阴阳之德。孔子论三代礼乐之别曰："夏道尊命，事鬼敬神而远之，近人而忠焉，先禄而后威，先赏而后罚，亲而不尊；其民之敝：蠢而愚，乔而野，朴而不文。殷人尊神，率民以事神，先鬼而后礼，先罚而后赏，尊而不亲；其民之敝：荡而不静，胜而无耻。周人尊礼尚施，事鬼敬神而远之，近人而忠焉，其赏罚用爵列，亲而不尊；其民之敝：利而巧，文而不惭，贼而蔽。"（《礼记·表记》）夏文化中心在晋南、豫西北，距阴阳交感地带不远，质朴而不免简陋。商人起于东方，勤于事鬼神，崇尚严刑峻法。周人则有一大变，子曰："周监于二代，郁郁乎文哉！吾从周。"（《论语·八佾》）周人回归夏道，远鬼神而近人，崇尚德行而重视礼制；但也接纳了较为发达的殷商之礼，只是变其事鬼神之礼制为人际的亲亲、尊尊之礼，由此建立完备的封建之制。

总之，周人往来于华夏与戎狄之间，综合两地文化，兴起于阴阳互感

---

① 费孝通．中华民族多元一体格局：修订本．北京：中央民族大学出版社，1999：4.
② 赵汀阳．惠此中国：作为一个神性概念的中国．北京：中信出版社，2016：第一章.
③ 周成王时青铜器何尊铭文。

地带；革东方殷商之命后，综合东、西两种文化，因乎东方殷商之礼乐，化之以其刚健清新之风，华夏礼乐文明由此进入完备状态。经由孔子之"从周"，周代礼乐及其所养成的君子，构成华夏文明之坚实基础。

三、秦汉郡县制成熟于阴阳互感

近千年以后，同样兴起于阴阳互感地带的秦人，再度给华夏带来新的治理模式。

《史记·秦本纪》记，秦人祖先本在东夷，舜命伯夷为虞，管理王室之上下草木鸟兽，而其"子孙或在中国，或在夷狄"。可见，秦人祖先实为牧人。殷商后期，秦人先祖则"在西戎，保西垂"。其后，"蜚廉为纣石北方"（《史记·秦本纪》），可见其活动区域已逐渐转移至西、北方，进入阴阳互感地带。秦人发展历史上具有里程碑意义的人物是造父："造父以善御幸于周缪王，得骥、温骊、骅骝、騄耳之驷，西巡狩，乐而忘归。徐偃王作乱，造父为缪王御，长驱归周，一日千里以救乱。缪王以赵城封造父，造父族由此为赵氏。"（《史记·秦本纪》）造父得以深入西域，西戎之地也；其受封之赵城，则在今山西洪洞县，正在华夏与北狄交错之地。

入周，"非子居犬丘，好马及畜，善养息之。犬丘人言之周孝王，孝王召使主马于汧渭之间，马大蕃息"（《史记·秦本纪》）。秦人以畜牧为主业。周王乃命其"邑之秦"（《史记·秦本纪》），在今甘肃清水县秦亭，六盘山西麓。由此，秦人开始华夏化，为保卫周王室，与西戎频繁发生冲突："周宣王即位，乃以秦仲为大夫，诛西戎。"（《史记·秦本纪》）秦人的华夏化进程快速推进，毛诗《秦风》第一首《车辚》序曰："有车马、礼乐、侍御之好焉。"

然而，戎狄势力强大，"西戎犬戎与申侯伐周，杀幽王郦山下。而秦襄公将兵救周，战甚力，有功。周避犬戎难，东徙雒邑，襄公以兵送周平王。平王封襄公为诸侯，赐之岐以西之地"（《史记·秦本纪》）。秦襄公之国在今甘肃礼县，秦更进一步华夏化，《秦风》第二首《驷驖》序曰："始命有田狩之事，园囿之乐焉"；第三首《小戎》序曰："备其兵甲，以讨西戎。"此后，秦向东发展，至秦穆公，甚至与晋争霸。

但在崤之战中，秦遭遇失败，转而走上再戎狄化之路，秦穆公重用戎王之使由余，"由余，其先晋人也，亡入戎，能晋言"（《史记·秦本纪》），其对秦穆公，公然否定华夏礼乐，肯定戎夷之治："上含淳德以遇其下，下怀忠信以事其上，一国之政犹一身之治"（《史记·秦本纪》）。而秦穆公欣然从之，"秦用由余谋伐戎王，益国十二，开地千里，遂霸西戎"（《史记·秦本纪》）。然而，秦也由此走上戎狄化之路，在礼乐上即为反乎周道，大量使用人殉，"缪公卒，葬雍。从死者百七十七人"（《史记·秦本纪》）。此后，"秦僻在雍州，不与中国诸侯之会盟，夷翟遇之"（《史记·秦本纪》）。

秦孝公继位之初，再度开启华夏化过程，"于是乃出兵东围陕城，西斩戎之獂王"（《史记·秦本纪》）。重用公孙鞅（商鞅），"商君者，卫之诸庶孽公子也"（《史记·商君列传》），卫本为康叔之国，与鲁为兄弟之国，于天下诸侯中礼乐较为完备；"鞅少好刑名之学，事魏相公叔座为中庶子"（《史记·商君列传》），而刑名之学最早出现于魏，系由孔门子夏之学转出，魏于列国之中最早变法，颇见成效，商鞅正是带着这些知识到秦，推行新法度的。

由于秦僻处西垂，封建传统淡薄，公室权威强大，故新法得以彻底推行，乃第一个形成完备的国王以科层官僚治理万民之政制。借此制度，秦人最早实现富强，最终扫灭东方各国，一统天下，建立郡县制，此为国家治理模式之大变。

秦人虽创建新制，却二世而亡。而后楚人兴起，从陈胜吴广到项羽、刘邦，皆楚人也，乃恢复封建制。但在人口繁密、往来便利的时代，封建之制显然已经过时，先是刘氏诛杀异姓王，而后刘氏诸王迭有谋反之事，景帝平定七国之乱，武帝行"推恩令"，削弱诸侯，终究还是回到了郡县制正轨。

但郡县制度之最终稳定，有赖于士人入仕之制度化。刘邦立国之后，治理较为宽松，学术得以恢复，士人群体随之壮大。至汉武帝时，推动复古更化，立王官学，兴学校，行察举之制，士君子得以大量成为各级政府官员，"则公卿大夫士吏斌斌多文学之士矣"（《史记·儒林列传》）。这就形成本书所讨论的"文教国家"，秦所初创之郡县制乃得以稳定，且行之两千余年。

同时，位于长江流域的南方楚地文化大规模北上。长江流域的早期文明甚至比北方更为发达，但后来由于气候变化，其人民迁居于中原，其地乃成为"南蛮"，与中原华夏国家拉开距离。到春秋中后期，楚人兴起，接受中原文化，但融合其巫教习俗，而成就其独特的地方文化，屈原《楚辞》可为代表。秦末大乱，项羽、刘邦集团均出自楚地。故汉立国之后，楚文化大举北上，影响皇家音乐、文学。

学者于周秦之变多有关注，然秦汉之间亦有大变。秦人兴起于阴阳互感地带，以东方最早出现的县制运用于西方，初建王权制国家，实现富强，横扫东方六国，代周而恢复一统，普行郡县制于天下。然而，郡县天下治理之定型却在汉武帝复古更化之后，为郡县制国家注入黄河下游繁荣的三代文化精髓，以其所养成的士人为治理主体，天下始得以安定。此前数千年间所形成的地域性文化，至此混融为一体的中国文化，并在政治上凝定了中国的主体民族——汉族。

四、清朝合阴阳两区为一体

考察中国历史可以发现，阴阳二面互感、互动之历程大体可划分为三个阶段。

第一个阶段，虞、夏、商、周时代，阴阳互感发生在西方、西北。彼时戎狄活跃于华夏中心区域之西（靠近阴面中心三江源）和西北：周人曾面临戎狄压迫，其在当时华夏之西北；秦人曾为周人防御戎狄，则在华夏正西。

总体上，早期戎狄生活于华夏周边山地中，即陇东山地、关中以北山地、山西汾河盆地两侧山地中，由此形成其群落分散的特征，如太史公所说，春秋时代，"自陇以西有绵诸、绲戎、翟、獂之戎，岐、梁山、泾、漆之北有义渠、大荔、乌氏、朐衍之戎。而晋北有林胡、楼烦之戎，燕北有东胡、山戎。各分散居溪谷，自有君长，往往而聚者百有馀戎，然莫能相一"（《史记·匈奴列传》）。至于华夏各邦，则生活在几块相连的河谷盆地和河流冲积平原，交通便利，有利于维护统一；可耕地广大，农业发达，人口繁庶；故相对于戎狄，华夏拥有较大战略优势和经济优势，可有效抵御之，并部分同化之。

第二个阶段，战国以后，阴阳互感转至北方。彼时，华夏诸国不断扩张，戎狄部分华夏化，部分被排挤到蒙古高原上，其生业游牧化，其生产形态、社会组织形态与华夏完全不同。夷夏形势乃有一大变。

蒙古草原上的牧民逐水草而居，故各族群之间普遍处于离散状态，政治组织水平极低。华夏保持统一时，常对其施加较大压力，自保本能促使其联合。而从大兴安岭到天山之间无高山大河阻隔，有利于诸部整合为一。故历史上，华夏政治统一，常与草原统一相先后①：秦建立统一的郡县制秩序时，北方草原上形成了匈奴主导的第一个统一的游牧民族政治体；隋唐再度统一时，北方草原上形成统一的突厥政治体。尽管如此，草原游牧民族纵横驰骋于上万里的弧形草原地带，过大的地理范围不利于其提升政治组织水平，故匈奴、突厥只能进行快进快出的掠夺，而无力进入华夏，撼动华夏中心。最终，匈奴、突厥也被汉、唐击溃。

中古时代，对华夏构成真正威胁者实为"胡人"，即内迁的北方草原民族。汉、唐两朝将其安置于阴阳互感地带，如陕西北部、河套地区、山西、河北北部，本意是防御其外部之戎狄，所谓"为汉保塞"。然而，当华夏政治出现混乱时，胡人滋生政治野心，利用其接近外阴面中游牧族群的有利态势，逐鹿中原，由此而有董卓之乱、五胡乱华、安史之乱，以及河朔藩镇之割据。此时，阴阳互感地带成为中国动荡之源，经由胡人的中介，游牧民族进入华夏，祸乱黄河中游的华夏核心区域。

遭遇胡人连续冲击，自三国始，华夏中心区域人口被迫向南方迁徙。隋唐成为中国经济地理演进之转折点：南方的文化、经济力量超过北方，传统华夏的中心区域，即渭河流域、汾河流域、黄河中下游则逐渐衰败、

---

① 对此的详尽论述，参见：巴菲尔德. 危险的边疆：游牧帝国与中国. 南京：江苏人民出版社，2011：11-14.

空虚，夷夏关系由此进入第三个阶段。

第三个阶段，中唐之后，阴阳互感转至东北。

据《尚书·禹贡》记，虞夏之时，冀州为华夏中心区域，晋南在其中，斜向伸展，经燕山两侧至今日东北渤海之滨。九州之划分显示，在黄帝尧舜时代，这一片地区构成同一政治、文化互动空间。秦、汉也有能力经略东北，比如汉代的右北平郡远在燕山以北，今赤峰市宁城县境内，后来的辽中京城即在其东北三四十千米开外。

但此后，随着人口南迁，文化经济中心向南转移，华夏逐渐丧失经营东北的能力，戎狄乃得以在北偏东的华夏当面从容发育，并拥有较为强大的政治统治能力。鲜卑已预示了后世中国边患兴起之地：草原东端，大兴安岭西麓，今呼伦贝尔大草原；或东北平原、山地。只不过，鲜卑仍先立都于华夏正北的平城，今山西大同；然后南下，立都于洛阳，治理整个北方，这是北方民族第一次统治黄河流域。后来的契丹、女真均兴起于东北，蒙古也从草原东端兴起，成吉思汗称大汗于鄂嫩河，而后向西扩张。

纵观几千年夷夏互动历史，由东北兴起的北方民族社会之组织化程度最高，军事政治能力最强，且呈现逐渐递增的趋势，从而得以逐渐扩展其统治范围：辽与北宋对峙于今河北中部白沟一线，金与南宋对峙于淮河-秦岭一线，最终，蒙古人和满人建立了大一统的元朝和清朝。此中值得注意者，加上鲜卑，入中国之统的北方民族全部兴起于燕辽及其以北地区。①

何以如此？关键在于理解燕辽地区的重要战略地位。在华夏凝定过程中，此地区是重要的文化融合舞台；在过去一千多年间，类似作用再度体现。盖因此地是农、牧、渔混合区，故为北方民族整合之最佳地点。

蒙古高原西部多为沙漠戈壁，生态较好的大面积连片草场均在燕辽地区及其以北，如紧邻燕辽地区的科尔沁草原、乌兰察布草原，往北的呼伦贝尔草原，往西的锡林郭勒草原。草原游牧人口主要聚集于此，故为支配

---

① 苏秉琦说："认识到以燕山南北长城地带为重心的北方地区在中国古文明缔造史上的特殊地位和作用。中国统一多民族国家形成的一连串问题，似乎最集中地反映在这里，不仅秦以前如此，就是以后，从南北朝到辽、金、元、明、清，许多重头戏都是在这个舞台上演出的。"（苏秉琦.中国文明起源新探.北京：人民出版社，2013：35）

整个草原力量的最佳支点。燕辽地区可向东、北直通东北渔猎地区，向北、西则是草原游牧地区，两者生活习性有相近之处，容易结盟，建立统一政治体，渔猎民族常为领导者。盖因其过定居生活，社会组织化程度一般高于游牧民族，鲜卑、契丹、女真似均为渔猎民族；其有政治自觉之后，由东而西，进入草原，整合游牧民族，而后在燕辽地区集结，联手南下。

同时，燕辽地区是谷物种植业所能到达之最北端，常有汉人在此定居生活，其社会组织化水平高于蒙古草原和东北渔猎地区。唯其孤悬塞外，极易为北方民族所占。北方民族至此，即可招募华北之汉人，包括其士人，学习中国之教与政，局部地华夏化，改进其生产形态，改造其较为原始的组织，大幅度提高社会组织化水平。

因此，燕辽地区是北方游牧、渔猎民族南下之根据地。北方民族进据此地后，得到中原文化的滋养，政治组织快速进化，军事能力大幅度提高。由此，积累南下之力，首先统治华夏北方，进而统治整个华夏，入中国之统。

当然，就地理而言，由此南下也最为便利。此地与华夏的天然阻隔是燕山。而华夏文化经济中心南迁之后，在燕山一线组织防御的经济成本极高，北方民族以较低成本持续骚扰、进攻，终能攻破之；只要越过燕山，即为大平原，平原地区的社会组织已然松动、软化，无力组织有效的抵御。

清朝是以上所述历史进程之收官者。其兴起于东北，首先向东发展，联合呼伦贝尔草原和科尔沁草原之蒙古民族，而后迁都盛京（今沈阳），汇聚三种经济形态，共存三种社会组织体系，有颇为高超之政治技艺。兴起于华夏交织地带的周人有此技艺，而后世治理文教一统之华夏的中原王朝皇帝、士大夫却普遍丧失了这种技艺。

清入关之后，以东南之经济实力支持满蒙军事力量向西扩展，蒙古高原、西域（今新疆），以及青藏高原，悉数纳入中国政治体中，并初步推动其郡县化。此为中国五千年未有之大巨变也。五千多年前形成的华夏与中国弧地带阴阳互感的格局，进至于阴阳合一。当然，清朝只是把中国弧地带初步纳入中国，但阴阳真正融合为一，尚需后人进一步努力。

由于阴阳合一，古已有之的双都格局，至清代几近于无。虞、夏、商均有频繁迁都之事，推测其主要目的是应对蛮夷戎狄之骚扰、入侵。周人兴起，其所面临的战略困境更为明显，乃创造性地发展了新的国家统治战略——在东西轴线上设置双都：克殷之后，武王、周公营建洛邑为成周，以治理文化经济发达的东方；同时保留关中的丰镐为宗周，以防御西方和西北的戎狄。这一局面持续近两千年，隋唐仍行之。

但隋唐时期，全国格局已有大变，文化经济中心南移，而戎狄来自北方，后来更来自东北，故至宋代，都城先在洛阳以东之开封，北宋灭亡后南迁。明则反向运动：最初定都南京，又迁都于北京。但迁都之后，未废南京，双都布置于南北轴线上，南京是文化、经济之中心，北京则是抵御北方戎狄之前线。为此，明朝投入巨资维护京杭大运河。

对清朝而言，当然不必防御北方，但同样有经营新纳入中国的诸西北民族之事，乃续设双都：北京之外，承德接近都城规制。北京转而为统治南方之中心，承德则是治理中国弧地带之中心。双都间距离极近，仅五百里，这正是阴阳合一之结果。北京、承德相距如此之近，深刻揭示了北京为清朝已降的中国之"中"，定都北京乃阴阳合一后的中国之势所必然——承德废弃之后，今日建设雄安，意在培厚北京之根基，信乎其为"千年大计"。

揆之以近世之事，亦可见明清定都北京之理颠扑不破：蒋介石北伐胜利之后，乃定都南京。北京失去都城地位后，现代工商业萧条，北方乃日益衰败、空虚；日本殖民者得以从容经营朝鲜、东北；进而蚕食华北，进击蒙古高原；外蒙古趁机分离；新疆、西藏等地也有分崩离析之势。

中国共产党则反其道而行之，终获革命成功，且构建了空前的政治大一统：中国共产党兴起于南方，遭"围剿"而失败，乃进行长征。其路线正在传统的夷夏交界线上，经过当年秦人兴起之地；最后落脚于陕北，仍为传统的夷夏交界之地，当年周人也流落于此。中国共产党由此出山西，开辟晋察冀根据地，同样在传统的阴阳互感地带。日本投降之后，中国共产党指挥其军队经由燕辽地区迅速进占东北，积聚力量，此合于过去一千多年开国者起于东北之大势。而后挥师入关南下，势如破竹。革命胜利之时，放弃南京旧都，重新定都于北京，从而得以有效经营内蒙古、新疆、青海、西藏，并以政治力量矫正东西、南北间之不均衡，比如：设立新疆生产建设兵团，开发新疆；进行"三线建设"，开发西北、西南；大规模垦荒，开发东北。今日又大举建设雄安新区，以厚植北方经济力量。经过此番经营，再借助现代交通生产体系，大一统中国可谓固若金汤矣。

五、作于西北，成于东南

以上对中国文明演进历程中四个重要历史节点之分析表明，对后世影响最大的新制度大体初创于阴阳互感地带，最终完备、稳定于阳面所提供的制度、教化支撑：

第一次，来自北方的黄帝开始构建中国的事业，位于阴阳互感地带的帝尧联合诸邦为一体，来自东方的舜、禹、皋陶等人则大量创制立法，最终完成华夏政治与文明体之构建。

第二次，活动于阴阳互感地带、在华夏化和戎狄化之间往来反复的周人，在西方建立其封建制，而后进入东方，营建洛邑，吸纳殷商礼乐，以至于"郁郁乎文哉"。

第三次，活动于阴阳互感地带、在华夏化和戎狄化之间往来反复的秦人，在西方初创县制，而起于东南方的汉家君臣，融文教于其中，郡县制得以稳定，行之两千余年。

第四次，中国文化中心转移到南方之后，满人在政治上成熟于东北的阴阳互感地带，而后南下，依托南方士人治理华夏；又经由位于阴阳互感地带的承德，向西经营中国弧地带，纳其入于中国，中国治理范围至于其地理极限矣。

在这中间，中古另有一些历史变迁，模式与此类似：起于阴阳互感地带的北朝各国如北周，积极创新制度，隋唐一统天下后沿用之，行于天下。

以上四次重大历史变迁，有明显的规律可循，即作于西北，成于东南。

《史记·六国年表》序曰："禹兴于西羌，汤起于亳，周之王也以丰镐伐殷，秦之帝用雍州兴，汉之兴自蜀汉。"但前面却说："或曰：'东方，物所始生；西方，物之成孰'。夫作事者必于东南，收功实者常于西北。"此说与其例证不符，当为：王天下者，必兴起于西北，收功实者于东南；且其所谓西北，实在我们所说的西部、北部阴阳互感地带。

新制度何以作于西北？各代情形不同，归纳起来其理由如下：西北阴阳互感地带族群多样，文明不同，社会复杂，且生态脆弱，故族群冲突频发，原有制度易遭冲击、崩解，形成制度真空。这给新兴力量兴起创造条件，当其兴起之时，也不能不创设新制，以建立和维护秩序。而其创建制度，必观阴阳两面：西北出问题，东南有知识，关于伦理、制度的知识；但此知识又难以简单搬用于西北，须作创造性转化、发展，这就构成制度创新，这种制度创新赋予西北民族强大力量，使之能够一统天下。比如，秦设立王权、县制之知识，由商君作中介，来自东方之魏；在其自身环境中发展成熟，乃成为一全新体制，秦因之获得制度竞争优势。但是，这种新制度又同样不能简单推行于东南，需经过一番转化，方可成于东南。

新制度何以成于东南？东南为黄淮平原，及长江中下游平原丘陵，适宜谷物种植，故在以农业为主业的时代，东南的经济始终较为发达，人口繁庶，城邑众多；并有足够剩余发展文化教育事业，养成士人群体，生产、积累、传承各种知识，包括社会治理知识。故孔子出于鲁，诸子皆为东方人。简言之，从物质、文化各方面看，东方更为文明，此即构成中国之"中"。这对任何政治力量都有巨大吸引力，故兴起于西、北阴阳互感地带的族群，必谋求进入和统治东、南，由此构成历史演进之辐辏力量。黄帝谋求进入这个地区，周人、秦人都谋求进入这个地区。新起的政治力量一旦进入东南，即可获得主流士人，借其知识，完善初创的新制度，在某种程度使之趋于宽和。形成于西北的制度通常具有军事化倾向，失之于严苛，用以约束西北人民，或无不可，但用以约束东南人民，则易招致抵触。宽和化改造，可使之具有更高普遍性。同时，借用东南士人力量，才能构建东方人民对于新兴政权的政治认同。秦之二世而亡，即因为其一统天下之后，盲目地把秦制推行于东南，此即贾谊所批评的，"攻守之势异也"，而"秦虽离战国而王天下，其道不易，其政不改"（《新书·过秦中》）；又燃焚诗书，摒斥东方士人群体，其人不仅不能认同秦制，转而成为撼动其秩序的力量。汉兴之后，顺天应人，吸纳东方知识，建立察举制，给东方士人上升通道，最终成就王业。

可见，作于西北的刚健质朴的力量，经过东南深厚文教之化成，方能大成一代之礼乐典章。荀子曾区分国家构建的两种机制——"兼并"和"坚凝"："兼并，易能也，唯坚凝之难焉……古者汤以薄，武王以滈，皆百里之地也，天下为一，诸侯为臣，无它故焉，能凝之也。故凝士以礼，凝民以政，礼修而士服，政平而民安；士服民安，夫是之谓大凝，以守则固，以征则强，令行禁止，王者之事毕矣。"（《荀子·议兵》）兼并和坚凝可转用于理解中国历史上重大制度变迁之机制。制度构建可分两阶段：始创和凝定。始创新制度固然重要，但唯有凝定，制度才可以正常运作。始创，需要果决和力量，打破旧秩序、旧格局的勇气；凝定，则需要荀子所说的文教。相对而言，西、北刚健质朴，东、南文教兴盛。所谓成于东南，即是融文教入新体制中，进而"体万物而不遗"，全面改造、提升草创于西北的制度。

此大成可谓之文质彬彬，子曰："质胜文则野，文胜质则史。文质彬彬，然后君子。"（《论语·雍也》）西北阴阳互感地带有刚健之气，可以始创制度，此即为"质"；东南文教礼乐较为完备，则为"文"。西北草创，其制度未必可以持久；文之以东南的礼乐，文质彬彬，则可大可久。

也因此，历史上的制度变迁通常经历两轮阴阳互感：第一轮，活跃在阴阳互感地带的族群，面对其治理难题，综合运用两面的知识，创发新制度；第二轮，阴阳互感地带始创的制度与东南既有的发达礼乐相融合，形成新的普遍的礼乐法度，行于天下，中国文明由此向前推进一步。

故历史上重要王朝立国常需经过"第二次建国"环节。此由陆贾对汉高祖第一次明确提出："陆生时时前说称诗书。高帝骂之曰：'乃公居马上而得之，安事诗书！'陆生曰：'居马上得之，宁可以马上治之乎？且汤武逆取而以顺守之，文武并用，长久之术也。'"（《史记·郦生陆贾列传》）高祖虽为东方人，却定都于长安，并沿用秦制；《诗》《书》为东南文教之代表，陆贾欲高祖融此东南文教于秦制之中，此正是汉武帝所行之事也。①

所以，理解中国，必须全面完整：既要关注农耕地区的文化、制度，也要关注非农耕地区的文化、制度，尤其是要关注两种文化、制度在两者交错地带之融汇、碰撞。亚欧大陆东端，从太平洋到帕米尔高原、喜马拉雅山脉之间广阔的疆域，天然地构成一个相对独立的地理空间，生活于其中的族群注定要走向一体化；其内部在地形、生业、生活方式等方面的差异化、多样性，恰恰构成一体化的内在动力，由此历史地形成的大一统的、超大规模的中国，也始终保持了和而不同、多元一体的内在活力。

六、走向世界范围的阴阳交感

中国文明持续演进的驱动力量是西北、东南两种地理环境中发育成长出来的阴、阳两种文化间之互动，中国由此得以持续成长。至清，合阴、阳两面为统一的中国，可谓五千年未有之大"作"。唯此一统中国尚未至于大"成"，东南文教尚未完整进入西北，两者形合而神未全合，故过去两百年来仍有不少龃龉，甚至有分离之事发生。今以文教化成初入中国之阴面，乃国运隆盛之"千年大计"。

中国用四五千年时间，把亚欧大陆东端如此广大、多样之族群融摄为一，内部有强大凝聚力，此诚为人类文明、政治史所仅见者。相反，世界的绝大多数地区常陷入破碎之中，即便近世如日中天的西方文明，其总人口不及中国，却破裂为几十国，且绝无一统希望。如此西方文明显然不足以引领人类至于普遍秩序。

涵阴阳于一体，故自诞生起，中国本身即是天下；同时，中国又在更大范围的天下之中。故中国之大成，不意味着历史的终结，而是中国底定天下秩序之新起点。中国内部有阴阳之分，由中国的西、北继续向西、向

---

① 姚中秋. 可大可久：中国政治文明史. 北京：华龄出版社，2021：269-308.

北，即为广义的西方，其与自成一体的中国，构成亚欧大陆古代文明之阴、阳两面。中国是人类之"分形"结构，正是这一结构"自相似"特性，让中国对人类负有特殊责任：把中国内部的阴阳互感之道应用于更广泛的天下。

天下内在地有合为一家之趋势。自古以来，亚欧大陆上的阴、阳两面一直有零散交往。华夏国家最初的诞生即得益于西方诸多文明要素经由北方草原通道传入中国，周人学习小麦种植技术即为其一；而后又有丝绸之路，直接沟通中国与亚洲内陆地区，并向西延伸；伴随着中国经济重心转移到东南，又有海上丝绸之路之兴起，中国与欧洲得以直接交流，时在郑和下南洋、西洋之后。此后，欧洲传教士译介中国思想到巴黎，引发启蒙运动，西人得以打破神教束缚，走上理性主义之路。此事件颇类似于商鞅介绍东方思想到西方之秦，秦人得以变其旧法；西人得中国思想之助，摆脱神教束缚，相信人的力量，乃用其心力于支配物，率先实现石化能源驱动、机器生产为关键的工业革命。

与秦类似，西方各国建立了与此相适应的现代国家建制，进而以武力征服全世界，打通世界为一。这类似于秦之兴起和扫灭六国，此为人类一大巨变。就人类普遍历史而言，此为"作于西北"。但毕竟，这只是荀子所谓"兼并"，世界未至于"坚凝"。西方缺乏凝定天下之价值和制度，不论其一神教或所谓"普适价值"，均为冲突、撕裂之源泉。经历短暂的历史终结兴奋期后，今日作为西方文明规模最大、因而也是其最后代表之美国，正处在全面的战略收缩过程中。世界正陷入碎片化和动荡之中，且将日益严重。

世界普遍历史发展下一波之主题是"成于东南"，此即"通其变"，以中国文化更化西方所初创、但已不稳定的现代世界治理机制，以使世界秩序趋于稳定。这类似于汉初东方文化复兴，灌注于郡县架构中而更化秦制。今日世界演变之大势亦当为位于东方的中国，以其源远流长的文教，涵摄、化成西人始创之现代国家和世界秩序，以化成天下，以安天下人。

考虑到人类规模和族群之多样，这一进程将是极为漫长而艰难的，当以百年、千年计。但比较人类各大主要文明，人类普遍秩序除了由中国引领、"成于东南"之外，尚有其他选项乎？中国几千年历史演变之基本线索是一阴一阳之互动，中国由此成长、扩展；普遍的天下秩序也只能生成于一阴一阳之互动中，西方人以其暴力始创之，至于其凝定之道则在中国智慧之中。

第二节　生产型国家：与西方军事贸易型国家的比较

生业是人类生存之本，人群解决生计的方式极大地决定其国家形态。在漫长文明史上，受制于地理条件、地缘格局、宗教信仰等因素，生活在不同地区的人们必然积累形成解决生计之不同策略，从而建立不同类型的国家。以解决生计之道为基线考察人类初建国家以来五千多年历史可见，人类的国家形态主要有两种理想类型：生产型国家和军事贸易（或金融）型国家。古埃及和中国是前者的代表，唯前者早已中绝，中国保持至今，数千年来一以贯之——这就是文教国家的经济基础；中国以西各文明的国家则普遍是后一形态，同样贯穿古今，美国作为军事金融帝国为其当代典型。我们将择取几个历史关键节点，对这两类国家的形成和演变进行长时段宏观历史比较，证成这一类型划分之说，并阐明以生产为中心的经济形态是如何全面而深刻地塑造中国型国家之价值、制度的。

一、地理因素与中西国家形态在源头上的分叉

首先界定一下概念：国家是人群以政治和文化为纽带结成之大规模共同体，政府是其中以政治方式进行统治、治理之严密组织。生产是人们通过劳作加工自然资源以获生活所需物质资料即"生资"之活动，主要有农业和工业。所谓生产型国家意谓其国民大多数以农业或工业生产活动为主要生计，其政府以服务生产性活动为主要职责；所谓军事贸易型国家意谓

其国民有相当大比例从军或从事远距离贸易或金融活动，其政府以长期对外征服的方式掠夺、积累财富，或以控制商路、进行海外贸易的方式获取、积累财富。

生产型国家和军事贸易型国家是国家形态之两种"理想类型"，中、西历史上实际存在的国家多兼有两者，尽管如此，受各种因素影响，不同国家必定各有所偏；从数千年时间尺度上考察，两种类型在地理上分化之大势至为明显：数千年来，中国基本上是生产型国家，西方历史上出现的重要国家尤其是其规模堪比中国之帝国，则基本上是军事贸易型国家，其高级版本则是军事金融型国家。

国家形态的这种地理分布差异是由地形、地缘、信仰等因素塑造的。人类古典文明形成于亚欧大陆（含北非），由喜马拉雅山脉和帕米尔高原分隔为二：中国在其东端，自成一体；中国以西的广阔地区相互交流便利，另成一体，构成广义西方。① 文明赖以起步之农业在两地独立起源，但不同的人口、地理因素使其最终生成不同国家形态。

比较亚欧大陆两大农业起源中心可见，中国进行生产活动的地理条件更为优越：黄土高原、汾渭盆地、黄河下游平原、长江中下游平原丘陵都有大面积连片可耕地，各自可供大量人口居住，以农业、手工业等生产性活动自足地维持生计；这几大块地区也可无障碍地相互连通，人群的扩展、迁徙有足够广阔的空间。生计的同质化导致征服的收益十分有限，故其总体政治环境较为和平、宽松。倒是距今 4 200—4 000 年前的洪水威胁促使众多族群迁徙，聚集于豫西、晋南，由尧舜禹前赴后继，缔造成为统一的华夏国家，这是世界上很罕见的"广域国家"②，其经济基础是广阔地域内的同质化农业文明，民众、政府聚焦于生产，以更多衣食养活更多人口；战争仅发生于国家边缘，即抵御蛮族；由于国家规模庞大，内部分工

---

① 麦克尼尔说，亚欧大陆上最初形成了两个都市网络，一个是包括西亚两河流域、北非尼罗河流域和南亚印度河流域的"尼罗河-印度河走廊"，另一个是中国的黄河、长江流域。参见：约翰·R.麦克尼尔，威廉·H.麦克尼尔.麦克尼尔全球史：从史前到 21 世纪的人类网络.北京：北京大学出版社，2017：54 - 55.

② 人类早期文明中只有古埃及和中国形成广域（广幅）国家，参见：崔格尔.理解早期文明：比较研究.北京：北京大学出版社，2014：70 - 84.

细密，故商业交易基本上局限于内部即可满足需求。①

孔子定型的六经也确立以农业为主的生产活动为国家之本。《周易·系辞下》有一大段叙述华夏文明之源与流，列在第一位的圣王是包牺氏，发明八卦以启人心智之蒙，又"作结绳而为罔罟，以佃以渔"，此为渔猎时代之写照。包牺氏时代之后，有"神农氏作，斫木为耜，揉木为耒，耒耨之利，以教天下"，此即农业时代，其成熟标志是人们开始制作种植工具，这意味着手工业、农业是同步发展的。然后有商业之兴起："日中为市，致天下之民，聚天下之货，交易而退，各得其所，盖取诸《噬嗑》。"由此历史叙述可见中国人关于产业结构之集体意识：农、工为本，商、贸为末。

《尚书·舜典》记帝舜建立中国第一政府，显示了政府服务于生产之明显取向：帝舜命禹为司空，"平水土"，以利农业生产；命周人祖先弃为"后稷"，"播时百谷"，推广优良农作物品种；又命垂为"共工"，负责工程和工业两项生产性活动。后世以"社稷"代指君王治理权，突出农为国本之大义。帝舜总共任命九位官员，显示政府有九项权能，其中三项与生产活动有关，可见中国人心目中政府职能之强烈生产取向。②

由以上历史和观念的分析可见，统一的华夏国家以超大规模同质化农业生产体系为国本，人民重视生产，政府以推动生产尤其是为农业生产创造良好条件为己任，故此国家自始即为"生产型国家"。③

此后夏、商、周三族均为同质的农业文明邦国，在其天下统治权之更替过程中并没有发生异质文明间的征服。其天子用兵，主要是在边境防御戎狄；其国家政策，始终以鼓励农业生产为主，如《诗经》所收之诗，凡关乎经济者全为"农事诗"——这是中国诗歌的一个重要门类，显示农业在政治上的崇高地位。这在其他各民族经书中是很少见的。

广义西方的农业起源地在西亚的新月沃地，此地面积有限而狭窄，与

---

① 关于最早的中国形成之过程，可看拙著对《尚书》前两篇所作之解读，参见：姚中秋.尧舜之道：中国文明的诞生.北京：中国文联出版社，2016.

② 对此政府形态之完整分析，参见：姚中秋.政府的原型：中国第一政府之治道经义.中国政治学，2018（1）.

③ 对此更详尽的论述，参见：姚中秋.世界历史的中国时刻.海口：海南出版社，2019.

非农地区接近甚至交错。其地形破碎，故形成众多城邦国家，小国寡民，分散林立，长期互不统属，城邦间常有战争。故此地古典文明流传之史诗、经书多描述战争、屠杀。城邦国家难以自足，乃进行"跨国"贸易，苏美尔各城邦普遍有专门的商人聚居区。① 当然，这种密切交往形成了覆盖众多城邦国家的地区性文明、宗教体系，从而形成该地区政治分立而文明为一的格局。②

同时，在这个地区，常有征服事件发生：强大的城邦征服其邻邦，但并不能实现政治统一，仅成为"霸主城邦"；更强大的征服力量则来自北方山地或南方沙漠，最终建立"帝国"。③ 同时，两河流域整体上位于四通八达的商路上，其河流水运成本较低，便于进行远距离贸易，进而进行海上贸易。这种远距离贸易常表现为"贸易远征"，武装起来的商人团伙进行暴力抢掠甚至征服、殖民活动。这种贸易远征刺激周边其他地区的文明发展，伊朗高原、印度河流域、小亚细亚、埃及、爱琴海等地古文明之形成。④

可见，最早的国家在亚欧大陆形成之初，东、西方即形成明显不同的两种类型：广域的中国国家以农业生产为基础，商业活动内部化，故为生产型国家，生产是国家的生命线；广义西方地区则小邦林立，战争不断，城邦间、地区性贸易较为发达，对其国家，尤其是帝国的生存有重要意义，由此形成军事贸易型国家，战争和贸易关乎国家之生与死。

起点塑造了路径，此后数千年间，中、西方国家分别沿着生产型国家和军事贸易型国家的轨道发展，以至于今日，分野依然十分清晰。

---

① 迈克尔·曼推测，在苏美尔，城邦国家形成前就已有发达的贸易，所谓"贸易先于旗帜"，参见：曼. 社会权力的来源：第1卷.2版. 上海：上海人民出版社，2015：101.

② 曼. 社会权力的来源：第1卷.2版. 上海：上海人民出版社，2015：113-118.

③ 美国全球史学者评价说："美索不达米亚的历史，在很大程度上是印欧人侵者与闪米特人侵者为争夺这块肥沃的大河流域地区而进行数千年斗争的历史。"（斯塔夫里阿诺斯. 全球通史：从史前史到21世纪：第7版修订版：上.2版. 北京：北京大学出版社，2006：59）

④ 卡梅伦，尼尔. 世界经济简史：从旧石器时代到20世纪末. 上海：上海译文出版社，2012：31.

二、罗马的证服性帝国与秦汉的农本国家

上节所论四五千年前的国家状态或许过于微渺，两千多年前的秦汉中国和古希腊罗马国家之图景则是非常清晰的，且对今日世界有直接影响。略加考察即可发现，两者延续了最初就明显分叉的两种国家形态。

希腊海岸线曲折漫长，丘陵山地纵横，地形破碎；其古文明形成于北方民族之南下征服，在地理形势约束下，仍为小城邦林立之局；城邦内部，因征服而形成公民、奴隶等级之别。各邦之间争战不已，作为古希腊经书的《荷马史诗》主要记录其英雄跨海远征、劫掠财富之事。城邦国家规模太小，难以自足，不能不相互贸易，并开展对希腊世界以外的贸易。同样是因为规模太小，人口增长压力促其在外岛或小亚细亚远征以建立殖民地，或作为贸易据点。于是，战争、殖民、贸易成为古希腊城邦生活之主题。

这种政治状态严重约束了企图从精神上超越现实之哲人苏格拉底、柏拉图的想象力。《理想国》卷二解释城邦出现之因曰：无人可以自给自足，人生所需多仰赖他人，众人乃集中在一起共同生活，以相互满足需要，这就形成城邦。城邦的成立既然缘于人的需要，当其不能满足人的需要，就不能不宰割邻邦；邻邦有同样的需要，于是不能不彼此防御，乃有城邦守卫者群体涌现——实为劫掠者群体。于是，战士成为城邦的统治阶层，《理想国》主体部分正是讨论如何培养战士保护城邦之德能。

继古希腊之后兴起的罗马共和国之军国主义性质更为强烈，通过数百年持续不断的征服，建立了一个庞大的帝国。[①] 征服的目的是掠夺财富和人口，土地是最大的战利品，掳掠而来的人口则变卖为奴。在长达数百年的对外征服过程中，罗马贵族占据了大量地产，形成奴隶制大地产庄园

---

① 芬纳评价说，"在我们所考察的所有政体中，除了亚述人之外，罗马共和国的军国主义色彩最为浓厚"；"无论其本来动机何在，这些远征都是大规模的掠夺战争。虽然先前的国家也都同样掠夺过，但是罗马的掠夺性比它们都要强很多"（芬纳. 统治史：卷一. 2版. 上海：华东师范大学出版社，2014：471，472）。

制。罗马经济以农业为主，这一点与中国相同；但其基于征服战争形成的奴隶制大庄园，却是中国从未有过的。战利品、大地产等因素导致财富高度集中，这些人转而开始放债生息，催生了罗马城中颇为发达的金融业。①

在罗马之前，亚述人、波斯人、马其顿的亚历山大已通过征服建立过帝国，罗马帝国却最有典范意义。帝国形成于暴力征服，构造出征服者与被征服者间的等级结构；征服者以暴力维护秩序，获取贡金。帝国消除了各地间往来障碍，促进了贸易发展，帝国则收取税金。可见，罗马的国家收入直接、间接地来自暴力。

在亚欧大陆东端却有完全不同的故事。表面看起来，秦人同样有军国主义气息，以大规模战争扫荡六国，但两者性质实大不相同。周已构建了天下一统，只是不够深入；到春秋中期以后，诸侯国相互攻伐，然其均为同质化农业文明之国，有共同的文字、经典和政治价值，因而其战争指向了再度统一。秦也不例外，其战争不是征服他者而是恢复统一。大一统的秦朝国家固然系以武力构建，却绝非西方意义上的"帝国"。②

秦朝的政制更证明了这一点：其综合此前各国之制度创新，大幅度深化了大一统，以皇权官僚郡县制建立了广覆盖、深渗透之直接统治体系——这是西方帝国体制从来没有做到的。汉武帝与儒家士人群体又在这一体系内建立了国家文教机制，对国民实行普遍教化。于是，在普遍皇权之下，数千万人成为相互平等的国民，士大夫对其进行直接的治理和教化，此时的中国是世界上最早的广域"现代国家"。③

秦汉国家的经济政策则经历过一次巨大调整。春秋后期各国日益激烈的竞争，给了商业尤其是"跨国"贸易以发展空间，战国时趋于繁荣。不过到战国后期，各国经济政策出现了一次大分叉：东方各国继续默认、鼓

---

① 蒙森. 罗马史：第3卷. 北京：商务印书馆，2005：329 - 330.

② 关于"帝国"一词的西方含义及其不适用于中国，参见：刘文明."帝国"概念在西方和中国：历史渊源和当代争鸣. 全球史评论，2018 (2).

③ 姚中秋认为，战国时代各国已建立王权官僚制直接统治国民的"现代国家"，秦则将其覆盖全国. 参见：姚中秋. 可大可久：中国政治文明史. 北京：华龄出版社，2021：197 - 237. 福山也认为，秦是世界上最早的现代国家. 参见：福山. 政治秩序的起源：从前人类时代到法国大革命. 桂林：广西师范大学出版社，2012：109 - 134.

励商业发展，秦国的商鞅却聚焦于国王对国民之普遍统治权，而商业有可能削弱王权，故商鞅采取了驱民于农战、抑制商业发展的国策。秦国凭此"富强"，战胜东方各国。汉初同时继承了这两种政策，而以东方政策为主，因而商业趋于繁荣，金融业随之兴起，朝廷甚至允许私人发行货币，商人子弟亦得以出任官吏，甚至成为高级官员。① 此时，中国有转化为商业国家之势，踏在资本主义的门槛上。

但此时，儒家已有较大文化社会影响力，乃推进汉武帝逐渐转向重农抑商政策：商人已有威胁皇权的社会支配权，汉武帝意欲打击；商人兼并土地造成自耕农丧失土地，影响社会稳定，皇权和士大夫均不能容忍。汉武帝时代逐渐形成的"士人政府"乃一方面摧破商业豪强，另一方面高度重视农业。② 于是，中国在偏离数百年后重归生产型国家旧轨。

秦汉和罗马帝国具有典范意义，中、西方国家形态由此固化：中国基本上保持了生产型国家形态，广义西方则涌现了一系列以征服起家、重视贸易的军事贸易帝国，如阿拉伯帝国、奥斯曼帝国等。所有这些帝国都形成于一个族群的持续对外征服，帝国存在的理由也在于持续征服，以劫掠财富和人口。一旦至其力量所及之最远处，无力进一步征服，无法向帝国中心输入财富，帝国就陷入政治危机而溃散、解体。蒙古征服性帝国的性质与此类似。

非常重要的是，征服大军总伴随着大批商人同行，带动贸易繁荣，因为战利品需要商人变现、交易，商人也负责为征服者远距离供应奢侈品。因此，征服性帝国上层圈子中总活跃着一批商人，以各种方式参与帝国统治，比如承担征税工作，元朝曾征用大量善于经商的西亚、中亚商人出任财政官员。当然，征服性帝国也荡平了异地交通往来之政治障碍，便利远距离贸易，帝国则控制商贸通道，坐收商税，以为税收来源。③

---

① 对战国以来到汉初商业高度繁荣的景象，《史记·货殖列传》有比较全面的记载。

② 对此转变过程，《史记·平准书》《汉书·货殖传》有比较全面的记载。

③ 有学者指出："至少从阿伽门农领导下的希腊人对特洛伊人的远征时开始，对商路的控制就已成为国家的目标和巨大财富与权力的源泉。庞大而持久的帝国往往是在商路枢纽上兴盛起来的，控制主要商路的斗争往往成为国家间冲突的根源。对这些商路控制的改变以及商路本身位置的改变，都对一些帝国和文明的兴衰起决定性作用。"（吉尔平.世界政治中的战争与变革.上海：上海人民出版社，2019：88）

总之，罗马以来亚欧大陆上几乎所有征服性帝国都把征服和贸易紧密结合在一起，是典型的军事贸易帝国。这与同时期专注农业生产的中国形成鲜明对照。

三、明清中国作为世界工厂与欧洲的军事贸易体制

进入近世，即欧洲历史脉络中的"早期现代"，中国和欧洲间开始直接往来，世界市场趋于完整。令人惊讶的是，虽已置身同一市场，中西双方仍各守其国家之道。

早期现代欧洲历史始于世俗王权摆脱罗马教会控制，走向独立，相互之间乃展开频繁且规模日益扩大的战争。战争压力促使其建立和强化军队；为供养军队，各国致力于提高财政汲取能力，有学者谓之"财政军事国家"（fiscal-military state）。[1] 不过，对描述此类国家而言，军事贸易型国家这一概念或许更为准确。欧洲各国之间的战争驱使其向外寻找财富和资源，于是，各国竞相进行新形态的"贸易远征"：开拓海上航路，从事远洋贸易，同时进行远距离征服——这两者其实是一回事。西欧各国逐渐完成覆盖全球的世界贸易网络的构建，最重要的是征服美洲，在印度洋、太平洋建立了成串的贸易殖民点。由此，西欧各国得以从外部低成本地获取资源，其经济转入快速发展轨道。[2] 此种由战争驱动、以贸易为中心的

---

① 约翰·布鲁尔较早以英国为案例论述了"财政军事国家"概念。参见：JOHN BREWER. The sinews of power：war，money and the English state（1688—1783）. Cambridge：Harvard University Press，1989. 后有学者扩展这一概念，认为18世纪大多数欧洲国家都是财政军事国家，参见：STORRS C. The fiscal-military state in eighteenth-century Europe：essays in honour of P. G. M. Dickson. London：Routledge，2009. 威廉·H. 休厄尔（William H. Sewell）据荷兰经验提出"企业国家"（enterprise state），谓其以强大的商业和海军实力积累政治和军事力量，又凭其制海权与金融体系从海洋和边缘社会低成本地攫取原料、商品，供应本国或进行贸易。参见：休厄尔. 中国的"儒法国家"与欧洲的"企业国家". 开放时代，2019（4）. 但这一概念遮蔽了其暴力底色。

② 对此过程的分析，参见：张宇燕，高程. 美洲金银和西方世界的兴起. 2版. 北京：中信出版社，2016.

经济发展模式，或谓之"战争资本主义"。①

但事实上，这一全球性贸易网络的首要构造者是中国人，即郑和的下西洋船队，欧洲人反而是后到的"搭便车者"。② 不管下西洋之目的何在，郑和船队没有攻占殖民地，也未持续进行国家贸易。当然，中国的海洋贸易事业并未中断，但多为私人贸易；政府甚至对其加以限制，而成为非法走私贸易。明朝后期形成了高度军事化的走私贸易集团，横行东亚海域；政府的海军却力量微弱，只能在陆上相当被动地防御所谓的"倭寇"。

可见，中国虽然进入了全球贸易网络，却未成为军事贸易型国家，至少在国家政策层面上是如此。因此，在以印太为中心的世界经济体系中，中国人主要负责生产，中国之外的商人负责贸易。欧洲人打通航路后，挤入其中，成为贸易商。正是通过他们，中国商品首次大量直接输入欧洲、美洲。欧洲人主导的全球贸易反倒驱使中国逐渐成为"世界工厂"，两种国家类型在此奇异地并列。

不过，生产与贸易之分离终究不是长久之计。明清两朝政府轻忽贸易，流失大量贸易税收，故财力拮据，无法为生产活动提供更为便利、牢靠的基础设施，中国内部生产效率和组织化水平的提高受到约束，无法实现生产方式的突破。同时，中国以本国资源为全世界组织生产，资源趋于枯竭，引发生态危机。③ 生态危机引发社会危机，乾隆驾崩次年的 1800 年是危机显现点。

同期的英格兰却悄然发生工业革命，而这与其国家的战争、征服、殖民和贸易偏好有直接关系：战争要求改进军事技术，促进金属加工业、冶炼业发展；海外贸易要求改进造船、航海技术，促进木材、造船等产业和技术发展；殖民地人口需要宗主国供应各种生活必需品，刺激棉纺织业的

---

① 对其形成和演变历史的完整分析，参见：贝克特 . 棉花帝国：一部资本主义全球史 . 北京：民主与建设出版社，2019.

② 印太贸易网络是全球贸易体系的枢纽，欧洲人是作为搭便车者加入中国人参与开通的印太贸易网络的，关于这一点，参见：弗兰克 . 白银资本：重视经济全球化中的东方 . 2 版 . 北京：中央编译出版社，2008.

③ 关于 1800 年以来的全面生态危机，参见：马立博 . 中国环境史：从史前到现代 . 北京：中国人民大学出版社，2015：290 - 348.

发展；殖民地又为宗主国供应廉价原材料；这些贸易往来促进贸易繁荣，商业资本持续积累，促使利率下滑，刺激投资，涌入工业领域。凡此种种因素促进了技术改进和突破，最终形成了以石化能源为燃料、以机器进行大规模生产的现代工业生产体系。

英格兰率先完成工业革命之后，其生产能力大幅度提高；欧洲大陆、美国等国纷纷模仿，陆续完成工业化。于是，从 19 世纪中期开始，西方国家在历史上第一次成为世界生产中心。然而，几十年之后的 19 世纪末，英国的工业就已停滞不前，从"工业退向金融与贸易"，"成为一个寄生型而不是竞争型经济体"[①]，显示了军事贸易型国家传统的强大力量。

至于中国，19 世纪丧失了全球的相对生产优势，乃至于成为半殖民地半封建社会；尽管如此，之后只用了一个半世纪，中国再度成为世界工厂，显示了生产型国家传统之深厚有力。

四、美国作为军事金融帝国，中国作为世界工厂

中美是当今世界两大强国，再度呈现出鲜明的对比：作为西方文明最后的"新大陆"的美国是规模空前的全球性军事金融帝国，中国同样是规模空前的世界工厂。

美国建国，正值乾隆末年，两国势运截然不同：中国向下，美国向上。20 世纪初以来，人们总结历史，多把美国的发达归结于其自由传统或宪政、民主制度。然而，这不过是"高贵的谎言"，误把思想史当成了国家史；又因为没有认真对待国家史，对思想史的理解也有严重偏差。

理解美国，当自如下事实始：美国始于英国殖民者之征服、殖民。北美殖民者走向政治团结的契机则是其组织成为民兵，参与大英帝国对法兰西帝国的殖民地争夺战。通过独立战争，北美殖民者赢得独立，但促使其独立的理由实为宗主国、殖民地之间的贸易纠纷。[②] 可见，美国的立国就

---

① 霍布斯鲍姆. 工业与帝国：英国的现代化历程. 北京：中央编译出版社，2016：205.
② 查尔斯·比尔德，玛丽·比尔德. 美国文明的兴起：上卷. 北京：商务印书馆，2016：212 - 322.

是殖民、战争和贸易以复杂的方式推动而成的。

设计了美国宪制的费城会议制宪者则主要是大地产主、贸易商人和服务于这两者的律师。① 基于其传统，他们设计了以保护财产权为中心的宪法，造就了以战争和贸易为中心的国家。《联邦党人文集》提出的建立联邦政府之理由正是战争和贸易，如第四篇曰："不管这是人性的多大耻辱，一般国家每当预料到战争有利可图时，总是要制造战争的。"② 汉密尔顿除重视联邦维护安全的功能外，还高度重视其保障商业的价值，《联邦党人文集》第十一篇对此有集中论述，强调建立海军对于维护美国海外贸易利益的重要性。在第六篇中，汉密尔顿自谓美国是"商业共和国"③。

美国开国之父也以战争状态想象人际关系，把战争思维用于宪制设计。《联邦党人文集》谈论最多的就是人的野心、利益、愤怒或恶意的激情。他们据此认知建构权力，汉密尔顿聚焦于集中权力，以使美国能在国际的丛林世界中生存、繁荣；麦迪逊聚焦于权力的分割和相互制衡，第五十一篇提出著名的"以野心对抗野心"的宪制设计原理："防御规定必须与攻击的危险相称。野心必须用野心来对抗。"④ 以战争思维设计政体，隐然透露出人类永在丛林状态之信念。

美国宪法序言则阐明建立联邦政府的目的是"使我们自己和后代得享自由之幸福"，然而依《联邦党人文集》论述，此自由即是古希腊意义上的自由：免于外国之伤害，如第二篇所说："他们用自己共同的计划、军队和努力，在一次长期的流血战争中并肩作战，光荣地建立了全体的自由和独立。"⑤ 如此自由观可以轻易翻转：美国一旦拥有足够强大的力量，即可对外征服，增进自由。美国的历史确实是如此展开的，甫一立国，即对外展开征服，以至于今，从而建立了人类有史以来最为庞大的帝国。⑥ 美

---

① 比尔德. 美国宪法的经济观. 北京：商务印书馆，2017：63-115.

② 汉密尔顿，杰伊，麦迪逊. 联邦党人文集. 北京：商务印书馆，1980：15.

③ 同②25.

④ 同②264.

⑤ 同②28.

⑥ 尼尔·弗格森认为，美国虽然始终不愿承认其为帝国，但其行为方式从来就是帝国式的，最显著的表现是其领土的持续扩张：美国"建国时期的领土总面积只有今日美国国土面积的8%"，"美国的扩张倾向几乎从一开始就已经确定了"（弗格森. 巨人. 北京：中信出版社，2013：5）。

利坚帝国先后展开了四轮征服：

第一轮，贯穿 19 世纪，首先征服黑人，南方黑人奴隶制种植园持续扩张；其次，白人向内陆推进，殖民于印第安人生活区，最终圈定现有疆域，形成美利坚第一帝国。这里有明显的双重讽刺：首先，这两项征服发生在美国所谓自由宪政建立之后；其次，被剥夺了自由的奴隶们种植的美国棉花大量输入英国，支持其成为世界工厂，这是当时全球自由贸易体系之支柱。

第二轮，初步完成工业化之后的 19 世纪中后期，美国宣布门罗主义，逐渐控制中南美洲，进而征服太平洋，包括侵略、支配中国，夺占菲律宾为殖民地，其势力伸入太平洋，成就美利坚第二帝国。

第三轮，二战以后，冷战时期，主要通过军事手段控制西欧、北非、西亚、东亚、东南亚。由此形成控制亚欧大陆边缘的美利坚第三帝国。

第四轮，冷战结束后，主要借助经济、贸易、金融等手段控制了中东欧，并把中国纳入其所控制的全球贸易体系中。美利坚帝国至此达到完备状态。

可见，立国两百多年间，美国持续不断地进行对外征服，首要形态是战争，20 世纪初以来在世界大国中，美国发动和参与的战争数量最多、规模最大，其国家大部分时间处在战争状态，这与古罗马相近，只不过其本土远离战争最常发生之亚欧大陆，给其国民和世人以和平幻象。也正是这一点让其权贵、国民对战争无切肤之痛，乃惯于通过战争解决国际问题和价值问题。

同时，美国的征服伴随着贸易和金融控制权之扩展。20 世纪后半期，美国是世界工厂，其商品涌入全世界，美元成为世界货币。此时的美国还是军事生产型国家。冷战结束以来，美国一方面四处进行军事征伐，另一方面以金融手段在全球汲取资源，从而迅速成为军事金融帝国。当然，美国没有放弃军事工业，因为军事力量是金融帝国之最终保障，但资本持续地从民用制造业部门流出，此即"去工业化"。[①] 军工、金融构成美国经济

---

① 迈克尔·曼分析过冷战以来美国的经济帝国主义和军事帝国主义，参见：曼. 社会权力的来源：第 4 卷. 上海：上海人民出版社，2015：337－404.

之两大支柱，高科技则依附于这两者：技术创新涌现于国家实验室或国防工程中，华尔街对其提供廉价资本支持，使之支配全世界。

在太平洋对岸，中国与美国反向而行：美国建国之时，中国陷入生态和社会危机；美国扩张为帝国的重要一步就是侵略、控制中国。包括美国在内的帝国主义国家以军事和贸易手段锁死了中国发展之路，中国在世界生产体系中日益边缘化。巨大的危机刺激中国人转向马克思列宁主义，学习苏俄革命、建设之路。通过马克思主义认识到工业化的决定性意义；通过列宁主义认识到帝国主义的危害和先锋队政党的力量，乃起而组织强有力的政党进行革命，首先是反帝民族革命；进而建立党政国家，实现政治上的独立自主，这为重建以工业为中心的生产体系提供了有力的政治保障。

中华人民共和国成立之后，一方面引入苏联或美国的技术和资本，但避免了沦为其依附者；另一方面，进行内部组织深化，集中了国民拥有的全部资源，首先是劳动力的持续投入，用于国家认定的优先战略方向。20世纪50年代到60年代，首先借助苏联技术和资本推进重工业化；80年代至90年代，借助海外华人资本和国内积累推进轻工业化；进入21世纪后，借助国内积累和欧美资本，再度推动重工业化。2011年，中国制造业产值超过美国，进而迅速超过美、德、日三国之总和，拥有了全世界最齐全的工业体系，再度成为世界工厂，初步实现19世纪中期确立的目的：富强。这一富强之路是世界现代史上的显著例外：此前所有西方大国的现代化无不伴以战争与征服，东亚的日本也不例外——清朝在甲午战争后支付的巨额赔款，对东北地区、台湾地区、朝鲜半岛的控制，为日本工业化提供了原始积累。中国却主要依靠内部的组织深化实现了工业化。

可以说，美国和中国展示了两种完全不同的工业化-现代化之路，即规模扩张型现代化模式与组织深化型现代化模式。美国持续扩张规模，占有更多外部资源，通过要素资源的数量累积，提高效率，推进工业化和其他领域的发展。美式自由观及其对产权的畸形重视，也以规模扩张为预设：资源充分供应，人当然是自由的；资源充裕条件下的政治当然以固定和保障产权为中心，而不必过分担心资源的生产。[①] 中国则在资源规模固定的前提下，通过组织深化，挖掘要素潜力，重建了生产型国家。

这一新的生产型国家已不同于过去数千年的传统形态。首先，产业从以农业为主转向以工业为主；其次，从政治角度看，党政国家的发展意识和动员组织能力是前所未有的，在生产体系中发挥了强有力的引领、主导作用；最后，贸易与工业化同步发展，中国大量出口制成品到全世界，又从全世界进口原材料和中间品，这就避免了明清时代的资源失衡，因而具有可持续性。但值得注意的是，中国尽管已是世界上最大的货物贸易国，却未进行征服、殖民，显著地有别于西方的军事贸易传统。

总结以上各节对历史关键节点的比较分析可见，自国家诞生以来四五千年中，中国基本保持了生产型国家形态；在广义西方则有军事贸易帝国之此起彼伏。当两种类型的国家在海洋上遭遇、世界体系趋于完整之后，出现过三个阶段不同的相对格局：

第一个阶段：从 1500 年到 1800 年，中国继续从事生产，西方进行贸易和征服，双方各得其所，保持平衡。

第二个阶段：1800 年以后，以英国为首的欧美各国陆续完成工业化，一跃成为世界生产中心。但其政治偏好和国家传统促使其把生产能力转化为军事能力，建立海洋殖民帝国，英国很快成为军事金融帝国。中国仍专注于生产，却逐渐丧失国际重要性。

第三个阶段：自 1949 年以来，中国经过艰苦的政治、经济努力，再度成为世界工厂。西方世界的领导者美国却重蹈英国覆辙，逐渐"去工业化"，转化为军事金融帝国。

历史显现了国家形态在中西方顽强的路径依赖。中国经历了短暂的偏离，很快恢复生产型国家形态；西方一度是世界生产中心，很快回到军事金融帝国传统。可见，中国之为生产型国家，西方之为军事贸易型国家，确有深层的政治、文化逻辑，而国家形态上的这种差异也深刻而广泛地塑

---

① 美国历史学家弗里德里克·特纳在其塑造美国精神的名篇《美国历史上边疆的重要性》中把美式个人主义、自由主义归因于对"边疆"之持续开拓。参见：特纳. 美国边疆论（英汉双语）. 北京：中国对外翻译出版公司，2012.

造了中西各自不同的政治制度和观念。

五、两类国家的经济和政治制度举隅

晚近以来关于政治和国家的研究以制度为中心，最多加上政治思想观念和政治文化；在此，西方被判定为自由的、民主的或宪政的或开放的，甚至自古就是如此；中国古代被贴上东方专制主义、封闭社会之类的标签，当代又被贴上极权主义、后极权主义、威权主义、国家资本主义之类的标签。然而，所谓民主或专制仅涉及政治权力的配置方式，但人们建立和维护国家之目的终究是解决生计，改善生活。专注于政治思想或制度，仅及国家之皮毛。

解决生计的方式决定国家制度的底层逻辑，经济学对此有所涉及。但当代经济学主要研究给定资源之配置，问题仍然在于：资源从何而来？自由市场经济学倾心于私人产权，然而产权成立的前提是有财产，那么财产又从何而来？市场机制还是计划机制也是经济学关注的焦点，问题是，无论是历史上还是当代，市场的范围常由战争拓展，国家的金融优势始终依托军事力量。可见，当代经济学的根本缺陷在于只盯住下游议题，忽视了政治和暴力，这始终是塑造市场规模、决定资源在国家内部和国家之间配置的最重要方式，至少在西方是非常明显的。

历史社会学为社会科学研究"重新带入国家"[①]，尤其是通过研究现代国家在欧洲之起源，认识到战争、贸易对国家形成和维持的决定性意义。我们受此启发，试图在更长时间尺度内，依据国家形成的底层逻辑即解决生计的方式，辨析国家形态。以上分析表明，人群获得生资的方式塑造其国家形态。就此而言，马克思主义的国家理论是对的，只不过其主要关注生产资料的归属，我们则进一步上溯至其获得途径，通过生产还是通过战争、贸易，获得资源的不同途径形成马克思所关注的不同的生产资料占有格局。

---

① 埃文斯，鲁施迈耶，斯考克波. 找回国家. 北京：生活·读书·新知三联书店，2009.

任何时代、任何国家政治之核心议题都是获得生资、并在其成员中配置，以确保国家整体生存和发展之最优化。首要问题是获得生资，而生存环境、信仰、地缘格局等因素影响国家获得生资之途径，这些决定因素是长期稳定的，因而特定途径一经定型，就会构成其稳定的国家生存策略，后世历史演化具有明显的路径依赖特征，从而贯穿其古今历史。国家获得生资的途径无非有二：生产或转移，本国人民直接生产所需生资，或者把他人的生资转移到自己手中。转移的方式又有两种：使用强制即战争、征服，或者经过同意，哪怕是表面上的同意，即跨国贸易；而在历史上，这两种方式经常混合在一起。

经由以上历史考察可见，数千年来，中国基本上是通过生产获得生资的，原因在于，最早的中国之自然禀赋颇为优越，可耕地充足，故得以很早形成广域国家；地缘环境较好，山地民、牧人的威胁不大，相反他们还经常被农业区吸纳，转化为农民；人民普遍从事农耕，形成了重视生产、重视积累的社会结构，精英群体则形成了重农的政治价值体系。游牧民族大规模攻击中原地区已晚至战国后期、秦汉时，此时中原的生产型国家传统已十分巩固，且人口规模庞大，政治组织坚固，故有能力抵御游牧民，并击溃或消化之。

广义西方则是另一种情形：早期文明起源地两河流域和地中海沿岸的地形比较破碎，可耕地分割为零散小块，乃形成分立的小型城邦；山地民、牧人与城邦在地缘上错综而居，其生计艰难，乃觊觎、进攻、征服城市，建立或重建国家，并成为统治阶级。他们厌恶生产，偏好生资的转移，因而继续进行征服，或控制商路，由此形成军事贸易型国家。[①]

这两种国家形态形成的过程就是生资的配置过程，也造就其完全不同的内部政治格局和政治精神。

首先，从国家精神和其主要国务来看，两者的区别至为明显：军事贸

---

① 见证了这个地区反复出现的此类征服现象，生活于 14 世纪后半叶的阿拉伯学者伊本·赫勒敦提出其历史循环演进模式：城市高度发达的文明对山地民、牧民有巨大吸引力，山地民、牧民在艰难生活中形成高度凝聚力的组织，有力量征服城市，但又同化于城市，两者如此周而复始地互动。参见：赫勒敦. 历史绪论：上卷. 银川：宁夏人民出版社，2015：151 - 195.

易型国家必然是军国主义国家，政府和民众热衷于征服、战争，战争是国家日常事务，这必然导致军事权力在其政治生活中居于支配性地位。在罗马，军队是政治的中心，皇帝首先是军队统帅。大英帝国和美帝国同样具有浓厚军国主义色彩。[1] 中国则不然，民众普遍以生产为业，政府以服务生产为主要职能；皇帝当然是最高军事统帅，但绝不以军权为荣耀，绝大多数时候文官控制军队。[2]

其次，两类国家的内部政治结构完全不同：军事贸易型国家构建了多重政治等级制，生产型国家则是普遍平等的。

军事贸易型国家的等级制有三种形式：

第一种是征服造成的身份等级制。国家以征服方式创立之初必然形成两个等级：征服者转化为自由人即公民，被征服者沦为奴隶。古希腊城邦国家多有此类内部等级制。等级制造成国家的封闭，又有所谓"异邦人"。国家建立之后，持续不断的战争也继续制造奴隶，希罗多德的《历史》和修昔底德的《伯罗奔尼撒战争史》随处记载了胜利者将被征服城邦之人民"降"为奴隶之事。故古希腊哲人赫拉克利特说："战争是万物之父，也是万物之王。它使一些人成为神，使一些人成为人，使一些人成为奴隶，使一些人成为自由人。"[3] 希腊意义上的自由之义就是城邦免于被他人征服。

这种等级常以种族划分，故军事贸易型国家多为种族等级制国家。此制常见于古代，也是美国之根本宪制。费城制宪会议经激烈争论后保留了黑人奴隶制，并将其写入宪法，第一条第二款区分了三等人：白人殖民者及其后裔是自由人，拥有完全的公民权；未被课税的印第安人是化外人，没有公民权；"所有其他人口之五分之三"即黑人奴隶，作为活动的财产，拥有五分之三公民权。19 世纪的美国最高法院多次重申维护种族等级制。可以说，种族主义就是美国的立国之本，当然也就是其难以根除之痼疾。

---

① 欧树军认为，二战以来的美国政体可以说是"军事政体"。参见：亨廷顿. 军人与国家：军政关系的理论与政治. 北京：中国政法大学出版社，2017：导言V.

② 芬纳多次论及罗马与汉朝的差异，强调前者的军国主义性质和后者对军国主义发自内心的厌恶。参见：芬纳. 统治史. 卷一.2 版. 上海：华东师范大学出版社，2014：512，541，553.

③ 北京大学哲学系外国哲学史教研室. 古希腊罗马哲学. 北京：生活·读书·新知三联书店，1957：23.

第二种是财产等级制。政府长期对外征服，掠夺资源，本身又在其国家内部制造"财产等级制"。罗马最为典型：高级军官在征服中大肆劫掠，积累土地、动产等财富，由此或者巩固其古老的血统贵族地位，或由平民上升为"显贵"。事实上，所有军事贸易型国家都倾向于制造或维持贵族制。血统贵族主要形成于征服，欧洲中世纪的贵族属于此类；在征服和贸易远征中获得财富的平民也努力跻身于贵族之列，比如16世纪以后的英国，进行贸易远征的商人凭借财富上升为贵族。美国对黑人、印第安人的内部征服和海外征服也造就了一个财产贵族群体。[①] 总体而言，军事贸易型国家的权贵常有两类：军事权贵和贸易金融权贵，前者也必然拥有巨额财富。[②] 二战后，美国形成了其总统艾森豪威尔所说的"军事-工业复合体"，比如石油、军工财产贵族，典型者如布什家族；布雷顿森林体系解体后则形成美元霸权，金融权贵迅速形成并与帝国共进退。[③]

第三种等级制存在于帝国体系内的国家之间。军事贸易型国家常构建帝国，帝国未必完全消灭其所征服的国家，而是建立国家等级体系。近世的大英帝国和美帝国就是如此，以强制和半强制手段把附庸国资源转移到宗主国，并利用其资源进行更为广泛的征服和控制。

可见，军事贸易型国家制造和维护内外多重等级制，故其政治始终首先是身份政治，身份对每个人至关重要，由此在其历史进程中，追求身份平等就是政治的主题之一，不具备公民身份的人追求公民身份，或者公民身份不完整的人追求完整的公民身份。比如在古罗马，意大利人发动暴乱，以争取罗马共和国的公民身份；在美国，黑人以暴乱、社会运动等方式争取白人享有的公民身份，华人、拉丁裔也先后争取其公民身份。美国民权运动似已成神话，但其前提恰恰是公民在宪法上的身份不平等——原

① 托克维尔曾说，美国的法律人有贵族的精神，又谓其"是人民和贵族之间的天然锁链，是把人民和贵族套在一起的环子"，这不全然是一个比喻。参见：托克维尔. 论美国的民主：上卷. 北京：商务印书馆，1988：306.
② 芬利把罗马政治称为"财权政治"。参见：芬利. 古代世界的政治. 北京：商务印书馆，2016：19.
③ 关于美国工业的军事化，参见：曼. 社会权力的来源：第4卷. 上海：上海人民出版社，2015：49-64. 关于美国的金融化，参见：曼. 社会权力的来源：第4卷. 上海：上海人民出版社，2015：405-415.

始的种族政治始终是现代的美国国家生活之核心议题。

同时，在经济上，军事贸易型国家通常制造和维护奴隶制或半奴隶制劳动。古希腊、罗马共和国、帝国都以奴隶劳动作为经济基础，马克思正是基于这一历史事实总结出"奴隶社会"理论。南方黑人奴隶制庄园也是19世纪上半期美国最有活力的经济部门。宗主国也会把附庸国作为集体奴隶进行超经济剥削，比如大英帝国在印度的殖民统治。

据此可以得出如下结论：军事贸易型国家（或其高级版本军事金融帝国）是内在地不正义的，是在劣质自然禀赋约束下，因生产能力不足而被迫演进形成的不人道的集体生存策略。此类帝国体系的基本逻辑是，在一定区域或世界范围内，通过区隔等级，对资源进行有差等的配置，强制资源集中流向武力强大的国家，附庸国则被压制、锁定在生死线上甚至在此线以下。等级制的政治逻辑也贯穿于宗主国内部：通过区隔、固化社会等级，资源集中流向少数权贵，多数人被剥夺一切人身自由，仅维持基本生存，永远没有改变境遇的可能。

自由、共和、民主、财产权等西方核心政治价值，在很大程度上生成于军事贸易型国家特有的身份政治历史之中："自由"是与被征服和奴隶身份相对而言的，把自由招牌举得最高的两个现代国家——英国和美国，其国内的不平等恰恰是最严重的。[①]"共和"通常是血统贵族、财产贵族的寡头统治，"民主"健全运作的前提是奴隶从事生产，以使公民有闲暇参政。[②]"财产权"是贵族永远保持其财产的法律安排。进入现代后，这些观念确实经过了一般化转变，似乎惠及所有人，但其与西方根深蒂固的身份政治之间仍有隐秘联系，比如新自由主义的核心主张——金融自由化，就是要求所有国家放弃金融主权，任由英美金融贵族掠夺。

中国作为生产型国家，国家结构和观念却与此完全不同。

生产型国家的政治经济学基本原理即《大学》所阐明者："生财有大道：生之者众，食之者寡，为之者疾，用之者舒，则财恒足矣。"历代政

---

① 众多研究都指出美国是一个始终由极少数精英统治的国家，参见：张宇燕，高程.美国行为的根源.北京：中国社会科学出版社，2015：114-128.

② 亚里士多德.政治学.北京：商务印书馆，1995：366-367.

府之国策是从制度上确保大多数人拥有一定生产资料，在农业社会是保有小块土地，家户独立耕作，在工业时代则是保有就业机会。产权的平均分散，造就和保障政治上的相互平等，三代井田制正是如此用意，战国以来的自耕农家户所有制支持了秦汉的"编户齐民"制度，在这种制度中，所有人实现政治和法律上的相互平等，不存在贵族等级，即便汉末到隋唐之间有世家门阀，其根基亦非征服或财富，而是以文化优势构筑之政治优势。

由此涉及生产型国家与军事贸易型国家的一个重大结构性差异：前者实行直接统治，后者通常实行间接统治。这一点在帝国体系中表现得非常清楚：宗主国不管理附庸国内部事务。在其国家内部亦然：军事贸易型国家总有某种程度的贵族制，贵族控制依附性人口，中世纪欧洲封建制如此，美国南方奴隶制庄园体制同样如此。

此处又涉及国家与帝国之别：较大规模的军事贸易型国家必为征服性帝国，而中国虽然规模极大，却始终是一个国家。这两者在统治精神和方式上有重大差异：帝国以宰制者立场对待附庸国，一心进行掠夺，获取霸权租金，而不关心其发展；对附庸国来说，帝国则是纯粹他者的统治。晚近以来的帝国理论反复向我们阐明帝国的好处：相比于城邦国家，帝国容纳了多样性，但是，这种多样性的代价却是国家、种族、民族间的不平等。中国式"国家"则是共同体的自我治理。"国家"一词本有以国为家之意，以家想象国，君王、统治者"作民父母"①，谓其对万民有深厚情意，而绝非单纯以暴力统治，更不是作为外来者一心进行掠夺。君王一体对待所有国民，平等地为其开放发展的机会、条件，国民以其生产剩余供养政府，用以生产公共品。中国式生产型国家是国民相互平等而有情意的共同体，政府、国民是一体的，由此保持持久的国家凝聚力——对此，我们将在第三章予以详论。

因此，这两类政治体在道德上有高下之分，其政治效率也有高低之别，最直观的表征是：拥有同样甚至更大土地面积和优越资源条件的欧洲或美国

---

① 最早表达这一观念的是《尚书·洪范》："天子作民父母，以为天下王。"

的人口规模始终小于中国。这意味着其国家机制未能有效地引导资源全部用于"人生"，此非政治之善。也因此，两类国家的长期走势有很大不同。

军事贸易型国家必须不断对外扩张，呈现为两种形态——军事征服和贸易金融扩张，经常还有宗教扩张与之并行。经由扩张，从外部持续获得利益，输入内部进行分配，这是保持内部秩序稳定之关键。那么反过来，一旦征服了所有可征服之地、无可掠夺之后，外部利益输入减少或中断，国家就会陷入"内卷化"①。故帝国构建完成之时，就是其走向崩溃之始。今日美国已陷入这种困境。军事贸易型国家也会以另一种方式终结：以征服建立，以暴力维系，必因暴力衰落而被拥有更大暴力者替代。不管途径如何，历史上所有军事贸易型帝国都解体了，且不能重建。因为其仅有规模扩张，没有深化内部政治、文化纽带，因而没有内在凝聚力。

中国之作为生产型国家，主要通过内部组织深化提高生产效率，并以梯度发展模式，由中心向边缘逐次推进，对所有国土进行深度开发，以充分利用一切可用资源，由此，技术改进也得以扩散。国家权力所到之处，积极对国民进行深度教化，使之形成文化认同，此为国家认同之本，因而其国家凝聚力持续强化。多重凝聚力构造了大一统，这又有利于国家组织化水平的进一步提升。现代中国的翻身仗还是依靠这一优势，证明了生产型国家之长久生存优势。

中国作为生产型国家实现了现代化，给其他后发国家提供了希望。欧美国家普遍通过对外征服、扩张实现现代化，这本身是不道德的，在今日世界也完全不可行，因而其现代化模式没有普遍性。事实上，过去一百多年来新增的发达国家，主要集中在东亚儒家文化圈，均为生产型国家。这显示了生产型国家的现代化经验是可行的、普遍的：通过提高内部组织化水平，借用外部资本和技术，是有可能实现工业化的。

中国提出"一带一路"倡议，正在为这些国家提供机会。英、美也曾推动、主导经济全球化，但始终以军事开路，以贸易、金融为主要手段，两者都有掠夺性；即便其投资于生产活动，也只是手段而非目的，服务于

---

① 这是借用黄宗智等人讨论明清时代中国农村经济时所用的概念。参见：黄宗智．华北的小农经济与社会变迁．北京：中华书局，1986.

金融控制和掠夺。这样的全球化形成并固化中心-边缘结构，全世界的收益不成比例地流向中心地带，边缘地带普遍被锁定在欠发展状态；反过来，边缘地带的购买力低下，又导致全球经济体系始终为需求不足所困，从而周期性爆发金融、经济危机，世界的底层国家和人民再度遭受伤害。

中国凭着其生产型国家的基因致力于推动新型全球化，有可能建立以生产为中心的世界经济和政治秩序，即"生产性天下秩序"。它把更多国家卷入全球生产体系中，给其人民提供投入生产过程的机会，普遍增加其收入，改善其境遇。① 这种生产性天下秩序有助于社会平等，也有助于平衡全球供需，从而有助于全球共同富裕、永续发展。

第三节　敬天：中国宗教体系的中心

人是精神性存在者，宗教信念塑造人的行为、人际关系，从而有力地塑造国家的形态和治理机制。而且，由于宗教通常是高度稳定的，它甚至可能引导国家及其制度的建立。考察亚欧大陆上重要文明的宗教演变史，我们可以确认两大基本谱系，即以敬天为中心的中国宗教和以信仰人格神为中心的广义西方宗教。② 敬天塑造了中国型国家之基本形态，也塑造了其基本治理机制，即人文之治，本节将对此予以论述。

一、敬天信念之确立

《史记·五帝本纪》记，太史公曰："学者多称五帝，尚矣，然《尚书》独载尧以来"。孔子以为，尧确立华夏中国之治道，故《尚书》始于

---

① 中国已开始带动非洲的工业化。参见：郑宇. 全球化、工业化与经济追赶. 世界经济与政治，2019（11）.

② 孔汉思则在这两者之外另加印度宗教传统，认为古代世界存在三大"宗教河系"。参见：秦家懿，孔汉思. 中国宗教与基督教. 北京：生活·读书·新知三联书店，1990：1-9.

《尧典》。《尧典》首章记帝尧之德："帝尧曰放勋，钦、明、文、思、安安，允恭、克让，光被四表，格于上下。"次章记帝尧之合群技艺："克明俊德，以亲九族。九族既睦，平章百姓。百姓昭明，协和万邦。黎民于变时雍。"由帝尧之努力，而有超大规模之华夏共同体之肇造。其三章曰："乃命羲和，钦若昊天。历象日月星辰，敬授民时。"钦，敬也。若，顺也。"钦若昊天"者，敬顺上天也。[1] 帝尧在缔造华夏共同体之时，确立敬天之礼。中国人之根本观念、中国文明的诸多根本特征，均根源于敬天。[2]

　　敬天之确立实经过复杂漫长之演变，关键环节为"绝地天通"。对此一关乎中国文明演进大方向的事件，古典文献有两个记载，互为补充，首见于《尚书·吕刑》，次见于《国语·楚语下》。通过解读这些记载，基本上可以把握绝地天通之过程。

　　《楚语下》所记系楚史官观射父答楚昭王之问："《周书》所谓'重、黎实使天地不通'者，何也？若无然，民将能登天乎？"同书另有两条与观射父相关的记载，从中可见其人熟悉古代历史、典章，则其历史叙述当可信赖。观射父以宗教为中心叙述中国文明形成演变的历史，首先叙述第一阶段：

> 古者民神不杂，民之精爽不携贰者，而又能齐肃衷正，其智能上下比义，其圣能光远宣朗，其明能光照之，其聪能听彻之，如是则明神降之，在男曰觋，在女曰巫。……于是乎有天、地、神、民、类物之官，是谓五官，各司其序，不相乱也。民是以能有忠信，神是以能有明德。民神异业，敬而不渎，故神降之嘉生；民以物享，祸灾不至，求用不匮。

　　人类最自然、最早的组织方式是以血亲为纽带的。一万多年前的农业革命后，人类相互交往范围扩大，始有组织更大规模共同体之必要和可能，这文中的关键是树立不依血缘之权威。人们找到神灵，观射父勾勒了

---

　　① 对《尧典》经文的详尽解读，参见：姚中秋. 尧舜之道：中国文明的诞生. 北京：中国文联出版社，2016.

　　② 令人奇怪的是，现代学者所写思想史、观念史甚至宗教史著作，很少认真讨论敬天，但有一个例外，参见：钱新祖. 中国思想史讲义. 上海：东方出版社，2016：第一、二、三章.

宗教联合之机理：第一，神灵是公共的而非私人救赎性的，普通成员不能与之沟通；第二，神灵有一定人格性、能言，以言辞对人间事务下达命令；第三，专业化巫觋拥有聆听神言之艺能，另有宗、祝协助安排祭神礼仪；第四，共同体设立五个专业性"官"职，实施巫觋所转达之神命，形成原始政府——以巫觋为首的神权或教权政府，凭神之权威享有政治权威，有效塑造和维护秩序。考古发现对其叙事可予一印证：红山和良渚南北两个文化均已存在覆盖较大区域的共同体，在其高等级墓葬中发现大量专用于事神之精美玉器，显示出巫觋在共同体内享有崇高权威。

随后出现严重的秩序紊乱，这就构成第二阶段：

> 及少皞之衰也，九黎乱德。民、神杂糅，不可方物。夫人作享，家为巫史，无有要质。民匮于祀，而不知其福，烝享无度。民、神同位，民渎齐盟，无有严威。神狎民则，不蠲其为。嘉生不降，无物以享，祸灾荐臻，莫尽其气。

战国以前的"家"是卿大夫领导的，规模居于国、族之间的宗教与政治共同体。这段描述颇费思量，暂且放下，先考察第三阶段：

> 颛顼受之，乃命南正重司天以属神，命火正黎司地以属民。使复旧常，无相侵渎，是谓"绝地天通"。

《五帝本纪》居《史记》首篇，记五帝构建统一华夏国家之事，颛顼排第二位，其事多关乎宗教："静渊以有谋，疏通而知事；养材以任地，载时以象天，依鬼神以制义，治气以教化，洁诚以祭祀。"在华夏国家构建过程中，颛顼主要行事于宗教领域，即"绝地天通"。把观射父所述第二阶段之事置于这一历史演进框架中，其义自明：缪勒划分人类宗教形态为单一神教、多神教和唯一神教三阶段①，观射父所谓"古者"即单一神崇拜阶段，分立的族群各拜其神。随着各族群交往增多，关系趋于复杂，纠纷、冲突增多，甚至发生战争，此即观射父所说的"衰"。但大规模共同体正酝酿于这一冲突过程中，而宗教有其惯性，各族仍各拜其神，"诸

---

① 缪勒. 宗教的起源与发展. 上海：上海人民出版社，1989：180 - 212.

神之战"驱其崇拜者相互仇视、战争。考古发现红山、良渚文化之后的龙山时代出现城邑，提示族群间频繁发生战争。①《史记·五帝本纪》记载，居于颛顼之前的黄帝完全以战争为业。这是多神教形成的前半段。

颛顼起而解决这一问题，在相互分立甚至对立的神灵崇拜之上确立统一的崇拜对象，其策略是"绝地天通"，最终形成"主神"统摄众神的稳定的多神教格局。徐旭生谓之"宗教改革"，并从共同体扩展角度予以解释。② 此前，人们崇拜各自地方性神灵，神灵皆住在"天"上；绝地天通意谓，禁绝地上的巫觋与天上的神灵沟通。由此，神灵退隐，众神同在之天得以凸显，且统摄众神。颛顼乃命"南正重司天以属神"，即排定祭祀众神之轻重次序。

此处当注意，观射父描述古者和九黎时，只言及"神"，而未提及"天"，因为此时，生活在分散的族群中的人们，崇拜各自的山川之灵与人鬼，无形无臭而普遍广袤之天尚未进入人们的心灵。故颛顼绝地天通虽然回到了神人不相侵渎的状态，却不是简单地恢复旧常，因为此时，在诸神之上，天已确立，"司天以属神"，意谓天高踞于诸神之上，统领诸神。天为人所敬，自然带来"绝地天通"：从根本上说，天不是神灵，人不可能通过言辞、舞蹈等动作与天沟通。巫觋可以降神，却无从降天。对于天，人们唯有单向的敬而已。司天者何以为"南正"？南者，阳也，天为阳。后世郊天之礼均在王城之南郊。"地"当指地上诸神，尤其是祖先神灵，故可以"属民"。何以"火正"司地？火者，大火星，史上曾行"火历"，"火正"即掌火历之官，民众据大火星之出、入安排一年的农事活动，故火正"司地以属民"。③

概言之，颛顼发动了一场"宗教革命"，由两大突破构成：第一，在众神之上树立"主神"即天，统摄众神，形成"一个天，多个神，众神统于天"的复合崇拜体系，原来分立的各族群在宗教上整合起来，这是政治整合之基础。第二点更为重要，天不以言辞与巫觋沟通，而有全新品

---

① 张忠培，严文明.中国远古时代.上海：上海人民出版社，2010：附录三 龙山时代城址的初步研究.

② 徐旭生.中国古史的传说时代：增订本.北京：文物出版社，1985：74-85.

③ 关于火历与火正之含义，参见：庞朴."火历"初探.社会科学战线，1978（4）.

质——无人格、不言，下文将予详论。

然而，这一状态未能持久保持，颛顼之后，进入文明形成进程的第四阶段："其后，三苗复九黎之德。"颛顼宗教革命把对特定部族拥有绝对权威的单一神降为天之中的众多神灵之一，相应地，本来在小部族内享有绝对权威的君，现在成为统一王权之下的臣，这必然引发地方性既得利益者的反弹。因此，三苗发动了宗教、政治复辟。三苗在南方，放弃敬天之礼，重归于神人杂糅状态。此事揭示敬天之难度：在人所崇拜的对象中，天最为抽象，无形、无声、无臭，没有一丝人格迹象；但天又是最为崇高的，人须报以最高敬意。唯当人之精神达到足够高度，且处在微妙的平衡状态，既开明而又虔敬之时，才有可能敬天。但人不易同时做到这两者：开明者常失之于迷信理性，否定神灵；虔敬者常失之于迷失自我，迷信神灵。"载时以象天"云云说明，颛顼既开明而又虔敬，故能确立敬天之礼。三苗虔敬而不开明，只识有形、有声之神灵，企图以神制人，而以天为虚无缥缈，乃放弃崇敬。而神人杂糅的结果是，民众胡作非为。为应付混乱局面，又引入严刑峻法。严刑峻法让民众更加无耻，社会秩序解体。

尧发扬颛顼之德，恢复敬天，这构成中国文明形成历史的第五阶段："尧复育重、黎之后不忘旧者，使复典之，以至于夏、商，故重、黎氏世叙天地，而别其分主者也。"一体化力量终究是强大的，经过帝喾，帝尧再度"绝地天通"。《尚书·尧典》对此另有记载，即本节开头所引者。由此，以敬天为中心的复合宗教体系初步建立，统一华夏国家获得了稳固的精神根基。①

基于以上历史记载我们得出如下结论：绝地天通是华夏统一国家诞生进程中的关键节点，颛顼、帝尧持续进行艰苦卓绝的宗教革命，在原始、多元的地方性神灵之上树立一统之天，建立祭天之礼，形成"敬天之教"。而天有独特属性，塑造了独特的天神关系、天人关系以及神人关系。

---

① 陈赟认为，作为中国传统的天下政教形态在五帝时代业已开端，尤其是体现在帝与群神的二层级的政治构造上面。参见：陈赟. 绝地天通与中国政教结构的开端. 江苏社会科学, 2010 (4). 但本文认为，居于统摄地位的是天。

二、天的根本属性：无人格、不言

颛顼、帝尧两度绝地天通的历史已表明敬天之不易：天是崇高、普遍而高度抽象的，唯有精神诚敬而又开明者，可体认而敬畏。但保持这种状态不易，故人们总倾向于信奉人格化之神灵，如孔子所说，"夏道尊命，事鬼敬神而远之"；殷人则有重大变化，"殷人尊神，率民以事神"（《礼记·表记》）。殷人以"上帝"信仰为主，尽管其位格化程度还不高。[①]

这一历史事实已揭示了人类普遍的本源信仰之两大基本形态：敬天或信仰上帝。当然，最为完备的位格化一神信仰出现在西亚，即闪族三大宗教：犹太教、基督教、伊斯兰教，其共同特征是信仰普遍的唯一真神。那么，敬天和上帝信仰有何区别？

一神教所崇拜的唯一真神是充分位格化的，有类人之情感、意志；对人来说，上帝最为重要的属性是言。《圣经·旧约·创世记》开篇即说，神创生一切，并通过自言自语创生：

> 起初神创造天地。地是空虚混沌，渊面黑暗。神的灵运行在水面上。
>
> 神说（said）："要有光"，就有了光。神看光是好的，就把光暗分开了。神称（called）光为昼，称暗为夜。有晚上，有早晨，这是头一日。

神的创造意志以自言自语予以明晰表达。神给其创生之物命名，故神给人间创造了语言。这里显示了西方精神之根本特征：言语中心或德里达所说的"语音中心论"[②]——与之对应，中国则是"文字中心论"[③]。同时值得注意的是，上帝首先创造了"光"。光的隐喻贯穿西方观念，柏拉图

---

① 胡厚宣. 殷卜辞中的上帝和王帝（上）. 历史研究，1959（9）；胡厚宣. 殷卜辞中的上帝和王帝（下）. 历史研究，1959（10）.

② 德里达. 论文字学. 上海：上海译文出版社，2015.

③ 潘德荣. 语音中心论与文字中心论. 学术界，2002（2）.

的"洞穴隐喻"，现代的"启蒙"（enlightenment）观念均与此同轨。[①] 它也确定西方哲学以本体论为中心：因为上帝首先创造光，则被造的万物均在光照之下，有清晰之"体"，分有神性的人可"看"穿上帝创造之一切。简言之，人可以"看到"存在的真理。

神依自己的形象创生出有灵的人——亚当，并立刻对他颁布律法："耶和华神将那人安置在伊甸园，使他修理看守。耶和华神吩咐（commanded）他说，园中各样树上的果子，你可以随意吃。只是分别善恶树上的果子，你不可吃，因为你吃的日子必定死。"由此可见神之言的丰富形态：表明自己的意志，为万物命名，对人颁布律法。因为神通过言阐明自己的意志，故人可以完全清楚地把握神的意志，也就可以且应当依循神的意志。神也为万物命名，故万物之性、万物间的关系都是神明白地规定的，世界对人的呈现也就是确定而可以明白、准确地探知的，也即，真理是确凿无疑地存在的，人可以探知真理。神又对人如何生活直接下达命令，是否服从，人当然可以选择，一如亚当，但人不能逃脱神之言明确规定的人的生命之铁律。据此，《圣经·新约·约翰福音》明白地说："太初有言，言与神同在，言就是神。这言太初与神同在。"[②] 神的存在就是其言："言成了肉身住在我们中间，充充满满的有恩典有真理。"[③] 神以其言创造世界，神不是别的，本身就是其言。

上帝言，且以其言创造万物以及人，人必须聆听神之言。当然，不是每个人都能做到这一点，只有"先知"或"天使"可以，他们是蒙神拣选者，神通过他们传达自己的言。先知或天使的首要能力是聆听神之言，也需要具有对人言的能力，这样才能准确传达神言给其他民众。摩西就是被神拣选的先知。通过他的转达，神的律法全面支配人间。神对摩西吩咐了

---

① 田海平. 光源隐喻与哲学的叙事模式. 人文杂志，2002（4）.

② In the beginning was the word, and the word was with God, and the word was God. The same was in the beginning with God. 和合本译为："太初有道，道与神同在，道就是神。这道太初与神同在。"但将"word"译为道，并不准确。天主教思高译本译为："在起初已有圣言，圣言与天主同在，圣言就是天主。圣言在起初就与天主同在。"关于这句话翻译之深意的讨论，参见：祝帅. "道"与"圣言"的张力：现代汉语语境下《约翰福音》"λόγος"的几种解读. 金陵神学志，2007（1）.

③ 思高译本："于是，圣言成了血肉，寄居在我们中间。"

人应遵循之律法（Then God spoke all these words），即所谓十诫，还有其他一系列诫命。这些构成"律法"，因为其出自神，故必然被推定为绝对的、完备的、永恒的。律法全面规范私人、公共生活之各个领域。一神教的核心正是律法，律法出自神，信神就是信神的律法，对于信众来说，最重要的义务就是遵守神的律法。

由于神言，人间有可与神言之先知或天使，如摩西，故神可与世间众人立约，比如神与挪亚立约（the covenant with Noah），神通过摩西与以色列人立约。所谓"约"，就是具有约束力之言，立约的前提是神能言。神若不能言，若没有代神在人间言之先知，众人不可能与神立约。

总之，一神教中的唯一真神能言，因而时时处处在言说。由此决定了，一神教之整体架构是以言为中心的，而这有力地塑造其国家形态与社会治理模式：

第一，就教化机制而言，神能言，故先知在一神教体系的整体构造和运作中至关重要，他们是创教者。先知转达神之言，或解说神之言的微言大义，此类言说同样是经书之重要内容。真理已通过上帝之言呈现，先知先觉者必定有高昂的激情说服人们信奉真理，也即信神之言。传教是先知先觉者的根本和唯一义务，由此而有传教者，而有教会，教众结成的所谓精神团契是以言联结为一体的。这种教化模式必定影响世俗政治，同样以言辞为中心，从古希腊、罗马的修辞术，到现代竞选中的电视辩论，都是通过言辞来夺取权力。

第二，就治理而言，先知聆听神言，转而对人言，传达神之旨意，由此而有律法。律法构成一神教经书之核心内容，律法全面规范人。信神，其实就是信神之言，也即神之律法。人的首要义务就是信仰律法，这一义务是神加于人的，人无所逃避。对此义务，人不能选择，因而信仰律法，无关乎道德。这就塑造了西方的所谓法治传统。[1]

第三，以上两种因素叠加，形成建制化教会，独立于世俗政权之外，形成二元政府分立之格局，这对西方国家形态也产生了极为深刻的影响。

---

[1]　法治与宗教信仰有密切关系，参见：福山 . 政治秩序的起源：从前人类时代到法国大革命 . 桂林：广西师范大学出版社，2012：241－270.

与唯一真神有人格而言的品质完全不同，同样崇高、普遍之天则无人格、不言。首先，关于天之不言，中国圣贤反复提及、确认，如《诗经·大雅·文王》："上天之载，无声无臭。"《中庸》由"天命之谓性"开篇，以引用本句、叹其"至矣"，戛然而止，显示了天不言在《中庸》义理体系中的枢纽地位。又据《中庸》，孔子"祖述尧、舜，宪章文、武"，直承先圣敬天之道，以天为个体生命和宇宙秩序之大本。孔子关于天之刻画，可见《论语·阳货》：

> 子曰："予欲无言。"子贡曰："子如不言，则小子何述焉？"子曰："天何言哉？四时行焉，百物生焉，天何言哉？"

天生万物，天行有道，但天不言。孔子欲效法天道，不以言教人。同样是子贡又指出："夫子之文章，可得而闻也。夫子之言性与天道，不可得而闻也。"（《论语·公冶长》）孔子不言天，因为天本身不言，则人何以言天？这就决定了中国式言行观：

> 子曰："巧言令色，鲜矣仁！"（《论语·学而》）
> 子贡问君子。子曰："先行其言而后从之。"（《论语·为政》）
> 子曰："君子欲讷于言而敏于行。"（《论语·里仁》）

此为后世中国圣贤之普遍倾向。《孟子·万章上》中孟子与万章讨论禅让制，孟子指出，不是"尧以天下与舜"，而是"天与之"，而"天不言，以行与事示之而已矣"。《荀子·不苟》曰："天不言而人推高焉，地不言而人推厚焉，四时不言而百姓期焉。"

道家同样肯定天不言，《庄子·知北游》曰："天地有大美而不言，四时有明法而不议，万物有成理而不说。"《道德经》谓："天之道，不争而善胜，不言而善应"，《河上公章句》解释说"天不言，万物自动以应时"。道家又普遍向往"不言之教""不言之辩"。

诸子百家中，《墨子》最喜谈天，且以"天志"规范人间。然而，墨子所谈者，也只是"天志"，《墨子》通篇不见天之言。

回头看《尚书·皋陶谟》记载皋陶所说之"天聪明，自我民聪明。天明畏，自我民明威"，及《泰誓中》周武王所说之"天视自我民视，天听自我民听",也隐含天不言命题:天即便具有人格化品性,其感官也只是耳之"聪"和目之"明",而无口以言。天在监察人间,天在倾听人间,天对于人间之政当然有明确倾向,但从不以言辞表达己意,从不以言辞命人。人须通过另外的媒介,比如民意,推知天意。

可见在中国,自古以来,圣贤之共识是:天崇高而普遍,但天不言。由此而有一大问题:就唯一神有人格而言,言就是神,神有其体,人可以明白想象、清楚认知。天没有人格,尤其是不言,那么,天何在?天是什么?如何呈现?

上引孔子之语已说明天之存在和显现方式:"四时行焉,百物生焉,天何言哉?"天之存在,就是在四时之中生万物,孔子说明,天就是在四时流转之中生生不已的万物之全体。这同样是圣贤的共识。董仲舒《春秋繁露·顺命》曰:"天者,万物之祖,万物非天不生。"这样的天,当然是不可能有人格的。

不过,圣贤言天之生物,多并言"天地",如"有天地,然后万物生焉"(《周易·序卦》),"惟天地,万物父母"(《尚书·泰誓上》)。天地共同发挥作用而生万物,为万物之父、母。《周易》"乾""坤"两卦对此有具体解说。"乾"卦之《彖》曰:"大哉乾元,万物资始,乃统天。云行雨施,品物流形。"由乾元,万物得其神。"坤"卦之《彖》曰:"至哉坤元,万物资生,乃顺承天。"由坤元,万物有其质。神、质合而有物,《周易·系辞上》曰:"乾道成男,坤道成女。乾知大始,坤作成物。"生物者,天也;成物者,地也。天命万物以性,地成万物之形,熊十力先生的《原儒》之《原内圣》对此论之甚详。天自我衍生而有地,天地也即阴阳二气共生万物。故《周易·系辞上》曰:"天地之大德曰生。"天意、天心、天志,一言以蔽之曰,生。

因而,天之生万物,不同于上帝之造万物。"造"意味着上帝在万物之先,以自己的绝对意志并以自己的蓝图制造万物,赋予万物以其确定之性,此性出于上帝之意,故西方哲学始终致力于求"同一"。天生万物,但并没有一个静态的固定的天在万物之先,当然也没有绝对意志和先在的蓝图。阴、阳两种力量相合、相交而有物之生,由此所生之结果充满惊异和丰富，是为"百物"或"万物"。万物非出于先在之天的意志，相反天因万物而存在。① 天就是万物之生生不已，故熊十力先生谓"体用不二"，此在其《体用论》中论之甚详。

生万物之阴阳合和力量又推动万物运转不已，故天呈现自己之存在为行而不已。《周易》第一卦"乾"卦：《象》曰"天行健"。孔颖达疏曰："天行健者，谓天体之行，昼夜不息，周而复始，无时亏退，故云'天行健'。"（《周易正义》）此处之天，固可为对应于地之天，亦为全体之天。天之根本属性就是行，且行而不已。《诗经·周颂·维天之命》曰：维天之命，于穆不已。郑玄笺云："命犹道也，天之道於乎美哉！动而不止，行而不已。"孔颖达疏曰：天之教命，即是天道，故云命犹道也。《中庸》引此诗，乃云："盖曰天之所以为天也。"是"不已"为天之事，故云动而不已，行而不止。《周易·系辞下》云：日往则月来，暑往则寒来。《乾·象》曰："天行健，君子以自强不息。"是天道不已止之事也。②

周人敬天，故对天之存在有亲切认知：既肯定"上天之载，无声无臭"，继之以肯定天之道在运行不已。《礼记·哀公问》记孔子与鲁哀公对话：

> 公曰："敢问君子何贵乎天道也？"孔子对曰："贵其不已。如日月东西相从而不已也，是天道也；不闭其久，是天道也；无为而物成，是天道也；已成而明，是天道也。"③

总括而言，天无人格，因而不言；天生万物。但天不在万物之外，天在万物中，天就是生生不已的万物之全体。大化流行，天行而不已。天就是万物之生生与运动。

---

① 丁耘. 中道之国：政治·哲学论集. 福州：福建教育出版社，2015：249-287.
② 参见《毛诗正义·卷十九 十九之一 六三·维天之命》。
③ 熊十力先生释本章大义曰："此以日月东西相从，譬喻天道之流行，决不单纯，必有奇偶二用，相反而成变化。奇偶二用者，阴阳是也……变化无有已止，《易·乾》之《象》曰'天行健'，此其所以不已也。不闭，孔广森曰：'不闭不穷也。'愚按不闭，言发展无竭也。久也，犹云永恒，无断绝故。无为者，非如上帝造作世界故；物成者，天道之变化，无心于成物，而物以之成。天道幽隐，无形无象，及其化而成物，则法象著明；法象著明而天道即斡运乎法象，不离法象而独在。"（熊十力. 原儒. 北京：中国人民大学出版社，2006：180）

三、圣人观乎天文，以作人文

在一神教，上帝言，先知聆听上帝之言，转达于人。对人而言，上帝就呈现为上帝之言。天不言，天生万物，天行而不已，不以其言创造和范导人。天所呈现于人、为人所可知者，唯有天之文。

《周易·贲·彖》曰："观乎天文，以察时变"。《说文解字》：文，错画也，象交文。段玉裁注：错当作道，道画者，交道之画也。……象两纹交互也。纹者，文之俗字。文的本义是纹，纹路，也即线条有规则的排列、交错，而为人可见。天文就是天纹，也就是天所呈现、为人可见之纹路。天生万物，天就是生生不已的万物之大全，故万物之文均为天之文，观乎天文者，观乎天、地、万物之文也，《周易·系辞下》曰"古者包牺氏之王天下也，仰则观象于天，俯则观法于地，观鸟兽之文与地之宜，近取诸身，远取诸物，于是始作八卦"。《文心雕龙·原道》对此有更为详尽的解说：

> 文之为德也大矣，与天地并生者何哉？夫玄黄色杂，方圆体分，日月叠璧，以垂丽天之象；山川焕绮，以铺理地之形。此盖道之文也。仰观吐曜，俯察含章，高卑定位，故两仪既生矣。惟人参之，性灵所钟，是谓三才。为五行之秀，实天地之心，心生而言立，言立而文明，自然之道也。傍及万品，动植皆文：龙凤以藻绘呈瑞，虎豹以炳蔚凝姿；云霞雕色，有逾画工之妙；草木贲华，无待锦匠之奇。夫岂外饰，盖自然耳。至于林籁结响，调如竽瑟；泉石激韵，和若球锽：故形立则章成矣，声发则文生矣。

天不言，其对人所呈现者，乃是文。天地之间万物，各有其文。明宋濂亦曰："呜呼，文岂易言哉！日月照耀，风霆流行，云霞卷舒，变化不常者，天之文也；山岳列峙，江河流布，草木发越，神妙莫测者，地之文也。"（《潜溪前集·华川书舍记》）

鸟、兽之皮毛有文，且对于鸟兽而言，至关重要。棘子成曰："君子质而已矣，何以文为？"子贡曰："惜乎夫子之说君子也，驷不及舌：文犹质也，质犹文也，虎豹之鞟犹犬羊之鞟。"（《论语·颜渊》）虎豹区别于犬羊之最为显著的标志，就是其皮毛之文。若去除其毛纹，虎豹、犬羊就无以为别了。故文对于人、物之存在，与质同等重要。

圣人观乎天文的目的在于制作人文，《周易·贲·彖》曰："刚柔交错，天文也；文明以止，人文也。观乎天文，以察时变；观乎人文，以化成天下。"首先要理解"观"。《周易·杂卦》："《临》、《观》之义，或与或求。"观带有求的精神意向。在一神教中，是上帝要求人、命令人，主动对人颁布律法，全面规范人的行为。天却不然：天生万物，包括人，"天命之谓性"，人知其性，方能尽其性；知性则不能不知天。对个体而言，子曰："不知命，无以为君子也"（《论语·尧曰》），知天命，方能为君子。故人不能不知天。人当顺天而行，人间当法天而治，因而必须知天。一神教中的先知聆听人格神之言，是被神所强制的，聆听也是一种被动的感官能力；人之知天，却是一种基于自由选择的道德行为，观是一种主动的感官能力。董仲舒明确强调了"求"的重要性："臣谨案《春秋》之文，求王道之端，得之于正。正次王，王次春。春者，天之所为也；正者，王之所为也。其意曰，上承天之所为，而下以正其所为，正王道之端云尔。然则王者欲有所为，宜求其端于天。"（《汉书·董仲舒传》）人带着"求"之道德自觉观乎天文，旨在制作人文。日月星辰运转而有文，是为天文；认真观察天文，可察四时之迁移。《周易·观·彖》有类似论述："观天之神道，而四时不忒。圣人以神道设教，而天下服矣。"圣人观天文，也就是观万物生生不已的神妙之道，以之教化天下。由此形成之教，就是人文之教。唯一真神以言辞对人颁布律法，则其先知或神职人员所教于人者，乃神言、神律、神命也，要人敬神、爱神、服从神，故可谓之"神教"。中国之教以敬天为中心，然而，天就是生生不已的万物之全体，因而其实就是教人效仿万物之生生不已，也就是教以人生成长之道，教人以与人相处之道，因而就是人文之教，也即"文教"。

人文之教使人文大行于天下，此即"文明"，其功能则是"止"。八卦之中，艮之性为止，《周易·艮·彖》曰："艮其止，止其所也。"此处之"止"，就是《大学》所说"为人君，止于仁；为人臣，止于敬；为人子，止于孝；为人父，止于慈；与国人交，止于信"之"止"。人各不同：天命不同，身份不同，角色不同；人人止其所，也就是每人各尽其责、各得其所。人文的作用就是规范每个人的伦理责任，使每个人知道自己应当做什么，应当得到什么。循此以往，则可以"止于至善"。

人文落实为礼乐。子曰："质胜文则野，文胜质则史。文质彬彬，然后君子。"（《论语·雍也》）《礼记·礼器》曰："无本不立，无文不行"。这里所说的"文"，基本上都是指礼。《左传·成公十三年》记周王室刘康公之言曰："民受天地之中以生，所谓命也。是以有动作礼义威仪之则，以定命也。能者养以之福，不能者败以取祸。"礼为人确立行为法度。其作用于人，曰节，《周易·节·象》曰："天地节而四时成。节以制度，不伤财，不害民。"《礼记·乐记》对此有更为全面的论述：

> 人生而静，天之性也；感于物而动，性之欲也。物至知知，然后好恶形焉。好恶无节于内，知诱于外，不能反躬，天理灭矣。夫物之感人无穷，而人之好恶无节，则是物至而人化物也。人化物也者，灭天理而穷人欲者也。于是有悖逆诈伪之心，有淫泆作乱之事。是故强者胁弱，众者暴寡，知者诈愚，勇者苦怯，疾病不养，老幼孤独不得其所，此大乱之道也。

> 是故先王之制礼、乐，人为之节：衰麻哭泣，所以节丧纪也；钟鼓干戚，所以和安乐也；昏姻冠笄，所以别男女也；射乡食飨，所以正交接也。礼节民心，乐和民声，政以行之，刑以防之。礼、乐、刑、政四达而不悖，则王道备矣。

礼、乐、政、刑都是"人文"，其目的在于让人止其所、在于节人。首先是引导人，其次是约束人。由此，每人各正其性命，从而形成人际的"保合太和"。孔子所论，与此相当：

> 子曰："道之以政，齐之以刑，民免而无耻；道之以德，齐之以礼，有耻且格。"（《论语·为政》）

孔子并非反对"道之以政，齐之以刑"，而是反对迷信政刑、纯用政刑。在孔子看来，社会治理，首当"道之以德，齐之以礼"。如《孔子家语·刑政》所记孔子之言："圣人之治化也，必刑、政相参焉。太上，以德教民，而以礼齐之。其次，以政言导民，以刑禁之，刑不刑也。化之弗变，导之弗从，伤义以败俗，于是乎用刑矣。"德、礼、乐、政、刑共同构成治理之人文，欲寻求良好秩序，必须加以综合运用。因为敬天，中国始终没有建制化教会，因而这里的治理主体是王者，即世俗政府。自古到今，中国的治理模式都是"多元一体"的，即定于一的政府综合运用多种治理手段，追求人人各正性命、社会保合太和的状态。

总之，"文"是理解中国文明的关键词，出土于陶寺遗址有朱书"文邑"字样①、《尚书·尧典》中有"文祖"作为最高宗教、政治场所，大禹被称为"文命"（《史记·五帝本纪》），周文王之"文"，周公谥为"文公"，中国传播媒介以文字而非言语为根本，孔子所立教化机制为"学文"，中国艺术之以线为基本表现手段与绘画之书法化，凡此种种现象，紧密关联，共同构成"人文"，其本源在"天文"。同样，历代圣贤所凝定的中国治道就是本乎敬天的人文之治。

四、人文之治的构成性要素

以敬天为本，中国的治理自古以来就是人文之治。其具体呈现，在三代为礼乐文明，故孔子赞叹"周监于二代，郁郁乎文哉"（《论语·八佾》）。汉武帝复古更化之后，则循乎孔子之道，文教与政刑并行。② 文是规则，旨在节人。然而，文是何等样规则？人文之治塑造了什么样的社会秩序？以上帝信仰下的律法之治作为参照，可见人文之治的根本特征和构成性要素：

第一，圣人至关重要。

中国的圣人对应于神教文明之先知，但两者差异极大。上帝主动地对人言，先知聆听上帝之言，转而宣告神律于人。因此，先知是重要的。圣人同样是重要的，但性质完全不同：天不言，从不命人以明细而确定之律

---

① 冯时."文邑"考.考古学报，2008（3）.
② 董仲舒论政，以德教为根本，由兴学入手，见《汉书·董仲舒传》所录"天人三策"。

法，人文由圣人观乎天文而制作。在天人关系中，圣人是居于主动地位。而且，先知只需专注于聆听上帝之言即可，圣人却需遍观天地万物之文，并以其智慧思考，且行之于自己的实践之中。先知只是转达，圣人需要创造和实践。这就意味着，圣人必须有卓越的德与能。先知是神所拣选的，圣人之位则成就于自己的德能。因此，先知的权威仰赖于神意的单向指令，圣人的权威则依靠其德能实质性造福于众人，也就是说，圣人的权威来自众人的认可。因此，圣人的出现不是必然的或自然的事件，而是道德事件和政治事件。归根到底，先知介乎神与人之间，超拔于众人之上；圣人却在人之中，只是德能更为卓越而已。① 从这个意义上说，中国社会是一个更加平等的社会，圣人归根到底是要从众的。这就是民本思想的信仰根基。

第二，人文的渊源和形态都是多元的。

上帝能言且全能，对人间所有事务颁布律法予以管理，神的绝对意志就是唯一的法源，而神律就是全面管理人的唯一规则体系，即便存在其他规则体系，其地位也是十分低下的。由此，治理社会的规则是单一的，所谓治理就是律法之治，教会的治理就是教会法之治理。这样，排斥其他治理机制的法治构成西方传统，这也是其社会科学中制度主义取向的宗教渊源。

天是生生不已的万物之全体，其中没有绝对的唯一者，也就不存在绝对的人间规则唯一源头。相应地，在人间也不存在主权者，不存在绝对的法律宣告者。圣人观乎万物而作人文，万物各有其性，各有其文，圣人作人文，不能不广泛关注万物之文，《周易·系辞下》描述第一位圣人作人文之道，"古者包牺氏之王天下也，仰则观象于天，俯则观法于地，观鸟兽之文与地之宜，近取诸身，远取诸物"。其中至为重要的是"近取诸身"。《礼记·丧服四制》也说："凡礼之大体，体天地，法四时，则阴阳，顺人情，故谓之礼。"《汉书·刑法志》序曰："圣人既躬明悊之性，必通天地之心。制礼作教，立法设刑，动缘民情，而则天象地。"圣人既须取

---

① 关于先知与圣人的不同，参见：傅有德. 希伯来先知与儒家圣人比较研究. 中国社会科学，2009（6）.

法于天道，也须体认民情，人情是制定人间规则的重要依据。《韩诗外传》卷五甚至说："礼者，则天地之体，因人情而为之节文者也。"在一神教中，神以其绝对意志对人颁布律法，在中国，规则由圣人制作，终究出自人之中。这样的规则体系是人本的。

相应地，人文的形态是多元的。万物是多样的，圣人据以制作的人文必然也是多元的，形成多元的规则体系，既有节制身体之文，即行为规则，也有可书写、辨析之符号，包括文字。这些人文可塑造人身之文，即合规则之内在心理与外在行为，也可塑造人际之文，即人际行为协调所形成的秩序。"法律"至关重要，但仅为多元规则体系中的一元，法律之治只是治道之一端。尧、舜、禹为圣王，皋陶为立法之圣人，《尚书·皋陶谟》记皋陶述规则之种类："天叙有典，敕我五典五惇哉！天秩有礼，自我五礼有庸哉！同寅协恭和衷哉！天命有德，五服五章哉！天讨有罪，五刑五用哉！政事懋哉！懋哉！"典、礼、服章、刑都是圣人观乎天文而制作的人文，对于塑造良好秩序都有重要意义，治国者须兼而用之，《礼记·乐记》所说的"礼、乐、刑、政四达而不悖，则王道备矣"，正体现了人文的多元特征。

第三，人文的制作和生效均有赖于道德。

上帝创生人并命令人，律法为上帝之言，对信众有绝对权威，信仰上帝就是信仰律法，律法对人拥有绝对权威。在此宗教传统中，西方学者说："法律必须被信仰，否则它将形同虚设。"[①] 世俗化之后，世俗政府亦可宣称自己是类似于上帝之主权者，其所颁布之法律有绝对权威。

人文不是圣人代天宣告的，而是圣人观乎天文而制作。归根到底，人文出乎圣人之制作。天并不构成无可逃避的绝对意志，圣人可以选择如何对待天，主动地、自主地"取象"于天地万物而制作人文。圣人面对天是自由的，但这样一来，圣人的权威也就不可能是绝对的。圣人虽有卓越德能，却依然是人。天不言，则圣人无从假借天的绝对权威树立对于众人的绝对权威。因此，圣人及其所制作之人文对人都没有绝对权威。神要人信

---

① 伯尔曼.法律与宗教.北京：生活·读书·新知三联书店，1991：28.

仰，天给人自由；先知命令人，圣人感召人。这样，人文对人的约束力也就不是绝对的，众人取象于圣人所作之人文而决定自己的行为。从根本上说，敬天的圣人和众人始终拥有完整的选择自由。

这样，道德就至关重要。天并不命令人，但人认识到自己为天所生，必然选择体认上天所命之性、法天而行——至少其中的先知先觉者会这样做，这就是一种道德选择。他们就是圣贤，经由他们所制作的人文的启发、引领和规范，众人也有此自觉，取法于天而生活，这同样是道德选择。天赋予人以自由，于是，人的道德自觉就成为个体生命圆满和人际秩序维系之根本。故子曰："里仁为美。择不处仁，焉得知？"（《论语·里仁》）人的生命状态是由自己的选择决定的。人若无道德自觉，就不可能有观天之自觉，也就无以有人文；人若无道德自觉，也不可能有以人文安排自己生活的自觉，也就无以达致优良秩序。因此，中国治理之道，个体的道德自觉和修养至为重要。古今以来的治理，均以激励、教化民众修身有德为要务。① 这与神教传统中的律法之治完全不同。

第四，人文是历史的。

律法是在人以外的神颁布给人的，因而超越于人的历史。神以言颁布律法，而声音是"一过性"的、不可修改的。所有律法，一经神颁布，就是真理。神是全知全能的，因而其所颁布的律法也必定是完备的，只是因为人在时间之中，律法才有颁布的过程，但在任何一个时间点上都可推定律法是完备的。这样，人凭借着神所颁布的完备的律法，可以终结历史。福山的历史终结论是这种信念的世俗版本。

天不言，圣人观乎天人而"取象"，《周易·系辞下》："象也者，像也"，取象者，得起仿佛也，并且通常只是取其局部之象，比如《周易·系辞上》："天尊地卑，乾坤定矣"，观天与地，取其尊、卑之象，而不及其余。因此，取象所得者不是真理；后人可就此物，另取他象。这样，在任何一个时间点上，人文必定是不完备的。天自有其全体，圣人却不能观其全体：事实上，天本身就是生生不已的，圣人更不可能观其全程。天本

---

① 华夏国家自诞生伊始就高度重视德，参见：姚中秋. 原治道：《尚书》典谟义疏. 北京：商务印书馆，2019：第二章.

身就是时间性的，圣人终究是人，则是历史的存在者，只是依凭自己的才性制作人文，其所作之文都只是局部的、时代性的。这样，人文就呈现为一个历史地持续地生成的过程，如《周易·系辞下》描述人文扩展之过程：

> 古者包牺氏之王天下也，仰则观象于天，俯则观法于地，观鸟兽之文与地之宜，近取诸身，远取诸物，于是始作八卦，以通神明之德，以类万物之情。作结绳而为罔罟，以佃以渔，盖取诸《离》。

人文之兴，由于圣人之"观""取"。包牺氏观、取天地万物之文，而作八卦。同时，包牺氏发明渔猎，俾人生存。可见文的范围极为广泛，一切人造之物、事均为文，有助于人之各正性命，保合太和。

> 包牺氏没，神农氏作，斫木为耜，揉木为耒，耒耨之利，以教天下，盖取诸《益》。日中为市，致天下之民，聚天下之货，交易而退，各得其所，盖取诸《噬嗑》。（《周易·系辞下》）

神农氏创立农业与贸易。各种耕作工具是人文，人之交易活动同样是人文。相对于包牺氏时代，该时期人文大为丰富，极大地改善了人的生存，让人更为文明。

> 神农氏没，黄帝、尧、舜氏作，通其变，使民不倦，神而化之，使民宜之。《易》穷则变，变则通，通则久。是以"自天佑之，吉无不利"。黄帝、尧、舜垂衣裳而天下治，盖取诸《乾》、《坤》。刳木为舟，剡木为楫，舟楫之利，以济不通，致远以利天下，盖取诸《涣》。服牛乘马，引重致远，以利天下，盖取诸《随》。重门击柝，以待暴客，盖取诸《豫》。断木为杵，掘地为臼，臼杵之利，万民以济，盖取诸《小过》。弦木为弧，剡木为矢，弧矢之利，以威天下，盖取诸《睽》。（《周易·系辞下》）

黄帝、尧、舜时代，华夏共同体经历了一次人文大爆发：圣人作衣冠，以象征尊卑；作船，有助于资源之远距离输送，这是大规模共同体成立之技术条件；制作车马，以提高人际交往效率；整合社会，以防范相互侵害；建造城邑，以保护万民安全；制作弓箭，以树立权威、惩罚施加伤害者。政治学所说之国家于此时诞生，而国家就是人文所编织而成的政治共同体。

> 上古穴居而野处，后世圣人易之以宫室，上栋下宇，以待风雨，盖取诸《大壮》。古之葬者，厚衣之以薪，葬之中野，不封不树，丧期无数。后世圣人易之以棺椁，盖取诸《大过》。上古结绳而治，后世圣人易之以书契，百官以治，万民以察，盖取诸《夬》。（《周易·系辞下》）

此处记载宫室、丧礼、文字之出现，人文至此大体成熟。更为重要的是，此处的句式，古有某某，后世圣人"易之以"某某，说明人文有变易，乃至于替代。

这一大段叙述可以验证我们所概括的人文之治的构成性要素：圣人的功能就是观乎天文以制作人文，而人文的范围极为广泛，大体上就是相当于我们今天所说的"文明"；从包牺氏到尧舜，每代圣人皆有所制作，人文造福于众人，众人尊之为圣人；人文不断积累，有变易、有替代、有发展，呈现为一个生生不已的历史过程，永无完备之时，也不可能有历史的终结。因此，历史就是研究政治、国家、文明的基本方法。

总之，敬天是中国型国家的宗教基础，其所塑造的人文之治则是中国型国家的基本治理机制，经过漫长的历史演变于秦汉之际凝定为文教国家。

第二章

国家作为有情意的政治共同体

国家是大范围人群的高级组织形式，成员普遍的生存状态决定国家的形态，成员普遍的生存意向决定国家的运转逻辑。在中国，人的生存状态有两个明显特征：首先在物质生活方面，绝大多数成员在定居状态下从事农业生产；其次在精神生活方面，置身于以敬天为中心的宗教环境中。这两者共同决定了，在国家形成之后，家、族等血亲性组织仍得以保留，并构成其社会基础。这与西方有明显差异。本章首先揭示了中国型国家的组织原理——生生论的关系主义；随后，基于家及其亲亲之情在国家结构和公共生活中的构成性地位，我们把中国型国家界定为"有情意的政治共同体"，两种看似相反的机制——强制和情感，共同构成国家的基本联结纽带。

第一节　生生论的关系主义：以家为本的国家组织原理

国家是人群的组织机制；形成、存在于不同文明环境的国家，有各不相同的组织原理。西方现代国家理论就揭示了西方国家的组织原理，它以方法论个人主义（methodological individualism）或还原主义（reductionism）为基础，包含以下命题：人是原子化个体，拥有理性能力，通过理性选择与人互动，形成社会；或与人订立契约，构建国家。① 一直有人对这些预设持有异议，认为其明显偏离人的存在真相，不足以构成思考人类

---

① 德国社会学家韦伯、奥地利经济学家门格尔等人对方法论个人主义都有过专门论述，较为系统的论述，参见：米塞斯. 人的行动：关于经济学的论文：上册. 上海：上海人民出版社，2013.

秩序之基础。① 大半个世纪以来，针对理性预设，学界不断放宽限定，从预设完备理性到预设有限理性，甚至强调人的普遍无知；针对个体性预设，学界提出替代性预设：关系主义（relationism）。有学者断定人是"关系性存在"（relational being）②，甚至模仿《圣经·新约·约翰福音》说："太初即关系"（in the beginning is the relation）③；有学者认为社会世界是由互动和关系之网构成的④。然而，囿于其文明和思想传统，西方学者在这个方向上普遍半途而废，没有追溯人类关系至其真正源头。

中国学界早就认识到，中国社会中"关系"之发达程度及其对于社会运行起作用的程度远超过"social network"或者"personal relationship"在西方社会中的地位，因为这种关系是以家内人伦为原点的。⑤ 老一辈学者如梁漱溟在《中国文化要义》等著作中揭示中国社会的"伦理本位"特征，费孝通在《乡土中国》等著作中揭示中国社会是"差序格局"，都强调了人伦关系的重要性。

由此向前推进，学界也揭示了人伦社会的本体论基础——生生论。生生论是由"天地之大德曰生"（《周易·系辞下》）、"生生之谓易"（《周易·系辞上》）、"四时行焉，百物生焉"（《论语·阳货》）、"天生烝民"（《诗经·大雅·烝民》）等论述所构建之中国式宇宙论，其基本含义是，宇宙就是包括人在内的万物之生而又生，生生不已，此即"实在"或"本体"——这是一种与西方大相径庭的本体论。现代学者中，哲学家熊十力、方东美、张岱年等人发展或论及过生生论。⑥ 晚近以来，越来越多的

---

① 哈耶克虽为路德维希·冯·米塞斯（Ludwig von Mises）的学生，却不赞成其方法论——个人主义，斥之为"伪个人主义"，而主张"真个人主义"："真个人主义首先是一种社会理论（a theory of society），亦即一种旨在理解各种决定着人类社会生活的力量的努力。"（哈耶克.个人主义与经济秩序.北京：生活·读书·新知三联书店，2003：11）

② 格根.关系性存在：超越自我与共同体.上海：上海教育出版社，2017.

③ 多纳蒂.关系社会学：社会科学研究的新范式.上海：格致出版社，2018.

④ 克罗斯利.走向关系社会学.上海：格致出版社，2018.

⑤ 周飞舟.行动伦理与"关系社会"：社会学中国化的路径.社会学研究，2018（1）；周飞舟.慈孝一体：论差序格局的"核心层".学海，2019（2）.

⑥ 熊十力.熊十力全集：第7卷.武汉：湖北教育出版社，2001："体用论""明心篇""乾坤衍"；方东美.生生之德：哲学论文集.北京：中华书局，2013；张岱年.张岱年全集：第7卷.石家庄：河北人民出版社，1996.

儒学、哲学领域学者超越了社会学所关注的人伦层面，探究本体论层面的"生生论"：李承贵提出"生生之学"概念①，杨泽波发展"生生伦理学"②，丁耘和吴飞就生生问题展开讨论③，孙向晨通过对家的研究探讨生生论④，笔者通过解读《孝经》，掘发其所蕴含的"生生之教"⑤。生生论作为中国式宇宙论和生命论，足以作为思考人与秩序问题之出发点。

　　基于这些研究我们认为，中国型国家的组织原理是"生生论的关系主义"：人因父母之生养而有其生命；人生而在"亲亲"关系之中，"亲亲"是生存论意义上的关系，因而是终极性的、普遍性的；在人伦亲亲关系中，人生成、发育出普遍的合作倾向和组织倾向，据以构成各种社会关系和组织，包括国家。

一、宇宙生生论与人伦之本体性：借用霍布斯的反向观照

　　今日关于人和秩序的主流理论基本上发源于西方，由西方早期现代思想所奠基，17 世纪英国哲学家霍布斯是其中最为典型而重要者，其所率先提出的自然状态理论，可谓现代国家理论大厦之基石。然而，这套思想在其根基处即难以成立。

　　《利维坦》第 13 章论自然状态之开篇，霍布斯想象其中之人的状态如下："自然使人在身心两方面的能力都十分相等，以致有时某人的体力虽则显然比另一人强，或是脑力比另一人敏捷；但这一切总加在一起，也不会使人与人之间的差别大到使这人能要求获得人家不能像他一样要求的任何利益。"⑥ 为自然状态概念辩护者说自然状态不在历史中，而是为展开理论思考而想象之预设。然而，想象亦须合乎情理，始足以为此后推理之可

① 李承贵. 从 "生" 到 "生生"：儒家 "生生" 之学的雏形. 周易研究，2020 (3).
② 杨泽波. 儒家生生伦理学引论. 北京：商务印书馆，2020.
③ 丁耘. 中道之国：政治·哲学论集. 福州：福建教育出版社，2015；吴飞. 论 "生生"：兼与丁耘先生商榷. 哲学研究，2018 (1).
④ 孙向晨. 论家：个体与亲亲. 上海：华东师范大学出版社，2019：217 - 275.
⑤ 姚中秋. 孝经大义. 北京：中国文联出版社，2017：284 - 289.
⑥ 霍布斯. 利维坦. 北京：商务印书馆，2016：92.

信起点。霍布斯所想象之自然状态中人在体力和智力两方面的"相等"合乎情理否？所谓合乎情理，标准十分简单：合乎人有其生命且作为种群持续地存有之自然。一种理论，如果有悖于人有其生命之基本事实，因而否定了人，或者虽有人但不能生，其人群一世即亡，即为不合情理。

那么，人是如何得以存有的？人是被生而有其生命的，男女交合而生人，此为基本生物学事实。若确有必要在理论上构造所谓自然状态，则显然不能只有一人。可持续、可维系之自然状态，也即合乎情理的初始自然状态，至少由二人组成，且为一男一女；若有多人，其中之男女数量亦应大体相当。借用霍氏方法可以说，更为合乎情理的初始自然状态中必有一男一女。果如此，则此一男一女是霍布斯所说的"在身心两方面的能力都十分相等"否？从生理构造上看，男女明显不同，两者至少在体力方面有明显差异，其心智亦有不同趋向。此一男一女相爱、结合，生出第三人，为生物学之必然，亦为人作为类而持续存有之基本保证。如果我们一定要想象一个稳定的"自然状态"，那一定是一男一女与其子女组成的"三人社会"。所有人都知道，此第三人生而处在极为幼弱的状态，其与生他的两个成年人"在身心两方面的能力都十分相等"乎？此身心两方面均十分幼弱的婴儿将会发育、成长；相应地，其父、母在身心两方面的能力渐趋于退化；过了生命周期交叉点，强壮与衰老对比分明，其"在身心两方面的能力都十分相等"乎？

至此，我们在三人所组成的最为简单的人群，即人作为类维持存续所需之稳定自然状态中，看到了身、心两方面之两种明显的不相等：男女之别，长幼之别。此不相等贯穿三人生命之全部，在任一时间断面上，人类均存在这两种不相等。若放大此自然状态中的人群至百人、千人，其在身心两方面的不相等将更为多样而显著。可见，合乎情理的自然状态中的人一定是异质的，至少有男女之别，由此自然有长幼之别，此为任何人群持续存在之基本前提，不论其在自然状态还是文明状态。此事实即是社会理论之可信的基点，而霍布斯关于人之同质的论断是完全不合情理的，不足以作为社会理论之基点。

再看霍布斯第二句话："由这种能力上的平等出发，就产生达到目的的希望的平等。"其第三句："因此，任何两个人如果想取得同一东西而又不能同时享用时，彼此就会成为仇敌。他们的目的主要是自我保全，有时则只是为了自己的欢乐；在达到这一目的的过程中，彼此都力图摧毁或征服对方。"① 所谓"丛林状态"说即由此而来。但此推论均基于人之普遍同质，且大体可以推测，其为同质的成年男子。② 这显然是荒诞的。

而在我们提出的更为合乎情理的初始自然状态中，一男一女会相互成为仇敌否？当然不会。男女有别，其性相异，可以互感，以至于两情相悦，终于互爱而结合，决意共同生活，哪怕只是"为了自己的欢乐"。两者所建立的关系可有多种，但无论如何，不会"力图摧毁对方"。两人与其共同的孩子也不会成为仇敌。相反，这两个在身心两方面的能力远超孩子的成年人会爱其孩子、保护其孩子、养育其孩子。

至此已可断定：霍布斯所想象的自然状态一点都不自然（natural），而完全是人为的（artificial），并且是虚妄的、不合情理的。霍布斯也认识到了人有其生命之自然事实与其所谓"自然状态"之间的不兼容，因而对人之有其生命的程序给出令人瞠目的解说，"我们假设再次回到自然状态，将人看成像蘑菇一样刚从地上冒出来"③。这句话是霍布斯"自然状态"说成立之关窍所在。

西方国家理论正奠基于此，这是一种反社会的社会理论，普遍预设人是彼此孤立的、有相等理性、共同偏好的成年人，乃至于成年男子。如此高度简化的预设确实便于理论推导，其命题、逻辑"像数字关系一样确切"④，但这也意味着其非现实性、不合情理，据以形成之政治理论难免有严重偏颇，不足以准确地理解人心、理解人的行为、理解秩序生成之道。比如，由于只见成年男子，其理论所关注的议题均为成年男子所关注者，

---

① 霍布斯. 利维坦. 北京：商务印书馆，2016：93.

② 吴飞指出："我们完全可以推测，霍布斯笔下的自然状态，应该和基督教中的伊甸园一样，没有婴儿和养育的问题，每个人都是成年人，具有足够的理性能力和身体力量。"（吴飞. 人伦的"解体"：形质论传统中的家国焦虑. 北京：生活·读书·新知三联书店，2017：119）笑思则称西方文化有"成人中心主义倾向"。参见：笑思. 家哲学：西方人的盲点. 北京：商务印书馆，2010：73—77.

③ 霍布斯. 论公民. 贵阳：贵州人民出版社，2003：88.

④ 同③献辞3.

如财产权的形成和归属、权力的产生和归属、法律的制定和实施等。由此，霍布斯等人发展了纯粹的，同时也是狭隘的政治理论。财产、权力、法律等方面的制度对社会之构造、秩序之形成当然是至关重要的，但显然不是关乎人的生存和生生不已之全部，甚至也不是其中最为重要的。

必须重建社会理论的基本预设，中国经典思想对此已有完整阐述，可谓之生生论的关系主义。

关于人和秩序的所有理论需先回答如下问题：人自何处来？如何有其生命？《孝经·开宗明义章》对此做出平实中正的回答："身体发肤，受之父母。"① 人的躯干、四肢、头发、皮肤，总之，人的生命得自其父母。人由其父母所生，此为关乎生命之有无的根本论断，此论断描述了最为简单、完全真实无妄而至关重要的事实。此事实颠扑不破，且为所有人可经历、体认、确定。儒家思想关于人和秩序的理论即立足于此。

当然，在中国思想中，"身体发肤，受之父母"观念不是孤零零的，而有其深厚的天道论基础。《周易》并建乾、坤②，而"乾道成男，坤道成女"（《周易·系辞上》）。其下经始于"咸"卦，乃男女两性互感也。《周易·系辞下》曰："天地绸缪，万物化醇；男女构精，万物化生"，此处的男女概指植物、动物之雌雄，也包括人之男女。《诗经》以《关雎》为首，"窈窕淑女，君子好逑"，一男一女，男女互感、相悦，"寤寐求之"，而成佳偶。《尚书》记尧舜之事，以舜娶帝尧之二女、正夫妇之义为枢纽。③ 可见，中国思想立足于天地、乾坤、阴阳、男女之有别、互感而生这一最坚固的事实，人生、宇宙就是阴阳交感、生生不已、无始无终的过程。如果一定要用"本体"这个词，那么生生就是本体。

肯定了人是其父母互感所生，则必有如下命题：人虽同为人，但相互异质。首先，男女是异质的；其次，男女结合生其子女，其形貌、气质有

---

① 对此句大义的详尽阐述，参见：姚中秋.孝经大义.北京：中国文联出版社，2017：20-25.
② 这一点为王夫之所反复强调，参见其《周易内传》《周易外传》。
③ 《尚书·尧典》记："师锡帝曰：'有鳏在下，曰虞舜。'帝曰：'俞！予闻，如何？'岳曰：'瞽子。父顽，母嚚，象傲。克谐，以孝烝烝，乂不格奸。'帝曰：'我其试哉！'女于时，观厥刑于二女。厘降二女于妫汭，嫔于虞。"对此段经文的解读，参见：姚中秋.尧舜之道：中国文明的诞生.北京：中国文联出版社，2016：129-136.

相"肖"之处，也有或大或小的"不肖"之处，故为异质；最后，不同夫妇所生之人更是相互异质的。《孝经》之所以强调人之"发肤"，盖其为可供识别、区别之最明显体征也。身体发肤不同，其性情、气质、禀赋、能力也必定不同，是为人的普遍异质性。

肯定人之普遍异质性，即肯定人群构成之复杂性，社会理论才有可能是完整的。社会理论分析人的行为及其互动而生成秩序之道，但人之为人是异质的，则有效的社会理论必须完整地涵盖所有人，起码涵盖男女、长幼之别。男、女、长、幼的心智、行为有明显差异，社会理论须同时观察其人及其互动模式，由此所形成的理论才是全面而有效的。如《礼记·礼运》关于大同之世的论述清楚呈现了儒家社会理论之全面视野所造就的政治之全覆盖："天下为公""选贤与能"，这是政治的基本原则；就不同群体分别提出相应关切，人有代际之别，年龄之异，各有不同需要："壮"关心"有所用"，"老"关心"有所终"，"幼"关心"有所长"，"矜寡孤独废疾者"关心"有所养"，则"选贤与能"所产生的治理者就不能笼统地维护正义，而要具体回应不同群体之不同生命需求——或者说回应同一人在不同生命阶段、情境中的不同需求，使之各得其所。"男有分，女有归"即肯定两性之别，则有婚姻之需要，政府即应确保男女普遍过上婚姻生活，并有生活所需之财产保障。从纯粹政治角度看，人群中的男女是否普遍地过婚姻生活并保持基本生育率，完全无关紧要；但政治共同体要长期稳定、存续，这一点显然具有决定性意义，儒家社会理论将其纳入思考范围，认真对待，由此形成的理论体系比霍布斯式政治学要厚实得多、复杂得多。①

更为重要的是，三人社会是以生存论意义上的"关系"为纽带的：男女是相互定义、相互构成的；男女建立最深切的关系、共同生养子女，人类始得以持续存有。人生于男女关系中，此关系又造就亲子关系。这两种关系都是生存论意义上的，人作为个体和群体赖以之存有。这两种关系内涵亲亲、尊尊之义，为国家的建立和维系提供了两个基础：人们普遍的合

---

① 翟学伟通过分析"伦"字的含义指出了这一点，参见：翟学伟. 伦：中国人之思想与社会的共同基础. 社会，2016，36（5）.

作意向与组织倾向。

二、亲亲之情与人类普遍的合作倾向

中国思想确认人由其父母所生且初生后将在其父母怀抱之中生活两三年的事实，由此确认人自然地有相爱相敬之情，从中可以发育出人类普遍的合作倾向。

从生理上看，人与其他动物的重大区别在于出生时处在极不成熟状态：不能行走、言语、自行觅食、保护自己。孩子已有独立的"身体发肤"，却不能不依附父母。孔子敏锐地观察到这一点，提出如下命题："子生三年，然后免于父母之怀。"（《论语·阳货》）在生命最初的两三年中，孩子与父母的身体虽分立而其生命实仍为一体。[①]

两三年之后，孩子仍需父母养育：父母为孩子提供食物、住所、衣物；教其辨析好坏，教其躲避危险；教其说话，教其认识各种人、物，教其与人相处。总之，在十几岁前，孩子始终依赖父母，经由父母的养育而成长，通过父母的教化而完成"社会化"过程。社会化是社会理论关注的重要议题，其实主要完成于家内。

由此，父母与其子女建立起紧密关系：亲子之伦。男女两情相悦，有肌肤之亲，其关系至为亲密；亲子关系更进一步，关乎生死；父母相交，而有孩子之生；父母悉心照顾孩子，孩子得以存活。反过来，孩子之存活和健康成长关乎父母之永生：从生物学上说，父母的基因遗传在孩子身上，其身体死去后，基因可保存于子女之身，呈现为活的生命；孩子继续生育，生生不已，则死者可得永生。

大约正是基于本能，父母对子女有深爱。前面我们已辨识出男女相亲相爱之情，正是由于此情，夫妇生育孩子，并生发第二种情：父母对子女之情。相比较而言，男女之情有情感交换的功利色彩，父母对子女之情却是无私慷慨的。不过，此情可能出乎遗传基因之本能，仍不够纯粹。最为

---

① 关于这一点的详尽论述，参见：张祥龙. 家与孝：从中西间视野看. 北京：生活·读书·新知三联书店，2017：第四章 孝道时间性与人类学.

纯粹的是孩子对父母之深情，即其爱、敬父母之情，合而言之即为孝，儒家乃立之以为普遍的仁爱之本。[①] 子女对其父母之深情，发乎前述两个基本事实：

第一，"身体发肤，受之父母"。天地之间本无孩子的生命，是为无；由父母之相亲、生育，孩子得以有于天地之间。就此而言，父母是孩子的"造物主"，是其生命之本，则孩子必有报本之情，体现为爱、敬父母之深情。

第二，"子生三年，然后免于父母之怀"。此处主语是"子"，人在有其生命后的第一个行为是依偎于父母怀中。在孩子被孕生的事件中，主体是父母，孩子只是被动的"受"者，无以预其事。出生后依偎在父母怀中却是孩子的行为，从中可见其"本心"。此为孩子的第一行为并保持相当时期，则此心的呈现可谓稳定而明白。

此心者，何心也？由孩子长时间依偎的行为可分解出其对父母之两大情感：爱与敬。此二情是与生俱来的，故孟子曰："人之所不学而能者，其良能也；所不虑而知者，其良知也。孩提之童，无不知爱其亲者；及其长也，无不知敬其兄也。亲亲，仁也；敬长，义也。无他，达之天下也。"（《孟子·尽心上》）孟子此处谓敬是对兄长的，实际上最初的也最自然的敬首先是对父母的。爱、敬父母之能和知是人生而即有的，故谓之"良能""良知"。《孝经·天子章》同样肯定此良能、良知，"爱亲者，不敢恶于人；敬亲者，不敢慢于人"，人皆有爱其双亲、敬其双亲之情，此为生而即有之情，自然就有的行为。

至此，我们辨析出人际自然生发之三种情：首先是男女夫妇相亲相爱之情，其次是父母对子女的慈爱之情，最后是子女对父母的爱、敬之情。家人相互联结之纽带主要是情，而这关乎人的有无死生。由此可得出一般性结论：人是有情的。孟子所说的良能、良知，首先是情之能与知。人最初发育的能和知关乎情，并因情而生存、成长。而后在人生各阶段，情都是其生存、生活，包括参与公共生活之基础性能与知。比如，面对陌生人

---

① 唐君毅论孝之形而上学根据与其道德意义，参见：唐君毅.文化意识与道德理性.北京：中国社会科学出版社，2005：29-36.

之"博爱"即是情，人无此情，则无普遍秩序可言。蒙培元提出如下命题：人是情感的存在①，李泽厚晚期思想之最大贡献也在于提出"情本体"②。

当然，人亦有理智，且于人相当重要。但相较而言，情对人的生存是第一位的：男女有相亲之情，得以结为夫妇；夫妇人伦之成立，不是至少不主要是基于对成本收益之理智计算。子女与其父母相互有深爱之情，其间人伦关系的维系同样不是基于对成本收益的理智计算。理性是在情感性关系中发育成熟的。如《中庸》所说："成己，仁也；成物，知（智）也。"人在情感性关系中探索合宜的相处之道，则有理智的发育。

在亲亲之情中，可见人性之善。《孟子·滕文公上》："孟子道性善，言必称尧、舜。"由人生最初始处之情感倾向和自然行为可确认人之性：性本善。中国思想对此还有更高明论证，如《周易·系辞上》谓："一阴一阳之谓道，继之者善也，成之者性也。"但人人经历、可见、可知的生命得自其父母、生而依恋父母之事实，是最切身且可信的人性呈现。孟子谓爱、敬父母为"良能""良知"，正是肯定人性善，谓之"良"者，或有四层含义：其一，爱、敬父母之能、知系与生俱来，自然而有，是先天的而非后天的；也因此，其为人人所有，遍在人心。其二，爱、敬父母之能、知是良的、善的、好的。爱、敬本身是善的，针对任何人都是善，针对父母当然是善。其三，爱、敬父母之能、知有良好功效，新生者因此而得以存活，因此得以成长。其四，爱、敬父母之能、知足以为普遍的仁之本。《论语》记有子曰："君子务本，本立而道生。孝弟也者，其为仁之本与！"（《论语·学而》）

这就解决了国家构造过程中必须解决的合作难题。霍布斯断言，在自然状态中，人人"彼此都力图摧毁或征服对方"，则其后面的论述难免令人生疑：心中相互为敌之人何以产生相互订立契约之意向？即便理智的计算告诉其应相互订立契约，处在敌视他人心态中的人又何以相信对方是可

---

① 蒙培元. 情感与理性. 北京：中国社会科学出版社，2002.
② 李泽厚，刘绪源. 该中国哲学登场了？：李泽厚2010年谈话录. 上海：上海译文出版社，2011；李泽厚. 哲学纲要. 北京：中华书局，2015.

信的？会有人迈出第一步吗？否定了互爱之情，霍布斯所期待于理智的解决方案，无异于期待人揪着自己的头发飞起来。后世据霍布斯式思想发展出来的"理性经济人"预设面临类似难题。①

中国思想为人类的合作倾向提供了本体论证明。人人生而皆有爱、敬父母之情，父母与其子女天然是合作的；爱、敬父母之情如同草木之根，可以生长：子生三年，在父母之怀抱中，养成爱人、敬人之心智习惯，习得爱人、敬人之技艺。最初的爱、敬之情是个别地针对父母的，随着其人伦生活范围扩展，其特殊性递减，可扩展及于对兄弟、对祖父母、对亲戚；当其可以独立活动时，则可以进一步普遍化，扩展及于对朋友、对陌生人，此即所谓"推"，就是把自身本有但较为特殊的爱、敬之情，逐渐地予以一般化，升华为普遍的合作倾向。推是可能的，因为人都是人，都自然有爱人、敬人之本；推又是必要的，因为人毕竟相互不同，爱、敬的程度、方式必定不同。因此，推是生命存在的基本方法论。② 正是在推的过程中，理智发挥重要作用，辨别并制定不同行动策略，即《中庸》所说："成己，仁也；成物，知也。性之德也，合外内之道也。故时措之宜也。"

由此，中国思想找到了可扩展的普遍合作秩序之人心基础。这种扩展发育当然可能遭遇困难，也未必所有人都可以做得很好，但其所遭遇的困难终究小于霍布斯等人所构造的西方社会政治理论。想象自然状态，想象其中之人性恶，实际上否认形成社会的可能；又以此为已在社会中的人性预设，则更是犯了错置谬误。一旦预设人性恶，理论关切必然聚焦于人如何走出自然状态，即把主要精力用于解决社会的开端问题，却忽略社会的过程问题；或者更严厉地说，把主要精力用于解决想象的问题，却忽略现实的问题。

中国思想避免了这一理论的失焦和资源浪费。人因父母之生而有其生

---

① 叶航，陈叶烽，贾拥民．超越经济人：人类的亲社会行为与社会偏好．北京：高等教育出版社，2013.

② 王建民．"推"与中国人行动的逻辑：社会学本土化视野下的理论与方法论思考．天津社会科学，2020（1）.

命，生而即有对父母的爱、敬之情，此情即呈现人性之善；肯定这一点，则理论的关切就专注于此特殊的爱、敬之情如何发育、扩展，以生成和维护可扩展的人类普遍合作秩序。由此，中国思想不仅讨论政府如何做，也讨论个体如何做，从而发展出道德修养理论，构成其社会治理理论之基础部分。由此，人被普遍地肯定为主体，参与秩序的塑造和维护。与此形成鲜明对比，从马基雅维利开始，西方现代政治理论家普遍倾向于将道德驱逐出政治，因而其普遍没有道德或伦理理论。① 在其所构想的社会中，个体完全无预于良好社会秩序之生成和维护，只是被动地等待外在法律、制度之管理。在如此社会理论中，人丧失了主体性而完全对象化，事实上让秩序成为不可能。

三、家与人类普遍的组织倾向

父母生养子女而构成家，人生而在家中，人是家的存在者。家对人而言是自然而普遍的生存论意义上的组织，由此可以发育出普遍的组织倾向，而这是国家存在之精神基础。

人分男女，其性相异则必互感，以至于相悦而结为夫妇，两者形成有情意的关系，即为夫妇之人伦，是为人伦之始。由此，夫妇组成初始的家。因男女之异质，这个最小社会单位内生出自身可持续之机制。在共同生活中，两人皆可发现共同生活之优势：双方分工、合作，各自发挥优势，借用对方优势，共同生活、生产的效率必定高于单独一人时，比如两人合作养育遗传其共同基因的子女，可大幅降低其死亡率。男女有别、分工合作的高效率构成人们保持稳定人伦关系之强大内在动力。同时，夫妇之有情意的人伦有其生机，生养其共同子女，形成亲子之间的人伦。以夫

---

① 列奥·施特劳斯评论说：霍布斯为政治哲学奠定了新基础，"必定成为合乎理性的政治主张之基础的激情，乃是对横死的恐惧……在这种崭新的基础上，道德的地位必定会被贬低；道德无非是由畏惧所激起的对和平安定的追求。道德律或自然法则被理解派生于天赋权利、自我保存的权利；根本的道德事实乃是一种权利，而不是一种义务。这种新精神变成了近代的精神，也是我们时代的精神"（施特劳斯，克罗波西．政治哲学史：上册．石家庄：河北人民出版社，1993：326 - 327）。

妇和亲子之伦为双重纽带，三人组成完整的家，此为最自然、最小而又最稳定的社会组织。

借用西人用语，当在本体论层面上理解家。① 家不是家内成员依其自由意志、通过订立契约而建立的外生性组织，而是与人有其生命、保有其生命之事实同在、自然而有之内生性组织。有人，就有家；没有家，就没有人。借用孟子之语，家可谓"良群"。谓之"良"者，其意有四：第一，家之为人群组织是自然而有的，且人人皆在其中，家是最普遍的组织。第二，家之作为组织本身是良的、善的、好的。家是以情感为联结纽带的，其中充满情意，不仅有同时人之情，还有跨代甚至超越生死之深情，这些情都是善的。第三，家有良好功效。人于其最接近于生、死的两阶段均在作为"良群"之家中，仰赖其中之良序而活。第四，家足以作为其他一切社会组织之本。由家可以扩展、转化、衍生出人类一切组织，从而增进人群之善。

人类组织的基本原则无非有二："亲亲"和"尊尊"②。亲亲即亲近自己的亲人，由此可结成有情意的紧密的组织如家、族。只要人们长期共同生活，即可产生亲情；由此亲情即可联结成为亲亲类组织。至于陌生人之间的组织纽带主要是尊尊，其中之人有尊卑之别，卑者尊重尊者之权威。亲亲、尊尊作为组织原则，各有其适用范围：亲亲通常需要面对面长期共同生活，故其所能结成的组织之规模是有限的；尊尊的规模可以无限扩张，只要人们顺从某个权威即可。社会中大规模的组织比如大规模企业和更大规模的国家，普遍以尊尊为主要组织原则。尽管如此，大规模组织的尊尊之义，已内含于家这个亲亲类组织中。当夫妇组成家，作为组织，其有效运作必然要求其中有领导者、被领导者之别，方可就重要家务有效决策，只是这一点不甚明显。在父母与子女之间则有明显尊卑之别，尤其

---

① 孙向晨. 论家：个体与亲亲. 上海：华东师范大学出版社，2019：294 - 317.

② 《礼记·丧服小记》："亲亲、尊尊、长长，男女之有别，人道之大者也。"《春秋繁露·王道》曰："教以爱，使以忠，敬长老，亲亲而尊尊。"《韩诗外传》："昔者太公、望周公旦受封而见。太公问周公：'何以治鲁？'周公曰：'尊尊亲亲。'"

是在孩子未成年时，心智、能力上的明显区别让父母为尊、孩子为卑，父母教导孩子，命令孩子；孩子尊重父母，顺从父母。正是在此亲子之伦的生活实践中，孩子得以养成尊重、服从权威之心智习惯，由此即可发展出公共生活的尊尊之义。

此正为《孝经》要旨所在，如其《圣治章》所说："故亲生之膝下，以养父母日严。圣人因严以教敬，因亲以教爱。圣人之教不肃而成，其政不严而治，其所因者本也。父子之道，天性也，君臣之义也。"重要的是"因""本"二字。"因"者，就也，就已有者予以发育、扩充；所因之本有二：父母对子女之严和亲，由严可发育出尊尊之义，由亲可发育出仁爱之心。《孝经》的论述也表明，亲亲与尊尊不可分，因为亲、严同出于父母。更进一步说，家中的尊尊是以亲亲为本：严以亲为本，父母教化、命令子女，系出于对子女之深爱；正因为此，子女信赖父母，乐于顺从父母。

由此引申，公共生活中的尊卑秩序得以建立并维护之基础也是在上位者、在下位者普遍有基本的仁爱之心，由此卑者信赖尊者，乐于服从其权威。[①] 此即《大学》所说"为人君，止于仁；为人臣，止于敬"。当然，这种普遍的仁爱之心又是以普遍的亲亲之情为本的。就尊者而言，要有"作民父母"之心，此系《尚书·洪范》最早提出："天子作民父母，以为天下王。"后来又出现在《诗经·小雅·南山有台》中："乐只君子，民之父母。"《大学》解释说："民之所好好之，民之所恶恶之，此之谓民之父母。"君王以父母对子女的慈爱之情对臣民，此为国家得以建立并维系之基本条件。由此所构造的大规模的组织如企业或国家均为"人伦共同体"，意即成员之间、臣民上下之间是有情意的。由此形成中国式国家概念：国家是有情意的共同体，国民生老病死于其中，互为"同胞"——这是一个凸显情意的隐喻。

---

① 西人比如霍布斯也注意到家与国之间的联系，却否定家人之亲情，反向地把家内关系政治化，以为家长是孩子的主人，孩子类似于奴隶。参见：霍布斯.论公民.贵阳：贵州人民出版社，2003：93-101.

因此，家是人类组织化生活之本。① 对此，有人会以"古今之变"提出反驳：由于人员快速流动，现代社会是"陌生人社会"，因而完全不同于古代社会；本乎家，或许可以构造古代社会，却不足以构造现代社会。② 但略加考察即可发现，此说不确，就社会而言，首先，不论古今，人都生于家中、生活在家中，不可能存在无家之人；家在族中，人也必定在其族中。在家中、在族中，人们相互之间是亲人，长期面对面生活。对绝大多数人来说，人生大多数事务展开于家中、族中，也即在大多数时间，人生活于熟人社会中。其次，人始终在家内生活，由此养成其对人的最基本信任，此可谓之"信任偏好"；当其遭遇陌生人时，不将其视为潜在敌人，而以情意对待之。以此为起点，人际可以迅速建立合作关系，进而组织起来。在组织内长期共同活动，相互熟悉，情意加深，即成为熟人，某种程度的"亲人"；此组织即已演化为人伦共同体。此为陌生人的"熟人化"过程，可大幅度降低交易成本，也让人心"安"下来。可见，不论古今，只要人由其父母所生而有其生命，则社会必定以家、族为其基本组织，人们必定以在其中所养成之心智习惯构造各类组织，使之在一定程度上带有家、族的性质，唯有如此，组织才是可持续的。因此，人的绝大多数生活展开于亲人和熟人中，笼统的陌生人社会概念无益于准确地揭示人的生存状态。

现代国家与古代国家确实有较大区别。但是，现代国家也不是霍布斯所说的那样，完全由相互孤立的陌生人通过订立契约建立起来。事实上，洛克《政府论（下篇）》设想的自然状态中是有家的，家先于国家而存在。在现代个体性原则确立之后，黑格尔曾对家做过辩护。③ 现代国家仍由人组成，人必定生养于家中。因此，家、国贯通的道理是永恒成立的。当

---

① 肖瑛提出，家对于中国人而言是一种总体性的和"根基性的隐喻"，主张以家作为"方法"构建中国社会理论。参见：肖瑛."家"作为方法：中国社会理论的一种尝试.中国社会科学，2020（11）.

② 比较常见的古、今二分说有英国法史学家梅因在《古代法》中提出的从身份到契约，德国社会学家滕尼斯在《共同体与社会》中提出的共同体与社会二分法。参见：梅因.古代法.北京：商务印书馆，2009；滕尼斯.共同体与社会.北京：商务印书馆，2019.

③ 孙向晨.论家：个体与亲亲.上海：华东师范大学出版社，2019：148-183.

然，在不同文明、国家中，两者的关系确乎不同，但思考国家问题之时无视家，则悖乎最基本的事实，而此事实是非常重要的，因为正是在家中，人们才养成了组织倾向、服从意识，这是国家建立并存在的前提。确实，家、国在组织原则上有巨大差异，但绝非性质上的截然不同，而有内在关系：人终究首先是家的存在者，以此生活在国中。生命存有的事实本身把家和国构造在人类组织的连续统中，因而家是国的构成性要素，并且是其"本"。即便是现代西方人，也首先生活在家中。①

总之，中国宗教的此世性决定了中国型国家是顺乎此世生命存生之逻辑而构造的：人因父母之生、养而有其生命，因而自然地、普遍地有亲亲之情，由此外"推"，则可成就互爱之情、合作倾向；在家内，人习得顺服之习惯。这两者就是国家得以成立并维持秩序的根基。由此构造的国家必然以生生不已为基本价值：个体谋求生命的代际传承，国家谋求族群的永续存在。

第二节　家国兼容而一体：国家作为有情意的政治共同体

家、国是人类赖以生存的两类最重要组织。人们早就注意到，两者的关系在中、西方存在颇大差异。芬纳曾这样概括中国传统国家观念："中国被当作'国家'，一个'家庭的国家（family state）'：简言之，国家就是家庭的放大。这正是中国社会与西方价值相悖的地方之一。"② 从语词上看，西语 polis（城邦）、empire（帝国）、state（邦国）均指以权力进行统治的大型政治组织，与家无关，甚至刻意排斥之；中文"国家"却是偏义复词，"国"是重点所指，"家"也至关重要，"国"后缀以"家"凸显了两者的紧密相关——为便于讨论，下文将使用"国-家"一词。

---

① 家也没有从现代西方社会政治理论中退场，参见：肖瑛．"家"作为方法：中国社会理论的一种尝试．中国社会科学，2020（11）．

② 芬纳．统治史：卷一．2版．上海：华东师范大学出版社，2014：475．

20 世纪以来，学界普遍把西式 state 或 nation-state 视为标准的现代政治组织形态，贬斥"家国一体""家国同构"结构。然而在实践中，各种政治主导力量与国民仍普遍保持一国当如一家的观念；至当代，中国共产党更是高度重视家的治理功能，重视"家风"建设；把人心、民心视为最大的政治，要求干部"不忘初心"，对人民有深厚感情；强化"中华民族大家庭"意识，重视各国民心相通，倡议构建"人类命运共同体"。[①] 可以说，中国式现代国家正定型于现代"国-家"，从形态和精神上明显不同于西方理论所定义之现代国家。这一事实反向证明了中国式"国-家"的历史正当性。

至此，中国政治学也就可以从理论上正面肯定家对于国之构成性意义，据以构建一个涵摄家的国家理论。晚近以来，学界已从多个学科对此有所阐发：陈赟反思韦伯对"家天下"的误解，指出其含义是以天下为一家，以厘定君主与官僚阶层对万民的养育责任。[②] 在哲学领域，张祥龙运用解释学生存论进路，在文明对比视野中确立家对人的"先天性"[③]；孙向晨同样通过比较研究，确立了家对人之本体论意义[④]；李景林强调，中国哲学是一种基于"家"的哲学，而非一种关于"家"的"家哲学"[⑤]；赵汀阳构想天下秩序，以家为基础[⑥]。社会学对家的研究更早、更多，吴文藻、费孝通、潘光旦等奠基性学者都注意到家对中国社会构造之决定性意义，当代学者继承这一传统，麻国庆较早提出"作为方法的家"[⑦]，肖瑛倡导"以家为方法"构建社会理论[⑧]。在法学领域，张龑认为构成中国人重要的

① 王赓武注意到这一点，参见：王赓武. 更新中国：国家与新全球史：增订版. 杭州：浙江人民出版社，2018：56 - 67.
② 陈赟. "家天下"还是"天下一家"：重审儒家秩序理想. 探索与争鸣，2021 (3)；陈赟. 周礼与"家天下"的王制. 北京：中国人民大学出版社，2019.
③ 张祥龙. 家与孝：从中西间视野看. 北京：生活·读书·新知三联书店，2017.
④ 孙向晨. 论家：个体与亲亲. 上海：华东师范大学出版社，2019.
⑤ 李景林. "家"与哲学：中国哲学"家"的意象及其形上学义蕴. 天津社会科学，2023 (2).
⑥ 赵汀阳. 天下的当代性：世界秩序的实践与想象. 北京：中信出版社，2015.
⑦ 麻国庆. 永远的家：传统惯性与社会结合. 北京：北京大学出版社，2009.
⑧ 肖瑛. "家"作为方法：中国社会理论的一种尝试. 中国社会科学，2020 (11).

生活意义的不是个体而是家庭，现代法律的中国精神可概括为如何从自然之家走向自由之家而非走向自由之个体。① 朱林方考察了家在中国古今宪制中的地位，主张通过家户将人民"组织起来"。② 苏力以社会科学逻辑解释"齐家"在传统宪制中的地位。③ 徐勇等人通过研究家户制发展了中国式人权、国家结构和治理理论。④

本节拟基于这些研究成果，以家为方法，从政治哲学上构建"国-家"（family state）概念，我们认为，这是中国型国家之显著结构属性。

一、宏观比较：西方的家、国对立传统

人是其父母所生，自然形成"亲亲"之人伦，据以组成血缘性团体，小者为夫妇与其子女构成之家，家扩展而形成"族"。距今五千年左右，在亚欧大陆极少数地区开始出现跨族的、依托暴力的邦国，其联结纽带是权力的尊卑关系即"尊尊"。但不同地区、不同文明脉络中的邦国对既有亲亲之伦及其所构造的血缘性组织采取了不同策略，从而塑造了不同的国、族、家关系结构。

侯外庐依据马克思主义社会发展理论分析中、西国家起源的不同路径："古典的古代"是从家族到私产再到国家，国家代替了家族；"亚细亚的古代"是由家族到国家，国家混合在家族里面，叫作"社稷"。⑤ 张光直依据考古发现同样指出中、西国家起源的不同模式：一个是所谓世界式的或非西方式的，主要的代表是中国；一个是西方式的。前者的一个重要特征是连续性，就是从野蛮社会到文明社会许多文化、社会成分延续下

---

① 张龑．何为我们看重的生活意义：家作为法学的一个基本范畴．清华法学，2016（1）.

② 朱林方．作为宪制问题的"齐家"．中外法学，2020（1）.

③ 苏力．大国宪制：历史中国的制度构成．北京：北京大学出版社，2018.

④ 徐勇．中国家户制传统与农村发展道路：以俄国、印度的村社传统为参照．中国社会科学，2013（8）；徐勇．祖赋人权：源于血缘理性的本体建构原则．中国社会科学，2018（1）；任路．"家"与"户"：中国国家纵横治理结构的社会基础：基于"深度中国调查"材料的认识．政治学研究，2018（4）；任路．家户国家：中国国家纵横治理结构的传统及其内在机制．东南学术，2019（1）.

⑤ 侯外庐．中国古代社会史论．石家庄：河北教育出版社，2003：24.

来……而后者即西方式的是一个突破式的。① 区别在于，在西方，随着邦国建立，"在人与人的关系中，亲属关系愈加不重要，而地缘关系则愈加重要，最后导致国家的产生"；在中国，"氏族或宗族在国家形成后不但没有消失、消灭或重要性减低，而且继续存在，甚至重要性还加强了"。②

恩格斯在《家庭、私有制和国家的起源》中准确描述了国家起源的西方模式："以血族团体为基础的旧社会，由于新形成的各社会阶级的冲突而被炸毁；代之而起的是组成为国家的新社会，而国家的基层单位已经不是血族团体，而是地区团体了。"③ 古史研究证实了这一论断：在斯巴达，"宪法制度的特点就是公民只知为国不知为家"；"家庭生活减到最低限度。妇女常年与男子隔离。原先的按部落、胞族、氏族划分的氏族制度，在这种公民社会中也完全失掉政治作用"。④ 在雅典，梭伦改革的要旨是"把国家置于党派或氏族之上"，克里斯提尼改革"彻头彻尾地把旧的氏族部落和其下属的 12 个氏族制胞族、12 个地域性'三一区'统统打乱了"。⑤

这是此后西方各历史时期兴起之邦国的普遍特征。当然，家或家族在罗马和欧洲封建秩序中均有重要地位，但其并非以亲亲之伦组织，而是反向地高度政治化了：familia 是以父权统治组织起来的经济社会政治组织，"pater（父）、mater（母）不是表示血缘关系而是表示对权威的依赖"⑥。国吞噬了家、族；进入现代，国以原子化个体为统治对象，家被划入私人领域，无足轻重，甚至多余，个人主义、自由主义意识形态持续解构之。

历史高度复杂，本文无从详尽讨论，而宗教、哲学所表达之国家观念更为清晰，既是哲人对其国家"理想型"之自我表达，且常有"召唤性力量"（evocative power）⑦，塑造构建国家之努力；以下我们择要考察西方宗教、哲学历史，可见其国-家关系论之高度一致性。

---

① 张光直. 考古学专题六讲：增订本. 北京：生活·读书·新知三联书店，2013：18.

② 同①14，12.

③ 马克思，恩格斯. 马克思恩格斯文集：第 4 卷. 北京：人民出版社，2009：16.

④ 哈蒙德. 希腊史：迄至公元前 322 年. 北京：商务印书馆，2016：147.

⑤ 同④293.

⑥ 米特罗尔，西德尔. 欧洲家庭史：中世纪至今的父权制到伙伴关系. 北京：华夏出版社，1987：7.

⑦ 沃格林. 政治观念史稿：卷一. 上海：华东师范大学出版社，2019：66.

首先，柏拉图《理想国》卷三记载苏格拉底讲述"高贵的谎言"，他要城邦守卫者相信："当他们在大地之下时就已经受到了塑造和培养，他们这些人、他们的武器以及其他设备都已是成品，而当他们各方面都已经完善，大地，身为他们的母亲，就把他们送上了地面，如今他们生活在这块土地上，把她当作自己的母亲和哺育自己成长的人，处处为她着想，出来保护她，如果有人来侵犯她，同时又把其他所有的城民看作是自己的兄弟，同为大地所生。"①　这个高贵谎言至少有两层寓意：其一，证成城民的等级之别，学界对此讨论较多；其二，取消人在生物学上的父母，城民以大地母亲为共同母亲，互为兄弟，但并非基于亲亲之伦而是成年男子间的"爱欲"。②　苏格拉底还设计了共财、共妻、共子等"去家化"制度，他相信，城邦守卫者若各有私财、妻室和孩子，其欢乐和痛苦就会"成为以私有物为基础的私有的感受"，这将"分裂城邦"。③　亚里士多德虽认为这些主张过于极端，在《政治学》中断言城邦由家发展而来，但仍认为其在性质上完全不同于家，故与中国主流思想仍有较大差异。④

其次，《圣经·旧约·创世记》开篇记神造天地万物，于第六天造出人祖亚当，又决定为其造配偶，而后经文说："因此，人要离开父母，与妻子连合，二人成为一体。"从文本次序看，这是其第一伦理性教义：否定自然的亲亲之家，以意志构建契约之家。后来耶稣创教，教人博爱，也以取消家内亲亲之爱为前提。《圣经·新约·马太福音》记载："因为我来，是叫人与父亲生疏，女儿与母亲生疏，媳妇与婆婆生疏。人的仇敌，就是自己家里的人。爱父母过于爱我的，不配作我的门徒，爱儿女过于爱我的，不配作我的门徒。"家内亲亲之情妨碍人对神的信、望、爱，虔敬者应当"出家"，与共信者建立精神性"团契"——实际上，众多西方宗

---

① 柏拉图.理想国.北京：华夏出版社，2012：126.
② 迈克尔·曼指出："'兄弟关系'（phratra）一词，正如在大多数印欧语言中一样，并不是指血亲关系，而是指一个同盟者的社会群体。"（曼.社会权力的来源：第1卷.2版.上海：上海人民出版社，2015：244）
③ 同①189.
④ 谈火生.中西政治思想中的家国观比较：以亚里士多德和先秦儒家为中心的考察.政治学研究，2017（6）.

教均要求其神职人员"出家"。

最后，霍布斯《论公民》第八章论述了自然状态成立的前提："我们假设再次回到自然状态，将人看成像蘑菇一样刚从地上冒出来，彼此不受约束地成长起来。"① 此喻取消了男女之别、亲子长幼之别，所有人平等地、实际上是同质化地成为理性完备的成年人。② 唯其如此，人才是自然状态学说所设定的"在身心两方面的能力都十分相等"，"产生达到目的的希望的平等"，因而互为敌人③；此喻也取消了人所固有的亲亲之情，仅有相等的理性能力，故可以相互共同订立信约。同一逻辑让霍布斯在《论公民》第九章把母亲与孩子的亲亲之伦逆向转化为政治上的"支配"（dominion）关系。

可见，在西方三个历史关键时期出现、充分表达并深度塑造其文明的三部重要经典，均连贯而明确地否定人为其父母所生之事实，否定家对人之生存本体论意义，否定自然的亲亲之情，明确地把破家、取消亲亲之情视为建立和维系正义的国或博爱的普遍秩序之前提。④

对此主流倾向，西方思想史上不乏异议者：苏格兰道德哲学高度重视情感，见之于弗兰西斯·哈奇森（Francis Hutcheson）、休谟、斯密等人的论述。德语系思想界更为重视家和以家为根基的"共同体"⑤：黑格尔认为，市民社会形成之后，家仍然存在，且"具有普遍家庭这种性质"；同业公会则发挥"第二家庭"功能，与家共同构成国之"伦理根源"。⑥ 滕尼斯区分共同体与社会，前者以家为基础，扩展而为公社；后者以契约相联结，形成霍布斯式邦国，其中孕育着毁灭的种子，当以共同体观念反思之。⑦ 不过，受制于其主流历史和思想传统，此类异议仍有明显局限性：

---

① 霍布斯. 论公民. 贵阳：贵州人民出版社，2003：88.

② 李猛. 自然社会：自然法与现代道德世界的形成. 北京：生活·读书·新知三联书店，2015：169-178.

③ 霍布斯. 利维坦. 北京：商务印书馆，2016：92-93.

④ 笑思. 家哲学：西方人的盲点. 北京：商务印书馆，2010.

⑤ 李荣山. 共同体之爱的政治：近世德国的家国关联. 社会学研究，2020（5）.

⑥ 黑格尔. 法哲学原理. 北京：人民出版社，2016：378-380. 对黑格尔的详尽讨论，参见：孙向晨. 论家：个体与亲亲. 上海：华东师范大学出版社，2019：148-183.

⑦ 滕尼斯. 共同体与社会. 北京：商务印书馆，2019.

苏格兰道德哲学的情感仅基于原子化个体的"同情"能力,黑格尔强调家、国之别并指出爱是感觉,这就叫作自然形式的伦理;在国家中就不再有这种感觉了;因为人们在国家中所意识到的统一是法律的统一。①

西方主流城邦理论尤其是现代国家概念普遍受到上述哲学、宗教传统的深刻影响,具有明显的去家化、无情倾向,这清楚体现在韦伯的经典性国家概念中:"一个政治机构性的组织,如果并且只要它的行政班子卓有成效地运用其对物理暴力的正当垄断以保障秩序的实施,它就应当称为'国家'。"简言之,国家就是"一种区域性的强制组织"。②韦伯所代表的西方主流哲学社会科学预设,国民是同质化的、原子化的理性经济人,政府以基于暴力的支配为手段,维护群体内的和平与正义;国中没有家的位置,没有情感纽带。

就此而言,把 state 对译为"国家",属于跨文明认知的误读,因为 state 是去家化、无情的。③而这一翻译概念广泛流行之后,中文"国家"一词中的"家"就被遮蔽了。本节旨在破此遮蔽,找回"国家"概念的完整含义,重新肯定家对国之构成性地位。

二、历史:国-家兼容一体结构和精神之韧性

张光直指出,邦国在中国形成之时兼容家、族;我们认为,由此形成的有别于西方的政治体就是"国-家",其内核是国-家兼容一体的结构和精神:在结构上,以权力统治为其本质规定性的政府承认家尤其是族的政治合法性,允许其对民众行使部分权力,发挥治理作用,这就是"兼容";在精神上,家的精神即人伦亲亲之情弥散于国中,政治性权力关系因此带上一定情意,国民相互之间也在一定程度上如同一家之人,这就是"一体"。④在中

---

① 黑格尔. 法哲学原理. 北京:人民出版社,2016:297-298.
② 韦伯. 经济与社会:第1卷. 上海:上海人民出版社,2010:148,150.
③ 金观涛,刘青峰. 观念史研究:中国现代重要政治术语的形成. 北京:法律出版社,2009:223-224.
④ 张中秋分析家国一体之"同构""同理",参见:张中秋. 传统中国国家观新探:兼及对当代中国政治法律的意义. 法学,2014(5).

国历史上，国-家兼容一体结构和精神曾遭遇多次冲击而崩塌，但又多次重建，显示了其强大韧性，从而使"国-家"形态在人类政治体谱系中具有重要的类型学意义。

从《尚书》开篇所记中国的国家诞生过程可见，国-家兼容一体结构和精神初建于尧舜时代。[①] 帝尧建国之第一步是"克明俊德，以亲九族"，显示其没有打破血缘性组织，反使之相"亲"。《白虎通义·宗族》解释说："族者，凑也，聚也，谓恩爱相流凑也。生相亲爱，死相哀痛，有会聚之道，故谓之族。"族的含义可由以下尧、舜王位传承之事中推测：众人以舜有大孝之德推举其为王位继承人，此德只可能生发于亲子关系清晰且长期共同生活的核心小家庭中。《尧典》明确记载，帝尧嫁二女于舜，舜"厘降二女于妫汭，嫔于虞"。从夫嫁是核心小家庭成立之基本前提。这一记载可与考古发现相印证："龙山文化时期，很可能大部分家户的形态已是个体家庭。"[②] 夫妻稳定、长期共同生活、抚养子女的核心小家庭成为合法社会组织单元，"孝教"成为普遍的国民教化机制。这些努力为建立王权扫清了道路。

可见，与世界各地一样，尧舜构建政治性邦国过程中所面临之核心问题同样是处理政府与家、族的关系。氏族、部落组织之权威是古老、自足的，且排斥王权，这是构建邦国之最大障碍。尧舜乃以政治手段确立核心家庭之合法地位，原始的血缘性组织受到冲击而解体，王得以树立其权威，这与西方建国模式是相同的；不同之处在于，在中国，新兴王权令家户相"亲"，再度联结为大型血亲性组织，并承认其治理权。[③] 它被命名为"家"，《尚书·皋陶谟》记皋陶曰："日宣三德，夙夜浚明，有家。"这里有两点值得注意：第一，"有家"的前提是王权的认可；第二，此"家"是有政治功能的中等规模的血亲组织，其大夫为其领袖，因而有明确的"尊尊"之义，即"宗"，《白虎通义·宗族》解释说："宗，尊也，为先祖

---

① 对以下所引《尚书》文句之详尽解读，参见：姚中秋. 尧舜之道：中国文明的诞生. 北京：中国文联出版社，2016.

② 孙波. 聚落考古与龙山文化社会形态. 中国社会科学，2020（2）.

③ 王震中. 中国文明起源的比较研究：增订本. 北京：中国社会科学出版社，2013：478-480.

主也，宗人之所尊也……所以纪理族人者也。"这个中等规模的新兴血亲组织是"宗族"，以亲亲之情结合，以尊尊之义治理。皋陶却名之曰"家"，与后世"国-家"的构词原理是相同的，表明其由核心家庭扩展而来，家精神灌注其中，"亲亲"与"尊尊"同为其基本组织原理。至此，国-家兼容一体结构和精神初步形成。

国兼容"家"的建国方案有效解决了"规模难题"：最早的中国是"超大规模"的，而初生政府之权力极为有限，无从直接统治个体和核心小家庭，只能以作为宗族的"家"充当居间性组织，它成为三代封建秩序之基本治理单元。从夏商到周，国-家兼容一体结构和精神逐渐完善，在周代宗法制中，亲亲与尊尊达到相对均衡，从而形成稳定的国-家形态："我们确应把中国商周时代在家族组织长期存在，并发挥重要作用的社会条件下所建立的国家作为国家的基本类型之一。"[①]国-家兼容一体的结构和精神规定了此后中国历史演进之基本路径，虽遭遇多次冲击，但又得以重建，最为重要的崩溃-重建周期有两轮。

第一轮发生在战国到西汉中后期之间。

战国时代，礼崩乐坏，大夫领导之"家"逐渐瓦解，小型"五口之家"离析出来，构成"家户"。家户彼此离散，法家以之作为王权直接统治的基本单元，商鞅曾颁令"民有二男以上不分异者，倍其赋"《史记·商君列传》，阻止小家户扩展为族。西式现代国家的特征是国不允许族存在，拒绝家精神，这也正是法家的主张。[②]秦国的直接统治机制最为发达，动员能力最为强大，乃扫灭六国；统一之后，皇权通过层级化的官僚体系、以统一的法律直接统治数量庞大的家户——按照韦伯的定义，这就是"现代国家"[③]。

然而，中西政治进程终究不同：这一去家化"现代国家"只是过渡性的，经由汉武帝推动其儒家化，最终定型于"现代国-家"。孔子思想以仁

---

①　朱凤瀚.商周家族形态研究：增订本.2版.天津：天津古籍出版社，2004：553.

②　萧公权.中国政治思想史.北京：新星出版社，2005：153；白彤东.韩非子对儒家批评之重构.中国哲学史，2020（6）.

③　福山.政治秩序的起源：从前人类时代到法国大革命.桂林：广西师范大学出版社，2012：109-134；姚中秋.可大可久：中国政治文明史.北京：华龄出版社，2021：197-237.

为中心，其本在家内亲亲之情，有子曰："君子务本，本立而道生。孝弟
也者，其为仁之本与!"（《论语·学而》）孔子又以家、族为基本治理单
位，子曰："《书》云：'孝乎惟孝，友于兄弟，施于有政。'是亦为政，奚
其为为政?"（《论语·为政》）孔子主张维护家、族之制，使之发挥治理功
能。① 汉武帝表彰五经、推明孔氏，吸纳儒家士人进入政府，这两个观念
得以广泛、深刻地塑造现实。

最明显的标志是，出现于春秋时代的"国家"一词得以定型并广泛流
行。② 笔者检索统计，该词在《史记》中出现了 48 次，在《汉书》中则出
现了 161 次。此时之国，已是皇权通过官僚以权力直接统治家户的超大规
模之国，国民是普遍相互陌生的，并无血缘人伦关系。"家"缀于"国"
之后并广泛流行，显示皇帝、士人、国民普遍形成了一种新的政治共识：
超大规模之国亦应兼容家，并使一国如同一家。

从结构上看，西汉中期以后由家扩展而成之宗族，重获政治合法性，
成为基层社会基本组织、治理单位。宗族领导者主要是士人，但其社会领
导权由其所获之功名构建、维护，认同、支持政府，这就形成政府权力与
家族权力合作共治之复合结构。③ 集中统一的皇权郡县制所面临之"规模
难题"得以解决，形成"集权的简约治理"模式，以有限的财力、人力对
超大规模人口和疆域进行有效的组织、管理。④ 其秘密就在于，权力的
"尊尊"之义接榫于人伦的"亲亲"之道，化解了高高在上的政府与平铺
散漫的社会之间的分立、紧张，超大规模的皇权官僚郡县制国家具有了较
高结构韧性。

对周秦之变，学界已有较多讨论。秦汉之变同样值得高度重视，从中

---

① 刘九勇概括这两种观念为立国为家、化国为家。参见：刘九勇. 儒家家国观的三个层次. 哲学研究，2021（6）.

② 关于"国家"一词的结构和含义之演变，参见：姜礼立."国家"词汇化的动因及相关问题. 洛阳师范学院学报，2013（12）.

③ 姚中秋. 可大可久：中国政治文明史. 北京：华龄出版社，2021：326 - 330.

④ 黄宗智. 集权的简约治理：中国以准官员和纠纷解决为主的半正式基层行政. 开放时代，2008（2）.

可知"现代国家"在中国之复杂性：秦朝建立了以单一权力直接统治家户的"现代国家"，汉武帝却对其进行了一番看似反现代的改造，引入族作为基本治理单位，引入家精神作为政治精神。衡之以西方现代政治理论，这是反现代的，但由此形成的"现代国-家"却具备了"超稳定性"。我们不能不反思，何谓"现代国家"？这个问题不仅关乎历史，也与当代问题高度相关。

国-家兼容一体结构确有内在风险：家族积累、扩张其社会性权力过甚，可能侵削政府权力，这在魏晋南北朝时期暴露无遗，故福山把国家权力自主性与权力家族化之间的斗争作为中国政治演进之基本线索。① 唐宋之变在很大程度上就是要化解这一风险：科举制降低了家族操纵士人录用的可能，从而降低了政治权力家族化的风险；宗族组织也就难以把社会权力转化为政治权力，其自身组织乃更多地依赖人伦亲亲之道，更为积极地认同皇权，这样，"国-家"的结构韧性和精神凝聚力均大幅度提高。②

19 世纪末以来，国-家兼容一体结构和精神遭到第二次全面深刻冲击，曾经摇摇欲坠，然而今天又已处在全面重建阶段，此即第二轮。

中国与西方遭遇，迭遭失败之后，士大夫和知识分子反思败因，决意构建现代国家，乃依据西式国家观念排斥家、族，为建立现代之国而破家、族之呼声，回响于整个 20 世纪。③ 国-家兼容一体结构和精神持续遭到冲击、破坏。

然而在政治实践中，又有多种力量，从多个方向，以直白或隐秘的方式保留、维护甚至重建国-家兼容一体结构和精神，较为重要者是基于家、族本位的国民、民族共同体构建努力。清末民初人士普遍以家、族为模板、本位，以血缘关系想象政治关系，构建国民共同体（nation），举起大者如："同胞""炎黄子孙"之类的观念广泛流行；20 世纪初开始出现"四万万同胞"之语，同时出现"海外侨胞"一词；中华人民共和国成立之后

---

① 福山. 政治秩序的起源：从前人类时代到法国大革命. 桂林：广西师范大学出版社，2012：135 - 142.

② 姚中秋. 可大可久：中国政治文明史. 北京：华龄出版社，2021：499 - 515；曹锦清. 历史视角下的新农村建设：重温宋以来的乡村组织重建. 探索与争鸣，2006（10）.

③ 姜义华. 中国传统家国共同体及其现代嬗变（下）. 河北学刊，2011（3）.

则有"台湾同胞""港澳同胞"等政治符号。《史记·五帝本纪》以家内的代际传承拟制五帝乃至三代王室之关系，清末现代民族主义兴起时，这些历史文化符号转生出"黄帝子孙""炎黄之裔"之类的政治符号。① 抗战期间社会各界，包括国共两党共同祭祀黄帝陵，以血缘性兄弟之情化解两党政治隔阂。② 西方各国在现代国家构建过程中都使用过类似的政治符号，但在中国，其频率和重要性要高出很多。国民党倾向于以血缘组织为本构造政治性"国族"，孙中山说："中国国民和国家结构的关系，先有家族，再推到宗族，再然后才是国族，这种组织一级一级的放大，有条不紊，大小结构的关系当中是很实在的；如果用宗族为单位，改良当中的组织，再联合成国族，比较外国用个人为单位当然容易联络得多。"③ 蒋介石提出"中华民族宗族论"，把中国境内多样的民族构建为出自同一血统的"大小宗支"。④

中国共产党对家、族的态度比较复杂。⑤ 党的创始人多为新文化运动骨干，对家和礼教有所批判；新中国成立之后，为动员资源推进工业化又摧毁家族，扫荡传统价值、观念。相应地，党政国家建立了各类集体性组织，如城市的企事业单位、农村的人民公社等，家不再是生产单位，家的生活功能也被弱化。⑥ 国与家、族经历了比较全面的脱嵌。然而，家的组织，尤其是家精神仍顽强存在：城乡各单位逐渐成为"类家族"共同体，对其成员的生老病死承担全部责任⑦；家精神成为建立、强化集体主义认同之模板，国被比喻为"大家"，与"小家"相对；又有"爱厂如家""爱社如家""军民团结如一家"之类的政治话语，诉诸家的想象，唤起人们的集体道德意识。

---

① 霍彦儒. "炎黄子孙"称谓的历史演变及其意义. 协商论坛，2008 (4).

② 高强. 抗日战争时期炎黄文化的勃兴. 清华大学学报（哲学社会科学版），2018 (6).

③ 孙中山. 孙中山选集：下. 北京：人民出版社，2011：701.

④ 黄兴涛. 重塑中华：近代中国"中华民族"观念研究. 北京：北京师范大学出版社，2017：304 - 316.

⑤ 陈赟. "去家化"与"再家化"：当代中国人精神生活的内在张力. 探索与争鸣，2015 (1).

⑥ 郭亮. 家国关系：理解近代以来中国基层治理变迁的一个视角. 学术月刊，2021 (5).

⑦ 田毅鹏. 作为"共同体"的单位. 社会学评论，2014 (6).

20 世纪 80 年代以来，中国共产党对家、族的态度发生了根本转变：邓小平以来党和国家领导人都重视家庭，强调家内教化传承革命精神的作用。在经济领域，农村建立"家庭联产承包责任制"，土地承包主体是家户而非个体；工商业领域则有"个体工商户"，经营主体同样是家户。在社会领域，家族在部分地方恢复运作，族人重建祠堂，族中老人参与处理公共事务。在政治领域，90 年代以来，随着传统文化复兴，党的意识形态、国家法律、政策大幅度转向保护家，表彰模范家庭，倡导孝道，要求家庭承担起教育少年儿童的第一责任，要求领导干部带头注重家庭、家教、家风。① 家的政治拟亲作用更大、更广：在民族问题上大力强化"中华民族大家庭"观念。② 在基层治理中，越来越重视情感的作用。③ 可见，家、国正在再嵌合过程中。

20 世纪初以来，国、家从脱嵌到再嵌合的转变过程，有力地支持了我们的论旨：首先，"国-家"兼容一体结构和精神所受冲击是空前的，却仍然顽强、迅速地恢复，显示了其极高的韧性；其次，西方去家化国家观念虽广泛流行，在国家构建和治理实践中，家、族仍得以存在且发挥重大作用；最后，在中国的现代化事业接近成功之时，家、族在政治上反而得到充分肯定，公开参与国家精神和制度之构建。据此可以说，中国式现代国家形态正在定型于国-家兼容一体结构和精神在新的政治、经济、社会条件下的创造性重建，呈现为"现代国-家"。这一事实足以确立"国-家"概念之理论正当性。

三、理论化：厘定"国-家"概念

基于中国古今政治思想，尤其是数千年来反复构建"国-家"并据以进行治理的实践，我们可以在政治哲学上确立"国-家"概念，并通过如

---

① 习近平. 习近平谈治国理政：第 2 卷. 北京：外文出版社，2017：353-357.
② 孙保全. 中国族际整合的"大家庭"模式：话语变迁与伦理逻辑. 中南大学学报（社会科学版），2021（1）.
③ 包涵川. 迈向"治理有机体"：中国基层治理中的情感因素研究. 治理研究，2021（1）；刘太刚，向防."以规治情"与"以情治情"：社区情感治理的再认识. 中国行政管理，2021（6）.

下命题揭示其基本内涵。

第一，人是家的存在者，家是国之构成性组织单元。

"身体发肤，受之父母""子生三年，然后免于父母之怀"，孔子提出的这两个命题指明了中国人的生命观：人在家内获得其生命，家对人具有生存本体论意义，人的自然身份是"家人"。[①] 马克思把生命在家内的再生产确认为三种基本生产性关系之一，"这种家庭起初是唯一的社会关系"[②]；马克思也指出了其历史性：到18世纪，市民社会中出现个体的人，但"产生这种孤立个人的观点的时代，正是具有迄今为止最发达的社会关系（从这种观点看来是一般关系）的时代"[③]。我们则认为，人类繁衍的生物学事实决定了，即便在所谓市民社会时代，家仍是人的首要且最重要的社会关系。人只能经由男女的结合，也即通过家获得其生命，也就必然首先是家的存在者；国的存在和延续以家为前提，因此，家是国的基础性、构成性组织单元。生命再生产的生物学事实构成"国-家"概念成立之坚实前提。

第二，国承认家、族为基本治理单元。

"国-家"最为明显的结构性特征是，政府享有压倒性权力，但也赋予家、族政治合法性，允许其发挥治理作用；尤其是规模较大的家族、宗族，拥有一定公共品供应能力，治理作用更为明显。这种功能主要是社会性的，即教化。中国宗教以敬天孝亲为中心，主要教化场所是家、族。[④]家内教化支持普遍的社会政治秩序。首先，以孝教仁，教人自觉于孝，由此个别的爱、敬父母之情发展出普遍的爱人、敬人之情，这是人群形成"社会"的基础；其次，以孝作忠，如《大学》所说："故君子不出家而成教于国：孝者，所以事君也；弟者，所以事长也；慈者，所以使众也。"家内之教，可以培养民众的政治德行和国家认同。

---

① 姚中秋. 孝经大义. 北京：中国文联出版社，2017：20-25.
② 马克思，恩格斯. 马克思恩格斯文集：第1卷. 北京：人民出版社，2009：532.
③ 马克思，恩格斯. 马克思恩格斯文集：第8卷. 北京：人民出版社，2009：6.
④ 辜鸿铭. 中国人的精神. 海口：海南出版社，1996：72.

第三，政治关系广泛地"拟亲化"①。

《尚书·舜典》记"二十有八载，帝乃殂落，百姓如丧考妣"。百姓视帝尧为父母。《尚书·泰誓上》记周武王之语："惟天地，万物父母；惟人，万物之灵；亶聪明，作元后，元后作民父母。"《尚书·洪范》第五畴"皇极"阐明合格君王之标准曰："天子作民父母，以为天下王。"②《诗经》有"乐只君子，民之父母""岂弟君子，民之父母"句，《大学》解释说："民之所好好之，民之所恶恶之，此之谓民之父母。"相应地，万民被想象为"赤子"。③ 周公最早使用此语，其论治国用刑之道曰："若保赤子，惟民其康乂。"（《尚书·康诰》）荀子偏爱该词，《荀子》之《富国》《王霸》《臣道》《议兵》诸篇均谓"上之于下"，即政府之于民众"如保赤子"。汉儒刘向解释其义曰："圣人之于天下百姓也，其犹赤子乎！饥者则食之，寒者则衣之，将之养之，育之长之，惟恐其不至于大也。"（《说苑·贵德》）

西方政治、宗教也常以父母想象崇高权威，不同之处在于：第一，此权威多为神灵，如古希腊、罗马神话称大地神灵为"母"，犹太教、基督教信徒尊其神为"父"或"圣父"，又尊其神职人员为"父"④；第二，倾向于分拆父、母，单独取譬，常视母子关系为原初的，有亲亲之道，父子关系则为人为的，只有尊尊之义。⑤ 由此就有其父权制（paternalism）观念和法律制度：父权是绝对的、无情的；又以此论证绝对主义君权观，如洛克所批判之菲尔默《父权论》。中国观念则共尊父母：《易传》所见中国主流宇宙论是乾、坤并建，"一阳一阴之谓道"；具体到人，并尊父母，而有严、亲之别；推家及国，"因严以教敬，因亲以教爱"（《孝经·圣治章》），以父母双亲的集合体想象世俗君王，兼顾亲亲之情与尊尊之义，亲

---

① 关于这个概念，参见：林端. 儒家伦理与法律文化：社会学观点的探索. 北京：中国政法大学出版社，2002.

② 张丰乾. "家""国"之间："民之父母"说的社会基础与思想渊源. 中山大学学报（社会科学版），2008（3）.

③ 伍晓明. 若保赤子 中国传统文化的理想之政. 中国文化，2010（2）.

④ 马克垚. 论家国一体问题. 史学理论研究，2012（2）.

⑤ 霍布斯的讨论，参见：霍布斯. 论公民. 贵阳：贵州人民出版社，2003：93-101. 滕尼斯的讨论，参见：滕尼斯. 共同体与社会. 北京：商务印书馆，2019：76-84.

亲之情渗入暴力性统治权力关系之中，使之温情脉脉。

中国人把国人间普遍关系构拟为兄弟关系，孔子谓"四海之内皆兄弟也"；张载《西铭》对此给出宇宙论的证成："乾称父，坤称母；予兹藐焉，乃混然中处。故天地之塞，吾其体；天地之帅，吾其性。民，吾同胞；物，吾与也。"国人相互有"同胞"情。西方宗教信众在其信仰团契中也常以兄弟姐妹相互对待，然其团契在家、族以外，家内兄弟之情因之淡薄，政治性邦国之中亦无亲爱之情。

各种政治关系的拟亲化，推动国的持续"家化"。人们期待一国如同一家，乃至于天下为一家，这就让情感、责任在政治共同体中享有崇高位置。

第四，情感是共同体联结之基本纽带，人心是政治运转之枢纽。

政治关系的普遍拟亲化，使得情感成为政治共同体联结的基本纽带。孔子论为政之道曰"节用而爱人"（《论语·学而》）；荀子谓君主之大义在于"平政爱民"（《荀子·王制》），士大夫之大义在于"上则能尊君，下则能爱民"（《荀子·不苟》），故儒家的仁政就是"爱人"之政。在上者爱民，则可获得万民爱戴。爱成为君民、上下之间的基本联结纽带，强制反在其次。

情意发乎人心，当情意成为"国-家"的基本联结纽带，"人心"就成为政治运转之枢纽，政治呈现为"人心政治"。[1] 人心政治以爱民之情为基本政治伦理：孟子论仁政，溯源于君王的不忍之心，"先王有不忍人之心，斯有不忍人之政矣"（《孟子·公孙丑上》）。汉文帝初即位，颁诏天下曰："方春和时，草木群生之物皆有以自乐，而吾百姓鳏寡孤独穷困之人或阽于死亡，而莫之省忧。为民父母将何如？其议所以振贷之。"（《汉书·文帝纪》）天子"为民父母"，以其仁心行仁政。[2]

---

[1] 任锋. 论作为治体生成要素的民心：一个历史政治学的分析. 天府新论，2021（1）；储建国. 善钧从众：道心与人心之间. 天府新论，2021（1）；唐亚林. 顺天应人：人心政治的"源"与"流". 天府新论，2021（1）.

[2]《说苑·政理》详尽论述君王爱民之道："利之而勿害，成之勿败，生之勿杀，与之勿夺，乐之勿苦，喜之勿怒，此治国之道，使民之谊也，爱之而已矣。……故善为国者遇民，如父母之爱子，兄之爱弟，闻其饥寒为之哀，见其劳苦为之悲。"

人心政治以"感动"为治理机制:"圣人感人心而天下和平"(《周易·咸》)。人是有情的,在上者基于爱民之情,顺乎民众之情而行,民众必定感之而回应、行动,也就可以形成良好秩序。[1] 当代干部做群众工作仍然首先"动之以情",然后"晓之以理",运用法律更在其次。[2]

人心政治的治理重视"正人心",以求万民之"思无邪"(《论语·为政》),政府积极承担教化职能;刑罚也被视为特殊的教化机制,即《尚书·大禹谟》所说的以刑弼教,以正人心为目的。

人心政治的目标是追求上下之"同心"[3],《礼记·乐记》曰:"故礼以道其志,乐以和其声,政以一其行,刑以防其奸。礼、乐、刑、政,其极一也,所以同民心而出治道也。"据此,乐是重要的治理机制,"乐记"对此有全面论述。

在人心政治中,权力正当性来自"民心"的认可,所谓"得民心者得天下"。"民心"不同于"民意",赵汀阳已指出两者的区别在于整体与局部。[4] 对此还可予以补充:民意是意志,基于利益计算的理性判断,倾向于个别化、短期化;人心是有情的,民心主要基于情感上的亲近、认可、信任,倾向于整体化、长期化。民意或可通过投票来统计,民心则要求政治家在与民众有情意的互动之中"体知"[5]。政治家有爱民之情,设身处地,感同身受,即可体会民众整体、长远需求,据以直道而行;民众给予充分信任,政治家行使权力就拥有了极大自由裁量度,自主地追求国家也即国民的整体、长远利益。

第五,政府"作民父母",对民众承担全员、全方位责任。

子女生而幼弱,父母养之教之方可成人;政府视百姓为"赤子",同样负有养、教之全面责任,汉文帝诏书曰:"朕闻之:天生蒸民,为之置君以养治之。"(《史记·孝文本纪》)谷永上书汉成帝曰:"臣闻天生蒸民,不能相治,为立王者以统理之,方制海内非为天子,列土封疆非为诸侯,

---

① 王庆节. 道德感动与儒家示范伦理学. 北京:北京大学出版社,2016.
② 王向民. 传统中国的情治与情感合法性. 学海,2019(4).
③ 姚中秋. 略论中国古典的同心之道. 人民论坛·学术前沿,2013(7).
④ 赵汀阳. 一种可能的智慧民主. 中国社会科学,2021(4).
⑤ 杜维明. 体知儒学:儒家当代价值的九次对话. 杭州:浙江大学出版社,2012.

皆以为民也。"（《汉书·谷永杜邺传》）"为民"也即服务人民的责任就是"国家理由"，权力系为履行责任而设。在有情意的"国-家"中，政府是责任型的而非权力型的。对于家国一体结构、原则，现代学者普遍解读其意图是以父权证成、支持君权，这当然是成立的，对于维护政治秩序而言也是必要的；但这一取譬还有另一维度：以父母对子女的责任为范本确立政府对国民的责任，由此构建出"责任型政府"。

政府对国民的责任还是全员的、全方位的：全员意谓政府对异质化国民均负有责任。与自然状态的想象不同，家人是异质的，政府当"使老有所终，壮有所用，幼有所长，矜寡孤独废疾者皆有所养。男有分，女有归"（《礼记·礼运》）。此即全员责任。《尚书大传》解释《洪范》"天子作民父母"句之大义曰："圣人者，民之父母也：母能生之，能食之；父能教之，能诲之。圣王曲备之者也，能生之，能食之，能教之，能诲之也。为之城郭以居之，为之宫室以处之，为之庠序学校以教诲之，为之列地制亩以饮食之。"此即全方位责任。帝舜创建第一政府，设立九个专业部门，同时承担养民、保民、教民责任。① 孔子、孟子概括政府责任为富之、教之。②

总之，邦国的家化把父母双亲对子女承担的全面伦理责任，转化发展为政府对民众之全员、全方位伦理和政治责任，其职能不限于西方古典哲人所说的实施正义、霍布斯所说的维护和平、洛克所说的保障财产权，而是为所有国民之生命成长创造良好条件，这个责任是全面而无限的。从外观上看，全责类似于全权（totalitarian），其实不然。士大夫教化民众或中国共产党教育群众，主要是基于其相对乐观的人性论，协助国民成人、成德，有学者谓之"保育式政体"，比较恰当。③ 当代学界普遍把大众选举式民主制视为唯一有效的政治问责机制，福山据此再三批评中国传统和当代的权力不对民众负责。④ 他没有看到，作民父母的伦理-政治观念把权力整

---

① 姚中秋. 原治道：《尚书》典谟义疏. 北京：商务印书馆，2019：307-352.
② 子适卫，冉有仆。子曰："庶矣哉！"冉有曰："既庶矣，又何加焉？"曰："富之。"曰："既富矣，又何加焉？"曰："教之。"（《论语·子路》）孟子论述见《孟子·梁惠王上》。
③ 闾小波. 保育式政体：试论帝制中国的政体形态. 文史哲，2017（6）.
④ 福山. 政治秩序与政治衰败：从工业革命到民主全球化. 桂林：广西师范大学出版社，2015.

体上塑造为责任中心的，为政者的责任意识、问责机制是西式民主完全无法企及的。

第六，国之间如兄弟，全世界如同一家。

"拟亲化"不限于邦国，还扩展及于邦国之间。秦汉以来，人们已初有疆域国家观念，汉高祖仍与匈奴单于"约为昆弟以和亲"，此约被视为"兄弟之亲"（《史记·匈奴列传》）。学界一般认为，宋、辽、夏之间的关系颇类似于现代主权国家之间的关系，然而宋辽订立澶渊之盟约为"兄弟之国"。最终，"拟亲化"遍覆所有人、所有政治体，"圣人耐以天下为一家"（《礼记·礼运》）。

历史地看，邦国相处，最易以暴力相向，西方哲人常以此反向构想人际关系。[1] 承认家对国的构成性地位，肯定国家是有情意的共同体，才有可能走出国家间的丛林状态。之所以是中国提出人类命运共同体理念，就是因为中国有漫长的国-家传统，情感消解了暴力的绝对性。

总括以上六个命题，可以把中国式"国-家"界定为"有情意的政治共同体"。中国思想肯定人是家的存在者，因而肯定情本体论，认定人是且首先是有情的[2]，由此必然认定国家是有情意的政治共同体。西方主流社会科学所定义之state是疆域性强制组织，这就是政治；中国式"国-家"当然有这一面，但不只有这一面，还有另一面，即兴于家内之情感。

实际上，作为有情意的政治共同体的国家，不是中国所独有的，而具有世界普遍性。张光直曾指出，在文明起源方式上，中国处在"中国-玛雅文化连续体"中，其保留家、族的政治体形成模式实际上是世界主流，苏美尔文明及由此所衍生之破家立国模式反而是少数。[3] 张氏论断主要依据古代事实，我们对此事实进行了更为详尽的分析，并补充了现代事实：中国式现代国家就是经济、政治等维度已充分现代、家仍具有构成性地位的"国-家"。事实上，在现实的西方国家，家的地位和作用也是至关重要的，只是西式理论未充分反映这一现实。因此，基于中国事实所构建的国

---

① 霍布斯就以此论证其自然状态，参见：霍布斯．利维坦．北京：商务印书馆，2016：96.
② 蒙培元．情感与理性．北京：中国社会科学出版社，2002.
③ 张光直．考古学专题六讲：增订本．北京：生活·读书·新知三联书店，2013：24.

家概念是有更大普遍性的。

国家是有情意的共同体，这一命题有助于人类构想、追求更加美好的政治生活形态。沃格林说："暴力之运用，不过是创造和维持政治秩序的终极手段，却不是其终极理由：秩序的真正功能，乃是创造一个庇护所（shelter），人在里面可赋予其生命一个有意义的模样。"[1] 西式国家理论忽视甚至否定家，家、国分立甚至对立的观念造成家人身份与国人身份、情感与理性、善与正义、私人领域与公共领域、社会与国家等多重断裂和冲突。中国式"国-家"的构造是"顺"的[2]，顺乎生命再生产的逻辑安顿政治组织，人共居于家、国之中而得心"安"并享受情感的"温暖"。[3]

---

[1] 沃格林. 政治观念史稿：卷一. 上海：华东师范大学出版社，2019：63.

[2]《孝经·开宗明义章》有"先王有至德要道，以顺天下"句，参见：姚中秋. 孝经大义. 北京：中国文联出版社，2017：13-16.

[3] 孙向晨. 何以"归-家"：一种哲学的视角. 哲学动态，2021（3）.

第三章

大一统国家的整合机制

中国型国家外观上的显著特征是超大规模：中国在诞生之时就是超大规模的广域国家而非点状的城邦；此后国家规模持续扩大，在几乎每个历史时期，中国都是世界上规模最大的政治体。超大规模赋予中国文明强大韧性，从而保持了显著的历史连续性。解释超大规模，是中国社会科学的基础议题；发现、发展超大规模国家的治理之道，是构建中国自主知识体系的重要突破口。

本章首先在比较视野中指出中国作为超大规模国家的事实，并宏观地考察构建、维系超大规模国家的机制，随后对三种重要机制进行深入研究：政治经济维度上的厚生主义、政治价值维度上的大一统理念、思想意识维度上的历史政治理性。由此可见，中国之形成、保持超大规模固然有其客观历史条件，更重要的是中国意识对此有高度自觉，这就是大一统；基于这一自觉，历代君子持续不断地探索国家整合机制。可以说，中国历史就是发现、创新超大规模国家治理之道、大一统国家整合机制的历史。

第一节　超大规模国家及其治理之道

社会由人组成，组成社会的人的数量及其所占空间之幅员，共同构成我们所说的"规模"。规模必定严重影响组织的形态和管理方式：管理三个人的组织必然不同于管理两个人的组织，管理一亿人的组织则完全不同于管理一万人的组织。国家规模决定国家制度和政治观念。自有政治与相应的观念活动以来，规模就是其中一个重大的隐秘主题：或者作为政制设计需予以解决的难题，或者成为导致一个政体崩溃的根源。

简单地进行横向比较即可发现，自文明-国家诞生以来，中国在几乎每个历史时期都是世界上规模最大的单一政治体，超大规模是中国的根本属性。相形之下，在广义西方，政治体的规模经常较小。规模决定了中西方必然形成不同的制度，展开不同的政治思考。本节我们将以历史的、比较的视野讨论超大规模对中国的国家组织形态与政治思想的影响。

一、西方的小规模共同体与其政治思考取向

现代经济学的一个突出贡献就在于发现"规模经济"（economies of scale）。亚当·斯密的《国民财富的性质和原因的研究》第一章"论分工"提出下列著名命题："劳动生产力上最大的增进，以及运用劳动时所表现的更大的熟练、技巧和判断力，似乎都是分工的结果"[1]。分工是经济增长的内生动力。第二章"论分工的原由"、第三章"论分工受市场范围的限制"就讨论规模问题："分工的程度……要受市场广狭的限制"[2]，市场规模越大，分工越能深化、细化，市场效率就越高。因此，现代国家构建的一个重要环节是打破地区壁垒，构建统一的国内大市场；进而向外扩展，形成国际市场，甚至世界性市场。不过，市场规模越大，对管理的要求就越高，也就需要与其相应的制度、机制，从而需要相应的政治性国家来覆盖市场。不过在西方，政治制度却长期与市场规模偏离。

让我们回到源头。崔格尔对全球范围内的早期文明进行比较研究，其结论是，国家最初诞生就已出现比较明显的分流：在广义西方，主要呈现为点状的城邦（city-state）；在中国则呈现为广幅国家（territorial state）。美索不达米亚就是前者的典型，而这是西方文明的源头所在。[3] 现代西方人视为文明源头的古希腊，即由众多城邦国家构成。现代西方典型的国家形态——民族国家，实际上就是城邦国家之翻版。当然，在此基础上，西方也出现过超越城邦规模的超大规模政治体：一种是霸权帝国，即一个强

① 斯密.国民财富的性质和原因的研究：上卷.北京：商务印书馆，1983：5.
② 同①16.
③ 崔格尔.理解早期文明：比较研究.北京：北京大学出版社，2014：69-88.

势城邦以"非直接方式管理，以软硬兼施的方式迫使其他独立国家屈从和纳贡"①，今人所谓古代"雅典帝国"就是以雅典城邦为霸主的朝贡体系。另一种是征服性帝国，罗马帝国最为典型。但这两类帝国后来都解体了，且未能重建，如同历史的插曲。因而我们可以说，小国寡民就是西方政治的主流传统，并产生了广泛的影响，崔格尔所说："城邦国家和广幅国家之分构成理解与早期文明社会组织、经济行为和文化密切相关的功能性结构的重要框架。"②

源远流长的小规模政治体传统极大地影响了西方政治思想的取向，或许可以说，西方古典政治思考似乎患有规模恐惧症。《理想国》第四卷中，苏格拉底提出，城邦的统治者："必须给城邦的大小作个规定，划出足够面积的土地，放弃其余的部分。"③ 这个最佳限度就是城邦够大，但又能够保持统一。具体是多少呢？《法律篇》第五卷中，客人说："我们有合适的人口数：5040 个农夫和他们的田产保护者。"④ 显然，柏拉图的理想是小国寡民，也即点状城邦。

这一理念为亚里士多德所承续。《政治学》卷七第四章专门讨论理想城邦的人口规模，提出城邦人口的增加"不能无限地进行"的命题。亚氏提出两个理由：第一，"一个城邦的公民，为了要解决权利的纠纷并按照各人的功能分配行政职司，必须相互熟悉各人的品性"。第二，"在人口过多的城邦中，外侨或客民如果混杂在群众之间，便不易查明，这样，他们就不难冒充公民而混用政治权利"。最后亚氏提出他的城邦适度规模之标准："足以达成自给生活所需要而又是观察所能遍及的最大数额。"纽曼注曰："修昔底德 viii 65 - 66，记公元前 411 年，寡头为政时期，雅典在籍公民限为五千……亚氏本章未确言实数，但依所示两限，一邦公民人数不能超过万人。"⑤

直到近代的卢梭，依然在点状城邦的规模上构想优良政制。《社会契

---

① 崔格尔. 理解早期文明：比较研究. 北京：北京大学出版社，2014：84.
② 同①88.
③ 柏拉图. 理想国. 北京：华夏出版社，2012：133.
④ 柏拉图. 法律篇. 上海：上海人民出版社，2001：148.
⑤ 亚里士多德. 政治学. 北京：商务印书馆，1995：355 - 356.

约论》说:"仔细考察了一切之后,我认为除非是城邦非常之小,否则,主权者今后便不可能在我们中间继续行使他自己的权利。"译者何兆武加译注如下:"《日内瓦手稿》:'由此可见,国家最多只能限于一个城。'又,《忏悔录·1756 年》:'它(《社会契约论》——译者)是为它的祖国(日内瓦——译者)并为像他的祖国那样体制的小国家而写的。'"[1]

这构成西方政治理论的一个传统:它面对点状的城邦构想优良政制,即直接民主传统。这个传统影响颇为深远。不过,至少从罗马开始,西方出现另一个政治传统——共和传统。在很大程度上,此一政制模式乃为应对大规模共同体的治理问题而产生。尤其是到中世纪,在封建制下,贵族们相互之间通过封建契约,构建出大型政治共同体——封建的君主国。欧洲人的政治思考乃转向大规模共同体的治理。英格兰普通法旨在为大规模共同体中确立普适的法律规则而生成。具有普世化倾向的基督教也为欧洲政治共同体规模之扩展提供了精神动力。哈林顿的《大洋国》所思考的政治体就远非点状城邦。到 18 世纪,规模难题终于推动政治制度和思想的一次革命性跃迁,此即美国立宪。

美国制宪者面对的立宪、建国事业,从一开始就不以城邦为单位。北美殖民者散布于广袤的原野,并形成若干政治实体——邦(也就是州,state)。争取独立建国的努力,使 13 个州联合起来,独立建国之后则面临巨大的安全问题。《联邦党人文集》开篇就讨论这一问题,第三、四、五篇首先论证了"我们在不联合状态的情况下将会招致外国武力和诡计的种种威胁",接下来则论证了"另外的一些也许更加惊人的威胁,这些威胁多半来自各州之间的纠纷,来自国内的派别斗争和动乱"。[2] 前者隐含了如下命题:国家规模庞大有助于维护对外安全;后者隐含了如下命题:国家统一有助于减少内部纷争。联邦党人还讨论了联合的其他好处,比如有助于商业发展。因而,联邦党人坚定地主张各州之联合,为此而致力于在各州之上建立一个强大的全国性政府。

---

[1] 卢梭. 社会契约论. 3 版. 北京:商务印书馆,2003:123.

[2] 汉密尔顿,杰伊,麦迪逊. 联邦党人文集. 北京:商务印书馆,1980:23.

这一计划遭到强烈反对——构成所谓反联邦党人，其理据正是古典政治学的基本原理：民主政府必须限定于狭小的疆域；规模过大，必定导致专制。联邦党人正是为了回应这些怀疑，撰写系列文章论证大规模政治共同体的优良治理是完全有可能的。第九篇中这样说，运用政治科学的新进展，即人民选举代表的权力分割与制衡机制，可以让"共和政体的优点得以保留，缺点可以减少或避免"；他们还认为，联邦制有助于"扩大这些制度的运行范围"。^① 直到卢梭的古典政治思考之所以患有规模恐惧症，就在于其所想象的优良政制大体是直接民主制。这种制度约束了政治共同体规模。联邦党人认为，代议的民主制完全可以让民主制突破人口数量和地理距离的约束。

第十篇更进一步指出，大规模还可带来两项重要优势：抑制党争、提高政治稳定性。第一，"能选拔见解高明、道德高尚，因此使他们能超出局部偏见和不公正的计划的代表"；第二，"把范围扩大，就可包罗种类更多的党派和利益集团；全体中的多数有侵犯其他公民权利的共同动机可能性也就少了；换句话说，即使存在这样一种共同动机，所有具有同感的人也比较难于显示自己的力量，并且彼此一致地采取行动"。^②

美国制宪者所构想的国家联合机制是联邦制。后来托克维尔在《美国的民主》中阐明的基层之自治，包括上卷论述的市镇自治和下卷论述的社会自治，同样有助于政治共同体突破人口与地理的约束，具有较大的可扩展性。当然，联邦政府在大多数事务上依然无法做到对人民的直接统治，这一点完全不同于城邦。因此，以联邦制和地方自治两种主要机制构建的超大规模的美国不是单一城邦的放大，在很大程度上是若干城邦的联合，与罗马帝国颇为相似，国家在结构上是半郡县半封建制，权力统治链条存在多重断裂。就此而言，美国建国其实是一个半拉子工程。但不管怎样，美国因此成为西方世界的超大规模政治体，此后，联邦制、地方自治似乎成为西方超大规模政治体的标配，比如，德国建立了联邦制。进入 20 世

---

① 汉密尔顿，杰伊，麦迪逊. 联邦党人文集. 北京：商务印书馆，1980：40-41.
② 同①50-51.

纪，有些中国精英受此影响，试图在中国实施联邦制。①

明确继承联邦党人思想衣钵、发展了多元民主理论的罗伯特·达尔与其合作者写作《规模与民主》，再度涉及规模问题。他首先把民主分解为两个标准：公民效能，即公民负责任的和有能力的行动能够对政体的决策行为进行充分的控制；体系能力，即政体有能力对公民的集体偏好做出充分的回应。② 显而易见，这两者是存在冲突的，经过一番技术性分析之后该书得出如下结论："对于同时获得公民效能和体系能力这两个目标而言，没有一种单一类型或规模的单位是最优的，鱼与熊掌往往不可兼得。"③ 很显然，作者关注的焦点是民主，规模仅被当作一种影响因素而无独立价值。这样，规模就构成"问题"。由此就有了本书译者针对中国情形的论断："大国实现民主面临特殊的困难。"④ 哪怕是相比于联邦党人，这也是一个明显的思想、价值倒退——联邦党人至少看到了超大规模的优势。更不要说，在中国，超大规模既是一个事实，也带有强烈的价值色彩，因为它是大一统的重要表征，且在漫长历史上，超大规模让中国在各领域享有明显优势。

二、中国的超大规模与"复杂政治学"

国家在中国形成之时，就不是点状的城邦而是广幅国家，即超大规模的"天下"。历代圣贤所体认、思考的正是天下如何趋于优良治理，由此而凝定的华夏-中国治理之道自始就是超大规模的文明与政治共同体的治理之道。

我们首先来看传世文献的记载，《尚书·尧典》记载尧舜缔造最早的中国的过程："克明俊德，以亲九族。九族既睦，平章百姓。百姓昭明，协和万邦。黎民于变时雍。"显然，帝尧聚合众多族群为一体。接下来记

---

① 李秀清. 近代中国联邦制的理论和实践：北洋军阀时期省宪运动述评. 环球法律评论，2001（4）.

② 达尔，塔夫特. 规模与民主. 2 版. 上海：上海人民出版社，2017：20.

③ 同②129.

④ 同②8.

载帝尧树立敬天，统合各族群所崇拜的神灵；天首先体现为四时之变化，为此，帝尧命羲和二氏之人到四方极端远之处观测天象，以制定历法。帝舜继位之后，则巡守西方，分别至东、南、西、北四岳，觐见各方诸侯，与之共订礼乐。① 然后则有《尚书·禹贡》，详记"九州"。从这些记载我们可以清楚看到，尧舜禹构建了一个聚合多个族群的超大规模的文明与政治共同体。

20世纪考古学的发现证明这些记载是基本可信的，至少是完全合乎中国政治演进逻辑的。这里引用两位最杰出的考古学家的相关论述，张光直提出了"中国相互作用圈"概念：

> 假如我们将大约公元前7000—公元前6000年期间、公元前5000年和公元前4000—公元前3000/2000年期间的新石器时代文化和它们的地理分布比较一下，我们便会发现一件有意义的事实：起初，有好几处互相分立的新石器时代文化，我们实在没有什么特别的理由把这几处文化放在一起来讨论——我们所以把它们放在一起来讨论是有鉴于后来的发展。但在公元前7000年时并没有人会知道这种情况的。后来，在公元前5000年左右，有新的文化出现，而旧有的文化继续扩张。到了约公元前4000年，我们就看见了一个会持续一千多年的有力的程序的开始，那就是这些文化彼此密切联系起来，而且它们有了共同的考古上的成分，这些成分把它们带入了一个大的文化网，网内的文化相似性在质量上说比网外的为大。到了这个时候我们便了解了为什么这些文化要在一起来叙述：它们的位置不但是在今天的中国的境界之内，而且因为它们便是最初的中国。②

出现在今天中国境内的多元的区域性文化，在漫长的历史过程中相互作用，最终形成了统一的"最早的中国"。苏秉琦对于这些多元的文化给予了更为具体、系统的分析：

---

① 对相关经文的详尽解读，参见：姚中秋．尧舜之道：中国文明的诞生．北京：中国文联出版社，2016．

② 张光直．中国考古学论文集．北京：生活·读书·新知三联书店，2013：149．

从全国范围看，我们可以将现今人口分布密集地区的考古学文化分为六大区系，它们分别是：

1. 以燕山南北长城地带为重心的北方；

2. 以山东为重心的东方；

3. 以关中（陕西）、晋南、豫西为中心的中原；

4. 以环太湖为中心的东南部；

5. 以环洞庭湖与四川盆地为重心的西南部；

6. 以鄱阳湖-珠江三角洲一线为中心的南方。[①]

这六大区系的文化相互交流、相互作用，"从'共识的中国'（传说中的五帝时代，各大文化区系间的交流和彼此认同）到理想的中国（夏商周三代政治文化上的重组），到现实的中国——秦汉帝国"[②]，经历"三部曲"逐渐定型。这是一个"多源一统的帝国"；秦汉以后，北方民族多次入主中原，民族融合持续深化，逐渐形成"中华民族多元一体的结构"[③]。费孝通借用了这个概念，用以描述中国的民族格局。[④]

这些概念也都指出了超大规模的实质性内容：多元一体，这同样是中国的显著特征，而与西方政治传统截然不同。

西式小规模政治体的显著特征是同质性，城邦、民族国家都有这种特征：城邦通常是某个种族征服其他种族而建立，据此形成种族等级制，公民权严格限定于本种族，只有在特定条件下才会有限扩大。一神教强化了这种同质化意识。以特定宗派构建国民认同的现代民族国家强化了同质化原则，其构建过程在很大程度上就是国民同质化过程，乃至于几乎所有国家都经历过大规模、制度化的种族清洗。[⑤] 正是同质性构成其规模的硬约束。西式征服性帝国则有较高多样性，但缺乏保持一统的机制，最终普遍解体。

---

① 苏秉琦. 中国文明起源新探. 北京：人民出版社，2013：23-24.

② 同①120.

③ 同①131.

④ 费孝通. 中华民族多元一体格局：修订本. 北京：中央民族大学出版社，1999：3-39.

⑤ 曼. 民主的阴暗面：解释种族清洗. 北京：中央编译出版社，2015.

相反，中国形成于众多族群聚合为一体，由此形成的统一中国的族群、宗教、生计、生活习惯等都是多样的。从《诗经》的国风就可以清楚地看到各地风土人情之不同。一直到今天，我们也依然可以看到中国的多样性。当然，这种多样又是统于一体的，而且有多种一统机制。如果只有多样性，就没有中国；如果只有一体性，中国就不可能是超大规模的。中国之所以是超大规模的，就是因为做到了多元一体，此即国家构造之中道，无过无不及。

超大规模、多元一体的中国必然是复杂的，这就需要复杂的制度。自然界有简单现象、复杂现象之分；人类的组织也有简单现象、复杂现象之分，相比较而言，西式高度同质化的小规模政治体就是简单现象，其治理模式也是相对简单的，比如犹太人的教权国家、古希腊城邦的各种政体，乃至于高度强调国民同质性的现代民族国家，其实都是较为简单的政治体，民主制就是特别典型的简单治理机制，即便有多样的治理机制，也只是拼凑在一起，而未能形成有机关系，其宗教与世俗权力之间的分立关系就是典型。

超大规模、多元一体的中国则是复杂现象，其治理模式也是相对复杂的。回到《尚书·尧典》所记帝尧构造最早的中国的过程，就可以发现这一点。

第一，经文首先记载帝尧之德："钦、明、文、思、安安，允恭、克让"，呈现了以德立国的政治体构造原理。这也就决定了国家治理的根本原则，即"为政以德"（《论语·为政》）。政府进行治理，当然运用暴力，也分配利益；但中国人还认为，在上者自我约束、以身作则也是一种基本治理机制。

第二，"亲""平章""协和"是三种不同治理机制。"亲"是人自然而有的亲亲之情，加以自觉运用，既可以维护家、族等小型共同体，也可以让亲爱之情弥散于更大的共同体乃至于国、天下，而成为有情意的政治共同体。"平章"则是借助客观的规则界定彼此的权利、义务，这是西方政治最常用的机制。"协和"则又不同，暂时难以统一在一个国家之内的群体相互协调，形成稳定合作关系。

第三，帝尧"乃命羲和，钦若昊天"，树立了敬天之礼，以统摄多元的神灵崇拜，即《尚书·舜典》所记："在璇玑玉衡，以齐七政。肆类于上帝，禋于六宗，望于山川，遍于群神。"这里首先值得注意的是神灵的多元一体，至大之天统摄众神；其次，这里的主祭者是王，另有"秩宗"之类的官员协助王祭祀，也即王权同时行使教权。

以上种种统合为一体，就是《礼记·礼运》所说的礼、乐、政、刑或孔子所说的德、礼、政、刑，这是一个复杂的综合治理体系。它运用人类一切可用的联结、组织机制，使之在不同层次、不同领域发挥作用，而以王权统摄之，塑造和维护了多元一体的超大规模中国。因此，中国政治学必须是复杂政治学。

三、寻找和发展超大规模国家治理之道

自尧舜时代始，中国的治理之道就是复杂的，这是由其所构建的共同体之超大规模所决定的。这就是中国五千多年来治理之正道，就因为它解决了规模难题，而成为正道。此后中国历史上的几次社会治理秩序的大转型都由规模难题引起，新制度之稳定或者崩坏也都取决于是否有效解决规模难题，并且都隐然回想尧舜之道。

第一次大转型是尧舜禅让之公天下向禹夏家天下之转变。禹通过治水、平土，其所治理的人口与疆域规模大幅度扩大。为有效治理，禹不得不寻求新的政治制度和机制，以增加国家中心的控制力。为此，禹强化王权，由此而形成世袭制度。[1]

第二次大转型是殷周之变。相对于夏、商，周最为突出之表现在于其所治理的人口和疆域大幅度扩大。为应对规模难题，周文王、武王、周公前赴后继，完成一次制度创新。[2]

第三次大转型是周秦之变。春秋时代，周的封建制松动，礼崩乐坏表现为上下双层变动：在上层，礼乐征伐早已不自诸侯出，接下来是"倍臣执国政"，大夫相互兼并，蚕食诸侯，人口和土地向晋国六强、齐国陈氏、

---

①　姚中秋．可大可久：中国政治文明史．北京：华龄出版社，2021：33-39.

②　同①第三章 殷周革命，第四章 周公制礼.

鲁国三桓之类强势大夫之家集中，他们发展为战国时代之"王"。在下层，原来作为多中心治理主体的封建的小型共同体——家——解体，其成员游离出来——"游"是诸子文献中反复出现的一个词。这样，可有效治理的治理单位之规模不断扩大，且其成员是个体而非封建时代的家，此即"国民"。

国王如何治理如此广阔疆域上之国民？战国之王权制应运而出，它包括如下制度：治理众多人口，而礼制已失效，于是出现刑律之治；刑律需人执行，不能不设立官吏，形成官僚制；国土面积广大，不能不分片治理，官僚也不能不分层，由此形成郡县制。凡此种种制度，皆为有效解决广土众民之规模难题。最为经典的王权制成型于秦，秦制的基本理念是由余所说"一国之治犹一身之治"，商鞅提供了实现这个理念的统治技术。借助王权制积聚的强大国家力量，秦得以扫灭六国。①

然而，秦何以二世而亡？这个问题是秦以后中国政治思考之首要问题。简单地说，正是规模不适应症导致秦的速亡。兼有东方六国，秦的统治范围扩大六七倍。先不必考虑东方人与秦人的文化差异，仅规模本身就对秦的统治构成极大挑战。然而，秦始皇君臣似乎没有意识到这一点，简单地把既有秦制平铺推展至东方六国，以及新占领的边疆地区，在超大规模上实现了直接统治——这是人类政治史上的奇迹。

但这也存在巨大风险。管理的有效性是受规模限制的，管理学的研究表明，正常情况下，一人可有效管理的群体大约是七人。政制中有类似原理。秦局促于西方之时，也许只有七八个郡、一百来个县。此时中央政府可非常有效地控制这些郡县官员。现在，一下子扩大至五六十个郡、一千多个县，皇帝、中央政府直接管理郡县官员几乎就不可能。这也正是两千多年来，中央与郡、省或者州、省与县之间总是自然生长出一级政府的缘由。

秦制之制度逻辑加大了规模难题的效应。秦制以人性恶为预设，以国、民为敌为制度设计之首要原则，故其体制的基本形态是，皇帝通过自

---

① 姚中秋. 可大可久：中国政治文明史. 北京：华龄出版社，2021；第十三章 秦制：皇权官僚郡县制.

上而下的官僚体系紧密控制每个人。此制之有效运作依赖于多个层级的紧密控制：皇帝紧密控制官吏，官吏逐层紧密控制，基层官吏再紧密控制民众。局促于西方时，此金字塔式控制体系确实是有效的；规模扩大数倍后，自上而下的控制力度必大大松懈。当陈胜、吴广基于生命之计算发出第一击后，基层官吏普遍反水。这一事实特别值得注意，它表明了秦的控制体系之虚弱。这构成秦制之反讽：秦制以权力自上而下的高强度控制为本，它可以借助这个体制积聚的力量扩大国家规模，但当国家规模急剧扩大后，这一控制体系反被瓦解。

秦灭之后，经过汉初的黄老之治，最终稳定秩序底定于儒家之制度化。儒家之所以被皇权所接受，原因有很多，但从社会科学角度看，有效化解规模难题，就是重要原因之一。

孔子"祖述尧、舜，宪章文、武"，承继五帝三王之道。因而，儒家的社会治理之道就是超大规模共同体的治理之道，孔子的理想是"行道天下"，修身、齐家、治国、平天下。从此角度可对儒家的社会治理方案给予较为准确的理解。《论语·为政》第三章最清楚地表达了孔子之社会治理理念：子曰："道之以政，齐之以刑，民免而无耻；道之以德，齐之以礼，有耻且格。"孔子在这里进行比较的制度分析。孔子以惊人的先见之明指出正在兴起的王权制之本质：政、刑之治。孔子认为，这是必要的，但是不够；还应更进一步，以德、礼之治为本。为什么？原因之一就是规模问题。仅依靠政、刑治理广土众民，成本极高，以至于国家根本不能承受。相反，建立小型共同体，基层社会以德、礼自我治理，则可化解规模难题。孔子已把大规模治理之道嵌入儒家理念中。基于中国之超大规模现实，儒家始终坚持治理超大规模文明与政治共同体之道。

比如，秦时儒生即已敏锐而清醒地认识到秦制之规模瓶颈。秦始皇晚年发动焚书事件。然而，焚书事件因何而起？恰起因于儒生向秦始皇提出解决规模难题之方案。《史记·秦始皇本纪》记载，嬴政三十四年，周青臣赞美秦制曰："以诸侯为郡县，人人自安乐，无战争之患，传之万世。自上古不及陛下威德。"周青臣认为，皇帝直接统治每个人是令人自豪的成就。博士、齐人淳于越则认为，秦制的危险恰恰在此："臣闻：殷周之王千余岁，封子弟功臣，自为枝辅。今陛下有海内，而子弟为匹夫，卒有田常、六卿之臣，无辅拂，何以相救哉？事不师古而能长久者，非所闻也。"（《史记·秦始皇本纪》）秦制不能有效治理超大规模共同体，与解决规模难题，必须复古，也即复封建。复封建正是历代儒家的重要政治理想，朱子、黄宗羲、顾炎武都有混合郡县、封建之主张。

当然，在经济社会条件已然剧变的条件下主张复封建，可谓泥古不化，断不可行。董仲舒的伟大在于，不拘泥于封建之名，而部分找到了化解规模难题之道。由此而有中国历史上第四次大转型：秦汉之变。[①] 董仲舒-汉武帝更化之后形成的新体制首先保持皇帝的普遍主义权威，以此维持天下的完整性，也即政治一统。不过，这样的皇权受到限制，不再制度化地下县。皇权退出县以下的治理，基层社会之治理交给接受过儒家教育之士君子-绅士。他们与官员具有共享的价值，从而形成社会与政府的合作，尽管其间也存在对抗。由此形成多中心治理之架构，类似于某种封建制。

董仲舒-汉武帝更化之后的国家就是"文教国家"，国家体制可称为"儒家士大夫与皇权共治政体"，它一经形成，就大体实现了稳定与活力的平衡。[②] 因此，两千多年来，它不断地被复制，以至于有些人贬义地谈论中国的"超稳定结构"。[③] 然而从历史绩效看，这个体制实际上是一个明智的创造，它解决了导致秦制瓦解的规模难题，因此才具有顽强的生命力。在这里发挥关键作用的是儒家士人-士大夫群体，它横跨于社会、政府之间，居官则以道事君，推动政治之理性化；在野则组织民众，推动基层之社会自治。这样的体制与周制有深刻的结构相似性。

经过这次大转型形成文教国家，中国保持了"超稳定"，由此也保持了超大规模，且通过多元一体机制在人口和疆域上持续扩展。

此后，中国仍然继续扩展其规模，并发展超大规模国家的治理之道。

---

　　① 姚中秋.可大可久：中国政治文明史.北京：华龄出版社，2021；第十七章 第二次建国.

　　② 同①第十八章 士大夫与皇权共治体制.

　　③ 金观涛.在历史的表象背后：对中国封建社会超稳定结构的探索.2版.成都：四川人民出版社，1984.

其中有两个历史节点最为重要：

其一，唐宋以来历代王朝持续努力，逐渐找到统合中原农耕区、草原游牧区为一体的政教制度，最终，清朝建立了稳定的超大规模的多民族的文教国家，在多样性与规模上同步实现了飞跃。

其二，现代中国被纳入西方主宰的资本主义-帝国主义世界体系，但凭借有效的超大规模治理之道，得以保持国家的疆域与人口规模大体未变。中国共产党更是以先锋队政党的先进性和集中统一的领导权，全面恢复、强化了各个维度上的一统，进而领导超大规模中国推进工业化，初步实现现代化。中国的人口超过当今发达国家总和，超大规模中国的现代化从根本上撼动了西方主宰两百年的世界格局，开启了世界历史的全新阶段。①

纵观人类历史，中国的超大规模及其长期存续、优良治理与工业化-现代化，是独一无二的事实：同为广域国家的古埃及文明中途灭绝了，历史上同样超大规模的众多帝国全部解体了；印度规模同样巨大，历史上却长期处于"无国家"状态，今天也没有实现工业化；欧美各国实现了工业化，其规模却不能与中国相提并论。这就意味着，研究中国，思考中国的进一步发展，不能简单照搬西方理论，而应当主要以中国解释中国，具体而言，就是进入中国历史，总结历代探索积累的超大规模国家的治理之道，并予以概念化、理论化。正是这一认识，促使笔者形成了发展历史政治学的构想。②

第二节　厚生主义的政治经济理念与制度

人要生存，就得吃饭、穿衣、住房子。中国之所以保持了超大规模，首先是因为找到了解决超大规模人口生存的政治经济制度，我们将其概括

---

① 姚中秋. 中国共产党的领导与超大规模国家的现代化. 天府新论，2023（2）.

② 姚中秋. 超大规模国家的治理之道. 读书，2013（5）.

为厚生主义。"厚生"一词出自《尚书·大禹谟》所记大禹之语："德惟善政，政在养民。水、火、金、木、土、谷，惟修；正德、利用、厚生、惟和。"自此以来，历代王朝基本上都坚持和发展厚生主义政治经济制度和政策，核心是引导经济体系以物质生产为中心运转，由此维持了较高水平的人口繁衍，使得中国实现了可大可久。下面我们通过与西方主流政治经济理念和资本主义制度的对比，阐明厚生主义的原理、主要制度和政策，并对其历史演变略作讨论。

一、厚生主义之基本原理

厚生主义生发于中国宗教、政治土壤中，以下分别引用《周易·系辞下》和《尚书·大禹谟》中的语句，框定厚生主义之基本原理。

第一，"天地之大德曰生"，此为厚生主义之信仰依据。

厚生主义本乎中国人的根本信仰——敬天。何谓天？孔子说："天何言哉？四时行焉，百物生焉，天何言哉？"(《论语·阳货》) 天不是人、物之外的独立的人格神，因而天不言；天是在春夏秋冬四时运转中生生不已的万物之全体，人在其中。天地生人，必定要人生下去，且一代一代地生生不已，此即"天地之心"；人的普遍"天命"是生下去，并不断改善生命，让生命向上提升；更进一步，让生命得以延续，实现代际更新，作为种群持续存在。这决定了个体生命的方向，也决定了人间一切活动之目的。不论是个体的经济活动，还是人际互动而构成的经济体系，其目的无非有二：其一，让人普遍得以生存，且生活持续得到改善；其二，让人普遍地生养子孙后代，生生不已。

形成于西方的现代主流经济学只论前者，遗漏了后者，但后者实则极端重要。人若不生养后代，人类种群就会一世而绝。人们普遍预期到这一结果，就不可能维持秩序，也难有经济活动，尤其是难有投资、创新等活动，因为此类活动都是面向未来的且经常是面向长远未来的。人若不考虑未来，当下的世界必然立刻崩溃。反之，人进行决策的时间视野越长，越愿意对未来负责，人类也就越有希望。西方资本主义制度的最大问题就是人们普遍只考虑当下收益最大化，而不对未来负责，投机策略盛行。因此，资本主义居于支配地位的社会，人口出生率都不高，尤其是晚近以来，现代资本主义制度造成生育率普遍而持续地下降，在很多国家已低于人口更替水平。可以说，资本主义是"断子绝孙"的经济社会体制，有悖于"天地生物之心"，这是其最不可饶恕的恶。

第二，"圣人之大宝曰位"，厚生主义的政治保障是积极有为的政府。

"位"是治理之位，包括王者之位，以其为中心所建立的专业治理机构，就是政府。荀子说，人"力不若牛、走不若马而牛马为用，何也？曰：人能群，彼不能群也"（《荀子·王制》）。人的优势在于合群，即建立社会组织，其成员可以分工合作，可以集体行动，从而提高生产效率，增加剩余，改进生活，并可生养子女。合群的关键在于"君"之组织、领导："君者，善群也。"（《荀子·王制》）君是具有卓越合群德能之人。君组织政府，政府治理人群，政府可普遍造福于其所治理的所有人："群道当，则万物皆得其宜，六畜皆得其长，群生皆得其命。"（《荀子·王制》）

故政府至关重要。从积极角度看，政府可以突破血缘性组织内在固有的规模约束，建立大规模甚至超大规模的人群组织，即以政治纽带联结之国家，由此可以形成并持续提高"规模经济"。政府可以为大范围、远距离、面向未来的经济活动创造必需之基础设施和规则、制度。作为制度的市场之形成，是与国家、政府的形成同步的，没有政府的市场注定是小范围且短命的。古今中外的历史经验都证明，广阔的大市场之运转有赖于积极有为的政府之支撑。

从消极角度看，政府的有效控制可以避免市场体系自发运作所内在固有之崩溃趋势。人由其父母所生，禀赋各不相同，可利用的资源亦各不相同。若真有自然状态，则市场在其中运作，必形成贫富差距，且日趋扩大。物质财富上的分化必然造就社会地位之强弱，乃至于固化为主奴关系，一些人为另一些人所奴役。这有悖于天地之心，如此市场本身是恶的；这样的市场体系若不能向外部转嫁成本、获取超级红利，如近世欧美资本主义国家那样，则必定崩溃。哈耶克以市场为"自发秩序"之典范，并以之为善。然而，自然和人文世界中，自发秩序经常崩溃，或者处在其中的人民的处境不能得到改善。比如，历史上曾经存在过的大多数原始族群是没有建立国家的，结果是始终停滞在野蛮状态甚至自行灭绝。

政府的建立固然以生产体系出现剩余、社会出现分层为前提，即孟子所谓"劳心者""劳力者"之社会分工①；而政府一旦建立，即可居于相对公正的立场，控制经济、社会分化，节制资本，节制强者。之所以政府可有此能力而市场不能，原因在于奥尔森所说的集体行动的逻辑：政府是单一中心支配的层级控制组织，完全可以有道德自觉，可以采取有意识的行动；市场只是无数交易者的互动机制，不可能有道德自觉，不可能采取有意识的公共行为。

因此，政府不是"必要的恶"，而是必不可少的公共善。西方人发明的自由市场理论贬低政府的作用，而现实中，资本主义体制的运转结果是资本俘获政府，追求利润最大的资本在国内甚至在国际社会享有霸权，此即《中庸》所谓"小人而无忌惮也"。不被约束的资本主义体系一定会出现周期性危机甚至崩溃，而资本主义繁荣期没有享受到其好处的民众，反遭最严重损害，这是不道德的双重剥夺。唯有政府控制资本，方可避免这种恶的局面。

第三，"德惟善政，政在养民"，厚生主义政府有强烈的道德自觉。

市场不能离开政府，但不是任何政府都有助于厚生主义，政府也可能被资本所支配，服务于资本增殖，贯穿西方古今之财政军事国家即是如此，现代资产阶级国家更是如此。在中国，政府从一开始就具有养民的自觉。大禹最早阐述了厚生主义的完整纲领："德惟善政，政在养民。水、火、金、木、土、谷，惟修；正德、利用、厚生、惟和。"政府必须有德，即造福民众，此为政府的正当性所在；何谓政府之德？体现为善政；何谓善政？就是养民之政。《尚书·洪范》记载三代王者传承治国之大法，中心就是"天子作民父母"，《尚书大传》解释其含义曰："圣人者，民之父母也：母能生之，能食之；父能教之，能诲之。圣王曲备之者也，能生之，能食之，能教之，能诲之也。为之城郭以居之，为之宫室以处之，为

---

① 《孟子·滕文公上》："或劳心，或劳力，劳心者治人，劳力者治于人；治于人者食人，治人者食于人，天下之通义也。"

之庠序学校以教诲之，为之列地制亩以饮食之。故《书》曰'作民父母，以为天下王。'此之谓也。"政府必须承担起养民、教民之责任。汉文帝诏书曰："朕闻之：天生蒸民，为之置君以养治之。"（《史记·孝文本纪》）天生万民，其天命是生和生生不已，为此，万民须组织起来；万民要组织起来，必须有君，有政府；政府的天命是养民、治民：养民即让万民各遂其生，治民即通过治理，万民之间形成良好秩序。

因此，在中国型国家中，政治的核心问题不是以何种程序产生政府，不是如何限制政府权力，而是怎么让政府最有效地行善政、以养民治民。衡量政府好坏的唯一标准是其所治理的人民的生活是否持续得到改善，人口是否增长。自由主义政治理论把重点放在限制政府权力上，完全是舍本逐末；其所想象的"守夜人政府"或"有限政府"运转之实际结果，经常是放纵资本霸权，美国就是最好的例子：美国的人均医疗支出极高，而人口预期寿命却相当之低，大量社会资源被医疗资本集团吞没。

第四，"正德、利用、厚生、惟和"，这是厚生主义的完整纲领。

"正德"意谓经济活动主体应各正其德。西方经济学以"理性经济人"追求个人收益最大化为预设而想象的经济体系，已被经济学后来的发展比如博弈论证明了难以正常运转。人有最低限度的合作意向，这是交易之前提；经济活动不能是无道德的，更不能是反道德的。因此，政府必须兴起教化，以正人心。

"利用"者，天生人，要人生，又生万物以养人。人可以用自己的体力、智力，开发利用万物对人之功用，这就构成所谓经济活动。

"厚生"指明"利用"之目的。"厚"有两义，"厚生"亦有二义：第一义为丰、为重，"厚生"意谓人人得到丰厚资源，其生活更为富厚；第二义为长、为远，"厚生"意谓人人得以生养子女，子女继续生养，个体生命和群体生生不已，无尽延伸。

经济活动唯有致力于厚生，社会才可达到"和"的状态。经济体系的运作要服务于社会之和。贫富分化的社会不可能和，一国通过征服他国获取经济暴利也不可能和。要达到社会之和，就要让道德原则灌注于经济活动中，需要建立厚生主义经济体系，这就需要政府发挥作用，建立相应制度，采取相应政策。

总之，人类发明的经济体制，可大体划分为厚生主义和资本主义两种"理想类型"。两者的根本区别在于其经济活动主体的普遍目的：资本主义以资本增殖最大化为目的，厚生主义以人群生活改善和生生不已为目的。资本主义追求"经济效率"，即资源投入能带来最大增殖收益；厚生主义追求"厚生效率"，即资源用以改善人群生活并使人生生不已的效率。在厚生主义体制下，两个效率相近；在资本主义体制下，两个效率会出现偏离，经济效率高而厚生效率低，这样的经济社会体制显然是低劣的，并内在地具有自我毁灭趋势。

二、厚生主义的主要制度和政策

为确保经济体系有较高厚生效率，中国历代政府积极探索建立相应制度，实施相应政策。此处着重讨论两个方面的制度和政策：

第一，建立和维护各种制度，以确保经济活动依托人伦，且保护人伦。

厚生以生和生生为中心。人固然可以独立生存，生生却必须依靠人伦，也即男女结合为夫妇，才能生育子女、养活子女，这就形成最基本的社会组织：家。但历史上，一直有各种力量，主要是西方产生的各种神教乃至政治组织，试图破家，让人在家之外组织起来。资本主义正产生于这种宗教、政治环境中，比如在西方曾盛行的奴隶制庄园中，奴隶难以拥有完整的家；资本主义经济的早期发展同样大规模驱逐穷人离家，进入城市，成为无家之人；资本主义财产权的主体是原子化个体而非家；资本主义思想文化也始终仇视家，制造并不断翻新破家的观念体系，支持破家的社会制度，自由主义意识形态就有明显"破家"倾向，其所驱动的当代各种"文化政治"，多有"破家"效应；今日很多资本主义的支持者幻想，AI 技术或生物医学技术的发展可以让人完全摆脱家。

这当然是不可能的。即便生物学技术可以造出人，人之作为人的基本属性，情感、语言能力、理智，均只能养成于父母之怀中，即孔子所说

"子生三年，然后免于父母之怀。"（《论语·阳货》）在父母之怀中，孩子掌握母语，有正常理智，可与人交流，有学习能力等，即人伦化、社会化为文化的、社会的孩子。故人伦是人之根本属性，家是人类基础性社会组织。

厚生主义经济社会体系优越于资本主义之处正在于其"顺乎天而应乎人"，顺乎人的人伦属性，其产权制度和企业制度依托于家，从而真正做到了波兰尼所说的市场"嵌含"于社会。[①]

资本主义的基础性产权制度是私人所有，但这是非自然的人为构建。有男女然后有夫妇，有夫妇必然有子女；夫妇、子女是生命共同体，持久共同生活，相亲相爱，彼此扶持，自然成为财产共同体。因此，最自然的产权制度是财产的人伦共享，具体为"家户所有制"，家人共同持有财产。此即厚生主义的产权制度，如此制度可大幅度提高财产的厚生效益。

家也是最基本的企业。家是自然的社会组织，而人必定从事经济活动，于是，家自然地成为经济组织即企业。文明诞生的基本标志就是家成为基本经济活动单元，这一点尤其适合于农业、工商业文明。历史上，家及其扩展形成的组织始终是最主要的经济活动组织。家作为企业不仅是有效率的，而且是人道的。

资本主义经济体系的根本组织特征是，经济组织与社会组织两分：在奴隶制庄园制下，在现代大工厂、大公司制下，劳工脱离其家，集中劳动，生活场所与工作场所分离。由此，一家之人在大部分时间里不能面对面共同生活，情感趋于疏离；劳动时间挤压生活时间，导致人的生活意向降低；人没有闲暇进行社交，人伦社会关系趋于松动。凡此种种，都是不人道的。

厚生主义致力于让人过上人的生活，也即人伦的生活，为此要让家人尽可能多地在一起。厚生主义维护家作为最主要的企业组织形态，以使生活与经营一体化，家人经常在面对面生活中，持久巩固其情感。

工业资本主义时代的规模经济对家有猛烈冲击，当代高速通信、便捷交通、移动互联等技术的快速发展，可能有助于超越工业化时代追求规模

---

① 波兰尼.巨变：当代政治与经济的起源.北京：社会科学文献出版社，2017.

经济的企业组织形态，而重回家户为主的企业生态。

以家为中心的产权和企业制度有助于维护家的稳定性，增进家人的相亲相爱，这本身就可以改善人生；更重要的是，有益于生育，也即人的生生不已，而这正是厚生主义最优于资本主义之处。

第二，坚持"崇本抑末"的产业政策，以使经济活动始终服务于人群生活的普遍改善和生生不已。

经济体系由众多相互关联的产业部门构成，其间有本末之分。《周易·系辞下》描述中国文明演进历程：包牺氏作八卦而人心开明，乃"作结绳而为罔罟，以佃以渔"，此为渔猎业，在广义农业范围内，旨在解决吃饭问题。然后，神农氏兴，"斫木为耜，揉木为耒，耒耨之利，以教天下"，农业的发展伴随着工业的形成，首先是制作农业生产工具。农业生产效率提高，产生剩余，而有商业，"日中为市，致天下之民，聚天下之货，交易而退，各得其所"。

由此历史进程可见三个主要产业的起源次序，也体现了中国圣贤对于人的重要性之价值排序：维持生命的第一条件是吃饭，故农业始终最为重要。工业与农业同步发生，甚至可以说，工业是农业成为一门产业的前提。制作陶器、青铜器、车马等均属于工业，是人类生生不已所依赖之重要生资。商业最后出现，只有当农业和工业生产出产品并有剩余时，才有交换可言。

本、末二字最适于描述不同产业的关系：本者，草木之根也，有此根、此本，向上生长，才有枝条，即为末。直接生产生资的农业、工业是经济体系的根、本，其向上发育，长出商业。故商业是依附于农业、工业生产活动的，其价值在于服务于农业、工业。商业发展，始有金融服务业，更为末之末。

然而在现实运作中，这些产业的收益模式显著不同：商业、金融业主要依赖货币，较少涉及实物，故容易扩大规模，且其利润率普遍高于农业、工业，太史公即注意到这一点。[①] 放任各产业自由发展，人力和资源

---

① 《史记·货殖列传》曰："凡编户之民，富相什则卑下之，伯则畏惮之，千则役，万则仆，物之理也。夫用贫求富农不如工，工不如商，刺绣文不如倚市门，此言末业，贫者之资也。"

必流出农业、工业，转入商业、金融业，反过来以其强大力量支配农业、工业，让实物生产服务于资本之增殖。

厚生主义的政治反乎这一不善的市场自发演进趋势而行，在其产业排序中，把农业、工业置于最重要位置，予以优先保障；其次为商业；最末为金融业。《汉书·食货志》开篇说："《洪范》八政，一曰食，二曰货：食谓农殖嘉谷可食之物，货谓布帛可衣，及金刀龟贝，所以分财、布利、通有无者也。二者，生民之本，兴自神农之世。"人类要生存，就离不开最基本的物质资料；文明的积累、发展，同样以物质资料的持续增加为前提。因此，厚生主义有生产偏好，因为农业、工业等活动可以生产出可供人使用之实物，直接有益于人生及其生生不已。

这一观念是与历史唯物主义相通相契的。《德意志意识形态》指出："我们首先应当确定一切人类生存的第一个前提，也就是一切历史的第一个前提，这个前提是：人们为了能够'创造历史'，必须能够生活。但是为了生活，首先就需要吃喝住穿以及其他一些东西。因此第一个历史活动就是生产满足这些需要的资料，即生产物质生活本身，而且，这是人们从几千年前直到今天单是为了维持生活就必须每日每时从事的历史活动，是一切历史的基本条件。"[①] 历史唯物主义同样把物质生产放在人类实践活动的第一位，把生产力的发展视为历史发展的基本动力。

资本主义体制的最大弊端正在于，内在地趋向于产业结构的去实就虚。此类经济体系的增长数值可以非常漂亮，但结构必定严重失衡，资本借各种复杂金融工具获得巨额利益，从而吸引、支配大量资源，其他部门日益萎缩，由此导致社会不同群体的收入两极化。当代美国是现成例子：20世纪80年代，在里根经济学的指导下，美国出台的各种政策驱动其经济迅速金融化；它的另一面就是"去工业化"，资本、资源转出制造业，制造业逐渐衰落，无法为普通中产阶级提供高薪岗位。30多年来，美国经济看起来颇为繁荣，但中产阶级不能受益，其收入甚至出现绝对下降，贫

---

① 马克思，恩格斯. 马克思恩格斯文集：第1卷. 北京：人民出版社，2009：531.

富分化趋于极端，乃造成严重社会政治问题。① 世间有所谓"资源诅咒"，此可谓之为"金融诅咒"。作为对此自由化趋势之反动，特朗普、拜登当局的经济政策取向皆为推动美国"再工业化"，这正是"崇本抑末"之举。

当代美国的政策转变证明了中国历代政府采取崇本抑末政策是必要而正确的。不论经济落后或发达，产业终有本、末之别，只不过在落后经济体中，更易辨别两者，放任产业自由发展的效果会直接显现为有些人无以维持生存；在发达经济体中，两者不大容易辨别，且由于总体生产力水平已经提高，其负面效果不那么明显，而更多地表现为风险积累，因而难以唤起人们的重视。但经济活动的主体终究是人，人的普遍天命是生和生生不已；以此为准，给定资源的有限性，则产业必可分出本、末；资源流入末业，本业必然衰败，而这不利于人群生活的改善和生生不已。

理论分析和历史经验均表明，自发的市场机制内在地有去本趋末的倾向；明智的、负责任的政府必须起而引导之、防范之、对抗之，采取崇本抑末政策，此为人群得以永续生存的重要保证。事实上，崇本抑末不只是产业政策的选择问题，还是社会政策的选择问题，甚至是基本政治方向的选择问题。本末之争涉及经济体系的目的：是获得更多货币收益，还是给人民提供改善生活的生资？进而涉及国家的目的：是以自由之名放任强者愈强、弱者愈弱，还是秉持"天下为公"之道，让广大人民持续改善生活且生生不已？

三、厚生主义的历史传统

厚生主义和资本主义是分别在中国和西方发育形成的人类经济体制的两大理想类型，现实的经济社会体制必然结合两者。在不同文明、不同国家、不同时代，两者比例大不相同。大体上，自古到今，西方以资本主义

---

① RAY DALIO. Why and how capitalism needs to be reformed. [2023 - 12 - 09]. https://www.economicprinciples.org/Why-and-How-Capitalism-Needs-To-Be-Reformed/. 达利欧还指出，2014 年，美国没有双亲家庭的孩子比例为 38%；美国几乎是唯一一过早死亡率持平/略有上升的主要工业化国家，造成这一变化的最大因素是药物/中毒死亡人数的增加。

为主，中国则以厚生主义为主，厚生主义传统源远流长。

上文所引《周易·系辞下》包牺氏、神农氏之人文创造，以养民、厚生为中心。到尧舜禹时代，致力于治理洪水，此为人民正常生活、从事生产之基础。帝舜设立中国第一政府，设立九个职位，首先任命禹做司空，"平水土"；其次任命周人的祖先弃为"后稷"，"播时百谷"；然后才有教化、治安等官职。故孔子后来总结为政之道，首先肯定人口繁庶为大善，在此基础上，先富之，后教之①。这与西方文明普遍以事神为先，完全不同。华夏国家系以厚生主义立国。

中国文明起步即为厚生主义的另一原因在于独特的国家形成过程。《尚书·尧典》记帝尧缔造华夏国家之过程曰："克明俊德，以亲九族。九族既睦，平章百姓。百姓昭明，协和万邦。"尧舜以其卓越的合群技艺，以"封建"制聚合众多族群、邦国为统一的华夏国家。由此，原有的基层人伦共同体家、族得以保留，而由王政整合为一体。故华夏国家依然是人伦社会，家、族为基本经济活动单元，其经济社会体系自然是厚生主义的。

相反，中国以西各文明的古代国家常以征服、殖民方式建立，征服者和被征服者为法律上、政治上的主奴关系，形成奴隶制经济社会形态。在此形态下，劳动力与生产资料相分离，庄园主组织生产，旨在追求资本增殖，故奴隶制就是前现代的资本主义。19世纪上半期美国南方的奴隶制种植庄园也是典型的资本主义企业，宗教信仰虔诚的奴隶主们还是自由贸易、全球化的坚定支持者，他们企图独立的一大理由正是反对北方工业资本主义的贸易保护主义政策。

由厚生主义起步，在历史的大多数时间，中国的经济社会体系是厚生主义的。三代封建制下的井田制让小共同体成员"死徙无出乡，乡田同井，出入相友，守望相助，疾病相扶持，则百姓亲睦"（《孟子·滕文公上》）。此即马克思在《共产党宣言》中所说的封建时代的"温情脉脉"。

中国历史上也有明显偏离厚生主义的时代，此即战国到西汉中期约四百年间，在经济较为发达的东方六国，资本主义有较为完整的发育。当

---

① 子适卫，冉有仆。子曰："庶矣哉！"冉有曰："既庶矣，又何加焉？"曰："富之。"曰："既富矣，又何加焉？"曰："教之。"（《论语·子路》）

时，封建制解体，私有产权制确立，工商业发达；各国相互竞争，采取重商主义政策，鼓励商业、金融业发展，汉初甚至形成货币的自由经营局面，出现明显的金融资本主义形态。资本阶层也试图以金钱影响政治，最为著名的如吕不韦；汉初吴王也凭借货币发行收益强化武备，终于发动叛乱。此时，经济确实比较繁荣，但资本主义的弊端也暴露无遗：贫富分化，资本操纵政治。对此，《史记》之《平准书》与《货殖列传》有相当完整的呈现。

在此时代，有两股力量起而对抗资本主义：其一是发展较晚的秦，商鞅采取重农抑商政策，使经济体系集中于实物的生产，这是秦扫灭六国的原因之一。其二是儒家士大夫群体，经由汉武帝立五经博士、建立察举制而逐渐形成，构成钱穆所说的"士人政府"。士大夫作为国家领导者群体，始终坚持孔子的为政之道，"不患贫而患不均"①，据此采取一系列措施：摧破豪强，抑制兼并；控制货币，崇本抑末；兴起教化，重建基层人伦共同体。由此，在士大夫治理的郡县制下，经济社会体系复归于厚生主义。厚生主义的政治保障是一个有道德意识的国家领导者群体，一个不受有产阶级控制而有高度自主性的政府，"士人政府"正是如此。此后厚生主义还有一些制度创新，如北朝、唐代曾实行"均田制"，特别值得注意的是宋以来的经验。

唐代实行两税法之后，商人获得自由，工商业逐渐发达，各地在县城之外形成市镇，市场充分竞争，整个社会的资本主义气息日益浓烈。这刺激了宋代、明代的儒学复兴。儒学进行调整，即所谓"内在转向"，意在收拾工商业发达所造成的人心之偏失；儒学的治理用心也主要在基层，建立以四书为中心的相对简化的经书体系，推进了教育的普及，以忠孝仁义等价值教化普通民众；摸索建立了以祠堂为公共空间的宗族共同体，把高度发达的工商业置于人伦共同体的控制下，把市场生产出来的财富转化为维护人伦共同体的资源。

宋明儒所建立的教化机制、人伦维护机制有效地控制了市场。由此，

---

① 此为董仲舒《春秋繁露·度制》所引，今本《论语·季氏》作"不患寡而患不均，不患贫而患不安"。

高度发达的市场在厚生主义的轨道上运转，避免了资本主义的泛滥。受韦伯关于新教伦理与资本主义精神的论述之影响，有学者竭力论证，儒学在宋代尤其是明代经历了从轻视商业到支持商业的转向。这种解释恐怕是削足适履，南辕北辙。儒学是作为约束资本主义的力量兴起的，明人倡导"儒商"，旨在以儒控制商，引导当时日益富裕而趾高气扬的商人归化于儒家伦理。

明清时代的厚生主义经济体系是有全球竞争力的。当时的中国已深度介入全球经济体系，与新兴的西欧并列为两个驱动中心。两者的区别在于，中国以生产为重心，持续挖掘效率潜力，成为"世界工厂"，大量对外出口人工制成品；葡萄牙、西班牙、荷兰、早期的英国等西欧海洋国家则以贸易为重心，以殖民征服开路，形成"战争资本主义"[①]。面对中国厚生主义经济体系强大的生产能力，欧洲的商业、战争资本主义并没有明显竞争力。

唯有英格兰比较独特，独特的地理位置、发达的国际贸易、成熟的战争资本主义等条件催生了工业革命。从厚生主义角度看，工业革命大幅度提高了生产效率，这是人类养民厚生能力的一大飞跃，是为大善。但在西方文化及其资本主义的轨道上，工业革命所带来的伟大成果首先转化为帝国主义的坚船利炮，欧美列强以此征服世界，这又是大恶。

在此可以对中国于19世纪初开始落后于西方的原因，略作探讨。受韦伯等西方理论影响，人们常把西方的兴起归因于其资本主义体制或精神；自由主义经济学则将其归因于私人产权、市场经济等。但其实，市场只是交易的机制，自古以来就自然存在，分立的产权同样是自然存在的，而以产权和企业形态看，明清时代中国的市场机制比同时期的欧洲更接近于经济学教科书中所说的完全竞争状态。厚生主义的生产效率也并不低于资本主义。略微考察历史即可发现，西方超过中国是在英格兰展开工业化的乾嘉之际，当欧美普遍工业化之后，由于工业化生产体系的加速性能，中西之间的差距迅速拉大。

---

① 战争资本主义是早期现代欧洲所创造的，在其基础上方有工业资本主义。参见：贝克特. 棉花帝国：一部资本主义全球史. 北京：民主与建设出版社，2019.

四、从厚生主义到社会主义市场经济

19世纪后半期，为救亡图存，中国人决心学习欧美。但学什么？彼时，资本主义在欧美正走向成熟、鼎盛；20世纪的大部分时间，西方各国也极力向全世界推销其资本主义模式。令人惊异的是，现代中国最重要的思想政治人物和流派，不约而同地拒绝资本主义经济体制：康有为、梁启超如此，张君劢、熊十力、梁漱溟、钱穆等现代新儒家如此，孙中山及其所领导的国民党如此，共产党更不用说。也就是说，决定现代化进程的主要人物和流派共同拒绝资本主义，这在全世界是颇为罕见的。之所以如此，恐怕主要因为中国内生的厚生主义深厚传统决定了他们的视野。

最可惊异的是，连企业家也拒绝资本主义：近世企业领袖张謇一生兴办"实业"，集中发展现代农业、工业；身在商海，却不以利润最大化为经营企业之目标，而以解决民生为己任，积极投身社会改良。张謇命名其企业集团为"大生"，其内涵与厚生主义相近。

同样是厚生主义的生产偏好，让现代中国人学习西方，把重点放在工业化上：洋务运动旨在推进建立现代军事工业；晚清地方现代化事业，颇为重视工业化；康有为倡导"物质救国论"，孙中山的《建国方略》热切期望推进现代基础设施建设和工业化。1949年的《共同纲领》确定新成立的中华人民共和国的基本任务，归于"稳步地变农业国为工业国"；1954年宪法规定过渡时期的总任务是"逐步实现国家的社会主义工业化"。可以说，一个半世纪以来，中国人努力的首要目标是追求"富强"——这是洋务运动的口号，也位列社会主义核心价值观之首。

厚生主义内含的积极有为的政府传统之现代版本，也为推进工业化提供了政治保障。欧美之所以得以完成工业化，是因为其在早期现代逐渐形成强政府；中国之所以未能率先展开工业化，是因为从秦汉以来的长期趋势看，中国的政府权力日益弱化。[①] 晚清至民国，国家持续权威衰败甚至

---

① 弗里斯. 国家、经济与大分流：17世纪80年代到19世纪50年代的英国和中国. 北京：中信出版社，2018.

解体，当然无力推动工业化。中国大规模工业化起步于中华人民共和国成立之后，此时建立了对外独立自主、对内拥有强大动员能力的党-政治理体系。尤其是 20 世纪 70 年代末以来，具有强烈道德自觉的强政府与国民普遍的企业家精神相结合，终于创造了后发大国的工业化奇迹，继明清之后，中国再度成为"世界工厂"。

今日中国已成为全球体系中显著的例外：中国已成为全球分工体系中的要角，按购买力平价计算已是世界第一大经济体，其经济社会体制却不是资本主义的。至少在以下几个方面，中国与众不同：

第一，在政治上，政府积极有为，且有强烈的道德自觉，以"德惟善政，政在养民"为政治原则。执政党和政府始终以改善人民生活为施政指南，以经济建设为中心就是"利用、厚生"。

第二，在政策上，崇本抑末。20 世纪 80 年代以来，在新自由主义的推动下，全世界掀起金融自由化浪潮，中国承受巨大压力，但大体上能够坚持自己的立场，以发展"实业"为中心，对金融业实施一定抑制。正是这一政策取向让中国经济避免了未富先病，得以再度成为"世界工厂"。持续发展的工业部门为普通劳动者提供了大量改善生活的就业岗位，避免了现代化过程中的贫富严重分化。

第三，在制度设计上，有明显人伦取向。20 世纪中期，尽管对家、族制度有所破坏，却构建了"单位""集体"之类的人伦共同体。20 世纪 80年代以来，再度肯定家为基本产权和经营单位。在农村，实行土地的"家庭承包制"，农户不是以个体而是以家庭为单位承包集体土地。在工商业领域则有"个体工商户"，"个体"与"户"并存，《促进个体工商户发展条例》规定："个体工商户可以个人经营，也可以家庭经营。"这种制度有助于维护家制，有助于家庭企业发展。

至于民众日常生活更是坚持家户产权制：农村待婚青年的房屋常由男方父母建造，城市待婚青年的房屋首付常由一家甚至两家父母承担。如此房屋之产权实为家户所有，只是当代法律不予承认而已。现在需要彻底反思法律移植主义，放弃西方个人主义的法律方法论，修订法律，肯定现实存在的多种类型的产权的"家户所有"事实，纳产权于人伦中，此为"中华法系"之要义所在。

总之，20世纪中期，为了在强敌环伺的环境中快速推进工业化，中国在诸多方面部分偏离了自己的传统；但80年代以来，在相对从容的国内外环境下，又逐渐回归自身传统，包括在经济社会领域回归厚生主义。中国共产党日益强调社会主义与中华优秀传统文化的相通与连续，许多政策措施的依据是中国文化和历史，而非西方经济学教条或制度，也与苏联式经济制度渐行渐远。由此逐渐形成中国特色社会主义市场经济体制，这是在中国文化、经济、政治传统中生长出来的经济社会模式，实即源远流长的厚生主义传统之"新生转进"。其新生之处在于，发挥领导作用的干部队伍相对于士大夫群体有更强的纪律性和行动力，因而政府更为强大，现代意识形态也让政府有更为强烈的道德自觉；其转进之处在于，工业居于经济中心地位，因而大幅度提高了生产效率。当代中国厚生主义的基本架构是，先锋队政党所领导的积极有为的政府，具有养民之道德自觉，实施现代的"崇本抑末"政策推动发展以工业为中心的各种实业持续发展，致力于改善全体国民的生活。这是一种明显优于资本主义的现代政治经济体制。

第三节　大一统作为根本政治价值

中国型国家之可大可久，不仅因为客观条件相对有利，还因为政治领导者群体乃至于普通民众的高度文化、政治自觉，大一统理念就体现了这一点。"大一统"是一个政治价值命题："大"是动词，意为以之为大，即重视、强调、推崇；所谓大一统，就是以国家一统为崇高价值。自古以来，大一统就是中国的根本政治价值，它驱动历代王朝持续探索各种制度、机制，建立和维护大一统国家。

当代学界对大一统的研究集中于三个方向：一是对儒家尤其是《春

秋》公羊学大一统学说的哲学史研究①；二是边疆视角的研究，聚焦于中原王朝处理边疆问题的理念和政策②；三是围绕北方民族入主中原引发的王朝正统性问题的政治史研究③。这些研究有得亦有失：第一类仅研究学说而忽略实践，后两类只涉及政治的局部，与大一统作为根本政治价值的地位不相匹配。这些研究均未能从政治学角度揭示大一统之完整含义。

中国自诞生起就是超大规模的，但大一统理念的自觉始于孔子；战国时代，各国为天下一统而战；秦汉两朝均有自觉的一统诉求，前赴后继，构造出了大一统国家。秦汉国家的构建过程就是大一统理念实在化的过程，欲得大一统理念之真谛，莫过于研究这一历史进程；而它从秦始皇统一全国持续到汉武帝复古更化，历时百年，不同思想政治力量从不同方向用力；这就决定了实践的大一统理念有复杂内涵，甚至存在张力。

本节将以历史政治学方法解读秦汉之际三场重要政治论辩、对话，揭示蕴含于其中的大一统理念和制度：第一场发生在秦统一天下后的宪制构造过程中，以封建、郡县之辩为中心，最终确定了政治一统的理念与制度；第二场发生在八年之后，由封建、郡县之辩引发，政府进行了以政治权力统合社会性意识形态权力的努力，但未成功；第三场发生在汉武帝即位之初与董仲舒的政治对话，确定了文教一统的方向。在这些论辩中，法家、儒家、秦始皇、汉武帝均反复提及"一统"一词，可见大一统是共识，但意见纷纭，多有冲突。经由历史政治学的解读可见，实践的大一统理念以推进国家整合（national integration）为中心④，包含空间、政治结构、精神与社会、时间四个维度，体现为疆域一统、政治一统、文教一统、古今一统。

---

① 杨向奎. 大一统与儒家思想. 北京：中国友谊出版公司，1989. 蒋庆对公羊学的大一统思想较早进行了比较系统的论述，参见：蒋庆. 公羊学引论. 沈阳：辽宁教育出版社，1995.

② 李治亭. 论清代边疆问题与国家"大一统". 云南师范大学学报（哲学社会科学版），2011（1）.

③ 李治亭. 清帝"大一统"论. 云南师范大学学报（哲学社会科学版），2015（6）；杨念群. "天命"如何转移：清朝"大一统"观的形成与实践. 上海：上海人民出版社，2022.

④ 刘泽华从社会整合角度研究大一统，参见：刘泽华. 中国传统政治哲学与社会整合. 北京：中国社会科学出版社，2000.

一、封建、郡县之辨：以政治一统保持疆域一统

秦王嬴政即位第二十六年，秦国扫灭东方各国，构造了一个在人口和疆域上都史无前例的国家。秦始皇君臣着手为其创制立法。《史记·秦始皇本纪》记载：

> 秦初并天下，令丞相、御史曰："……寡人以眇眇之身，兴兵诛暴乱，赖宗庙之灵，六王咸伏其辜，天下大定。今名号不更，无以称成功，传后世。其议帝号。"

自尧舜以来，天下最高统治者之号为"王"。春秋以来，王室衰微，"礼乐征伐自诸侯出"（《论语·季氏》），随后出现"伯"，挟天子以令诸侯；进入战国，诸侯纷纷突破礼法约束，自行称王，与周王齐平。齐王一度不满足于此号，与秦王约定各称东、西帝，引发各国强烈反对而作罢。但这已表明时人观念：帝之名号比王崇高；故秦扫灭六国、"六王咸伏其辜"后，嬴政即准备称"帝"。秦始皇明确指出其理由：新国家体之规模远超三代和战国时代的列国，需提升最高统治者的权威，方能巩固其秩序。

> 丞相绾、御史大夫劫、廷尉斯等皆曰："昔者五帝地方千里，其外侯服、夷服诸侯或朝或否，天子不能制。今陛下兴义兵、诛残贼，平定天下。海内为郡县，法令由一统，自上古以来未尝有，五帝所不及。臣等谨与博士议曰：古有天皇，有地皇，有泰皇，泰皇最贵。臣等昧死上尊号，王为'泰皇'；命为'制'，令为'诏'，天子自称曰'朕'。"王曰："去'泰'、著'皇'，采上古'帝'位号，号曰'皇帝'。他如议。"制曰："可。"（《史记·秦始皇本纪》）

群臣、博士首先指出新政制与三代之根本区别。五帝建立最早的中国，行封建之制，至周亦然。从政治结构上看，封建制呈现为多中心权力的间接统治。周王分封诸侯，诸侯分封卿大夫，其皆有治理权力，因而天下呈现为多元权力中心格局；唯有卿大夫对庶民进行直接统治，周王、诸

侯只是间接统治。如此不均衡的权力分布格局造就了孔子观察到的权力逐渐下移之大势①，最终形成群臣、博士所指出的情形："其外侯服、夷服诸侯或朝或否，天子不能制。"（《史记·秦始皇本纪》）

诸侯相争，推进历史进入"战国"状态。战争制造国家，各国竞相变法，建立、完善王权的直接统治机制，商鞅变法让秦国实现了制度上的弯道超车：强化王权，普遍设县，王权通过县政府与基层乡、里直接统治民众，由此拥有强大的人力、财力动员能力。秦国凭借这一制度优势对东方各国作战，新占之地分设为郡、县。全国统一后，形成了"海内为郡县，法令由一统"的局面。这里出现了"一统"字样，显示秦朝君臣心目中的一统是政治与法律的一统，即中央政府作为单一权力中心，以统一法律直接统治所有国民。

奇怪的是，群臣、博士最终提请嬴政审议的名号却无视其要求，没有"帝"字。推测博士对此有抵触情绪：博士以东方儒生为主，在其所诵读的五经中，帝有两个含义：第一，宗教上的上帝，即天的人格化形态；第二，政治上的帝，即"五帝"，均为圣王，死后获"帝"之谥号。博士不愿轻易授予此号，嬴政乃自行确定"皇帝"之号②，这里已透露出儒生与秦王之间存在巨大观念差异。嬴政同时下令废除谥号之制：

> 制曰："朕闻太古有号毋谥；中古有号，死而以行为谥，如此，则子议父、臣议君也，甚无谓，朕弗取焉。自今已来，除谥法，朕为始皇帝，后世以计数，二世、三世至于万世，传之无穷。"（《史记·秦始皇本纪》）

秦始皇指出谥号制之弊在于放任"子议父，臣议君"，可见在其观念中，政治秩序稳定之关键在于维护王、皇帝的"势"——这是法家的基本理论，李斯后面论及"主势"，即皇帝作为主权者的绝对权力位格。不过，

---

① 孔子曰："天下有道，则礼乐征伐自天子出；天下无道，则礼乐征伐自诸侯出。自诸侯出，盖十世希不失矣；自大夫出，五世希不失矣；陪臣执国命，三世希不失矣。"（《论语·季氏》）

② 儒家明确区分两者："帝、王者何？号也。号者，功之表也，所以表功明德、号令臣下者也。德合天地者称帝，仁义合者称王，别优劣也。《礼记·谥法》曰：德象天地称帝，仁义所在称王，帝者，天号；王者，五行之称也。"（《白虎通义·号》）

秦始皇也深受当时流行的阴阳家思想的影响，以之构建王朝正统性。

> 始皇推终始五德之传，以为周得火德，秦代周德，从所不胜，方今水德之始。改年始，朝贺皆自十月朔；衣服、旄旌、节旗皆上黑；数以六为纪：符、法冠皆六寸，而舆六尺，六尺为步，乘六马；更名河曰德水，以为水德之始。刚毅戾深，事皆决于法，刻削毋仁恩和义，然后合五德之数。（《史记·秦始皇本纪》）

这里涉及大一统理念的一个重要维度：正统，即统治权正当性（legitimacy）。秦始皇以阴阳家的"五德终始说"构建秦朝的正当性。"五德终始说"是一套基于数理天道论的统治权转移理论：天道被数理化，由一套数理逻辑贯通，万事万物均被编织在一个严密体系中，具有同一质性的万事万物按预定法则同步变化。统治权的转移也在其中，新统治者当按此同一性原则创制立法，其政权即具有天道的正当性。当时战争日趋扩大，国家随时有灭亡危险，各国国王亟欲维护其统治权，又有一统天下之志，对此理论极为热心，"王公大人初见其术，惧然顾化"（《史记·孟子荀卿列传》）。秦始皇亦不能例外，援引这套理论为新兴的超大规模国家构建天道正当性。汉儒继承了这一思想，其为《春秋》公羊学大一统学说的重要组成部分，比如《春秋繁露·三代改制质文》。

接下来的议题是建立何种地方政治制度，君臣内部出现重大分歧：

> 丞相绾等言："诸侯初破，燕、齐、荆地远，不为置王，毋以填之。请立诸子，唯上幸许。"始皇下其议于群臣，群臣皆以为便。（《史记·秦始皇本纪》）

丞相等人在此指出新国家面临的规模难题："远"。距离始终是有效治理的硬约束，群臣、博士以封建制作为解决方案。① 但从历史进程看，这是一次倒退：战国时代，封建制就已崩溃；商鞅变法，率先在秦国实行直接统治，消灭了封建制残余；秦国进军东方，新占地区普遍建立郡县制，以至于覆盖全国。当然，覆盖范围逐渐扩大，必然导致直接统治的效能衰

---

① 姚中秋 . 超大规模国家的治理之道 . 读书，2013（5）.

减；群臣选择了最省事的路线：退回封建制——这当然是反大一统的。李斯力排众议，维护新生的政治的大一统制度：

> 廷尉李斯议曰："周文武所封子弟、同姓甚众，然后属疏远，相攻击如仇雠；诸侯更相诛伐，周天子弗能禁止。今海内赖陛下神灵一统，皆为郡县，诸子、功臣以公赋税重赏赐之，甚足易制，天下无异意，则安宁之术也。置诸侯，不便。"（《史记·秦始皇本纪》）

"一统"一词再次出现。李斯指出了郡县制国家的财政运作原理及其政治效应：政府向国民普遍征税，以部分税收供养皇家子弟和功臣，其人在财政上依赖政府，则政府可在政治上予以严密控制，避免其成为自主的权力中心。这样一来，国家内部没有任何力量能够挑战皇权的绝对地位，可保国家政治稳定。秦始皇同意李斯的意见：

> 始皇曰："天下共苦战斗不休，以有侯王。赖宗庙，天下初定，又复立国，是树兵也，而求其宁息，岂不难哉！廷尉议是。"分天下以为三十六郡，郡置守、尉、监。（《史记·秦始皇本纪》）

秦始皇指出，本朝的历史-政治正当性就在于顺应人心、结束战乱；维护郡县制，则可永久消除再度发生诸侯间战争的危险；据此，朝廷坚定了维护郡县制的政治意志，在全国范围内推动郡县化。同时采取一系列配套措施，推动集中化权力的覆盖和穿透：

> 更名民曰"黔首"，大酺。收天下兵，聚之咸阳，销以为钟镰，金人十二，重各千石，置廷宫中。一法度、衡石、丈尺，车同轨，书同文字。……徙天下豪富于咸阳十二万户。（《史记·秦始皇本纪》）

封建制的权力多中心性是以军事权力多元化为基础的，直接统治的政治逻辑要求政府垄断暴力。政府统一日常生活的各种标准，这有助于塑造国民共同的生活方式。① 创造国语、国文是西欧现代国家构建过程中的重

---

① 苏力. 大国宪制：历史中国的制度构成. 北京：北京大学出版社，2018：第六章.

要环节，秦朝的情形与此略有不同，其功能则是一样的，这是政治统一、法令统一的基础，也是国家认同的前提。① 强制迁徙豪富到都城，置于中央政府就近全面监督之下，旨在遏制社会性权力的滋长，维护政治权力的排他性支配地位。以上种种措施，用意在于推动民众的国民化（nationalization），维护政治一统。

何休解释大一统之义曰："统者，始也，总系之辞。夫王者，始受命改制，布政施教于天下，自公侯至于庶人，自山川至于草木昆虫，莫不一一系于正月，故云政教之始。"又曰："即位者，一国之始，政莫大于正始。"（《春秋公羊传注疏》）秦朝在空前规模上实现了疆域一统，秦始皇君臣为之创制立法，初步实现了政治一统，这就是"正始"——而且是中国历史最大的一次"正始"。但我们看到，在此过程中存在教条主义、现实主义之争：群臣、博士是五经教条主义者，迷信五经所记封建之制，拒绝树立皇权崇高地位，不顾郡县制的事实，谋求再封建化。这是反大一统的。法家则是现实主义者，肯定疆域一统、政治一统的事实，且视之为新政权的历史-政治正当性所在，坚定维护这两个一统，持续提高权力的覆盖面和穿透力，推进权力中心主义的国家整合。这就是法家的大一统理念。这种大一统理念在秦国形成很早。春秋中期由余曾向秦穆公论述治国之道："一国之政犹一身之治"（《史记·秦本纪》）；商鞅则以"抟"为治国之根本："凡治国者，患民之散而不可抟也。是以圣人作壹，抟之也。"（《商君书·农战》）抟就是整合众人为一体。秦始皇、李斯则为这一理念找到了可行的制度形态——直接统治的郡县制。

因此，秦朝是中国大一统国家之"始"，奠定了大一统的基本政治架构。而学界一般认为，现代国家的根本特征就是以官僚制实现直接统治，实现高水平国家整合，因而秦朝大一统国家就是人类历史上第一个"现代国家"。② 从世界范围看，秦朝大一统国家是一个政治奇迹，就政治逻辑而

---

① 苏力.大国宪制：历史中国的制度构成.北京：北京大学出版社，2018：第七章.
② 姚中秋.可大可久：中国政治文明史.北京：华龄出版社，2021：215-229；福山.政治秩序的起源：从前人类时代到法国大革命.桂林：广西师范大学出版社，2012：19-20，109-145.

言，直接统治与超大规模是难以兼容的，西方就陷入这一困境：古希腊城邦规模很小，能够做到直接统治；罗马帝国达到超大规模，却从未达到直接统治；西欧现代国家大体做到了直接统治，但规模仅相当于中国的省；美国的规模在西方世界最大，联邦政府就只能在部分事务上做到直接统治。秦朝却凭借法家大一统理念与相应制度创新，在疆域和人口的超大规模上实现了直接统治。

二、焚书事件：两种权力的冲突与国家解构

秦朝初步完成权力中心主义的国家整合，但五经之学与诸子百家之学所构建的社会性权力尚独立于政府之外，秦始皇、李斯谋求以政治权力整合这种权力，这也是国家整合的重要维度。

亚欧大陆上各重要文明均经历过政教分殊化发展、再度合一并形成普遍性政教共同体的过程。[①]如章学诚所说，三代之时，"治教无二，官师合一"（《文史通义·原道中》）；到孔子之时，"君师分而治教不能合于一"（《文史通义·原道上》），政治和宗教分头演进：一方面，孔子删述六经，以之教养弟子，形成六经之学，因其以人文化人，笔者称之为"文教"，以与西方类型的"神教"相区分，第四章将予详论；由此衍生出诸子百家，即"私学"，各有其政治纲领。五经与诸子百家之学各有弟子门人、同情者，结成早期"意识形态政党"，构建出社会性权力，影响政治进程。另一方面，在政治领域，日益沉重的战争压力驱使各国竞相创新制度，趋于建立直接统治的强大政治权力，以实现国家的"富强"——法家积极服务于这一努力。

战国时代各国对待社会性意识形态权力的态度各异，商鞅处在一个极端上，把王权一统确立为绝对价值，坚决抑制学术、商业滋生社会性权力。这一政策确可行之于秦国，因为秦国本来就是文化蛮荒之地。随着占领东方疆域，东方士人群体成为国家臣民，国家内部权力的结构性分裂也

---

① 沃格林.秩序与历史：天下时代.南京：译林出版社，2018.

就日益明显，用迈克尔·曼的社会权力四来源框架来分析①：秦人掌握建制化的政治权力和军事权力，东方精英据守社会性经济权力和意识形态权力。后者寻求获得政治权力，两个事件最有象征意义：一是荀子入秦，劝说秦国统治者承认东方士人的社会性意识形态权力②；二是吕不韦以金钱获取权力，又试图结合东方经济、学术力量，改造秦国之价值和制度。秦始皇镇压了吕不韦政、商、学权力集团，但也不能不以博士制度部分吸纳东方学术精英。③

相对于东方精英的巨大社会性权力，这种吸纳远远不够，两地、两类精英的关系比较紧张，在上述创制立法过程中已隐隐可见，主要体现在封建郡县之辩中。全面郡县化八年之后，这一辩论再度爆发：

> 三十四年……始皇置酒咸阳宫，博士七十人前为寿。仆射周青臣进颂曰："他时秦地不过千里，赖陛下神灵明圣，平定海内，放逐蛮夷，日月所照，莫不宾服。以诸侯为郡县，人人自安乐，无战争之患，传之万世。自上古不及陛下威德。"始皇悦。(《史记·秦始皇本纪》)

周青臣赞美本朝疆域之超大规模，又赞美郡县制的优势是"无战争之患"，故可"传之万世"。来自东方的儒生博士淳于越却提出不同意见：

> 博士齐人淳于越进曰："臣闻：殷周之王千余岁，封子弟功臣，自为枝辅。今陛下有海内，而子弟为匹夫，卒有田常、六卿之臣，无辅拂，何以相救哉？事不师古而能长久者，非所闻也。今青臣又面谀以重陛下之过，非忠臣。"始皇下其议。(《史记·秦始皇本纪》)

淳于越重申复封建主张，试图拆散大一统国家。淳于越也阐明其依据：师法古人。这种政治思考方式明显是儒家的，引起李斯的强烈反应：

> 丞相李斯曰："五帝不相复，三代不相袭，各以治，非其相反，

① 曼.社会权力的来源：第1卷.2版.上海：上海人民出版社，2015：28-37.
② 姚中秋.荀子说秦与秦之儒化：《荀子》相关章节疏解.原道，2019 (1).
③ 钱穆.两汉经学今古文平议.北京：商务印书馆，2001：185-192.

时变异也。今陛下创大业，建万世之功，固非愚儒所知；且越言乃三代之事，何足法也？异时诸侯并争，厚招游学。今天下已定，法令出一。百姓当家则力农、工，士则学习法令辟禁。今诸生不师今而学古，以非当世，惑乱黔首。"（《史记·秦始皇本纪》）

郡县制已稳定建立起来，故李斯未费口舌辨析封建、郡县之利弊，而是深究反郡县论者的理据。他指出儒法两家政治思考方式之根本差异：法家"师今"，基于现实情况进行制度创新；儒家"学古"，基于五经所记封建传统，对郡县新制不以为然——李斯斥之为"愚"。李斯指出新制度之结构性特征：第一，法律全部出自皇权，这是政治一统的标志；第二，百姓从事农工，这是实施重农抑商抑学政策的结果；第三，政府承认律令教育体系的合法性，学业有成者可晋升为刑名吏，这是政教合一的合法形态。李斯认为，这些制度能够维护皇权官僚制政府对国民的全面、直接统治，淳于越等儒生的意见则破坏国民的政治认同，动摇政治一统。

丞相臣斯昧死言：古者天下散乱，莫之能一，是以诸侯并作，语皆道古以害今，饰虚言以乱实，人善其所私学，以非上之所建立。今皇帝并有天下，别黑白而定一尊。私学而相与非法教，人闻令下，则各以其学议之。入则心非，出则巷议。夸主以为名，异取以为高，率群下以造谤。如此弗禁，则主势降乎上，党与成乎下，禁之便。（《史记·秦始皇本纪》）

上一段针对经学，本段针对"私学"即诸子百家之学。李斯指出，封建国家的政治一统水平较低，长期演变的结果是诸侯分立竞争；政治权力的多元化给多元意识形态的涌现创造了条件，形成多元竞争的"私学"；私学为自己构造社会性意识形态权力，独立于政治权力之外，所谓"相与""党与"即以思想观念为中介联合各种力量，成为意识形态政党；其活动削弱"主势"，即皇帝政治性权力的绝对支配地位，威胁政治一统。据以上分析，李斯提议全面取缔私学，其具体方案是：

臣请：史官非秦记，皆烧之；非博士官所职，天下敢有藏《诗》《书》、百家语者，悉诣守、尉杂烧之；有敢偶语《诗》《书》者，弃市；以古非今者，族；吏见知不举者，与同罪；令下三十日不烧，黥为城旦；所不去者，医药、卜筮、种树之书；若欲有学法令，以吏为师。"制曰："可。"（《史记·秦始皇本纪》）

李斯建议：第一，查禁东方各国史书，因为东方精英普遍留恋以前的权势，拒绝认同秦朝统治，各国史书有助于其保留对故国的文化和政治认同；第二，查禁五经中的《诗》《书》，因为其中比较完整地记载了封建之制，儒生据之以古非今；第三，查禁百家语，即诸子百家之学，后来董仲舒的建议与此相近；第四，清理官吏队伍，严禁政、学勾结；第五，维护以律令为中心的政教合一制度。

可见，秦始皇、李斯已经认识到政治一统需伴以意识形态和教化的一统，多元的意识形态会损害政治一统。但他们却做出了错误的政治决断：消灭五经之学和诸子百家之学，以国家律令排他性地教化国民。诸子之学门人弟子很少，将其查禁，并无阻力。但五经之学在当时发挥公共教育职能，儒生群体规模庞大，且以历史文化传承者自居，有道德意识，内聚力较强，从而自我构建了强大的社会性权力。以政治权力取缔五经之学，就将儒生群体变成了政治上的敌人。[①] 由于认知错误，秦始皇、李斯追求政、教一统的努力，反而造成大一统国家的解构（de-integration）。如何整合政治权力与社会性意识形态权力，成为汉朝面临的根本问题。

三、汉武帝复古更化：文教一统完成国家整合

秦末大乱，政治一统局面崩塌，反大一统的多种力量迸发出来：叛乱的东方各国精英试图恢复封建制；刘邦集团不能不顺应这种要求，建立了半郡县-半封建国家。黄老之术又助长了各种社会性权力的滋长："网疏而民富，役财骄溢，或至兼并豪党之徒，以武断于乡曲。宗室有土公卿大夫以下，争于奢侈，室庐舆服僭于上，无限度。"（《史记·平准书》）这些社

---

① 《史记·儒林列传》记："陈涉之王也，而鲁诸儒持孔氏之礼器往归陈王。于是孔甲为陈涉博士，卒与涉俱死。陈涉起匹夫，驱瓦合适戍，旬月以王楚，不满半岁竟灭亡，其事至微浅，然而缙绅先生之徒负孔子礼器往委质为臣者，何也？以秦焚其业，积怨而发愤于陈王也。"

会性权力侵蚀国家的政治一统。

不过，秦朝所奠定的大一统理念和制度也具有强大的对抗力量：疆域迅速恢复统一；中央政府凭借其结构上的自主性，逐渐消灭封建制。汉武帝基本上恢复了秦朝的政治一统，乃更进一步，构建意识形态和教化的一统，其纲领可见于《汉书·董仲舒传》所记其与董仲舒的策问、对策往复之中。笔者对其大义已有比较详尽的疏解①，此处仅从大一统角度再做梳理。

汉武帝的第一次策问清楚表达了其核心政治关切："盖闻五帝三王之道，改制作乐而天下洽和，百王同之。"汉武帝对此心向往之，只是过去"五百年之间，守文之君，当涂之士，欲则先王之法以戴翼其世者甚众，然犹不能反，日以仆灭"，因而存在一些疑惑，期望贤良文学予以回答："子大夫明先圣之业，习俗化之变，终始之序，讲闻高谊之日久矣，其明以谕朕。"

由这些表述可见，汉武帝的政治观念已完全不同于秦始皇、李斯：他尊重五经文学之士，期望其阐明五帝三王之道及其行之于当世的方案。这一期望体现了大一统理念之时间维度。秦始皇、李斯循法家思考方式，把一统政治秩序视为纯粹空间性的支配结构，与历史无关，对五帝三王颇为鄙夷。汉武帝接受了儒家思考方式，把秩序视为一个历史形成的过程，自觉接续五帝三王之道，既欲以之为当下政治秩序构建历史文化正当性，亦欲从中获得永恒有效的治理之道。

董仲舒的第一次对策花费大量篇幅阐发《春秋》公羊学的天道秩序观——实际上是吸纳阴阳学的产物，并在此框架内构建其阴阳化的大一统理念："臣谨案《春秋》之文，求王道之端，得之于正。正次王，王次春。春者，天之所为也；正者，王之所为也。其意曰，上承天之所为，而下以正其所为，正王道之端云尔"；"……臣谨案《春秋》谓一元之意，一者万物之所从始也，元者辞之所谓大也。谓一为元者，视大始而欲正本也。《春秋》深探其本，而反自贵者始。故为人君者，正心以正朝廷，正朝廷

---

① 姚中秋.天人之际的治道：广川董子"天人三策"义疏.政治思想史，2012（3）.

以正百官，正百官以正万民，正万民以正四方"（《汉书·董仲舒传》）。这些论述奠定了何休大一统论的基本框架：尊王，因而肯定政治一统；但权力的终极渊源在天，王者奉天以正天下。

对比两者言说可见，汉武帝的提问以历史文化连续性为中心，董仲舒却奢谈高度阴阳化的大一统理论，两者存在严重偏离。考察汉代儒学，可见其明显存在两条思想路线，同时可见于董仲舒身上[1]：第一条路线体现在其纯学术性的《春秋繁露》中，以天道秩序观为中心，倾向于贬抑王者权威，恢复封建制——这与淳于越类似，明显是反大一统的。对策性的"天人三策"则在一定程度上体现了第二条路线，经由天道秩序观引申到教化维度上："天道之大者在阴阳。阳为德，阴为刑；刑主杀而德主生……王者承天意以从事，故任德教而不任刑。"（《汉书·董仲舒传》）以此衡量秦制，可见其最大错误在于"重禁文学，不得挟书，弃捐礼谊而恶闻之，其心欲尽灭先王之道，而颛为自恣苟简之治"（《汉书·董仲舒传》），结果社会、政府全面衰败。董仲舒最后呼吁汉武帝立刻进行更化，中心是兴起教化。何休大一统论之核心就是"正始"，但过于狭隘。前文已指出，秦朝为超大规模国家创制立法就是"正始"；董仲舒呼吁兴起教化，同样是"正始"，他在政治上明确提出了大一统的教化之维。

第二次策问，汉武帝继续追问五帝三王之道何以难以行于后世。董仲舒的对策则归结于为政在人，为此建议兴办太学，建立完备的察举制度，培养新式官员，替换法家刑名吏。这里构想了大一统的教化体制，也构想了吸纳社会精英、实现社会与政府一统的制度。

第三次策问比较简单，董仲舒的对策首先阐明，"是故王者上谨于承天意，以顺命也；下务明教化民，以成性也；正法度之宜，别上下之序，以防欲也：修此三者，而大本举矣"（《汉书·董仲舒传》）。其次依据历史论述循道者兴、悖道者灭的大义；而"三王之道所祖不同，非其相反，将以救溢扶衰，所遭之变然也"（《汉书·董仲舒传》）；主张"今汉继大乱之后，若宜少损周之文致，用夏之忠者"（《汉书·董仲舒传》）。在论述了君

---

① 姚中秋. 可大可久：中国政治文明史. 北京：华龄出版社，2021：306-308.

子、小人义利之辨后，提出了文教大一统设想：

> 《春秋》大一统者，天地之常经、古今之通谊也。今师异道、人异论，百家殊方，指意不同，是以上亡以持一统；法制数变，下不知所守。臣愚以为：诸不在六艺之科、孔子之术者，皆绝其道，勿使并进。邪辟之说灭息，然后统纪可一而法度可明，民知所从矣。(《汉书·董仲舒传》)

这里明确论及"大一统"。董仲舒指出，《春秋》崇尚一统，而最重要的一统是意识形态的一统、教化的一统、政治价值观的一统。李斯也有同样关切，只是做出了错误的选择，董仲舒则建议吸纳五经之学，将其制度化。这样做有三个好处：第一，统纪可一，国家的根本价值和原则可以做到连贯、一致；第二，法度可明，国家的制度规章可以明确清晰；第三，民知所从，可以为民众划定行动的方向和方法。归根到底，董仲舒认为，意识形态和教化的一统可以塑造共同的价值观，实现人民精神与行为模式的整合。

汉武帝接受了董仲舒的建议，制度化地吸纳五经之学，在多个维度上推动了国家整合。迈克尔·曼区分"社会空间上的超越性（sociospatially transcendent）意识形态"和"作为内在士气（immanent morale）的意识形态"[1]，基督教是前者的代表，文教是后者的代表[2]。但曼大约不了解五经之学的性质，因而未能完整分析其整合作用。我们认为，通过表彰五经，推明孔氏，汉武帝复古更化在多个层面、多个维度上推进了国家整合。

第一，构建了时间维度上的大一统，体现为国家、文明的古今一统，即国家具有自觉接续、传承、发展历史文化的坚定意志——这一点是中国政治所特有的根本理念，且至关重要。五经记载古圣先王之事，孔子的思想方法是"敏而好古"，儒家的思想方法是"历史政治理性"，下节将予详论。国家尊五经，推动人们尊重历史与文明传统，形成历史主义的国家观

---

① 曼.社会权力的来源：第1卷.2版.上海：上海人民出版社，2015：30.
② 同①374-425.

念，即相信国家是历史地形成的，文明是世代累积的；每个人、每个政权都有延续历史、传承文明的责任，也对后人负有责任；个体生命、王朝政权均不朽于历史之中；历史成为道德、政治上的是非曲直的终极评判者。汉代形成的经史之学构建了这种历史主义国家观，从而创造出国家的历史性整合机制，今人的承先启后意识把先人、后人整合为一体，国家成为生生不已、连绵不绝的历史进程。国家因此具有了神性①，国民形成国家-文明崇拜，把维护国家一统视为神圣事业。

尊五经也推动了王朝正统性即统治权正当性论述的一次重大转变：秦始皇以五德终始说确立秦朝的正统，具有浓厚机械宇宙论色彩。董仲舒所代表的《春秋》公羊学延续了这一理念。汉武帝却转向历史、文明传统，自觉接续五帝三王之道，确立了历史文化正当性的论述模式。此后，辨正统的任务也就主要由史学来承担。②

第二，完成了多元权力精英的整合。秦朝已实现政治权力对军事权力的控制，汉武帝更进一步实现了社会性意识形态权力与政治权力的合一。③由此实现了不同领域、不同地域的精英群体的整合；权力来源多样的各领域精英通过"士族化"过程，逐渐收敛为一元化精英群体。士大夫整合了行政、政治、教化权力，成为领导性治理者，对此，我们将在第六章详论。皇权领导的士大夫政府综合运用政治和意识形态权力，有效地控制军事权力，自觉地遏制资本权力。

第三，完成了政府与社会的整合。普通士人在基层社会实施教化，士大夫为政地方同样积极施行教化。文教教人忠君爱国，塑造国民的文化认同，进而塑造和强化民族认同、国家认同。与此相配合的选举制度——察举制和科举制，构筑了社会与政府之间双向沟通的制度化渠道。④ 借用迈

---

① 赵汀阳. 历史为本的精神世界. 江海学刊，2018 (5)；赵汀阳. 中国作为一个政治神学概念. 江海学刊，2015 (5).

② 饶宗颐. 中国史学上之正统论. 上海：上海远东出版社，1996.

③ 赵鼎新. 东周战争与儒法国家的诞生. 上海：华东师范大学出版社，2006：6-11.

④ 赵鼎新. 中国大一统的历史根源. 文化纵横，2009 (6).

克尔·曼的概念①，秦朝构建了政府的"专制性权力"，汉武帝构建了"基础性权力"，通过教育、选举、家族、士人团体生活等国家基础设施，政府权威"嵌入"，实际上是弥散性地渗入社会，引领、协调社会生活，由此政府、社会实现了一体化，而非西方式二元分立。

第四，完成了社会整合。文教教人敬天孝亲，肯定家、族等人伦组织的政治合法性，塑造人伦的社会秩序。如我们在第二章所论，家内亲亲之情也弥散于国之中，国成为一个有情意的政治共同体，即"国-家"，伦理秩序与政治秩序整合为一体。于是，情感成为大一统国家的重要联结纽带，这在其他国家是很罕见的。

第五，创造了宗教整合的条件。文教兼容各种神教，形成了"一个文教、多种神教，众神教统于文教"的复合格局，又驯服神教的极端性，避免了宗教战争；推动外来神教中国化，使之接纳中国文明主流价值。文教实现了宗教整合，这在世界上是很罕见的，我们将在第四章予以详论。相应地，文教也为周边民族融入中国创造了便利条件：通过文教构建政治上的中国身份。自西晋覆灭以来，诸多北方民族就是通过这种机制成为中国正统王朝的。文教实现了民族整合。

自觉的大一统国家至此定型。秦朝构建了疆域一统、政治一统，汉武帝通过文教一统实现了古今一统、权力一统、社会一统、政府与社会一统、宗教一统。从世界范围看，秦汉国家和罗马帝国都实现了政、教分殊化之后的再度合一，都建立了普遍的文明-政治秩序，后来也都崩溃了，但随后则出现了"大分流"：秦汉构造的全方位整合机制让国家乱而不散，故隋唐得以重建大一统国家，元明清又完成了农业区、草原区的疆域、政治一统。相反，罗马帝国崩溃后，欧洲再未重新统一。② 由今天反观秦汉，其大一统国家的构建是极为成功的，研究国家整合问题，这是最佳标本。

---

① 曼.社会权力的来源：第2卷.2版.上海：上海人民出版社，2015：68-71.
② 施德尔.罗马与中国：比较视野下的古代世界帝国.南京：江苏人民出版社，2018：从"大融合"到"初次大分流"：罗马与秦汉的国家构造及其影响.

四、结语

《春秋》公羊学对大一统做出很多玄妙解说，但在秦始皇、李斯、汉武帝等政治家那里，甚至在写作"天人三策"的董仲舒那里，大一统的含义是很平实的："一统"大体上对应于政治学理论中的国家整合；"大一统"是一个政治价值命题，即从统治者到普通民众普遍崇尚高水平的国家整合，厌恶国家离散化；"大一统国家"就是始终自觉致力于提高国家整合水平、即便遭遇离散也能迅速恢复一统的国家。研究大一统，就是研究国家整合的价值和制度。

通过回顾秦汉之际历史我们发现，大一统理念是法家、儒家共享的，自觉的大一统国家是秦、汉两朝累积地构建起来的：秦朝基于法家大一统理念推动权力中心主义的国家整合，汉朝在此基础上基于儒家理念推进意识形态中心主义的国家整合。因此，研究大一统当兼顾两者，仅研究儒家义理或实践是不够的。① 两者的理念有相通之处，也有相反之处，完整的实践的大一统理念内部存在权力中心论与社会中心论的紧张：前者可能造成政府与社会脱节，让大一统国家"土崩"；后者可能带来权力家族化，让大一统国家"瓦解"；两者相反相成，始成就有生命力的大一统理念和制度。

体现在秦汉大一统国家构建过程中、综合儒法两家的实践的大一统理念，至少包含如下四个维度：

第一，疆域一统，这是大一统的空间维度。需要强调的是，统一战争是实现疆域统一的基本途径，现有大一统研究对此有所回避，但秦始皇、李斯已经指出，正是残酷的战争让人们普遍产生了政治统一的意志；但统一必须以更为强大的战争能力来实现；疆域一统则可带来长久和平，这一点让大一统成为最大的政治之善；这一价值理念赋予统一战争充分的道德和政治正当性。

---

① 笔者十几年前犯下过这样的错误，参见：姚中秋．"大一统"理念辨析．学海，2008（6）.

第二，政治一统，这是大一统的结构维度，其实现形态是郡县制，政府拥有高度政治自主性，以一体化权力直接统治所有国民。历史上，在疆域统一之初或在刚刚纳入中国疆域的地区，中央政府确实普遍容许存在各种形态的间接统治，从而形成"一国两制"甚至"一国多制"情形。但大一统理念认定这种格局是过渡性的，终究要"改土归流"。直接统治的漫长政治生活经验又塑造了人民普遍的政治大一统意识。

第三，文教一统。儒家文教几乎是世界上唯一带有一定超验性又支持现世伦理-政治秩序的普遍性信念体系，对国家整合发挥了多重支持性功能：培养后备官员；教育人民敬天孝亲，支持以家为中心的社会建设；教育人民忠君爱国，认同权威，认同国家，积极承担公民责任；整合多元神教，保持文化的中国性；等等。

第四，古今一统，这是大一统的时间维度。国家领导者有历史责任意识，自觉地在连绵不绝的历史之流中发挥承先启后作用；政权的正统性主要体现为传承文明又矫正前朝之失的自觉性；历史正当性是最大的政治正当性。中国历史因此保持了罕见的连续性，《宪法》序言第一句话正是以历史来定义中国的："中国是世界上历史最悠久的国家之一"。

以上四者构成全方位的国家整合机制，聚合定型于秦汉，启发、引领了后代的大一统政治；由此，中国的规模持续扩大，整合水平累积性提高；国家高水平整合的优势也日趋明显：疆域一统带来规模优势；持续吸纳边疆民族，消弭战争动因，带来和平优势；政治一统带来组织化优势；文教一统带来凝聚力优势；古今一统带来文化自信与政治知识优势。

总之，大一统价值观驱动历代政治主体积极探索、发展各种制度、机制，深化国家整合，使得中国型国家的整合始终保持在高水平上，从而做到了可大可久。

第四节　历史政治理性与国家的历史连续性

上一节我们已经解析出大一统理念的时间维度，国家领导者有历史责任意识，自觉地在连绵不绝的历史之流中发挥承先启后的作用，我们把这种意识取向概括为历史政治理性。

从世界范围看，人类思考和解决政治问题有两大路径：哲学的（与宗教的）和历史的。① 西方以前者为主流，中国以后者为主流：历代王者、士大夫在实践中倾向于历史地思考、解决政治问题；在学术体系中，史学居于重要位置，而以"资治"为宗旨。② 现代学者普遍注意到"历史理性"在中国意识中的中心地位：李泽厚断定，中国思想的特征之一是"实用理性"，最重要的体现是"执着于历史。历史意识的发达是中国实用理性的重要内容和特征"③。李泽厚继承这一传统，构建了其"历史本体论"哲学。④ 刘家和等人认为中西思维结构有根本差异：西方人偏于逻辑理性，中国人偏于历史理性，并探讨了历史理性的起源和发育过程，强调了周人的关键作用。⑤ 赵鼎新则认为，古希腊哲人的主流思想模式是分析的，诸子百家的共同思想模式则是"历史理性主义"（historical rationalism）。⑥ 赵汀阳更进一步指出，中国有个"以历史为本的精神世界"。⑦ 我们在这一认知上再进一步，认为历史理性的关切必以政治为中心，故中国意识之完整概括是"政治的历史理性主义"，即"历史政治理性"（historic-political rationalism）。

历史政治意识在中国发端甚早，但传世文献的记载表明，自觉地运用历史以解决重大政治问题的历史政治理性成熟于周公，史学史对此已有论

---

① 罗雪尔. 历史方法的国民经济学讲义大纲. 北京：商务印书馆，1981：5 - 7.
② 钱穆曾论述传统史学即是政治学，参见：钱穆. 现代中国学术论衡. 长沙：岳麓书社，1986：183 - 190.
③ 李泽厚. 中国古代思想史论. 天津：天津社会科学院出版社，2003：289.
④ 李泽厚. 历史本体论. 北京：生活·读书·新知三联书店，2002.
⑤ 王晖. 西周历史理性的崛起与周人思想维新运动. 齐鲁学刊，1999（3）；刘家和. 论历史理性在古代中国的发生. 史学理论研究，2003（2）；刘家和. 理性的结构：比较中西思维的根本异同. 北京师范大学学报（社会科学版），2020（3）. 陈宁对刘家和的讨论有所补充，参见：陈宁. 中国古代思想中的形而上学与历史理性. 北京师范大学学报（社会科学版），2020（5）.
⑥ DINGXIN ZHAO. The confucian-legalist state: a new theory of Chinese history. New York: Oxford University Press, 2015: 187 - 193.
⑦ 赵汀阳. 历史、山水及渔樵. 哲学研究，2018（1）；赵汀阳. 历史为本的精神世界. 江海学刊，2018（5）；赵汀阳. 历史之道：意义链和问题链. 哲学研究，2019（1）.

定："可以这样说，周公从摄政起至还政于成王之初的若干年代，是中国历史上第一次深刻总结历史经验的年代，其思想成果对'成康之治'、西周的繁荣有直接的影响。"① 周公之历史政治理性形塑了此后中国之政治观念、历史观念和史学观念，我们拟以历史政治学方法解释《尚书》《逸周书》等传世文献，以揭示历史政治理性在周公之时趋于成熟之因与果。

一、敬天、敬祖与历史政治意识之觉醒

刘家和、内藤湖南等学者都注意到周公之历史理性自觉，并归因于殷周之际一系列剧烈历史变化。内藤湖南说："像夏至殷这种仅仅由一个朝廷转变为另一个朝廷的情况，对历史观点还没有显著的影响，然后，经过两次王朝的交替之后，看来这种王朝交替的现象就引起了一般人相当痛切的思考……所以这'三代'之间的变化曾给予人类知识以极大的冲击。"②

从中国或东亚思想传统看，这一解释似乎可信，然而横向比较中国以外其他文明则可发现，历史剧变不一定带来历史意识的觉醒。汤因比比较了古犹太、古希腊、古印度与中国的历史观念，指出其间有极大差异：古犹太人面临生存危机，有先知摩西出现，创立一神教。一神教确有历史意识，却是目的论的，否定了前人之行对后人之意义，福山的"历史终结论"即是其世俗版本。古希腊文明陷入全面危机之时，固然有希罗多德、修昔底德史学之涌现，其用意却不是"资治"，"历史"的希腊本义是"探究、调查"，"首先意味着游历、考察那些陌生的地区、陌生的国度，力求发现新的知识"③，史学在古希腊终未成气候；相反，哲学大行其道，苏格

---

① 瞿林东. 中国史学史纲. 北京：北京出版社，1999：135-136. 作者继续说："周公对历史经验的总结，突出地表明了早在三千多年前，西周的政治家所具有的深刻的历史意识，即对于历史与现实及未来之关系的政治敏感和卓越见解，为后人树立了崇高的榜样，在中国历史上产生了深远而巨大的影响。从政治统治上看，周公成为历代统治者所景仰的典范；从历史观念上看，周公的鉴戒思想不仅是中国古代历史观的重要组成部分，而且也是中国古代政治观的重要组成部分；从史学发展上看，《尚书》（尤其是其中的《周书》）所蕴含的鉴戒思想，对于后世史家认识历史与现实的关系，进而认识史学与社会的关系，都有深刻而久远的启示。"

② 内藤湖南. 中国史学史. 上海：上海古籍出版社，2008：360.

③ 希罗多德. 历史：上册. 译注修订本. 上海：上海人民出版社，2018：新版译序7.

拉底、柏拉图、亚里士多德等人在现实世界之外的"理念"世界中寻求致善之道而高度鄙视历史，对后世西方文明的影响更大。古印度人则基本上没有历史意识。①

可见，面对生存困境、历史剧变，不同文明有不同精神回应，可归为两类：哲学的（与宗教的）或历史的。从世界范围看，大多数文明即广义西方文明选择前者，在另一世界——理念世界或神国——中寻找善或幸福；周公历史理性之自觉实颇为独特。此何以故？还是要回到中国意识，尤其是宗教信仰之独特性上。

据《国语·楚语下》《尚书·吕刑》记载，颛顼、帝尧前赴后继进行"绝地天通"，完成了一场深刻的宗教革命，《尚书·尧典》记其成果曰："乃命羲和，钦若昊天。"钦者，敬也；若者，顺也。帝尧树立敬天之礼。什么是天？孔子解释说："天何言哉？四时行焉，百物生焉，天何言哉？"（《论语·阳货》）经由绝地天通，至大无外的天为人所敬而不言。因此，天是无人格的，即生生不已的万物之全体。对此，我们在第一章第三节已有详论。

孔子之语表明，中国人因敬天而重时（包括时机和时间两个维度）、生、变。天首先呈现为四时之运转，故帝尧树立敬天之礼后命羲和二氏"历象日月星辰，敬授民时"，到四方极远之处观测天象、物候：时不是空洞的，见于万物生长发育与人的代际传承，生生不已，变动不居，这就构成"时间"，即历史。天就是无始无终的自然与人的历史过程。② 人是时间的，即历史的存在者。

敬天信念与敬祖观念、历史观念相互支持。犹太教、基督教共享之《圣经·旧约·创世记》开篇记神造天地万物，被造之人祖亚当、夏娃是无父母的，亦无祖先。无祖先则无历史。天则不然：天不是造物主，万物

---

① 汤因比.一个历史学家的宗教观.上海：上海人民出版社，2016.另可参见：柯林伍德.历史的观念.增补版.北京：北京大学出版社，2010；第一编 希腊罗马的历史编纂学.对史学在中国、古希腊、印度文明中学术地位的比较性研究，参见：刘家和.中西古代历史、史学与理论比较研究.北京：北京师范大学出版社，2013：547-564.

② 关于敬天、敬祖、重时的详尽讨论，参见：姚中秋.原治道：《尚书》典谟义疏.北京：商务印书馆，2019：第三章 宗教，第四章 时.

在天之中自生自长，人是人生出来的，故《孝经·开宗明义章》说："身体发肤，受之父母。"① 代际更替，生命如流，每个人认识到自己生命上承父母、先人，下启子孙、后代，自然产生世代意识，这就构成生存论意义上的历史意识，为人所自然具有。孝道即基于历史意识，故每个中国人都有强烈的历史意识，历史地看待自身、生命、人世，甚至天地万物。②

不同信念也塑造了中西对待政治的不同态度。一神教和柏拉图哲学共享"世界二分"观念，向往彼世，鄙视现世，当然鄙视政治。在基督教居于支配地位的中世纪欧洲，世俗与精神权威二分，宗教权力羁绊、削弱政治权力，甚至居于上位，教会成为首要的历史主体，王者之事反而寄存于教会历史之中。③ 布罗代尔说："历史只能有两个一般的平面，一个是政治平面，另一个是社会平面"；在欧洲，"应该重申，对于中世纪来说，只有一种历史，即社会史"。④ 中国却不然：敬天，则世界为一，人的幸福全在此世，必投入其全部身心于改善此世的努力中，政治为其要道。中国文明很早就走上了以政治改善此世之路，王所领导的政府拥有一元权威，统合政、教之权；王祭祀天地鬼神，但从属于政治。因此在中国，历史是以王或皇帝为元首组织起来的国家的历史，即政治的历史。

概括言之，西方意识之基本结构是，因向往彼世而同时忽视历史和政治，其政治思考普遍是非历史的甚至是反历史的，其历史则是非政治的甚至是反政治的，柏拉图的哲人之灵魂转向、奥古斯丁之两城论、近世之自然状态-社会契约论无不如此。中国意识之基本结构是，因敬天而同时重视历史与政治，其政治是历史的，其历史是政治的。据此，我们为"历史理性"概念补充"政治"维度，谓之"历史的政治理性"。

---

① 对此句含义的详尽解释，参见：姚中秋．孝经大义．北京：中国文联出版社，2017：20 - 25.

② 黄俊杰．儒家思想与中国历史思维．上海：华东师范大学出版社，2016. 孙向晨论述了孝的"世代性"与"历史性"，参见：孙向晨．论家：个体与亲亲．上海：华东师范大学出版社，2019：第七章 生生：在世代之中存在.

③ 王晴佳，李隆国．外国史学史．北京：北京大学出版社，2017：78 - 1148.

④ 布罗代尔．论历史．北京：北京大学出版社，2021：143 - 144.

基于这一精神取向，中国历代政府皆重视记录历史，其所记者当然是王者之政事。中国最重要的典籍五经所收文献为先王之政典。反过来，后人据此考察、思考历史，目的在于改善政治。历史学作为学科在汉代成熟之后，即以政治为中心议题，以"资治"为基本宗旨，实为历史政治学。

当然，尧舜奠基以后的中国历史进程是颇为复杂的，孔子总结三代宗教信仰之取向，"夏道尊命，事鬼敬神而远之，近人而忠焉……殷人尊神，率民以事神，先鬼而后礼……周人尊礼尚施，事鬼敬神而远之，近人而忠焉"（《礼记·表记》）。统一华夏国家形成于众多族群之聚合，各族群的宗教颇为不同：夏居于中原，直接继承尧舜，以敬天为宗教生活的中心；殷商来自东方，偏于人格化上帝崇拜，因而有一定程度的"君权神授"意识①。如孔子所说，周人在一定程度上恢复了夏人的宗教传统，其王家宗教体系转向以敬天为中心。②

周公正是这一转向之主要推动者，恢复敬天是其制礼作乐事业中的重要组成部分。分析《尚书》周公书各篇周公言天、帝的频率（见表3-1），可见其间有颇为明显的规律可循：当周公对众人言时会说到"帝""上帝"，尤其是《多士》《多方》两篇，专门针对殷人演讲，言及"帝"的频率最高；当周公对周人言时却主要言天，而较少言及"帝""上帝"，有三篇根本未言及。可见，考虑到殷人崇拜上帝，周公以上帝说服殷人，此为言说策略；但对周人，则致力于树立其敬天观念，此为国本。

周人重返于敬天，高度敬祖，因而有历史意识之自觉。《中庸》记孔子赞周人有大孝之德："无忧者其惟文王乎！以王季为父，以武王为子，父作之，子述之"，"武王、周公，其达孝矣乎！夫孝者，善继人之志，善述人之事者也"。孝之德始于生者肯定父母进而肯定先人为自己生命之本，由此产生返本的道德自觉，自觉延续先人之所行，则先人之所行就成为后

---

① 关于殷人所崇拜上帝之人格性，参见：胡厚宣. 殷卜辞中的上帝和王帝（上）. 历史研究，1959（9）；胡厚宣. 殷卜辞中的上帝和王帝（下）. 历史研究，1959（10）.

② 关于殷周之际信仰的变化，参见：李绍连. 对殷的"上帝"与周的"天". 史学月刊，1990（4）.

表3-1　天、帝（上帝）在周公书各篇中的出现频率

对众人包括殷人言说之篇			对周人言说之篇		
篇目	天	帝或上帝	篇目	天	帝或上帝
《大诰》	18	2	《金縢》	5	1
《康诰》	8	2	《酒诰》	7	1
《多士》	17	10	《梓材》	1	0
《多方》	21	4	《召诰》	19	2
			《洛诰》	4	0
			《无逸》	2	0
			《君奭》	17	4
			《立政》	2	4

人之"道"，过去获得了意义，也就构成历史。周人的王业是历史地展开的，经过至少四代人接力，始得成功。这段生命的、政治的历史自然成为周人最为珍惜的精神资源，养成其偏好追溯先王之历史性政治意识，如《中庸》所说："周公成文武之德，追王大王、王季，上祀先公以天子之礼。"周公之礼以祭祖为中心，内涵充沛的历史意识。

带着这样的历史性政治意识，周人于克殷之后，有意识地扩展其历史知识；当面临政治危机之时，周公以之思考政治，历史的政治理性发育成熟，并以之进行伟大的思想创造与礼乐制作。

二、殷周革命与历史知识大爆炸

独特的宗教信念让历史政治意识在中国发端甚早，但历史政治理性之成熟，则有赖于可获得的历史知识积累到一定程度，人们可据以进行有意义的历史比较、反思。周革殷命，带来一次历史知识的爆炸，为历史政治理性的成熟创造了条件。

周公早年即有明确的历史政治意识，但可利用之历史知识局限于本邦。《逸周书》记周公多次为武王出谋划策，可见其主要引用文王之事，如《大开武解》谓"维文考恪勤"，《小开武解》谓"在我文考"云云，《大聚解》谓"闻之文考"云云。武王驾崩后，周公摄政，在指导姬姓子弟治国立政之道时仍反复提及文王，如《康诰》中周公对康叔曰："惟乃丕显考文王，克明德慎罚；不敢侮鳏寡，庸庸，祗祗，威威，显民，用肇造我区夏，越我一、二邦以修我西土。惟时怙冒，闻于上帝，帝休，天乃大命文王殪戎殷，诞受厥命越厥邦厥民。"《酒诰》中周公对姬姓子弟再三申明文王禁酒之令。

但仅有"小邦周"的历史知识，显然不足以带来政治思想之突破，因为其中事实不够丰富曲折，也就难以进行广阔、深入的比较。唯有治乱、盛衰、兴亡的多次发生、强烈对比，始足以引人深思、比较，哲人才能据以揭示人的行为选择与治乱之间的因果关系，构建出可信的思想命题。故周公政治思想之爆发实在克殷之后，周人获得殷商王室所藏丰富档案文献，甚至可能看到珍稀的夏朝档案文献。

《尚书·舜典》记帝舜命"龙……作纳言，夙夜出纳朕命，惟允"，其职责相当于后世"尚书""中书"，负责书写政令，则必定加以保存，即构成档案。夏、商两代王室必定续设此类官职，故《多士》中周公说："惟殷先人有册有典"，此典册当以毛笔书写于简牍之上。[1] 考古发现的甲骨文字体系已相当成熟，推测此前数百年即虞夏两代，当已有文字记录政令，甚至记录王者君子之言行[2]；至于商代，除主要用于记录占卜结果的甲骨文外，当另有数量更大、记录政务之简牍文书，只不过竹木材质易朽坏，故不见于今日。

后世汉军攻入咸阳，萧何"独先入收秦丞相御史律令图书藏之"，故得以"具知天下阨塞，户口多少，强弱之处，民所疾苦者"（《史记·萧相国世家》）。据此可以反推，殷周革命之际，殷商王室秘藏之档案必定转归于周王室。《史记·周本纪》记周武王克殷后，"周公旦把大钺，毕公把小钺，以夹武王"，入商纣王宫城。周公本有历史意识，必定参与接收殷王

---

[1] 陶寺遗址出土文物中有毛笔书写遗迹，参见：冯时."文邑".考古学报，2008（3）.

[2] 不少学者持有这种看法，如：唐兰.中国文字学.上海：上海古籍出版社，2005：52 - 53；王晖.中国文字起源时代研究.陕西师范大学学报（哲学社会科学版），2011（3）.

室之典、册，以为知天下、治天下之依据。

周王室也有意识地保留、重用殷商王室中专司政令文书书写、保存、解读之史官，今人对此做过梳理并得出结论：作为殷商遗民的"异姓贵族构成周代史官系统的主体"，且后来在王室一直享有比较崇高的地位；"异姓史官是周文化汲取各类文化营养的根须和触角，是各部族文化融汇为周代文化的蹊径和桥梁。'周监于二代'的过程，从某种意义上说就是异姓史官积极发挥其文化优势的过程"①。周武王访箕子，箕子为武王述《洪范》九畴，亦可归入这一类。

周公所说"典册"向来秘藏于王室，外人无从得见；在获得这些档案材料和前代史官之后，周公的历史知识始得以大幅超出本邦范围，对殷商从兴到亡的完整历史过程有详尽了解；借助殷商史官保存的材料和记忆，对夏代兴盛衰亡之历程也有一定了解。这是周公以历史思考政治之知识前提。现有文献充分证明了周公历史知识之丰富与精确：《尚书》之《无逸》所记周公之语，显示其相当精确地知晓殷商中后期诸王在位时间、政治品质及理政绩效；《君奭》所记周公之语，显示其对前期商王与发挥辅佐作用的巫之名姓、德行有详尽了解。而且，周公均以"我闻"开始其历史叙事，明白显示其知识得自于殷商入周之史官。

可以确信，克殷之后，周公的历史知识有极大扩展，数量大幅增加，性质有所突破：此前仅限于本邦，流于单一、同质；此后极大扩展，得以掌握天下统治者的历史、"国家"或"天下"的历史；其时间也从当代、最多是自己的文、祖，扩展至夏、商两代，从中可见两个王朝兴、盛、衰、亡之完整周期，可资政治分析、比较之"样本"数量相当之大。依此资料，周公有条件进行宏观历史比较研究，这是以历史获取政治知识之基本途径。就此而言，即便夏商两代君子有历史意识，也难有历史政治理性的自觉：夏不用说，国家、政治的历史刚刚开始；到殷商，君子所能掌握之历史知识仍嫌不够，仅仅一次统治权更替是无从进行比较性思考的；而没有比较，就难从历史中总结出有说服力的政治学命题。至周公，则条件

---

① 胡新生. 异姓史官与周代文化. 历史研究，1994（3）.

基本成熟。

历史政治理性之所以由周公发展成熟，则因其是执政者，当时面临巨大政治压力：东方叛乱造成了全面而深刻的政治危机，周公不能不思及夏、商衰亡之事，乃有强烈的"忧患意识"——这体现在周公所有论述中；平定叛乱后，则需安定秩序，周公迫切希望探寻致治之道。凡此种种实践压力推动周公深入历史，比较不同政治决策的利弊得失，从而实现思想突破，下文将予详论。

"监"于前世的自觉，催生记录此世以为后人之"监"的自觉，周公创造至少是完善了两项创造和记录历史的政治制度：史官之制与策命之礼。周公代表周王分封、任命诸侯、公卿、官员之时，口头诫命其职责与理政之道，由史官记录，制作为文书，颁赐给受封者，并保存为档案。《康诰》是此类文书之典型，金文中多有此类文书。对此，学界已有深入研究。① 这些文书档案日渐积累，其中所记规范即构成"周礼"，尤其是规范君臣关系之"经礼"。周礼不是周公以法典形式一次性颁布的，而是在个别封赐礼仪中零散地、历史地构造的。因涉及彼此权利、义务，因而周王、公卿、诸侯、大夫高度重视这些文书，设专门官职、建专门机构保存之。由此，史官制趋于完备，内部层级化，王室内形成"太史寮"，与"卿事寮"明确分工，这是官僚制在周代发育成熟之重要标志。② 文书化推动了政治的法律化、理性化。周礼在这些文书之中，史官就是礼官；周人以礼治天下，史官相当于今日法官、法学家。③ 因此在周代，历史是王室政治之关键；政令一经颁布即成历史，历史档案内涵礼法，被人解释、适用。历史地形成的惯例具有普遍约束力，历史一直活着。

此类文书数量巨大，进入春秋后期、战国时代，因战乱而大量散逸湮灭。孔子费心搜集，删述为六经，其中主要为周代文献。可以说，周公是六经之父，孔子为其母。"六经皆史"，周公之史转为孔子之经，历史性文

---

① 陈梦家.尚书通论：增订本.北京：中华书局，1985：146-170.
② 李峰.西周的政体：中国早期的官僚制度和国家.北京：生活·读书·新知三联书店，2010：60-62.
③ 关于周礼的性质及其形成机制，参见：姚中秋.华夏治理秩序史：第2卷.海口：海南出版社，2012：504-622.

献呈现中国之道，引领后人前行。经由周公之示范，历史成为中国政治之活水源头，历史政治理性定型为中国之基本思想范式。

三、"监"于历史之思想创发

对周公政治思想，哲学史、思想史界已有较多研究，我们所关注者乃其以历史政治理性思考和实践之取向和方法。

周公不是史官，不是今日专业历史学者，而是身处危机状态、志在安天下之大政治家，故其考察历史，不是为了构建历史叙事，而是为了解决现实问题，主要是政治问题。为此，周公自觉地采取"监"于历史的方法，《召诰》记周公曰："我不可不监于有夏，亦不可不监于有殷。"在其他场合，周公也多次言及"监"。《康诰》中对康叔言："予惟不可不监，告汝德之说于罚之行"；《酒诰》中引用古人有之言，"人无于水监，当于民监"。而后说："今惟殷坠厥命，我其可不大监，抚于时！"《梓材》《无逸》《君奭》等篇也都言及"监"。《诗经》中则使用"鉴"字，如《大雅·文王》谓："宜鉴于殷，骏命不易"，《大雅·荡》谓："殷鉴不远，在夏后之世"。据《说文解字》，监、鉴二字相通。

监者，视也，不是一般性观看，而是深入考察，从连续的历史行为、事件中发现因果关系或经验性规律。周公通过对大量历史事实的考察，在特定行为与特定社会政治后果之间构建并验证因果关系，由此形成道德和政治的规范性命题，作为进行政治选择之依据。从简单到复杂，周公之监可分为三层。

最简单的监：周公为武王画策，援引"文考"之行，以之为道德和政治实践之"先例"，文考如此行动，取得成功，则文考之行就构成后人可以遵行之规范。后人所说"故事""祖宗之法"与此类似，这是人类做出行为选择之常见模式。

更进一层的监：周公获知夏商两代兴盛衰亡之知识后，运用宏观比较分析的方法，从夏、商、先周丰富的历史人物、行动、事件中探索、发现具有较高说服力的因果关系，据以对君子提出道德、政治之应然要求。

比如《无逸》中，周公详尽引用殷商诸王和周先王事例，类似于量化统计，由此揭明"无逸"即不放纵、自我约束的德行与王的统治时长之间的因果关系，得出如下政治学命题：自我约束有助于长期保有统治权。这里也隐含了个体可以长寿之意，而这是最大的幸福——《洪范》第九畴列"五福"，寿居第一。这样，周公向君子提供了自我约束之强大激励，即便为了自身利益之最大化，君子也应自我约束。据此，周公对姬姓子弟提出如下应然性道德和政治诫命："继自今嗣王，则其无淫于观、于逸、于游、于田，以万民惟正之供。"

又如《君奭》中，周公列举殷商诸王与其相配的大巫之名单，并总结其政治绩效："率惟兹有陈保乂有殷，故殷礼陟配天，多历年所。"而后说周"亦惟有若虢叔，有若闳夭，有若散宜生，有若泰颠，有若南宫括。"四人先后辅佐文王、武王，同样取得良好政绩。周公以此事实论证以下政治诫命：君臣间、臣僚间应同心同德；据此，他请求召公"今在予小子旦，若游大川，予往暨汝奭其济"。周公且明确呼吁召公"君肆其监于兹"。

最高层次的监：基于考察两场革命的历史，在德与天命即天下统治权之间建立起明确的因果关系，提出天命以德转移之宏论，为危机中的周提供了有力的统治正当性论述，最终安定了天下人心。

周人确已取代了殷商，获得天下统治权，但东方叛乱表明，殷商遗民对周王室尚无政治认同。而东方人口众多，资源丰富，能否取得其认同，是天下能否安定之关键。《召诰》中周公对周室君子说明了自己之核心问题意识："相古先民有夏，天迪从子保，面稽天若，今时既坠厥命。今相有殷，天迪格保，面稽天若，今时既坠厥命。"夏、商都曾有"天命"，即天所认可之天下统治权，后来却丧失，周人须认真面对这一历史事实：

> 我不可不监于有夏，亦不可不监于有殷。我不敢知曰，有夏服天命，惟有历年；我不敢知曰，不其延。惟不敬厥德，乃早坠厥命。我不敢知曰，有殷受天命，惟有历年；我不敢知曰，不其延。惟不敬厥德，乃早坠厥命。

周公通过历史研究做出回答：夏、殷之所以丧失天命，是因为其"不敬厥德"。故周公再三要求成王及姬周君子"敬德"。

周公面临的最大挑战还是争取殷商遗民的认同，故《多士》所记周公对殷商遗民之论述更为完整：

> 我闻曰："上帝引逸，有夏不适逸；则惟帝降格，向于时夏。弗克庸帝，大淫泆有辞。惟时天罔念闻，厥惟废元命，降致罚。乃命尔先祖成汤革夏，俊民甸四方。自成汤至于帝乙，罔不明德恤祀。亦惟天丕建，保乂有殷，殷王亦罔敢失帝，罔不配天其泽。在今后嗣王，诞罔显于天，矧曰其有听念于先王勤家？诞淫厥泆，罔顾于天显民祗，惟时上帝不保，降若兹大丧。惟天不畀不明厥德，凡四方小大邦丧，罔非有辞于罚。"

周公开场说"我闻曰"，表明自己所述者乃是历史事实，以此增加论证之权威性。周公首先援引殷商从夏朝获得统治权的历史，构建了包含在"皇天无亲，惟德是辅"（《尚书·蔡仲之命》）一语中的两个重要政治学命题：

第一，殷商代夏，周人代殷，两轮王朝兴替历史已足够清晰地表明，天命是开放的而非封闭的，统治权不是固定不变的，完全可以转移，此即《诗经·大雅·文王》所说"天命靡常"。

第二，天命转移有经验性规律可循。周公通过叙述王朝兴替，又通过叙述殷商一朝之内不同君王的德行与治乱绩效之关系，在德与天命之间建立了经验性因果关系：唯德可以配天，天命归于有德者；统治者无德，必失天命，由有德者受之。

后面周公又申明："惟尔知，惟殷先人有册有典，殷革夏命。"既然殷可因夏之无德而革夏之命，那按同一逻辑，周也可因殷之失德而革殷之命；殷商遗民既然承认殷商的统治权是正当的，亦当承认周人以同样方式获得之统治权是正当的。结论就是：对历史已证明为正当的周人统治权，殷商遗民应予以服从，"比事臣我宗多逊"。

可见，周公以历史为周人的统治权构建了正当性，此可谓之"历史正当性"。这个正当性论证完全基于确凿的历史事实，对殷商遗民来说拥有无可辩驳的说服力。再辅以其他政治措施，周人终于赢得殷商遗民的认同，东方得以安定。周代奠定了此后历代政治正当性构建的基本范式：以历史证成统治之正当性，当代中国仍然如此。

总之，周公以历史政治理性构建了一套比较完整的政治观念体系，其中的价值、话语、命题，经由六经，传之后世，以至于今。因此，历史政治理性就是理解中国政治思想传统之关钥。

四、"监"于历史之创制立法

周公是政治家，在解决统治正当性的实践中，奠定了历史取向的政治思想之道；又在制礼作乐的实践中，奠定了历史取向的政治实践之道。

周公为周制礼作乐，此乃古人定论。古人所谓礼，作为规范人际关系之规则，近乎无所不包，涵盖政治、军事、宗教、经济、社会等各领域。殷周之际，礼乐变化颇大，王国维名篇《殷周制度论》详论周代立子立嫡之制及由此而来的宗法与丧服之制、封建子弟之制、君天子臣诸侯之制、庙数之制、同姓不婚之制等，其中多数为周公所创①；钱穆详尽地描述了周公所创宗祀、明堂之礼②；杨宽《西周史》所述各种制度，大半也出自周公之创制；当代也有学者对周公所创礼制、乐制有所论述③。至于周公创制立法之道，孔子的两句话已昭然揭示之：

> 子曰："殷因于夏礼，所损益，可知也；周因于殷礼，所损益，可知也。"（《论语·为政》）

> 子曰："周监于二代，郁郁乎文哉！吾从周。"（《论语·八佾》）

西方宗教、哲学和历史叙事中常有"立法者"（law-giver）角色。先知摩西是犹太民族的立法者，以神之名颁布了覆盖宗教、世俗生活各方面的律法。在色诺芬、亚里士多德笔下，斯巴达的莱库古斯是立法者，梭伦是雅典的立法者。柏拉图《理想国》中的"哲人王"其实也是立法者，当

---

① 王国维.观堂集林（外二种）.石家庄：河北教育出版社，2001：232.
② 钱穆.钱宾四先生全集：第26册.台北：联经出版事业公司，1998：75-89.
③ 王晖.周初改制考.中国史研究，2000（2）；付林鹏.殷周变革与西周乐政体系的确立.孔子研究，2019（4）.

其降临城邦，首先清除城邦既有一切风俗，就好像画家，"把从前的画面擦干净，然后重新画上一副"①。凡此种种立法者之作为，可谓"哲学的创制立法模式"：先知或哲人站在历史之外，依据神启或"理念"，构造出完备的人间规范，以法典形态施加于共同体，共同体乃从头开始其生命。近世西方政治哲学也都设定了这样的绝对开端和立法者，最为清晰地见之于社会契约论中。

中国历史叙事中没有这样的立法者，周公固然制礼作乐，却采用了历史的创制立法模式。周公有成熟的历史政治理性，当其欲安天下而创制立法时，首先回望既有之礼乐。周公自谓"我不可不监于有夏，亦不可不监于有殷"，孔子亦以"监"字描述周公制礼作乐之法。可见周公的制礼作乐绝不是无视历史，从头系统地颁布礼典、乐典于天下，而是详尽考察夏、商两代既有礼乐及其所产生的治理效果，权衡其间之得失利弊，于其中取舍抉择：前代礼乐大多数是可取的，乃予以"因"，即承袭、延续；有些礼乐不可取，如殷商人牲、人殉之礼与酗酒、奢靡之风，则予以"损"，即废除、废止；面对新情势，周公又有所"益"，新创某些礼乐。因此，周公制礼作乐是在继承基础上的变革、创新。

《立政》比较完整地展示了历史的创制立法模式：国家已渡过危机，周公还政于成王，决定设立常态化官职系统。在此，周公娴熟地运用历史政治理性，首先回顾了三段历史：首先是夏、商两代，都经历了明显的治乱周期性变化，早期制度设计比较合理，且能任用贤能为官，给予信任，国家治理良好，夏桀和商纣王却用人不当，随意干预，政事紊乱，终致丧失统治权；其次，周公又叙述了文王、武王的历史经验。这三段历史中既有成功经验，也有失败教训。不同做法相互比较，恰当的制度和正确的做法自然浮现出来，随后，周公向成王阐述了官职设立、官员任用等方面的原则。

总体上，周公自觉地把制礼作乐活动置于连绵不绝的历史进程中，认真对待历史地存在的各种制度。不过，制度终究是服务于民生、服务于共

---

① 柏拉图．理想国．北京：华夏出版社，2012：234-235．

同体稳定和繁荣的，故周公把历史作为创制立法之出发点，而拒绝成为历史的奴隶，他充分运用理性，依据历史已展示之各制度之绩效权衡取舍，并进行必要创新。由是，历史既保持了连续，又有所增益，政治由此得以在连续中演进、发展。

周公奠定了中国式政治发展之道。黑格尔曾多次断言中国历史是停滞的，并被广泛接受。这当然不是事实，其错在于，以一神教式历史观理解发展，视之为通往一个确定终点的线性运动过程，并幻想可以理性推知这个终点。[①] 然而，历史的根本属性是"不已"，人永在其中，不可能构想终点。因此，政治无非就是解决显而易见的问题，以改善现状；但随之必然出现新问题，后人继续解决，如此"生生不已"。政治就是一个持续改善的"不已"的过程。

没有了终点幻象，历史对于政治才是至关重要的。不存在可以终结历史之"神启"或终极"真理"，人只能依靠自己，包括依靠前人，前人之所行构成后人之"启示"。但与"神启"之"自我显现"不同，历史的意义、价值有赖于今人之探索、比较、深思：考察众多政治体或个体之道德和政治选择与其相应后果，构建出概率性因果关系，知往以识今、鉴来。思考的驱动力不是去往彼世，而是改善人在这个世界的存在状态。

可见，求善的意志驱动了历史理性之运用与发育。周公正是为求政治之善，进入历史，如刘家和所说，周公思想体现出"历史理性与道德理性的最初统一"[②]，且善主要通过政治来实现。故历史政治理性的完整说法是"道德的历史政治理性"，此为数千年来中国政治与学术之基本取向和方法。

五、结语

基于敬天信念，中国人很早就有历史政治意识，至周公则在巨大政治

---

① 刘家和对黑格尔式历史发展观有所批判，并正面论述了中国文明的发展道路，参见：刘家和. 中西古代历史、史学与理论比较研究. 北京：北京师范大学出版社，2013：绪论 关于历史发展的连续性与统一性问题：对黑格尔曲解中国历史特点的驳论.

② 刘家和. 中西古代历史、史学与理论比较研究. 北京：北京师范大学出版社，2013：406 - 409.

压力下，凭借丰富的历史档案材料，从中思考解决重大问题之道，历史政治理性至此臻于成熟。五百年后，孔子运用周公之法，收集、整理虞、夏、商、周四代历史文献，尤其是周公之书，铸史为经，至此，历史政治理性定型为中国政治和学术之基本取向和方法。

从政治上看，历代改朝换代之后，革命者、开国者普遍以历史论述统治权的正当性，此即"历史正当性"；历代创制立法，无不以历史为最重要资源，参酌取舍。从学术上看，《春秋》开其端，《史记》《汉书》成其典范，儒家以历史政治理性奠定以"资治"为宗旨的史学范式。此后两千多年间，士大夫之学以经、史为中心，并以之为政，故历史政治理性贯穿于历代政治实践和思想学术之中。[①]

尤为重要的是，中国共产党全面延续、发展了历史政治理性传统，最为显著的体现有二：第一，《中华人民共和国宪法》的序言以历史论证中国共产党领导中国人民建国立政之正当性；第二，在历史关键节点上，中国共产党于1945年、1981年、2021年制定了三份"历史问题决议"，全面总结历史经验，确定政治的根本法度。这些做法在现代世界政治场域中是独一无二的。

与实践维度的历史连续性相反，现代思想学术在很大程度上偏离了历史政治理性传统：20世纪初的全面政教危机导致经史学术体制瓦解，中国学术转而通过移植西学重构，史学逐渐去政治（学）化，尤其是80年代以来日益地社会史化、文化史化；从西方引进的包括政治学在内的社会科学体系，则有明显的非历史、去历史、反历史倾向。[②] 结果是两蒙其害。今天，我们完全有理由、也有条件改变这种局面，当代学者所倡导的历史政治学就是历史政治理性的学术表达。

---

① 姚中秋. 经史传统抑或文史哲传统. 开放时代，2021 (1).
② 西方现代社会科学的主流是去历史、非历史、反历史的，参见：郭台辉. 西方社会科学方法论的历史之维. 中国社会科学，2019 (8).

第四章
文教及其宗教治理功能

经过西汉前中期的文化政治变革，秦朝建立的皇权官僚郡县制国家融合了孔子所创建之普遍性文教，由此形成的高度稳定的国家形态就是文教国家。在中国历史脉络中，这一概念可以有效地区别秦制与西汉中期以来的新国家形态；在世界范围内，这一概念可以有效地区隔轴心突破时代所形成的中国型普遍国家与广义西方的对应物。文教是造成这两个维度上的区别之关键因素，这是一个与神教相对的宗教类型学概念。文教与一神教就是轴心突破时代所形成的人类普遍性宗教的两大基本类型，两者与同样有较大差异的普遍性政治体相结合，形成人类普遍性秩序的两个基本类型。我们将首先结合儒家经典论述与相关历史事实，通过比较性分析，确定孔子之教或曰儒教是文教，进而分析文教与神教之间的关系，尤其是结合历史事实揭示文教"教化"神教之独特功能，这是文教国家保持大一统之关键机制。

第一节　儒教作为文教：比较视野下的概念厘定

中西宗教有过两次"大分流"：第一次发生在文明-国家形成之时，各文明都形成多神教，但在广义西方，其主神仍保留人格化属性，而华夏国家之王却首先崇拜无人格、不言之天——对此，我们在第一章第三节已有专门讨论。第二次发生在政教分殊化时期，即雅斯贝斯所说的"轴心时代"[①]，亚欧大陆上各古典文明均经历危机而实现精神突破，形成了多种世

---

① 雅斯贝斯. 历史的起源与目标. 桂林：漓江出版社，2019；第一部分 世界历史.

界性宗教。西方形成一神教，其唯一真神的人格化属性更为突出，对人颁布律法；孔子之教也即儒教却仍在敬天的轨道之中，强化了其人本性质，其教义可概括为"敬天孝亲，学以成人"，我们称之为"文教"。

秦汉以后，道教兴起，佛教传入，士林乃有"三教"之说，"教"的意思就是教化。后来袄教、伊斯兰教、基督教传入中国，也都被称为"教"。19世纪中后期，欧美列强接连打败中国，在中国强行传播基督教，促使人们认识其独特的崇拜方式和组织形态。日本人创造了"宗教"一词，用以对译英文的 religion①，留日中国学者将其引入中国②，并且逐渐定型为特指基督教为代表的、以崇拜人格化神灵为中心、具有建制化教会组织的信仰与礼仪体系，并以此对自古以来冠以"教"名的大小传统进行重新定位，从而引发了它们是不是"宗教"的争议，其中最为重要的问题是：儒家是不是"宗教"？③

围绕儒教之言说，实有两个相关而不同的议题：第一，从学理上看，儒家是不是宗教？第二，在现实实践中，是否应当以儒家为本，建立一种宗教？这两个问题的争论已持续数百年，过去三十年来争论仍相当热烈。人们站在不同立场上，各执己见。至今日，宗教学者似多接受儒家宗教说，进入21世纪以来兴起之儒家则从事于儒教之构建，似乎正好印证了这样的学术结论。我们的看法则是，历史上的儒家从来就不是西方式宗教，相反，它自成一格，呈现为文教；从政治角度看，儒家也不应成为宗教，一个与文教互嵌的国家是更为可欲的，下面对此略作论证。

一、现代学术关于儒教定性之简单回顾

过去百余年围绕儒教之言说，因言说者的身份之别而有两大范式。

第一种言说出自致力于儒教构建之当事人，近世从事这一努力最早而

---

①　渡边浩，商兆琦. 从"Religion"到"宗教"：明治前期日本人的一些思考和理解. 复旦学报（社会科学版），2017（3）.

②　曾传辉. 宗教概念之迻译与格义. 世界宗教研究，2015（5）.

③　陈熙远. "宗教"：一个中国近代文化史上的关键词. 新史学，2002（4）.

最有名者为南海康有为之倡建"孔教"。康南海通过《孔子改制考》，在思想上沿着公羊学尊孔子为素王之思路，而发展出孔子改制立法之理念；受基督教教义影响，又发展出孔子为教主之理念，而形成孔教构想。愈到晚年，康南海愈对此事用心，不惜与政治上图谋复辟的军阀合作，引来诸多诟骂。

应该说，康氏此说颇具先见之明。董仲舒推明儒术以来，儒家价值深入人心，儒家士大夫透过"学"而成为社会治理者。虽有道统、政统之分，但"政教"——此处之"教"是指教化——统合于士大夫身上，如历代循吏所昭示的，以政为教，以教为政。联结华夏共同体、维系基本秩序之共同价值乃是由士大夫守护、传播、教化的。康南海预言现代国家之构建必然让这样一套政教体制崩溃。事实上，康南海变法的核心主张就是废科举，令士子改习西学，士人必趋向专业化、技术化。如此则必然出现一个严重的政治问题：谁来守护儒家士大夫守护的、对社会基础性秩序而言至关重要的中国价值？康南海计划让孔教承担这个责任。在士人专业化、远离价值、不再承担教之职能的时代，这将是一个专业化的教会组织，专司以儒家价值教化民众。

然而，康南海变儒家、立孔教之说，当时即遭到儒家士大夫主流之强烈反对，比如张之洞。张之洞本来是支持康有为变法的，但无法容忍其孔教说，张之洞认为，康氏之说从根本上颠覆了儒家，在劝说其放弃而不果之后，乃与之决裂，并写作《劝学篇》。[①]

20世纪最初十几年，以传授儒家之学为本的传统文教体系迭遭猛烈冲击：废书院、废科举、废除读经。儒家士人普遍接受现代知识，包括人文与社会科学训练，由此出现了不信奉儒家价值但研究儒家之人文社会科学学者。他们以旁观者的身份，以科学、学术的视野研究儒家之义理与社会形态，由此形成了第二种范式之儒教言说。

应该说，20世纪早、中期学术界的主流看法是，儒家不是西方式宗教，从而形成"中国无宗教论"，梁启超首倡其说，用以反对康南海的孔

---

① 茅海建. 张之洞、康有为的初识与上海强学会、《强学报》. 华东师范大学学报（哲学社会科学版），2013（1）.

教说；较为年长的现代新儒家人物，如梁漱溟、熊十力、钱穆、张君劢等人，也都不认为儒家是宗教，比如梁漱溟明确指出"周孔教化非宗教"，中国文明的根本特征是"以道德代宗教"①。

到 20 世纪八九十年代，为了书写中国宗教史，任继愈等人发起儒家是不是宗教的讨论，进而引发了儒学研究者的兴趣。这一时期的看法与 20 世纪上半期相比发生了明显变化：宗教学领域不少学者倾向于认定儒家是宗教。② 这也许是因为，此时主流意识形态对宗教的定性已有所变化，宗教不再全然是负面的。不过，思想史、观念史等领域的学者一般仍倾向于儒家不是宗教。③

不管怎样，这样的争论与学者的生命、价值没有关系，只具有知识上、学术上的意义。这些学者有一个共同的预设：儒家已经死亡。因此，他们的争论只关乎对儒家的历史存在形态，以及对历史上的中国政制、文明之理解。这是一个学术问题，具体而言是一个历史学术问题，而不具有现实意义。

90 年代以来，儒学兴起，导致此一争论的形态发生重大变化。首先，学术界之内、之外出现了一批"儒学者"。他们从事学术事业，研究儒家之学，但在相当程度上信奉儒家价值。与此前研究者不同，他们具有儒家身份自觉，因而站在儒家内部讨论问题。似乎正是因为这样的身份，他们对儒家义理有更为深入之体会，从而能够超越貌似客观、实则皮相之争论，打破儒家宗教-非宗教说之对立，依据自己的精神体认，提出超越学院争论的观点：儒家不是基督教、伊斯兰教意义上的宗教，但具有宗教性。这一观点自有所承：唐君毅、牟宗三、徐复观等"港台新儒家"就持有这种观点。而 90 年代以来，港台新儒家在儒学研究圈中居于支配地位，因此，儒家虽非宗教但具有宗教性的观点，在儒学研究圈中，影响相当之大。④

---

① 梁漱溟. 中国文化要义. 上海：上海人民出版社，2005：85-108.
② 任继愈. 论儒教的形成. 中国社会科学，1980（1）.
③ 冯友兰. 略论道学的特点、名称和性质. 社会科学战线，1982（3）.
④ 相关综述，参见：段德智. 近 30 年来的"儒学是否宗教"之争及其学术贡献. 晋阳学刊，2009（6）.

21 世纪初，中国社会又出现另外一种力量：具有明确自我身份认同的"儒教徒"，这以 2005 年蒋庆倡导儒教为起点——下文将对此有所讨论。其与儒学者的相同之处在于信奉儒家价值，但比儒学者更进一步，儒教徒尝试建立教义和仪轨，让儒家成为西方式组织化宗教。对于这种做法，外界多有批评，儒学圈内部也争论不休。

二、孔子奠基文教形态

由以上简短的学术史回顾可见，如何定性在过去两千多年历史上发挥了重大作用的孔子之教、儒教或儒学，学界始终没有定论。考察争论中的各种论述可见，它是不是宗教的争论，在很大程度上起因于究竟什么是宗教。应当承认，很多争论者陷入宗教就等于西方式宗教的概念陷阱——这是西方学术霸权的一个表现。解决这个问题的出路在于重建一个宗教类型学框架：轴心突破时代形成的普遍性宗教大体上有两种基本类型，一种是孔子创立之文教——这个"文"出自孔子之论述，另一种则是广义西方常见的神教，它以人格化神灵崇拜为中心，两者差异极大，下面我们对此略作分析。

斯马特提出了宗教的七维度或七层面分析框架：实践与仪式，即祭祀礼仪；经验与情感，主要有两种，既敬又畏与神秘；叙事与神话；教义与哲学；伦理与律法；社会与制度，即组织形态；物质层面，宗教性建筑物、艺术品等。[①] 我们下面的讨论无法做到面面俱到，仅从几个比较重要的方面进行比较性考察，以确认儒教的独特性。

首先来看孔子本人之行迹。

> 子曰："学而时习之，不亦说乎？有朋自远方来，不亦乐乎？人不知而不愠，不亦君子乎？"（《论语·学而》）

《论语》的编排有其内在逻辑[②]，首篇《学而》为《论语》全书之内

---

① 斯马特.世界宗教：第 2 版.北京：北京大学出版社，2004：5-12.
② 姚中秋.《论语》大义浅说：可大可久的生命之学.北京：中国友谊出版公司，2016.

容提要，首章则是孔子对自己一生事业之描述，也是孔子对孔门存在之社会形态与目的之交代，尾章则予以回应。这两章清楚说明，孔子通过学成为圣人，而后兴办学，目的在于养成君子，中心是学。在《论语》及儒家早期文献中，"学"字反复出现，清楚表明儒教的存在形态是"学"。这一点，与西方式宗教截然不同——它是以高度人格化的神灵崇拜为中心的。

然则，何谓"学"？以现代语言表示，孔子、儒家之学有两个维度：学术、教育。康有为把孔子视为"教主"，然而孔子之为教主，完全不同于耶稣或穆罕默德，也不同于释迦牟尼，起码根据现有文献，后者都是受到了神灵的启示或者静思冥想，而"无中生有"地创造出了一整套信条，创立了"启示宗教"。孔子却不是这样创的。孔子晚年自述其人生经历曰"吾十有五而志于学"（《论语·为政》）。孔子稍一更事，就具有学之自觉。孔子曰："生而知之者，上也；学而知之者，次也；困而学之，又其次也；困而不学，民斯为下矣。"（《论语·季氏》）《论语·子罕》记子贡评孔子"固天纵之将圣，又多能也"。"天纵"者，生而知之者也。然而，孔子生而知之者为何？不是具体的知识，而只是学之自觉。孔子自幼就抓住一切机会向掌握着礼法之人士"学"。夫子自道："十室之邑，必有忠信如丘者焉，不如丘之好学也。"（《论语·公冶长》）对于孔子之好学，《论语》《左传》《史记·孔子世家》多有记载。经由学，孔子"多能"。可见，孔子之成圣，不是来自神启或者冥想，而完全是通过学。学是完全理性的，没有神秘气息，这一点塑造了儒家之基本气质。

因此，孔子期待于其后学者就是学。孔子以己之所学教授弟子，所谓"学而不厌，诲人不倦"（《论语·述而》）。因此，孔子作为圣人，其首要身份是"师"，古代始终尊奉孔子谓"至圣先师"。这种身份既不同于神教的先知，也不同于苏格拉底、柏拉图这样的"哲人"。作为师，孔子所要求于其弟子的当然就是学。孔子从来没有要求其弟子"信"——后世儒者也都从来不要求其弟子信。因此，对于儒教来说，不需要非理性的"信仰"（belief）。事实上，孔子也允许其弟子以批判的态度自主思考和选择，在这一点，与苏格拉底颇为接近，但两者所思考的内容则有很大区别。孔子所学者为何？我们来看孔子的自述：

> 子曰："述而不作，信而好古，窃比于我老彭。"
>
> 子曰："我非生而知之者，好古，敏以求之者也。"（《论语·述而》）

对于"古"，《中庸》有精确诠释："子曰：'文武之政，布在方策。'"，又谓仲尼"祖述尧、舜，宪章文、武"。孔子收集、整理尧、舜之法度与文王、武王之典章。孔子收集、整理此后历代先王之简书、故事。

> 子曰："夏礼，吾能言之，杞不足征也；殷礼，吾能言之，宋不足征也。文献不足故也，足则吾能征之矣。"（《论语·八佾》）
>
> 子在齐闻《韶》，三月不知肉味，曰："不图为乐之至于斯也！"（《论语·述而》）

可见，孔子好学古圣先王之礼、乐，孔子所学者乃是历史和传统。孔子不是无中生有地进行精神的创造，而是承先启后地继承、发展道德、政治传统。孔子的做法充分体现了第三章所揭示的中国的历史理性思维方式，它完全不同于耶稣或穆罕默德的启示理性，不同于苏格拉底和柏拉图的逻辑理性，后两者都是去历史、反历史的。

孔子把自己所学的文献整理为经：

> 孔子之时，周室微而礼乐废，诗书缺。追迹三代之礼，序书传，上纪唐虞之际，下至秦缪，编次其事……故书传、礼记自孔氏。
>
> 孔子语鲁大师："乐其可知也。始作翕如，纵之纯如，皦如，绎如也，以成。""吾自卫反鲁，然后乐正，雅颂各得其所。"
>
> 古者诗三千余篇，及至孔子，去其重，取可施于礼义，上采契后稷，中述殷周之盛，至幽厉之缺，始于衽席……三百五篇孔子皆弦歌之，以求合韶武雅颂之音。礼乐自此可得而述，以备王道，成六艺。
>
> 孔子晚而喜易，序彖、系、象、说卦、文言。读易，韦编三绝。（《史记·孔子世家》）

孔子之教作为文教，其文的第一层含义就是以文字表述之六经。六经的性质完全不同于《圣经》《古兰经》或佛经。尤其是三大一神教之经主要由先知转达神律、神命或先知对民众口说教义构成，这就是孔子所说的"作"，也即创造。六经却是古代政典之整理汇编，故章学诚说"六经皆史"，这就是孔子所说的"述"。孔子作为应对全面秩序危机的精神突破者，当然是有所"作"的，但终究是寓作于述。①

六经之文的核心内容是记录三代之礼乐。子曰："周监于二代，郁郁乎文哉！吾从周。"（《论语·八佾》）周"文"就是周之礼乐，六经汇编了古典礼乐。孔子则以传承"斯文"为己任：

> 子畏于匡，曰："文王既没，文不在兹乎？天之将丧斯文也，后死者不得与于斯文也；天之未丧斯文也，匡人其如予何？"（《论语·子罕》）

孔子之所谓"斯文"者，尧舜以降、代代相因而又不断损益之礼乐也。因此，文的第二层含义是礼乐。相比于后世由主权者所颁布之"实证法"，礼是历史地形成的习惯性规则，因而礼覆盖生活的方方面面。② 孔子认定，礼乐塑造了良好秩序，而自己时代的混乱就起因于礼崩乐坏。孔子之志在于恢复良好秩序，因而谋划恢复礼乐。《论语》首篇《学而》，表明孔子与兴学为中心；次篇《为政》，表明孔子志在恢复秩序；而恢复秩序的关键在于复礼，故第三篇为《八佾》，讨论复礼之道。孔子删述六经，以礼为主，故自古以来就有"六经皆礼"之说。③ 礼是规则，与一神教的律法有相近之处，但两者的渊源完全不同：孔子所整理之礼乃是历史传承之古礼，一神教的神律出自神命，由先知聆听、转达于人。礼的权威来自传统，神律的权威则来自神的绝对权力。

《论语》第四篇则为《里仁》，表明孔子寻求复礼之动力，那就是主体之仁。④ 于礼，孔子以"述"为主；仁之为德，则是孔子之"作"，孔子将

---

① 陈赟. 孔子的"述"、"作"与《六经》的成立. 哲学分析，2012（1）.
② 姚中秋. 可大可久：中国政治文明史. 北京：华龄出版社，2009；第八章 礼治.
③ 丁鼎，马金亮."六经皆礼"说申论. 孔子研究，2021（4）.
④ 关于仁，参见：陈来. 仁学本体论. 北京：生活·读书·新知三联书店，2014.

仁确认为最大、最全之德。① 仁者爱人，这一点与各种神教接近，但是，孔子之仁爱，本乎家内亲亲之情，《论语》第二章说："君子务本，本立而道生。孝弟也者，其为仁之本与!"因此，孔子倡导仁，反而维护了家、族等人伦性组织。佛教、基督教、伊斯兰教、苏格拉底等却都有明显的破家倾向，与自然的人伦秩序存在冲突。

孔子兴办教育，以六经之文教导弟子。古典时代的教化是所谓"学在官府"，唯有上层阶级可以接受教化。孔子兴办教育的原则是"有教无类"（《论语·卫灵公》），对所有人开放，孔子的弟子来自各个阶层，也来自天下各处。这样，孔子之教就是普遍性教化体系，这一点与基督教、伊斯兰教相同。但孔门弟子受教的方式是学文：

> 子曰："弟子入则孝，出则弟，谨而信，泛爱众，而亲仁。行有余力，则以学文。"（《论语·学而》）
>
> 子以四教：文、行、忠、信。（《论语·述而》）

跟从孔子的学习者需具有基本资质，然后学文，知圣贤之典范，然后践行，方可成为君子。这一点不同于一神教：耶稣或穆罕默德的施教都是口说，其后神职人员的教化也是口说；同时，其施教对象也没有资质要求，而是面对所有人，尤其是所谓的"愚夫愚妇"。孔子施教的形态也不同于苏格拉底、柏拉图：苏格拉底与弟子通过对话的方式，辩证地探索"真理"，孔子则要求其弟子研读六经之文。孔子之教是名副其实的、原生的"书本宗教"。宗教学上称呼一神教为书本宗教，因为其形成经书，教内以经书施行教化，但其宗教始创之时是没有书本的，其实是次生的书本宗教。同时，孔子施教的场所是学校，可设立于任何地方；而神教的施教场所通常是以神灵祭祀为中心的专门场所。②

孔门之学文是以群体方式进行的，《论语》首章说："有朋自远方来，不亦乐乎?"弟子合群而学。曾子曰："君子以文会友，以友辅仁。"（《论

---

① 关于仁、礼的关系，参见：张祥龙. 孔子的现象学阐释九讲：礼乐人生与哲理. 上海：华东师范大学出版社，2009.

② 史华慈在比较的视野中详尽讨论过孔子式"学习"，参见：史华慈. 古代中国的思想世界. 南京：江苏人民出版社，2004：85-99.

语·颜渊》）孔门合群之纽带就是文，孔子以文吸引四方青年入门同学。这样，文不仅是弟子成为君子的关键，也是孔门合群的关键。在这个团体中，孔子因材施教，训练弟子。在教学过程中，师徒教学相长，弟子相互之间也琢磨切磋。这是一个以文结合的精神性团契。基督教也有精神性团契，但孔门士人的团契更为精英化。同时，这个团契并没有组织化，因而没有形成一神教式的建制化教会。

孔子之教的目的在于养成平民为士君子。孔子大量讨论了君子、小人之别：

> 子曰："君子怀德，小人怀土；君子怀刑，小人怀惠。"（《论语·里仁》）

> 子曰："君子喻于义，小人喻于利。"（《论语·里仁》）

> 子曰："君子上达，小人下达。"（《论语·宪问》）

在孔子那里，德不是抽象的"德性"，而是见之于行的"德行"。因此，养成君子，必须学礼乐之文。

> 子路问成人，子曰："若臧武仲之知，公绰之不欲，卞庄子之勇，冉求之艺，文之以礼乐，亦可以为成人矣。"（《论语·宪问》）

> 子曰："质胜文则野，文胜质则史。文质彬彬，然后君子。"（《论语·雍也》）

> 棘子成曰："君子质而已矣，何以文为？"子贡曰："惜乎夫子之说君子也，驷不及舌：文犹质也，质犹文也，虎豹之鞟犹犬羊之鞟。"（《论语·颜渊》）

通过学六经之文，得之于心，行之于身，其身体在与人交接、在公共生活中呈现出优美的"纹路"，这就是德行。此即文之第三层含义：人之文，也即见之于人的身、心之文。学六经之文、礼乐之文的目的就在于塑造君子高尚优美的身、心之文。凡此种种就构成《大学》所说的"修身"，身修然后可以齐家、治国、平天下。

总而言之，中国文明-国家在诞生之时，确立敬天，奠定"人文之治"道路，其核心是礼乐之文——对此，我们在第一章第三节已有论述。人文之治在三代持续发展，孔子将其总结为六经之文。孔子以六经之文教弟子，弟子"博学于文，约之以礼"（《论语·雍也》），而塑造身心之文，文质彬彬，则为君子。可见，孔子之教就是文教，以文化人。孔子创立文教，养成君子，目的在于改善现世生活、社会、政治秩序，这就是"天下文明"（《周易·文言》）。孔子之教当然有超验的维度，但这显然不是其重心所在。与基督教，哪怕是与佛教略作对比，即可确认这一点。

孔子创立了文教，奠定了文教的基本形态，并延续两千余年：儒生群体再生产的基本机制就是在各种样式的学校中研习六经之文及由此衍生、日益丰富的经史之文；私人的、公共的学校就是儒生施行教化的主要场所。当然，儒家士大夫或士绅还通过政府或社会组织施行教化，即荀子所说，"儒者在本朝则美政，在下位则美俗"（《荀子·儒效》）。但归根到底，儒教是以文化人，以使天下文明，故我们谓之"文教"。

三、儒家宗教说论据之辩驳

儒家宗教论者为其主张提出过若干理据，但略加辨析即可发现，这些理据均不甚坚实，以下我们对此略作辨析。

我们说孔子创立了文教而非神教，但这绝不意味着文教没有超验的维度。现代不少儒学者认为儒教有"宗教性"[1]，也就是指儒教的超验性。儒家经典中，《中庸》在这方面的论述最为详尽[2]：

> 天命之谓性，率性之谓道，修道之谓教。
>
> 道也者，不可须臾离也，可离非道也。是故君子戒慎乎其所不睹，恐惧乎其所不闻。莫见乎隐，莫显乎微。故君子慎其独也。
>
> 喜怒哀乐之未发，谓之中；发而皆中节，谓之和。中也者，天下之大本也；和也者，天下之达道也。致中和，天地位焉，万物育焉。
>
> 自诚明，谓之性；自明诚，谓之教。诚则明矣，明则诚矣。

---

① 关于现代新儒家对于儒家宗教性之阐发，参见：郭齐勇. 当代新儒家对儒学宗教性问题的反思. 中国哲学史，1999（1）；白诗朗，彭国翔. 儒家宗教性研究的趋向. 求是学刊，2002（6）.

② 杜维明. 中庸：论儒学的宗教性. 北京：生活·读书·新知三联书店，2013.

唯天下至诚，为能尽其性。能尽其性，则能尽人之性；能尽人之性，则能尽物之性；能尽物之性，则可以赞天地之化育；可以赞天地之化育，则可以与天地参矣。

孟子将此概括为："尽其心者，知其性也。知其性，则知天矣。存其心，养其性，所以事天也。夭寿不贰，修身以俟之，所以立命也。"（《孟子·尽心上》）这些论述解决了生命意义、德福冲突，尤其是解决了生命归宿等人生根本性问题。但是，持儒教具有"宗教性"的论者一般也并不赞成儒教是西方式宗教即神教。

儒家宗教说的最重要理据是孔子、儒生敬天。我们在第一章已经指出，敬天确为中国人最为崇高的信仰，如《尚书》的《尧典》《吕刑》诸篇所表明，华夏天下作为一个政治共同体的形成，也即自觉的华夏文明之开端，就确立了敬天，由此发展出了祭祀天及与天相关之神祇的仪轨，如《礼记·祭法》所说：

> 燔柴于泰坛，祭天也。瘗埋于泰折，祭地也。用骍犊。埋少牢于泰昭，祭时也。相近于坎、坛，祭寒暑也。王宫，祭日也；夜明，祭月也；幽宗，祭星也；雩宗，祭水旱也；四坎、坛，祭四方也。山林、川谷、丘陵，能出云，为风雨，见怪物，皆曰神。有天下者祭百神。诸侯在其地则祭之，亡其地则不祭。

这里相当完整地列举了国家祭祀体系，祭天居于首位。这些祭祀活动都是公共性的，主祭者为共同体之首领：周王或者诸侯，旨在为邦国、天下之公共福利而祭，其中有专业人士承担"相礼"之责，即《周礼·春官宗伯》所说大宗伯之职：

> 凡祀大神，享大鬼，祭大示，帅执事而卜日，宿，视涤濯，莅玉鬯，省牲镬，奉玉粢，诏大号，治其大礼，诏相王之大礼。若王不与祭祀，则摄位。凡大祭祀，王后不与，则摄而荐豆、笾彻。

大约正是参与祭祀仪式的相礼者记录了古典祭祀仪节。到孔子时代，礼崩乐坏，公共祭祀制度也趋于崩坏，这包括郊天之礼被废弃，其他公共祭祀制度也相当混乱。孔子"祖述尧、舜，宪章文、武"，删述六经，以总结礼、乐，包括公共祭祀之礼、乐，期待未来能够恢复之。从六经、《论语》中可清楚地看到，孔子有浓厚的敬天之情。孔子多次论及"天命"，孟子同样有明确而坚定的敬天之情。[①] 但是，恰恰是孔子明确指出："天何言哉？四时行焉，百物生焉，天何言哉？"（《论语·阳货》）天无人格、不言，孔子也就不可能如先知那样构建一个以敬天为中心的神教。在孔子那里，敬天只是一种对于生生不已的世界本身的向往、亲近甚至喜悦情感，完全不存在一神教先知、信徒对于人格化唯一真神的"敬而畏"之情。

由于记录古典礼制，熟悉礼制，孔子与其弟子确曾承担"相礼"之职，包括参与各种公共祭祀。大约出于这个原因，"三礼"记载了大量祭祀之礼，突出祭天之礼。略加比较就可以发现，诸子百家中，儒家的敬天之情最为明确、坚定，敬天在儒家的理论构造中占据隐秘而重要的地位。而其他各家，尤其是法家、兵家，则本乎子产所说的"天道远，人道迩"（《左传·昭公十八年》），基本上放弃了敬天。秦汉之际，以邹衍为代表的儒生创造了阴阳之学，将天道数理化，"然要其归，必止乎仁义节俭，君臣上下六亲之施始也滥耳"（《史记·孟子荀卿列传》）。由此形成天人相应之说，其理论之集大成者为董仲舒。董仲舒的一大志向是恢复郊天之礼，见其《春秋繁露》中《郊语》以下各篇。循此以往，汉代儒家士大夫进行了一场绝大的宗教政治努力：要求汉家废除承继自秦的五帝之祀，而建立郊天之礼，事在《汉书·郊祀志》。正是在儒家的推动下，以祭天为中心的公共祭祀制度逐渐建立起来，凌驾于皇室各种混乱的神灵祭祀之上。

但是，在这些公共性祭祀活动中，儒家士大夫从来不是主角，儒家推动建立了郊天之礼，历代皆有复杂的公共性祭祀体系，儒家士大夫在其中都扮演着相当重要的角色，比如论证祭祀的必要性、设计和主持祭祀之礼、撰写甚至诵读祭祀之文。但祭祀者却是端居政治秩序之顶端的皇帝，儒家士大夫向来都不是主祭者。须从公共祭祀的性质来理解儒家在其中扮

---

① 最重要的也许是《孟子·尽心上》中的一段："尽其心者，知其性也。知其性，则知天矣。存其心，养其性，所以事天也。夭寿不贰，修身以俟之，所以立命也。"

演的角色。也许可以说，在这些公共祭祀之礼中，儒家士大夫也不是公共祭司，而只是孔门弟子曾经从事的职业：相，即相礼者。所以，他们没有能力与天或其他神灵沟通。据此我们得出结论：这些公共性祭祀，包括祭天，并非儒家的宗教，而是国家宗教，更严格地说是皇家宗教——唯有皇帝可以祭天。

当然，儒生也参与各种其他公共祭祀、家族祭祀，比如在地方官任上，祭祀山川之神；参与家族的祖先祭祀。但这些都不是儒家专属的，而是政治的、社会的、传统的、民间的。

主张儒家宗教论的另一重要理据是，儒生崇拜孔子，且有孔庙、文庙之建制。在这里，儒生拜祀孔子，且配以历代儒家贤哲。但是，略加分析即可发现，此亦不足为儒家宗教说之凭据。第一，文庙之制出现甚晚，唐太宗贞观四年（630年），"诏州、县学皆作孔子庙"（《新唐书·礼乐五》）。此前，孔子庙并不普及。第二，文庙乃附属于学。这清楚表明当时人之认知：儒家首先是学，建立文庙只是为了让儒家士人尊敬先师、先贤，从而督导其学。第三，在这里，被崇拜的孔子不是神而是先师，或是被追赠之王。更重要的一点是，文庙只对儒生开放，但由皇帝或各级最高行政官长官主祭、讲学，仅儒生可以参与。因此，文庙不是公众宗教场所，毋宁是政治教化场所。第四，文庙之"文"字充分表明，儒家就是文教。整个社会对于孔庙、文庙的政治教化性质是十分清楚的，而一般民众和底层儒生总有祈求科举顺利的精神需求，乃另外形成了文昌帝君崇拜，它是带有一定人格神崇拜性质的。[①]

总结一下，上述两种与儒家士大夫关系最为密切、带有一定宗教性质的制度，并不支持儒家宗教说。孔子、儒生确实是祭祀鬼神的，但是，孔子对神灵的基本态度是"敬鬼神而远之"（《论语·雍也》），这与神教完全不同。孔子、儒家士大夫关心的对象不是神，而是祭祀之礼文，儒家倾向于认为礼文本身就具有塑造健全人格之功能。因此，皇帝或者儒生自己参与祭祀并不妨碍儒教是文教，在儒生眼里，祭祀就是荀子所说的：

① 杨庆堃. 中国社会中的宗教：宗教的现代社会功能及其历史因素之研究. 上海：上海人民出版社，2007：243-249.

"故君子以为文，而百姓以为神。以为文则吉，以为神则凶也。"（《荀子·天论》）

四、结语

以上我们论证了孔子所创立的普遍性宗教是文教。从学术上说，确认儒教是文教，有助于我们构建一种更为普遍的宗教概念与宗教类型学。儒教是一种客观的历史存在，今人对其性质之所以有所争论，乃因为不同文明相遇之后，人们普遍以西方宗教形态作为尺度进行判断，从而制造出儒家、儒教是不是宗教的问题。对此问题，中国学界已争论上百年，不管回答说是或者不是，都不能令人满意。原因在于，这个尺度是外在于儒教的。当然，这个外在的参照系确实把儒教的内在性质凸显出来了，让我们看到两者确实在各个方面有很大不同。但接下来的问题不应该是纠缠儒教是不是西方定义的宗教，而是依据扩展了的历史事实重建宗教的定义和分类体系，使之同时涵摄西方和中国的宗教事实。[①]

"宗，尊也"（《白虎通义·宗教》）；教者，教化也。所谓宗教，就是通过尊崇某种超验对象而发挥教化功能的信念、礼仪与组织体系。人类的宗教生活形态是多样的，孔汉思等人区分出世界宗教的三大"河系"，即闪米特-先知型宗教、印度宗教和中国宗教。[②] 前两者的相通之处颇多，因而人类高级宗教或许可以归为两大类：广义西方宗教与中国宗教。当然，中国宗教作为一个河系也是高度复杂的，文教在其中居于统摄地位，它与基督教等一神教处在人类高级宗教的两端，从类型学上说，儒教是文教，广义西方宗教则为神教。更进一步说，原始宗教或民间宗教也是以神灵崇拜为中心的；而中国三代以敬天为中心的宗教体系同样可以说是文教，因为其重点是在祭祀礼仪之文。这样，文教与神教就构成人类宗教的两种基本形态，并塑造了不同形态的政治性国家。

---

① 张志刚. "儒教之争"反思：从争论线索、焦点问题到方法论探讨. 文史哲，2015（3）.
② 秦家懿，孔汉思. 中国宗教与基督教. 北京：生活·读书·新知三联书店，1990：1-6.

第二节　中国宗教的多元一体：一个文教、
多种神教，众神教统于文教

儒教不是神教而是文教，没有组织化的排他性，因而中国又存在众多神教，既有本土的也有外来的。那么，文教与各种神教在中国人的日常精神生活各自扮演什么样的角色？在宪法和公共生活层面上两者又是何种关系？这是理解中国文明、中国人精神生活与中国社会治理秩序的关键。本节将首先简单回顾历史，指明自儒家诞生以来，中国就形成了多元一体的复合宗教体系——一个文教、多种神教，众神教统于文教。接下来将分析指出，文教在中国人精神生活中占据支配地位，但它兼容各种神教，又对其予以"教化"，从而塑造了多元一体的宗教格局，这在人类历史上是极为独特的。最后我们深入讨论文教教化各种神教的具体机制——绝地天通。

一、一个文教、多种神教

我们在本章第一节已指出，孔子创立文教，其社会形态是开放的私人学校，在其中以六经之文和儒家之文教育天下有志青年，养成文质彬彬的士君子。孔子之后，儒家极大地扩大了文与教之范围。

一方面，文的范围持续扩大。孔门有"文学"科，传承六经（主要是五经），形成经传系统。到汉代，经师有口说大义、有章句。魏晋以来，在经传之外又出现了疏和注。生活在不同时代的儒生通过传、注、疏阐释经文，揭示经义。不同时代又形成不同的经书系统：汉代有"五经"，唐宋有"九经"，清代则有"十三经"。宋元以来，还有"四书"系统。这些文在四库目录体系中属于经学。

在释经的同时，儒生又依据经义，表达自己对社会治理、君子养成之意见，形成连绵不断的儒学传统。越到后世，比如宋明，这种文越多，其在推明治道、养成君子方面的作用也越大。这些文在四库目录体系中子部之儒学。

宋以后，伴随着社会之平民化与教育之普及，出现了更为通俗的文，即蒙学教材。明清两代，民间出现劝善书之类的文，专门针对普通庶民，教之以仁义礼智信等儒家价值，文字浅显易懂，便于流布，极大地促进了儒家价值之普及。

除了经学、儒学之文后，史学之文也是儒家施行教化的重要依托。中国有深厚的历史政治理性传统，孔子作《春秋》，即为史实之滥觞，司马迁作《史记》，则奠定史学之体制。史书所记者，乃前人治国理政、修身、齐家之事，与经学、儒学大义互为表里，故需者施教，兼用史籍，并常作史书，以寄托政治社会理想，从而形成中国独特的"经史之学"传统。

另一方面，教的形态趋向多样。孔子开创私学，孔子门人也多是私人开门授徒。两千多年间，此一传统持续不断，学有所得之儒者皆自行开门授徒。从创门立派之大儒，到乡间三家村穷秀才，皆以孔子之文教育后生。

家族是具有自我治理能力的人伦性社会单位，其自我治理的一个重要维度就是兴办家族学校，即私塾，教育族内弟子。这样，即便自家比较贫穷的子弟，也有机会接受教育。

宋代出现了讲学之新形态——书院。书院仍以大儒为中心组织，但不同于私人讲学处在于，书院是一个组织完整的独立法人，因而可以超越大儒之个体生命而长期、稳定地存续。书院的出现标志着儒家教育之组织化程度大幅度提升。①

总之，以孔子为典范，儒生的首要社会角色就是"师"。作为"师儒"的绝大多数儒生谈不上思想的创造，对五经、儒家义理通常也是一知半解。但他们恰恰是儒家式社会秩序的主要塑造者：他们教人识文断字，教人以儒家价值，让儒家价值渗入社会各个阶层、群体，并对民间习俗进行

---

① 肖永明. 儒学·书院·社会：社会文化史视野中的书院. 北京：商务印书馆，2012.

改造，使之合乎儒家价值。[①]

从汉代开始，政府开始兴办学校。汉武帝时代开始，政府为博士设弟子员，由此出现中央政府之学校——太学。文翁担任蜀郡守时兴建"石室"，各地政府效仿，陆续建立学校——我们后面将予以详尽讨论。此后历朝政府都会投资兴办国家学校体系，上自中央政府，中经郡（州或省、府），下到县。此类学校所教者当然主要为五经之文。政府兴办学校以教育优秀青年，使其性质发生了很大变化：政府不再只是一架暴力机器，同时还是一个教化机构。政府成为教化民众的重要主体，这是士人政府也是中国式教化最为独特之处。对此第五章将详尽讨论。

文教的教化机制不止学校，有些儒者具有创制立法能力，基于儒家义理，在社会各层面创立各种制度，以为教化民众之设施。这其中比较重要的是宋代儒者张载等人创立乡约、朱熹等人创立祠堂制，这两者是宋以来民间教化之主要制度。[②] 儒家士君子、基层绅士还建立、维护各种自治性社会组织，比如义庄、善会、善堂。[③] 这些自治性社会组织把普通民众置于宗教、文化、社会公共生活等过程中，从而化成人心，造就美俗。

总之，儒家在中国社会构建了一个多层次、全覆盖的教化网络，深入到社会生活方方面面。儒家士大夫之权威来自其所掌握的文，及其在接受文的教育过程中养成之德；回头，他们运用自己掌握的权力或权威，通过政、教等各个渠道，在社会各层面施行教化，将儒家之礼、文教给民众。儒家之本在学，儒家发挥作用之渠道是教，狭义的教以及政中之教。

不过，文教只是中国复杂的宗教体系中的一部分，尽管汉武帝树立其在政治上的优越地位，但文教并没有消灭神教。这一点，与西方的一神教有明显区别。一神教普遍具有明确、坚定的"零和扩张思维"[④]，故其在兴起过程中就致力于消灭固有的一切宗教，《圣经·旧约》和《古兰经》对

---

① 刘永华. 礼仪下乡：明代以降闽西四保的礼仪变革与社会转型. 北京：生活·读书·新知三联书店，2019.

② 郑振满. 明清福建家族组织与社会变迁. 北京：中国人民大学，2009.

③ 梁其姿. 施善与教化：明清时期的慈善组织. 北京：北京师范大学出版社，2013.

④ 孙砚菲. 零和扩张思维与前现代帝国的宗教政策：一个以政教关系为中心的分析框架. 社会学研究，2019（2）.

此有详尽记载；其传播过程也是力图消灭其他民族既有一切宗教，从而引发了激烈的宗教冲突；罗马帝国尊基督教为国教，也不能容忍其他宗教与神灵崇拜体系的存在。

文教却没有这种零和扩张思维。原因在于，文教并不崇拜唯一真神，因而也就没有真理独断的迷信，没有世人全部接受同一真理的狂想。因此，孔子的心灵是开放的，这首先表现为"好古"，自觉地传承历史累积而成的文明，包括古圣先王的宗教。于是，文教不仅没有消灭古典时代的宗教，反而将其记录、保存、传承下来。五经中大量记载了古典时代的宗教观念、礼仪，以五经为中介，这些宗教活动长期保留在国家祭祀体系之中。后世儒家士大夫普遍有宗教复古主义倾向，致力于恢复古典圣王的祭祀之礼。①

这种历史连续性还体现在更为广阔的宗教领域中。在孔子始创儒家之前，华夏族群就已有源远流长的多元神灵崇拜体系，其中最为重要的是祖先崇拜，以及各种自然神灵崇拜。秦汉以后，其中有些保留在国家祭祀体系之中，有些仅存在于民间；民间也不断兴起新的神灵崇拜体系，这就构成所谓"民间宗教"，其种类甚多，且在历史上此起彼伏。同时，中国也形成了比较高级而完备的宗教，即道教。对于这些宗教，文教大体上是予以尊重的，当然也加以驯化。

广义西方的世界性神教也几乎都传入中国：佛教大约于西汉时期传入中国，之后广泛传播，逐渐为中国人广泛信奉。唐代、元代、明代、十九世纪中期以后，基督教四次传入中国，尤其是后两次传入规模较大，且一直延续至今。伊斯兰教于唐宋传入中国，元朝更是广泛传播。藏传佛教则在中国弧地带广泛传播。民间社会结合外来神教自创了一些宗教，甚至建立建制化教会，比如唐代产生并一直贯穿宋、元、明、清历朝的白莲教，它在某些地区、某些人群中传播极广且影响深远。文教因为各种各样的原因与这些神教曾发生过冲突，但最终赋予其政治合法性，它们在中国也就

---

① 比如《文献通考》卷六十八引宋儒陈祥道《礼书》议论祭天之礼，首先依据五经还原古典时代的祭天之礼，以秦汉之礼相比较，而后叹息："先王之礼隳废殆尽，良可悼也。"马端临按语则说明其写作用意在于"备见古人祀天之礼文"。

拥有了数量颇多的信众。

由于宗教的高度多样，普通中国民众都有丰富的宗教生活。他们通常崇拜多种神灵，其中最重要的当然是祖先崇拜，这是所有人都不能避免的；一般也会崇拜地方性神灵，而又完全可以是佛教信徒或道教信徒。这些神灵、宗教的并存，并不会在信奉者心灵中引起紧张或冲突，一般也并不为宗教所禁止。基督教、伊斯兰教传入中国之后则禁止人们信奉多样的神灵，这才引发了冲突。

更为重要的事实是，作为文教的教化主体——儒家士人和士大夫，也普遍崇奉多种神灵，比较重要的是，魏晋以降，儒生多信奉道教或佛教。几乎所有大儒都有出入佛老的生命经历，有些人固然最终归宗儒家，有些人却终生深受佛教影响。① 这种情形是一神教所完全无法想象的。是基督教、伊斯兰教所完全无法接受的，也是西方宗教理论很难理解的。

概言之，自古以来，中国人的宗教生活格局是十分独特的，"从西方人的观点来看，中国宗教实在是一个大杂烩"。② 有些人也以"多神教"来形容中国宗教，这当然并不准确。比较准确的概括是"一个文教、多种神教"，这种结构既不是多神教，也不同于一神教。在广义西方，宗教冲突和战争连绵不绝，西方现代国家构建事业就起步于驯服教权，倡导宗教宽容。但在中国，宗教宽容向来就是基本事实。

二、一体化：众神教统于文教

中国之所以形成"一个文教、多种神教"的独特格局，理由只有一个：儒教是文教，因而与民间神灵崇拜体系和外来神教是两种不同性质的精神之物。在中国社会治理的整体框架中，它们也处在不同层次；不同质、不同层次，也就不会直接对撞。它们不是非此即彼的零和关系，而是

---

① 余敦康. 张载哲学探索的主题及其出入佛老的原因. 中国哲学史，1996（Z1）；刘永强. 朱熹"出入释老"发微. 国学学刊，2016（4）；成守勇，陈赟. 新儒家为什么出入"佛老"：兼论儒学在现代开展的途径. 孔子研究，2001（4）.

② 斯马特. 世界宗教：第2版. 北京：北京大学出版社，2004：113.

可以兼容、共生，相互调适的，形成了一种多元复合的宗教生态。

当然，在这种复合格局中，儒家文教与各种神教并非两不相干。宗教关乎人心，关乎人的生命之圆满与生活之幸福，尤其是关乎社会政治秩序之稳定。而儒家士人群体负有治国、平天下之责任，对于神教不可能放任自流，而是采取了一系列措施。

第一，士人政府对神教进行管理。

在中国，自古以来，宗教都没有构建出独立的组织化权力，王权（皇权）政府对一切事务享有排他性领导管理权力，包括一切宗教活动，这是中国政治的根本原则。三代之时，王者把自发形成的、民间的神灵信仰纳入国家看护之下，灌注以正统价值，厘定其祭祀仪节，并列入国家祀典。春秋后期鲁大夫展禽对于制定祀典的原则有所论述：

> 夫祀，国之大节也；而节，政之所成也。故慎制祀以为国典。今无故而加典，非政之宜也。
>
> 夫圣王之制祀也，法施于民则祀之，以死勤事则祀之，以劳定国则祀之，能御大灾则祀之，能扞大患则祀之。非是族也，不在祀典。……
>
> 加之以社稷山川之神，皆有功烈于民者也。及前哲令德之人，所以为明质也；及天之三辰，民所以瞻仰也；及地之五行，所以生殖也；及九州名山川泽，所以出财用也。非是不在祀典。（《国语·鲁语上》）

唯有列入国家祀典者，方具有政治合法性。而列入祀典的标准则是人本的，即是否有益于人民、有功于国家，显然这个标准是伦理的和政治的。

汉武帝以文教为国家意识形态，文教养成的士人成为官员，士人政府以文教教化天下，但没有消灭各种神教，而是对其进行管理。[1] 对于民间

---

① 朱海滨. 祭祀政策与民间信仰变迁：近世浙江民间信仰研究. 上海：复旦大学出版社，2008；王元林. 国家正祀与地方民间信仰互动研究：宋以后海洋神灵的地域分布与社会空间. 北京：中国社会科学出版社，2016.

宗教，纳入一般政府部门的管理之下，道教、佛教产生较大影响之后，由于建有组织化水平较高的建制化教会，政府乃设立专门的宗教管理机构，对其进行管理，比如出于财政考虑，规定僧人、道士的员额，强令超额者还俗。① 历代政府继续制定祀典，对国家与民间所崇拜之神灵与礼仪予以规范。政府的管理有效地遏制了各种神教的组织发育，使之不能构建强大的社会性权力，分散政府管理民众的权力。②

实际上，政府管理宗教，这是现代国家的基本原则。在中世纪西欧，罗马教会享有极大权力，甚至可以控制王权；所谓现代国家构建的关键环节就是王权反过来控制教权，这就是霍布斯《利维坦》后半部分的主题。而在中国，从国家诞生之日起就有这样的制度安排。当然，西方学者普遍认为，政府管理教会的前提是保持价值中立。而士人政府是认同文教的，能否保持中立？事实证明，士人政府在管理神教时大体保持了中立、公正，原因在于，文教本身不是神教，在士大夫看来，各种神教没有高下之别，士人政府完全从社会功能角度对其进行管理。士人政府相对公平地解决各神教之间的纠纷、冲突，维持了神教之间的相互宽容，使之和平共存。

第二，文教以多种途径对神教施加思想、社会压力。

文教政府虽然承认各种神教的政治合法性，但士大夫对神教普遍持鄙视态度，常态化地对其施加思想和政治压力，促其转化，接受文教价值。历史上，儒家士大夫为官地方，常查禁民间"淫祠"。对外来宗教，儒家士人也长期进行思想上的批判、社会上的抵制、教义上的改造等。略加考察即可发现，面对神教，士人群体通常不关心其神灵的属性，而采取功能主义立场，从社会治理角度立论。比如，士人批评佛教僧人不敬王者、不拜父母的教义损害优良社会秩序。士大夫也经常抨击僧侣、寺庙消耗资源，影响财政。提出这些批评时，儒家士大夫引入了"夷夏之辩"的命题，似乎带有种族论色彩。然而，同样是受文教理念影响，"夷夏之辩"之论说是文化中心的，因此面对外夷之教比如佛教，儒家士大夫通常也并

---

① 李向平，黄海波．中国古史上的宗教管理：世俗皇权下的神圣世界．学术月刊，2005（1）．
② 杨庆堃对此有所分析，参见：杨庆堃．中国社会中的宗教：宗教的现代社会功能及其历史因素之研究．上海：上海人民出版社，2007：270-307.

不会要求全面禁毁。士大夫不过以此要求皇帝或者士大夫放弃信仰佛教，或者要求佛教徒放弃一些不恰当的教义。

值得注意的是，士人群体驯化神教比如抨击佛教之行为，不是组织化的、建制化的，不是政府行为，而是个体的、零星的。原因在于，文教并未自成建制化教会，士人是以个体身份进入政府的，士大夫固然有相对一致的价值、观念和知识，但他们中间并没有共同意见之形成机制，甚至很难说存在共同教义，更不要说宗教领袖了。有些士人受人尊敬，但其意见对他人并无约束力。因而对于佛教，士人群体并无一个集体意见，而只有零散的、相互冲突的个人意见。这样，面对佛教固然有辟佛者，但也总会有护佛者，总会有信奉佛教之儒家士大夫甚至皇帝起而与辟佛的士大夫论辩。于是，士人辟佛的主张经常不了了之，韩愈甚至因为激烈辟佛而遭到贬谪。

同时，士人群体对佛教的反对通常仅止于著文批评，或上书皇帝要求其改变相关教义、控制僧侣规模和寺庙数量等，而并没有要求借用权力全盘禁毁。总体上，文教节制、驯化神教的努力是个体化的、零散的。由此，在国家精神生活场域中，文教与神教形成了力量的均势：文教是国家意识形态，弥散在国家组织中，士大夫可以运用权力传教；但其本身却没有建制化教会，士人群体仍然以个体化身份各自为政。反过来，道教、佛教等神教的组织化程度却比较高，借此构建出一定的社会性权力，对政府施加一定影响；但也因为其建制化，反而无法掌握政治权力，对皇帝、官员的影响都只是零散的。两者的不同性质让儒家与各种神教保持平衡，得以共存。

第三，文教遏制神教的极端性。

神教普遍有零和扩张倾向，在西方引起了长期而广泛的宗教冲突，在中国历史上也曾发生过"三武灭佛"，即北魏太武帝、北周武帝、唐武宗灭佛，但其背后的推动者恰恰是道教教士，两者都是神教，具有排他性；双方争夺皇帝的支持，得到皇帝支持的一方必然推动皇帝运用国家权力制度化地迫害对方。

文教则不然，它大体上能够兼容其他神教，但文教站在社会治理角度，则不能容忍神教的极端性教义。神教常有出世倾向，这就必然否定现世的人伦、政治秩序，原始佛教的沙门不拜王者、不拜父母，几乎是各种神教所共通的，而这在士人群体看来就是极端的，因为这直接冲击中国人的孝亲、忠君价值与国-家秩序。佛教的组织化程度也比较高，在人伦组织和政府之外形成内聚力较高的教会，威胁既有社会政治秩序。事实上各种新兴宗教都有脱离人伦秩序、否定王权的倾向。对此，士人群体群起而抨击之，必要时采取政治措施予以压制或者取缔。佛教经过长期抵抗之后，最终放弃其极端教义，认同中国人的基本价值观；同时在组织上也逐渐地去中心化，接受了政府权力的全面管理。文教化解了佛教在教义和组织上的极端主义倾向，形成中国佛教，其与原始佛教的最大区别在于"人间化"，顺服中国固有的人伦、政治秩序。

元朝时，大量信奉伊斯兰教的中亚人活跃在中国各个领域，明朝立国之后，承认这些人为国民，但采取各种措施推进其中国化，去除其教义和组织的极端化，使之成为中国统一国家内的一个认同国家权威的民族。明末清初，基督教在中国传播，拒绝改变其极端化的原始教义，而被乾隆皇帝下令禁止传教。

归根到底，文教的根本教义是，文明的历史连续性和国家的高水平整合是根本的政治原则；对于任何冲击、挑战这两者的宗教，士人群体和士人政府都采取思想和政治措施予以遏制。这种努力有效维护了社会政治秩序，实际上也减少了各种神教彼此冲突的可能。在中国历史上可以观察到这样一个趋势：在儒家的文教、政治地位遭到侵蚀的时代，宗教之间极易出现冲突；在儒家占据主导地位的时代，宗教之间通常和平相处，而后者是历史的常态。

士人群体和士人政府对于神教的上述作为推动各种神教逐渐调适，兼容文教，包容其他神教，乃至于成为文教施行教化的中介机制。

三、分工合作的中国宗教体系

文教与神教兼容、共生，两者逐渐形成比较稳定的分工合作关系，大体上文教发挥"公民宗教"功能，神教则侧重于满足私人化精神需求。

在这里，我们不能不论及文教的局限性。文教是原生的书本宗教，孔子以六经之文教育弟子，后世儒生传教，也都是兴办学校，教授经史之学，识字、读书是掌握其教义的前提。但在前现代社会，民众识字率较低，大量民众无从学习文教。而神教先知创教之时均面向普通民众，以言辞口说教义；建制化之后，同样由专业神职人员以口说教义为主要传教方式，即便完全不识字的民众也可以接受教义。

更为重要的是文教满足人们精神需求的局限性。在文明状态下，人有两个基本身份：私人，国民或公民。作为私人，希望避祸消灾，期望德福一致，也希望缓解死亡的焦虑。文教当然回应了这方面的需求，《中庸》对此论之甚详，孟子将其简化为"尽心"、"知性"而"知天"；《周易·文言》也描述过"大人"的至善生命境界："与天地合其德，与日月合其明，与四时合其序，与鬼神合其吉凶。先天而天弗违，后天而奉天时。"但很显然，唯有"思"的能力极强之圣贤、大儒、通儒，方可达到这种状态，一般儒生达不到，遑论普遍民众。相反，神教的今生来世、天堂地狱之说，较易满足普通人的私人化生命需求。

归根到底，文教与神教的关切重点是大不相同的：文教形成于中国，中国有强大的国家传统，因而文教采取了国家中心主义进路，用心于改善宏观的社会政治秩序乃至于宇宙秩序，它相信个体生命在此过程中就可以得以圆满。西方各种神教则形成于弱国家传统之中，乃采取个人主义进路，"主要关注个人的和普遍的拯救——其目标是使一切人无论什么样阶级和特殊身份都可以通过某种系统的道德生活安排而摆脱尘世的苦难"①。因此，神教构造了人格化神灵与相应的来世想象，民众更容易理解，天堂的奖赏或地狱的惩罚也可以对民众产生直接而强烈的诱导或恐吓作用，化解私人化生命可能遭遇之各种困扰。正是这样的差异，导致文教与政府融为一体，神教则独立于政府之外。

基于以上论述我们可以说，文教是精英型宗教，只有少数人可以成为严格意义上的教徒；神教却是面向普通民众的大众型宗教——一般宗教学

---

① 曼.社会权力的来源：第1卷.2版.上海：上海人民出版社，2015：375.

上将其称为会众宗教。这就意味着，仅仅通过儒家自身实施教化，其覆盖范围是有限的。当然，文教亦可借助多种政治、社会机制进行无形的教化，但其说服力仍然是有限的，也不能直接满足民众的私人化生命救赎需求，这就为神教的存在并发挥作用留下了广阔的空间，于是，文教与神教之间经过磨合逐渐形成分工合作关系。

在这一关系中，文教主要发挥"公民宗教"的作用。所有文明古典时代的哲人都主张，人需经过教化才可成为合格的政治体成员，现代政治则以价值中立的名义放弃这一点，作为一种矫正，卢梭较早提出"公民宗教"设想，美国学者贝拉予以重申。[①] 国内有学者依贝拉理论认为儒教是公民宗教。[②] 但贝拉的论述有其特定的美国清教背景，其用意是在政教分离的宪法原则之下，把美国的公共生活再神圣化，但遮掩了其清教背景。[③] 比较而言，卢梭的公民宗教论说反而更为可取，"每个公民都应该有一个宗教，宗教可以使他们热爱自己的责任，这件事却是对国家很有重要关系的"，"因此，就需要有一篇纯属公民信仰的宣言，这篇宣言的条款应该由主权者确定；这些条款并非严格地作为宗教的教条，而只是作为社会性的感情，没有这种感情则一个人既不可能是良好的公民，也不可能是忠实的臣民"。[④] 这里的关键词是公民责任、社会性感情、良好公民。儒家文教大体上就是这个意义上的公民宗教。

儒教实行教化的目标可分上中下三层：下层，养成所有人都知道自己的伦理责任，即父慈子孝、兄友弟恭等，成为具有社会性感情的"好人"，这有助于形成良好的人伦性社会秩序。中层，养成所有人具有基本的公共伦理意识，服从权威，维护秩序，承担国民的各种责任，具有国家认同，与他人有同胞之情，从而成为合格的国民，《论语·学而》载"有子曰：

① 贝拉．美国的公民宗教//陈明，朱汉民．原道：第十三辑．北京：首都师范大学出版社，2007.

② 陈明．儒教之公民宗教说//陈明．文化儒学：思辨与论辩．成都：四川人民出版社，2009；陈明．公民宗教：儒教之历史解读与现实展开的新视野//王中江，李存山．中国儒学：第9辑．北京：中国社会科学出版社，2014.

③ 孙尚扬．现代社会中的意义共契与公民宗教问题：兼论儒教可否建构为中国的公民宗教．世界宗教研究，2015（3）.

④ 卢梭．社会契约论．3版．北京：商务印书馆，2003：180，181.

'其为人也孝弟，而好犯上者，鲜矣！不好犯上，而好作乱者，未之有也'"，描述了由家内孝教培养国民伦理意识之道。古人之所以重视孝教，就是因为其同时可以达到以上两层目标。上层，养成少数人成为君子，即通过研习经史之学，修己之身，做到"君子喻于义""群而不党""周而不比"，具有领导人群之德能，可以在各个层级上承担社会治理、教化的责任，他们是"积极公民"，自觉地、主动地塑造和维护人伦、政治秩序。经由这三个层次的教化，文教为国家养成各层级的合格主体；所有人接受同一文教，也塑造了共同的价值、话语、伦理意识、秩序想象。凡此种种，皆有助于维护国家一统。

　　然而，文教仍面临传播难题，比如，孝教具有重要意义，但如何教人以孝？为了实现教化覆盖、效力的最大化，士人群体采取了"神道设教"之策。古典时代就有这样的做法，《周易·观·象》曰："观天之神道，而四时不忒。圣人以神道设教，而天下服矣。"中国的根本信念是敬天，但是天对普通民众来说过于抽象，难以理解。圣人将天道灌注于各种既有神灵崇拜活动之中，后者成为民众理解天道的中介。在文教成为国家教化体系之后，不断涌现的多样的神灵崇拜体系对不同地方、层次的民众可以产生类似的教化中介作用。

　　汉代以来，儒家士大夫群体进行新的神道设教，对随时出现的各种民间神灵崇拜以及外来的神教进行规范化，推动其接受文教的核心人伦、政治原则，从而转化成为中介性教化机制。普通民众普遍崇拜这样那样的地方性神灵，其教义比较鄙陋，但对民众影响至深。士大夫对其进行"绝地天通"式改造——对此本章第三节将予以详论，将文教的孝亲忠君价值灌注其中，这些神灵崇拜体系也就以其能为普通民众所理解的方式教化其信众以文教的伦理、政治价值。[①] 这种努力也克服了这些神灵崇拜的地方性，使之普遍化，而实现国民的价值整合。对于佛教，文教进行了同样的神道设教，推动其放弃极端化教义和组织形态，转而认可、接受文教的价值。大体上自宋代以来，佛教在一定程度上成为儒家价值的传播载

---

① 范丽珠，陈纳．"以神道设教"的政治伦理信仰与民间儒教．世界宗教文化，2015（5）．

体，比如传播孝道价值，教导其信徒认同国家权威。① 这种实践显然超出
了卢梭公民宗教论的设想，但又是十分必要的。

这样，在文教国家的精神与政治统摄之下，多元的民间宗教和世界
性宗教都进行了一定程度的调适，至少在功能上实现了一定程度上的一
体化，共同传播国民、国家的基本价值。由此在中国，历史上更不要说
当代，各种宗教代表人物可以共在一室讨论公共问题，我们也可以在学
术上谈论作为一个整体的"中国宗教"。在西方，基督教分裂为多种宗
派，有些人向往普世教会的合一，却始终没有任何进展；而在中国，文教
的强大力量做到了多种神教的合———到了明清时代确实出现了各种形式
的"三教合一"。②

由此，作为一个整体的中国宗教具有相当明显的特征：普遍的人文
化、道德化。尧舜确立以敬天为本的复合的崇拜体系，众多神灵也就分有
了天之性，其人格化趋于弱化；同样，在一个文教、多种神教的多元一体
复合格局中，文教发挥统合作用，各种神教逐渐分有了文教之性。对此，
法国汉学家葛兰言在其《中国人的信仰》一书中有比较敏锐的观察。葛兰
言把儒教称为"官方宗教"，"它是一种国家型的宗教。不仅由于它是为整
个国家的利益而创立的，更是由于其原则已经影响了全体国民的宗教生
活"。③ 它培养出士大夫，士大夫对各种民间神灵崇拜和外来神教进行改
造，其基本原则是："他们降低了神灵的分量，使中国的宗教变得人文化。
这当然要感谢儒生们：他们使宗教行为完全依存于抽象的原则，中国人除
了遵守一套形式完备的纲常秩序和实践目的的礼仪象征之外，不需要再负
担任何别的东西。他们对神明的感觉不再有明确的意识。"④ 历史上，新的
神灵崇拜不断涌现，外来宗教也不断传入，但"儒家是最终的胜利者。没
有任何一种宗教的复兴能够颠覆中国的古老信仰。除增加了神灵的数量以
外，它们增加的仅仅是对教义的漠不关心。中国人最后采取了一种迷信的

① 杨庆堃. 中国社会中的宗教：宗教的现代社会功能及其历史因素之研究. 上海：上海人民
出版社，2007：第十一章.
② 杨海文. 儒释道三教合流的历史经验. 孔子研究，2013（2）.
③ 葛兰言. 中国人的信仰. 哈尔滨：哈尔滨出版社，2012：73.
④ 同③88-89.

实证主义，他们接受所有宗教形式中他们认为可能有效的方面，并在某种程度上加以运用……但是在内心深处，归根到底他们关心的还是传统"。①这个传统就是文教。因此，"教义和教主都不能统治中国人的宗教生活"，中国人信奉各种宗教，"但是也很难说它们可以点燃起每个人的宗教信念"②，中国人没有宗教狂热，对神灵采取实用主义态度——这就是高明的人本主义态度。

葛兰言最后辨析说：有人以一神教为尺度得出结论，中国人没有宗教精神，"然而中国人并不缺少宗教精神：它表现为另一种形式"，这就是"对传统道德价值观的坚信不移"③，这当然主要蕴含在文教之中。也就是说，在一切宗教生活中，中国人关心的是道德而不是神灵。这与中国式国家的道德化逻辑是内在相通的，文教是其共同的塑造力量。

四、结语

过去两千多年间，中国基本上维持着"一个文教、多种神教，众神教统于文教"的复合宗教格局。文教是官方意识形态，通过各种机制，广泛、深入地施行教化；更为重要的是，它还"教化"各种神教，使之成为文教的中介性教化机制，从而形成多元一体的宗教格局。

这种多元一体的宗教格局大约是人类文明史上独一无二的。略作比较性考察可见，这是国家宗教生活之"中道"：犹太教在建立过程中消灭了各种神灵崇拜；罗马帝国尊基督教为国教，取缔各民族固有宗教。这些就是"过"，只有一元而不容多元，由此塑造的文明具有排他性。进入现代，西方则以宗教宽容的名义摆向"不及"，逐渐滑向文化多元主义、相对主义，只有多元没有一体，其结果是人心散乱、国家部落化。中国宗教的多元一体则做到了无过无不及：多种神教保持了文明的包容性，一个文教则保持了国家的内聚力。

"一个文教、多种神教，众神教统于文教"所造就的宗教的多元一体

---

① 葛兰言. 中国人的信仰. 哈尔滨：哈尔滨出版社，2012：130-131.
② 同①135.
③ 同①137.

是中华民族多元一体，进而也是中国这个文明与政治共同体长期保持一统的精神基础。神教总是多元的，古今绝大多数国家内部都存在多种神教，这就需要整合性力量予以统摄，否则多元神教必成为解构性、瓦解性力量，造成国家分裂甚至解体。同时，所有神教都有出世倾向，不加遏制，必然冲击人伦与政治秩序，这也是需要加以遏制的。文教就发挥了这两种作用，整合多种神教，遏制其极端倾向，中国作为多元一体的超大规模共同体之精神基础正在于此。

第三节 "绝地天通"作为宗教治理机制

宗教和国家是人类组织超血缘的大型共同体之两种主要机制，两者互嵌，因而韦伯把宗教定位为共同体的"扳道工"[1]。更恰当的说法是"轨道"，也即中国思想中所说的"道"，宗教为国家划定特定的前行之道，使之在漫长的历史进程中保持足够稳定性。由于种种我们可以理解或者永远难以理解的历史原因，生活在不同地区的人群创造了不同类型的宗教，塑造了不同类型的国家。最有典范意义也是最有现实意义的类型学划分是中国式宗教-国家与广义西方式宗教-国家，历史地看，"绝地天通"是两者的分叉点。

"绝地天通"是中国宗教和文明演进史上的绝大事件，学界对此多有讨论[2]，徐旭生、张光直、李泽厚、陈来、牟钟鉴等人对其内涵做出了比较权威的解释[3]。我们在第一章第三节已论述指出，颛顼和帝尧

---

① 韦伯. 儒教与道教. 北京：商务印书馆，1995：19.

② 相关讨论的综述，参见：张京华. 古史研究的三条途径：以现代学者对"绝地天通"一语的诠释为中心. 汉学研究通讯，2007（2）.

③ 徐旭生. 中国古史的传说时代：增订本. 北京：文物出版社，1985：74-85；张光直. 美术、神话与祭祀. 北京：生活·读书·新知三联书店，2013：34-46；张光直. 中国青铜时代. 北京：生活·读书·新知三联书店，2013：商代的巫与巫术；李泽厚. 己卯五说. 北京：中国电影出版社，1999：32-70；陈来. 古代宗教与伦理：儒家思想的根源. 北京：生活·读书·新知三联书店，2009：20-62；牟钟鉴，张践. 中国宗教通史：上卷. 北京：社会科学文献出版社，2000：83-85.

的绝地天通确立了以敬天为中心的复合宗教体系，其形态及其所塑造的政教关系与亚欧大陆上其他古典文明形成明显"大分流"，本节则拟论述，绝地天通是中国型国家的一种宗教治理机制，历代政府包括文教国家的士大夫持续运用这种机制，驯化本土新兴或外部传入的各种神教，使之去极端化、人文化，这就是"宗教中国化"的实质所在。

一、绝地天通与中国早期宗教革命

第一章第三节通过解读《尚书·吕刑》《国语·楚语下》的相关记载，已经比较详尽地分析了绝地天通的历史进程。概言之，绝地天通是华夏统一国家诞生进程中的关键节点，颛顼、帝尧持续进行宗教革命，在原始、多元的地方性神灵之上树立一统之天，建立祭天之礼，形成"敬天之教"。而天有独特属性，塑造了独特的天神关系、天人关系以及神人关系。

亚欧大陆各古典文明在其演进史中都曾在众多地方性神灵之上树立主神，在中国即体现为颛顼、帝尧之确立敬天为中心。但是，天的属性完全不同于西方各古典文明之主神。孔子的两段话准确刻画了天的属性，第一段见《论语·阳货》：

> 子曰："予欲无言。"子贡曰："子如不言，则小子何述焉？"子曰："天何言哉？四时行焉，百物生焉，天何言哉？"

早期宗教中的神都有一定人格性，体现为能言；巫觋正是听神之言并转达于人之人。西方各文明所建立的多神教体系中的主神普遍保留这一属性，且其人格性普遍得以强化，能言，并下降人间，介入人事。古代两河流域、埃及、印度、希腊、罗马等文明所建多神教中主神都有此属性；相应地，巫师发展、转化为祭司，在古典国家统治体系中拥有尊贵位置。

天却不同，孔子以反问句式指出天的属性：不言，这就将天与巫师之神、西方主神区别开来。孔子又说"四时行焉，百物生焉"。《周易·系辞下》曰："天地之大德曰生。"天是生生不已的万物之全体。借用宗教学家希克的用词，天是生生不已的"实在"（The Real）[①]。天不是人、物之外的人格化的超越性存在者，而是存有本身，且生生不已，当然无人格或位格、不言。

再看孔子的第二段话："大哉尧之为君也！巍巍乎！唯天为大，唯尧则之。"（《论语·泰伯》）人格化神灵是崇高的，但其能言，有位格，也就是个别存在者；单一神、主神、创造万物与人之"造物主"、"创世主"拥有绝对权威，仍是个别存在者。天却是涵容一切具体存在者的"全体"，无始无终，无边无界，故孔子谓之"大"。

可见，在人类精神发育史上，发现天、敬天具有革命意义：人的思维超越了具体的人或物或拟人存在者，而面向无限的有，敬天就是敬仰至大无外、无人格、不言、持续生成之存有。此天必然改变居于其中的众神之性质。敬天，并未消灭众神，而是形成天统众神之格局；天最大，人们必然倾向于以天理解神；众神统于天，必定逐渐分有天之属性，故其人格性逐渐弱化、趋于不言。因此，颛顼、帝尧敬不言之天，塑造了统一的中国宗教体系之根本属性：神灵的普遍弱人格化甚至去人格化。[②] 因此，天人关系不同于人格化神灵与人的关系，中国人的精神实现了一次革命性的人文化、理性化突破——这恐怕是人类各文明中最早的。

天不言，则人如何取法于天？《尚书·吕刑》有所回答。《国语》所记楚王之问，正针对《尚书·吕刑》而发。《尚书·吕刑》论用刑之道，首先探究刑罚的起源与演变，将其纳入宗教演进框架中：

> 王曰："若古有训：蚩尤惟始作乱，延及于平民，罔不寇贼、鸱义、奸宄、夺攘、矫虔。苗民弗用灵，制以刑，惟作五虐之刑曰法……皇帝哀矜庶戮之不辜，报虐以威，遏绝苗民，无世在下。乃命重、黎，绝地天通，罔有降格。"

观射父谓"三苗复九黎之德"，蚩尤即"三苗"首领。但是，三苗不

---

① 希克. 宗教之解释：人类对超越者的回应. 成都：四川人民出版社，1998：12-13.

② 有学者称之为"虚神"，参见：王卡. 中国本土宗教的虚神信仰. 世界宗教研究，2016(5). 韦伯注意到了中国神灵的非人格化特征，参见：韦伯. 儒教与道教. 北京：商务印书馆，1995：65-76.

是简单回到"古者"民神杂糅之状态，因为颛顼已在众神之上树立了一统之天，蚩尤必然是在此基础上把天复辟为人格化主神，则此主神之言的品质相比于九黎之时必有巨大提升，有能力颁布抽象规则，构成"法"，与西方古典宗教中的主神类似。三苗凭此神律治理人间，可谓"法治"之中国源头。《尚书·吕刑》接下来记载帝尧"绝地天通"，并构建新的国家治理机制：

> 皇帝清问下民，鳏寡有辞于苗。德威惟畏，德明惟明。乃命三后，恤功于民：伯夷降典，折民惟刑；禹平水土，主名山川；稷降播种，家殖嘉谷。三后成功，惟殷于民。士制百姓于刑之中，以教祗德。穆穆在上，明明在下，灼于四方，罔不惟德之勤，故乃明于刑之中，率乂于民棐彝。典狱，非讫于威，惟讫于富。敬忌，罔有择言在身。惟克天德，自作元命，配享在下。

"德"字引人注目，提示当时已形成了不同于三苗的全新心智和政治形态。人格化神灵凭借其个别绝对权柄，对人是一种压倒性的"临在性"绝对存在者，构造出"神—人间强关系"。天无人格，则只能形成"天—人间弱关系"，人与天所统摄之众神的关系也就趋于弱化。由此形成中国人对待鬼神之独特态度：《尚书·舜典》记帝舜阐明祭祀神灵之道，"夙夜惟寅，直哉惟清"；孔子说得更清楚，"务民之义，敬鬼神而远之，可谓知矣"（《论语·雍也》）。"远"就是弱关系。

神的去人格化带来了人的发现。在世界各民族中，中国人率先完成了精神突破，即人的发现与精神的人本化、理性化突破。人本化就是以人为中心，自行解决问题而非寄望于神，为此，人积极地开发、运用自身所具有之理性。《尚书·尧典》开篇记帝尧之德，首先是"钦"，即敬，包括敬天。接下来是"明文思"："明"意谓集中注意力，观察世界至为明晰；"文"意谓自我控制身体，周旋进退皆有法度；"思"意谓运用理智进行思考。帝尧运用理性于认识世界、控制自我、反身而思，这是颇为完备的理性。

在天—人间弱关系中，人凭其理性与天沟通，且居于主动地位。《尚书·尧典》的"钦若昊天"句后大段记载帝尧"历象日月星辰，敬授民时"。此即《周易·贲·彖》所谓"观乎天文，以察时变；观乎人文，以化成天下"。绝地天通之前，神能言，巫觋与神沟通凭其听觉，处在被动位置——一神教中的先知都是由神"拣选"的，因而是被动的；在神人沟通活动中，神言，神命令，先知聆听、服从，同样是被动的。天不言，则人知天之途径转为"观"，它出自人的主动。"历象"即观测与推算，这是高度主动、理性的活动，人由此制作出"人文"。人文与神言相对，它出自人，作用于人，化人为人。历史地看，古典时代的人文体现为礼乐。[①]颛顼、帝尧推动中国精神之人本化、理性化，落实为三代的礼乐文明。

五礼之中，祭祀之礼最为重要："凡治人之道，莫急于礼；礼有五经，莫重于祭。"（《礼记·祭统》）这延续了早期文明的特征，但神人间关系发生了重大变化：此前，主动权在神，神灵降临，人充满畏惧；今则不然，"夫祭者，非物自外至者也，自中出，生于心也。心怵而奉之以礼。是故唯贤者能尽祭之义"（《礼记·祭统》）。祭者居于主动地位，"以其恍惚以与神明交"（《礼记·祭义》）[②]。祭祀的功能同样是为人的，而非为神的："夫祭有十伦焉：见事鬼神之道焉，见君臣之义焉，见父子之伦焉，见贵贱之等焉，见亲疏之杀焉，见爵赏之施焉，见夫妇之别焉，见政事之均焉，见长幼之序焉，见上下之际焉。"（《礼记·祭统》）可见，敬天之后，神灵崇拜礼乐化了，宗教活动转化为维护人伦、政治秩序之功能性机制。人为了人而构建祭祀之礼，依其对人事之功效评判鬼神之"正"与"邪"，从而形成人本主义、理性主义的祀典准则："夫圣王之制祭祀也，法施于民则祀之，以死勤事则祀之，以劳定国则祀之，能御大菑则祀之，能捍大患则祀之。"（《礼记·祭法》）人仅祭祀有益于人与国家之神，除此之外即为"淫祀"。神灵被功能化了，人依神对人的功效确定其地位。

精神的人本化、理性化突破，推动共同体权威发生革命性转变。巫觋或先知之类神职人员凭神的绝对威力享有对人的绝对权威，民众基于恐惧

---

① 《礼记·礼运》论述了礼乐制作之原理："故圣人作则，必以天地为本，以阴阳为端，以四时为柄，以日星为纪，月以为量，鬼神以为徒，五行以为质，礼义以为器，人情以为田，四灵以为畜。"

② 唐君毅指出，儒家之信仰乃重在人之能信的主体方面，而不重在人之所信之客体方面，而儒家之所信者，又限于与人之道德实践必然直接相关者而说。参见：唐君毅. 中华人文与当今世界：下. 台北：台湾学生书局，1978；儒家之学与教之树立及宗教纷争之根绝.

而服从。天不言，则权威只能来自人的德行，即"恤功于民"。人以其属人的卓越品质造福于人，即为德；德形成、积累于运用其理智解决人类事务、改善共同体生存状态之努力中。因此，敬天之礼确立之后，权威来自"惟德之勤"。

敬天之教的树立也形成中国独有的"一元政府"体制：王同时掌握政、教两种权力。神能言之时，巫觋拥有最大权威；西方各古典文明中，其主神能言，祭司仍享有独立权威，乃形成政、教二元权威之分立，至一神教时代则更为明显。天不言，则祭司不再垄断中介权，王直接祭天，祭司仅安排礼仪而已。由此，权威一统于王，祭司在王之下，故《尚书·舜典》记载，帝舜命伯夷典祭祀神灵之三礼。王者享有完整的宗教管理权，此为数千年来中国之根本宪制。

总之，在中国文明-国家形成过程中，绝地天通事件是政、教结构之"铺轨车"，但我们要指出的是，绝地天通不是一过性事件，而是在此后四千多年间为圣贤君子反复运用，故又构成中国宗教体系演进之"扳道机"。①

二、绝地天通作为中国宗教治理之基本方法

绝地天通就是韦伯所说的"祛除巫魅"，但人类心智是高度复杂的，"祛除巫魅"不可能一次性完成，而必然呈现为持续的历史过程。在"一个天、多个神"的复合宗教体系中，神可以天化，即去人格化，但也可能出现反向的天的人格化。不过，颛顼、帝尧典范树立于前，这种反动必然触发新的绝地天通努力。四千多年来的中国宗教史以这两种力量之间的斗争为主线展开，绝地天通成为中国宗教治理之基本方法、中国式宗教形态之形塑机制。

这种斗争既发生在国家宗教层面，也发生在民间社会层面。首先来看

---

① 韦伯把包括宗教在内的观念体系比喻为规定群体行为轨道的"扳道工"。参见：韦伯. 儒教与道教. 北京：商务印书馆，1995：19-20. 迈克尔·曼更进一步，把宗教比喻为"铺轨车"。参见：曼. 社会权力的来源：第1卷. 2版. 上海：上海人民出版社，2015：36.

国家宗教层面上的斗争。颛顼的绝地天通努力可谓第一场斗争，且为后世树立了典范。帝尧对三苗复辟之矫正，构成第二场斗争。帝舜又在一定程度上偏离了帝尧的宗教生活，《舜典》记载，帝舜继位后祭祀众神："正月上日，受终于文祖。在璇玑玉衡，以齐七政。肆类于上帝，禋于六宗，望于山川，遍于群神。"参照后世文献可知，"上帝"是天的人格化形态。可见，帝舜偏于人格化主神崇拜。

夏人则返于帝尧之道。对三代国家宗教生活风尚，孔子曾论及其异同，"夏道尊命，事鬼敬神而远之，近人而忠焉……殷人尊神，率民以事神，先鬼而后礼……周人尊礼尚施，事鬼敬神而远之，近人而忠焉"（《礼记·表记》）。夏人、周人以敬天为中心，人本化、理性化程度较高。殷人则以上帝崇拜为中心，上帝有明显人格性。[1] 这就需要大巫降神，大巫在殷商享有崇高地位，《尚书·君奭》记载周公回顾殷商历史，可见大巫常与王分享最高权威。

到秦汉，祖先来自东方的秦人接续殷人传统，崇拜"四方帝"；汉承秦制，又受楚地巫风影响，延续这一宗教格局。秦汉皇室崇拜的上帝有明显人格性，体现为可言，如秦人所奉之神名曰陈宝，"其神或岁不至，或岁数来，来也常以夜，光辉若流星，从东南来集于祠城，则若雄鸡，其声殷云，野鸡夜雊。以一牢祠，命曰陈宝"（《史记·封禅书》）。相应地，这个时代的一些巫师凭其降神能力享有较高地位。

可见，中国早期宗教演进历程，呈现出敬天与崇拜人格化上帝轮番交替的明显态势，且有地域规律可循：来自东方的族群多倾向于崇拜人格化上帝，来自西方、中原的族群多倾向于敬无人格之天。但敬天居于正统，天约束众神，因而殷、秦所崇拜之上帝的绝对性、人格性与言辞能力，均颇为有限。[2]

西汉中期则有一大变：汉武帝复古更化，立孔子之教为"王官学"，

---

① 胡厚宣运用大量殷墟卜辞揭示了殷人所崇拜的上帝之人格性。参见：胡厚宣. 殷卜辞中的上帝和王帝（上）. 历史研究，1959（9）；胡厚宣. 殷卜辞中的上帝和王帝（下）. 历史研究，1959（10）. 关于周人所敬之天之非人格性与殷人所崇拜之上帝的人格性的比较性研究，参见：李绍连. 殷的"上帝"与周的"天". 史学月刊，1990（4）.

② 朱凤瀚. 商周时期的天神崇拜. 中国社会科学，1993（4）.

即国教，由此养成的士大夫推动了敬天之教的回归，并常态化地运用绝地天通的机制改造层出不穷的人格化神灵崇拜活动。孔子之祖为殷人，于礼乐却"从周"①；六经主要记载周礼，以敬天为观念之根本。汉武帝本人虽热衷鬼神崇拜，但在政治上发动了全面变革：尊五经，行察举，儒家士人逐渐进入政府，成为"士大夫"，既行使政治、行政之权，又承担教化之责。新兴士大夫群体决意依五经大义重构国家宗教体系，董仲舒呼吁以"郊天"为国家宗教体系之中心②，士大夫持续努力数十年，最终基本达成目标，四方帝退隐，天凸显出来③。

这是一次至关重要的"绝地天通"、宗教革命，此后，祭天居国家祀典之首。这场宗教变革推动了国家政治的人本化、理性化，皇室大幅度削减祠庙数量和巫师员额。④ 士大夫掌握了地方治理权，开始对民众所崇拜之神灵持续地进行绝地天通，使之礼乐化、人文化。

敬天未消灭地方神灵，仅将其统摄于天之中。民众仍大量崇拜地方性神灵，尤其是边远地区的人民，常崇拜原始的人格性神灵，巫师享有崇高地位。西汉中期以后，越来越多的士大夫出任地方官员，以教化万民为其要务，不能不认真处理这些民间宗教活动。士大夫普遍依五经大义，把绝地天通作为一种宗教政策⑤，以人文理性精神对待地方神灵崇拜：允许崇拜，但予以改造，改造策略正是绝地天通，禁止巫师降神。带有一定人格性的神灵由此去人格化、不言，难以干预人间事务。基层士人也逐渐介入、主导祭祀活动，替代巫师。经过这些改造，神灵崇拜活动趋于"礼乐化"，重心从事神转向聚人，祭神礼仪造就地方公共生活，人民从中习得、践行伦理规范，迷信神灵的"淫祀"演变成实施人伦教化的渠道，此即"圣人以神道设教"，对此，学者已有大量研究，兹不赘述。

值得一提的是，道教和佛教也经历了绝地天通式改造。早期道教多杂

---

① 子曰："周监于二代，郁郁乎文哉！吾从周。"（《论语·八佾》）
② 参见《春秋繁露》。
③ 对此过程的完整描述，参见《汉书·郊祀志》。
④ 对此过程的完整描述，参见：田天.秦汉国家祭祀史稿.北京：生活·读书·新知三联书店，2015.
⑤ 卢国龙."绝地天通"政策的人文解释空间.世界宗教研究，2010（6）.

有巫术，颇多降神之事，道士以此惑乱民众。北方寇谦之、南方陆修静对其进行清整，"专一以礼度为首，而加之以服食闭炼"（《魏书·释老志》）。① 这就是绝地天通，道士不再是巫师，道教趋于人本化、理性化。

佛教传入中国，夹杂印度或犍陀罗人格化神灵崇拜内容；早期传教过程中，西域僧人多用巫术争取信众；其教义也有神不灭、轮回、来世之类的内容，佛也带上了一定人格神色彩。士大夫施加的文化和政治压力促使佛教进行调适，以禅宗为代表的中国佛教普遍转回人世，走上"人间佛教"发展路径。佛教中国化其实就是绝地天通，趋于人本化、理性化，这构成此后一切外来宗教中国化之典范。绝地天通就是宗教中国化的基本操作手法。

总之，颛顼、帝尧的绝地天通既是历史事件，又是中国宗教治理之基本方法，士大夫持续运用之，推动各种本土的、外来的神灵崇拜活动转化为伦理性礼仪活动。于是，历史上的中国宗教整体上呈现出礼乐化、人文化、功能化、理性化的形态和势能。②

学界早已普遍认识到中国宗教之独特性，发明了很多概念进行刻画：杨庆堃谓之"弥散性宗教"，牟钟鉴谓之"宗法性宗教"，本章第二节概括为"一个文教、多种神教，众神统于文教"。③ 这里我们试图说明，这种形态不是自然的，而是政治主体自觉、持续塑造而成的。历史上不断有内生宗教兴起或外部宗教传入，其信众多崇拜人格化神灵，士大夫则作为"扳道工"，起而进行绝地天通努力，推动这些神灵的非人格化、不言。因此，绝地天通是中国式宗教形态的基本形塑机制。今天我们推动"宗教的中国化"，仍需运用"绝地天通"机制。

三、以绝地天通为尺度审视世界宗教

考虑到中国的规模和文明成就，敬天足以构成人类宗教的一大类型，

---

① 道教清整详情，参见：任继愈. 中国道教史. 上海：上海人民出版社，1990；第四、五章.
② 田丰对此所有论述，参见：田丰. "绝地天通"与"天人之际". 文化发展论丛，2015 (1).
③ 杨庆堃. 中国社会中的宗教：宗教的现代社会功能及其历史因素之研究. 上海：上海人民出版社，2007；牟钟鉴. 中国宗法性传统宗教试探. 世界宗教研究，1990 (1).

绝地天通亦可作为世界宗教分类的一个重要尺度。

分类是知识生产的重要方法，宗教学的基础正是对历史上出现过的宗教进行分类。伊利亚德曾引用法国数学家庞加莱之言曰："尺度造就现象。"① 分类的尺度只能出自历史，西方古今宗教均崇拜人格化神灵，其宗教学很自然地以神灵数量为分类尺度，形成单一神教、多神教、唯一神教之类的主流分类体系。显然，这一分类体系无法涵盖敬天，因为天完全超出了人格化神灵。基于宗教在中国演进的历史，我们引入绝地天通作为分类尺度，可以看到另一幅图景：

亚欧大陆各地前古典时期的宗教形态相差不大，即单一神教。约在距今四五千年前，若干地域开始整合，通过征服或聚合，多族群在政治上联合为大规模共同体；相应地，特定地域内多元的单一神教整合为多神教。此时出现了中、西宗教形态的第一次大分流，形成最为重要的宗教类型划分：第一种是中国式的，天作为"主神"，无人格、不言；第二种是印欧式的，主神仍保留原始神灵之属性，有人格性，能言。② 因其具有"扳道"作用，绝地天通既是中国宗教史上的大事，也是世界宗教史上的大事。

对于天之崇高地位和独特属性，明清时代的欧洲传教士和现代欧美汉学家有所关注，西方宗教学者却普遍忽视：伊利亚德把天或天神列在神圣存在者之第一位，但其所论者多为"原始"信仰，并反复断言，随着文明演进，"各地的至上天神都让位非其他宗教形式……从天神的超越性和消极性转移到更加活泼、主动和容易接近的神灵形式"③，通常是转向人格化更强的神灵，如多神教中的主神。但中国显然不是这种情形，对天的信仰反而得以强化。斯马特区分了两种宗教经验：一种是畏惧而又向往的，另一种是神秘的（the numinous and the mystical），前者常有"他者的临在感"，因其有位格，后者则通常没有。然而，他只讨论了印度教和佛教而

① 伊利亚德. 神圣的存在：比较宗教的范型. 桂林：广西师范大学出版社，2008：xxv.

② 倡导"宗教兼容"的孔汉思认为，亚欧大陆上存在三个"宗教河系"，中国居其一，且"从一开始就显示出典型的中国形态"。参见：秦家懿，孔汉思. 中国宗教与基督教. 北京：生活·读书·新知三联书店，1990：1-9. 本章则认为，近东、印度宗教是比较接近的。

③ 同①54.

未涉中国。① 希克对"实在"的顶层分类是"实在（The Real）"之"有位格（personae）"与"非位格（impersonae）"，其中论及了中国宗教的道，却未涉及中国人所敬之天。② 可见，即便是秉持多元主义立场的宗教学家，仍然严重低估了敬天之类型学意义。

到"轴心时代"，各文明都形成理性化程度较高的会众宗教，但仍沿不同路线发展，乃有中西宗教形态的第二次大分流：在中国，孔子以六经养成士人，创造"文教"，本章第一节已予详论；在印欧地区，则由多神教发展出一神教。这次大分流深化了第一次分流奠基的中西差异：第一，在神灵结构上，一神教取消了众神，文教仍统摄地方性神灵崇拜乃至外来神教，从而形成"一个文教、多种神教，众神教统于文教"的复合形态。第二，在神灵属性上，文教排斥人格性神灵，并持续强化之。③ 唯一真神则保留早期神灵的基本属性：有人格性、能言。一神教经书大量记载神言，且相比于多神教的主神，人格性更为绝对，神言更为清晰，且有明确道德属性，对人颁布完备的抽象性规范即律法体系。第三，在中介属性上，文教养成士人群体，并在汉武帝之后制度化地进入政府，成为"士大夫"，对国民同时行使政治、行政、教化之权，这就构成本书所研究的文教国家。在西方，唯一真神的理性化言说造就"先知"，聆听神言且转达于众人，颇类于巫师，只是其言更有道德性和现实批判性。④ 先知有门徒，逐渐发展为传道人，以言辞布道。

"轴心时代"的再度定型使中西宗教走上了完全不同的轨道：在中国，士大夫对内生或外来宗教持续进行绝地天通，弱化其神灵之人格性。在西方，却不断有先知涌现，凭借神启创立新教，一神教乃得以在亚欧大陆中、西部开枝散叶。

首先，先知摩西创立犹太教，并构建了祭司统治的国家，类似于《尚书·吕刑》所说三苗之国家。士师仍可以言辞与神沟通：撒母耳以神言选

---

① NINIAN SMART. Our experience of the ultimate. *Religious studies*，1984，20（1）.

② 希克. 宗教之解释：人类对超越者的回应. 成都：四川人民出版社，1998：326.

③ 肖雁. 不可言说的困境与张力：孔子天命、鬼神及生死观探析. 世界宗教研究，2019（6）.

④ 关于中国圣人与一神教先知的区别，参见：傅有德. 希伯来先知与儒家圣人比较研究. 中国社会科学，2009（6）.

择扫罗为王，又将其废黜。此后，先知仍间断出现。先知依据彼世的神意激烈批判世俗秩序，造成人心离散。罗马帝国毁灭耶路撒冷圣殿之后，犹太人流散各地，种族生存成为第一要务，乃弃绝其先知传统，拉比转而以诠释经文为中心，转向律法中心主义，其民族始得以存亡续绝。① 依据中国经验，这一转变近似于绝地天通。

同一时期，另有先知涌现，即耶稣，《圣经·新约》记其宣称受到神启，听到神言，作预言，施巫术，以此争取信众，创立新宗教。耶稣以言辞对信众颁布了神要神人爱人之类的命令。耶稣之后，保罗等人在传教过程中开始建立教会，教会作为一个组织，需要稳定和秩序，保罗乃确立耶稣"道成肉身"教义，其中含有耶稣已获全部真理、为最后先知之意②，这近似于绝地天通。

但唯一真神毕竟是能言的，因而总是有人宣称自己是先知，得到圣灵指引而言，异见迭出，纷争不已。后来，受启发于帝国治理术，教会领袖着手构建"大公教会"，西普里安提出"教会之外无救恩"教义，主教近乎垄断人与神的沟通。③ 这就是"绝地天通"，基督教由此趋于律法主义和理性化。尤其是格里高利改革之后，教会走向理性官僚化治理，甚至被视为欧洲现代国家构建之先声。

然而在路德看来，这种理性化、世俗化造成信仰的"败坏"。他决意回向原教旨，宣称所有基督徒都是祭司，可自行解释经书，这类似于"夫人作享，家为巫史"。加尔文主义比路德宗更为激进，迁居美洲者最为激进，美国清教属于激进的基督教原教旨主义。因此，现代美国不断有清教信徒宣称其与神相遇，以言辞沟通，创立教兴宗派，且多有极端主义倾向。

可见，绝地天通虽首发于中国却非中国所独有，而是人类普遍的宗教调适或治理之方，但中西之间也有根本区别。颛顼、帝尧自觉进行绝地天通，宗教领域发生了一场革命，与原始宗教间形成明显断裂；西方建制化教会为适应世俗秩序，不得不进行绝地天通努力，但这是不自觉的，只是

---

① 王强伟. 犹太传统中的"先知". 宗教学研究，2017（4）.

② 希克所列道成肉身论之第五种含义，参见：希克. 上帝道成肉身的隐喻. 南京：江苏人民出版社，2000：11-12.

③ 沃尔克. 基督教会史. 北京：中国社会科学出版社，1991：51-83.

技术性的而非结构性的，因而其古今宗教有明显连续性，始终保有原始宗教之根本特征：神有人格、能言。

由此我们可以重估西方文明经历了突破而中国文明保持了连续性的习见：西方从多神教走向一神教，确为断裂；但其神灵的人格性、能言属性却保持了连续。中国人树立敬天之后仍保持多神崇拜，确系连续；但统摄性的不言之天相对于人格性神灵却是革命性突破。比较而言，中国文明的人本化、理性化程度更高。

四、以绝地天通为尺度反思韦伯"清教理性"之说

中西不同的宗教形态塑造出其人民不同的精神状态：绝地天通确立了"人本的理性化"精神，未经绝地天通的一神教则确立了"神本的理性化"精神，常滑向非理性化。这与韦伯所构建之世界宗教历史叙事，尤其是所谓"清教理性"论截然不同，以下略作辨析。

韦伯的基本问题意识是现代国家之形成和构成，《经济与社会》《新教伦理与资本主义精神》《儒教与道教》等影响广远的著作，均聚焦于官僚制和资本主义两种制度，归约于理性化，溯源于新教尤其是清教；为证成这一命题，韦伯以清教为判准，构建了宗教理性化之世界历史演进叙事：由多神教到一神教是西方独有的革命性突破，基督教尤其是清教彻底"祛除巫魅"，使人之精神理性化，由此西方人才得以建立资本主义和官僚制。韦伯对中国宗教的描述，则充满"没有""不是"之类的否定性表述，认定其理性化程度较低，无以自行走向现代性。① 这套论说颇为流行，中国学者普遍接受，有明显"自我东方化"倾向。②

略加考察即可发现，韦伯尽管讨论过天，却从未注意过绝地天通事

---

① 对韦伯理论的介绍与反思，参见：苏国勋.理性化及其限制.北京：商务印书馆，2016；苏国勋.马克斯·韦伯：基于中国语境的再研究.社会，2007（5）；苏国勋.韦伯关于中国文化论述的再思考.社会学研究，2011（4）.

② 比如牟钟鉴等人这样评价中国传统宗教："这种原生型宗教虽然礼仪完备，但缺少发达的神学，又没有独立的教团，加以祭天活动民众不得介入，造成上下脱节，而祭祖活动各自以家族为中心，造成左右脱节，所以不是宗教的高级形态，并且缺乏跨入近现社会的后续力。"牟钟鉴，张践.中国宗教通史：下册.北京：社会科学文献出版社，2000：1214.

件，而这恰恰是彻底"祛除巫魅"之有效机制。颛顼、帝尧通过绝地天通所树立之天彻底超越了原始神灵，这是革命性的"祛除巫魅"之举；西方宗教史上则未有过如此革命，其宗教保持了明显的连续性。比较而言，一神教祛除巫魅的完成度是比较低的，其经书所记"神迹"即接近于巫术，先知即是巫师之高级版本，其超凡魅力是巫师本有的品质。① 韦伯本人也承认："'先知'指的是一种超凡魅力的纯个人载体"，其权威依赖超凡魅力，"实际上这就意味着巫术"。② 当然，人类精神的内在性质决定了，祛除巫魅是难以彻底完成的，但颛顼、帝尧至少构建了祛魅之典范和有效机制，一神教却未建立类似典范和机制，人以言辞与神沟通的巫魅始终居于其宗教之核心位置，故其宗教的内核始终是原始的。

神的人格性增强、其言辞的条理性增强，确实体现或带来了人类精神之理性化：神言构成神律，并有道德性。然而，神作为绝对的"他者"，必定首先呈现为绝对意志。可以聆听神言的先知自然秉有强烈的绝对意志精神，因而充溢其心灵的首先是激情，《圣经》所记先知无不如此。清教同样充满激情，这体现在加尔文论著中："它的首要目的就是感化（persuasion），或者在直指人心，激发其人的热情与意志，从而可以化为行动投入其中。"③ 对清教之激情，韦伯多有论述④；李猛则概括说，韦伯的理性化其实是超凡魅力的常态化，充满激情，具有激进革命的倾向⑤。就性质而言，激情是非理性的。韦伯相信，清教的激情转生出了理性，但事实上，在信仰清教的美国人身上，人们普遍观察到强烈的"反智"倾向，托克维尔已提及这一点⑥，霍夫施塔特在其经典研究中详尽论证了美

---

① 美国学者威尔逊论证指出，古代以色列先知的言说方式与流行于近东的灵媒、巫术有前后相承的关系，参见：WILSON R. Prophecy and society in ancient Israel. Philadelphia：Fortress Press，1980.

② 韦伯. 经济与社会：第1卷. 上海：上海人民出版社，2010：566，567.

③ 加尔文. 基督教要义：上册. 北京：生活·读书·新知三联书店，2010：28.

④ 《儒教与道教》中的"结论：儒教与清教"的对比性论述；关于清教的激情，还可参见：阿姆斯特朗. 神的历史：珍藏版. 海口：海南出版社，2013：320.

⑤ 李猛. 理性化及其传统：对韦伯的中国观察. 社会学研究，2010（5）.

⑥ 托克维尔注意到，美国人因其虔诚的宗教信仰而"最不注重哲学"，盲目信仰所谓宗教真理，个人放弃理性思考，喜好一般观念，迷信泛神论，不爱好和致力于科学、文学和艺术等。参见：托克维尔. 论美国的民主：下卷. 北京：商务印书馆，1988：518-558.

国清教反智主义的演变过程与主要表现①。相比较而言，经过了绝地天通的中国意识呈现为"钦、明、文、思"，充分体现了人的精神的高度理性化。

关于儒教伦理和清教伦理，韦伯认为"两种伦理都有自己的非理性系留：一种系于巫术；一个系于一位超凡的上帝最终不可探究的旨意"②。但事实是，绝地天通推动了精神的人本化，人以道德之善"对越于天"，这绝非巫术。相反，加尔文主义预定论取消了道德的意义，因而人们在清教资本家身上看到的是贪婪和道德冷漠——对此，韦伯已经注意到了，却未分析其根源。

总之，即便韦伯的清教理性命题勉强可以成立，也须加以限定：它立基于过分独特的一神教原教旨主义信仰，因而是高度地方性的，也是十分脆弱的，不足以作为现代社会之根基。真正普遍的理性应是人之为人内生的理性，绝地天通是这种理性得以发育之前提：它把人从人格化神灵之临在性支配中释放出来，人依凭自己的力量处理人间之事，理性从中发育、成长。这理性是完全属人的，因而不是独断的而是宽和的。韦伯对中国式温和理性再三嘲笑，然而，正因为这种宽和，理性才未被激情所纠缠，而成为解决宗教、种族、政治、价值、阶级等各方面紧张、冲突之机制。③这种理性也内涵了价值，引人"惟德之勤"，促人修身立德。至关重要的是，这种理性不依托任何宗教，因而是普遍的。

经由以上宗教学上的辨析，我们获得了反思、批判韦伯关于中国国家的认识。韦伯把理性化官僚制确定为现代国家的标志性制度，他也认识到士大夫与现代官僚之类的相似性，但始终认为士大夫没有达到充分理性化程度，因为儒教保持了巫术——不少中国学者也不假思索地接受了这一欧

---

① 霍夫施塔特.美国生活中的反智主义.南京：译林出版社，2021：71-174.另有学者论述新教伦理造就威权主义精神，包括压制艺术、仇视世俗文化、反对世俗人道主义、非人道的原始主义（inhuman primitivism）等。参见：ZAFIROVSKI M. The protestant ethic and the spirit of authoritarianism：puritanism，versus democracy，and society. Berlin：Springer，2007.

② 韦伯.儒教与道教.北京：商务印书馆，1995：293.

③ 比如中国宗教具有极大宽容性，参见：陈立胜.中国文化中的宗教宽容精神的四个结构性因素：道、心、圣人与圣经.世界宗教研究，2017（2）.

洲中心主义偏见。我们的分析则表明，清教实际上是激进的基督教原教旨主义，其理性化程度甚至低于天主教；相比较而言，受到道德意识的引领，孔子文教是高度理性化的，因而文教精神所支配的郡县制国家也就是高度理性化的，按照韦伯本人的定义，文教国家就是典型的现代国家。中国传统文教国家与西欧国家的众多差异，其实更多的是由经济基础的差异，即农业生产方式与大工业生产方式的差异所决定的，但韦伯的理论却恰恰忽视了这一点。

从实践角度看，阐明绝地天通之原理、揭示有效的历史性机制，有助于我们在今天找到推进宗教中国化之长效可行方案。基于本节讨论的历史经验我们认为，宗教中国化的本质是对带有神灵崇拜性质的宗教进行绝地天通，抑制神人之间的沟通，推动其礼仪化、人本化，使其教众接受忠孝之德，节制教民身份认同，强化国民身份认同。

第五章

文教国家的结构与韧性

孔子在古典文明秩序崩解之际创立文教，这是适应于后封建时代社会政治状况的普遍性宗教。从秦朝快速灭亡的教训中我们看到，普遍性政治秩序即郡县制国家必须与之结合，成为文教国家，才能稳定下来。本章我们首先对两者结合的过程进行描述，但不限于秦汉之际的第一次，因为此后历代王朝在以武力打天下、建立初始宪制之后，普遍进行过类似的"第二次建国"，即建立文教国家，这一事实凸显了文教国家的历史必然性，我们将引入更多事实，揭示其内在机理。由文教养成的士人-士大夫群体的能动性努力是这一结合的自下而上的驱动力量，我们将以汉初文翁兴学于蜀郡为例，阐明这一点。最后，我们对文教国家的形态特征略作分析，概括出其结构性特征——"兼体而分用"。

第一节　第二次建国：文教国家的历史必然性

一个新政权，不论通过何种方式建立，都必须转型为文教国家才能长治久安，最早对刘邦指出这一点的是陆贾。《史记·郦生陆贾列传》记载，汉立国之初：

> 陆生时时前说称诗书。高帝骂之曰："乃公居马上而得之，安事诗书！"陆生曰："居马上得之，宁可以马上治之乎？且汤武逆取而以顺守之，文武并用，长久之术也。昔者，吴王夫差、智伯极武而亡；秦任刑法不变，卒灭赵氏。乡使秦已并天下，行仁义，法先圣，陛下安得而有之？"

陆贾提出秦以后中国政治哲学之核心议题，也是历朝政治头几十年发展之关键环节：刘邦居马上而得天下，是为"打天下"，由此形成一套宪制，可谓"初始宪制"，但此宪制不可"长久"；欲长久保有统治权，须由"逆取"也即马上打天下，转为"顺守"也即"行仁义，法先圣"。

陆贾之议开启了汉初一段漫长而反复的政治转型过程，至董仲舒-汉武帝更化改制，汉家始初步完成宪制转型。相对于打天下形成的初始宪制，这一历史过程可谓"第二次建国"，意谓国家治理之基本理念、承载此一理念的社会治理主体，以及各个层面的权力安排之宪制结构，在此过程中均发生了全面、深刻的变化。经由这一转型过程形成新宪制即文教国家，社会政治秩序始得以保持较为持久的稳定。

此后，中国经历多次王朝更替，几乎每一次都重复了第二次建国历程，收官于文教国家之重建。本节将对文教国家反复重建的历史必然性予以解释；放宽视野我们发现，第二次建国现象同样存在于西方，我们将对此中机理作一简单讨论。

一、秦：第二次建国环节的缺失与国家失败

陆贾对汉高祖所言虽然简短，却提出几个重要概念。首先，他区分"得"天下和"治"天下，这是两个完全不同的政治事务。某群人，不管以何种方式得天下，必定依某种理念，通常是延续其得天下之政治理念，构建宪制。此为初始宪制，通常不适宜于治天下。陆贾提出，宪制是否适合于治天下，主要的考量标准是"长久"，即社会政治秩序长久保持稳定。而初始宪制常不能维护社会政治秩序之长久稳定，故陆贾提出，统治者应当进行"第二次建国"，即针对初始宪制，实施深刻而全面的变革，以自我革命，重构宪制。

其次，陆贾又断言，商汤、周武王是"逆取而以顺守之"。所谓"逆取"者，以暴力取得统治权也；"顺守"者，为政本乎仁义而法先圣也。在儒家历史叙事中，汤、武均为圣王，而其取得天下统治权，显系以暴力

革夏、商之天命，此即"逆取"。对此革命暴力，儒家并不反对。① 重要的是，圣王迅速转向"以顺守之""文武并用"，此为长久之术也。

后来同样积极推动第二次建国的贾谊，也承认秦以武力扫灭六国、代周而取得天下统治权的做法：

> 秦灭周祀，并海内，兼诸侯，南面称帝，以四海养。天下之士，斐然向风，若是，何也？曰：近古之无王者久矣，周室卑微，五霸既灭，令不行于天下，是以诸侯力政，强凌弱，众暴寡，兵革不休，士民罢弊。今秦南面而王天下，是上有天子也。即元元之民，冀得安其性命，莫不虚心而仰上。当此之时，专威定功，安危之本，在于此矣。（《贾谊集·过秦中》）

文王以百里而王的模式取得天下统治权，当然最佳；但通常，此情形可遇而不可求，大量的历史情形是，已丧失天命的统治者不愿让出权力，新受命者不得不以暴力推翻之以得天下，即陆贾之所谓"逆取"。在贾谊看来，秦之得天下，虽然大量使用暴力，但未必是恶的，至少贾谊不准备追究之。在他看来，对以暴力得天下的秦来说，至关重要的事情是，自我革命，即展开第二次建国。《过秦论》通篇大旨正是，秦始皇、二世父子错过了第二次建国：上篇首先说，秦始皇扫灭六国，"然后以六合为家，崤函为宫。一夫作难而七庙堕，身死人手，为天下笑者，何也？仁心不施而攻守之势异也"。接下来更为具体地论述：

> 夫并兼者高诈力，安危者贵顺权，推此言之，取与守不同术也。秦虽离战国而王天下，其道不易，其政不改，是其所以取之也；孤独而有之，故其亡可立而待也。借使秦王论上世之事，并殷周之迹，以制御其政，后虽有淫骄之主，犹未有倾危之患也。故三王之建天下，名号显美，功业长久。（《贾谊集·过秦中》）

贾谊的看法与陆贾完全相同，得天下也即取天下，治天下也即守天

---

① 《史记·儒林列传》记儒生辕固生与尊信黄老之术的黄生争论于汉景帝前，辕固生主张革命是正当的，黄生则反对革命。

下，两者之术完全不同，得天下依凭诈谋和暴力，在此过程中，儒家其实无从发挥作用，《史记·郦生陆贾列传》所记郦食其见刘邦之事就清楚说明这一点："沛公不好儒，诸客冠儒冠来者，沛公辄解其冠，溲溺其中"；然而，"郦生因言六国从横时，沛公喜，赐郦生食"。在打天下过程中，儒生郦食其只能放弃其儒术，而以其纵横之术为刘邦所用，显见，刘邦之打天下，全凭"诈力"。

由此塑造之初始宪制必定延续"诈力"原则，其具体表现是，统治者迷信刑罚，以管理军队的逻辑管理高度复杂的社会，以对付敌人的办法对付治下的民众，基于人性恶预设，以严刑峻法治理社会。在权力分配上，也不能不参照得天下过程中之诈力贡献，也就是说，军功成为权力分配的主要依据。

儒家不会追究这一初始宪制之原罪，但儒家依据自己关于人和秩序之基本义理尤其是历史经验相信，如此初始宪制是难以长久的。儒家关注的是"长久"的秩序稳定而不是原初的正义。历史不是神话，也不是绝对精神之展开，历史的主体是人，而人是复杂的，故历史自有其复杂甚至残酷的一面。儒家无意带人入天堂，也就不会要求统治权从神的创世开始。但儒家相信，不管处在何种状态，人应向上提升，也完全可以提升；在政治上，不管初始宪制是什么，都应转换而归于大道，为此必须进行第二次建国，而这也是完全可能的。儒家之历史作用正在于推动第二次建国。太史公合郦食其与陆贾于一传，用意恐怕正在于此。

实际上，战国时代，儒生就积极推动各国之第二次建国。这方面表现最为明显的是荀子，在秦已有一统天下之势时，荀子出关入秦，游说秦昭襄王与相国范雎，认可秦扫灭群雄、一统天下之功，但呼吁其引入儒学以自我更化。① 荀子的努力似乎收到成效，秦开始接纳东方儒生为官。

在秦扫灭六国过程中，齐鲁等地的儒生大量加入秦廷为博士，积极参与新制度的建立，同时也期望推动秦制之第二次建国。其中较为重要的努力在秦始皇即帝位第三年：

① 姚中秋. 荀子说秦与秦之儒化：《荀子》相关章节疏解. 原道，2019（1）.

东巡郡县，祠驺峄山，颂秦功业。于是徵从齐鲁之儒生博士七十人，至乎泰山下。诸儒生或议曰："古者封禅为蒲车，恶伤山之土石草木；埽地而祭，席用菹稭，言其易遵也。"始皇闻此议各乖异，难施用，由此绌儒生。（《史记·封禅书》）

儒生期待秦始皇接受五经，以更化体制，故抓住封禅机会，建议秦始皇采用封禅之古礼，目的是恢复三代祭祀之礼，使秦始皇敬畏上天。秦始皇断然拒绝，而采用秦人相沿之礼。这表明，秦始皇不愿敬顺上天，由此与儒生互不信任，儒生更化秦制的努力遭遇一次严重挫折。后又有博士齐人淳于越复封建倡议：

始皇置酒咸阳宫，博士七十人前为寿。仆射周青臣进颂曰："他时秦地不过千里，赖陛下神灵明圣，平定海内，放逐蛮夷，日月所照，莫不宾服。以诸侯为郡县，人人自安乐，无战争之患，传之万世。自上古不及陛下威德。"始皇悦。博士齐人淳于越进曰："臣闻：殷周之王千余岁，封子弟功臣，自为枝辅。今陛下有海内，而子弟为匹夫，卒有田常、六卿之臣，无辅拂，何以相救哉？事不师古而能长久者，非所闻也。今青臣又面谀以重陛下之过，非忠臣。"（《史记·秦始皇本纪》）

周青臣以为，废封建、设郡县是秦制所创，为初始宪制之根本。博士淳于越则以为，此制度无法解决秦所面临的"规模难题"，应"师古"而复封建。这是要求秦制进行一次根本变革，也即第二次建国。淳于越认为，依照礼制复封建，才能实现社会政治秩序之"长久"稳定——陆贾、贾谊也都重复了"长久"之说。在诸子百家中，儒家师古，孟子即主张复封建，后来贾谊和武帝初年王臧等人之更化方案，都以复封建为基本诉求。

秦始皇没有立刻拒绝淳于越的提议而是"下其议"。显然，以秦始皇之敏锐政治本能必然已意识到，国家确实面临治理难题。但李斯从另一角度思考：复封建必将威胁皇帝的一元政治权威，从根本上摧毁初始宪制，故建议秦始皇发动"焚书"运动，接下来是"坑儒"，把推动第二次建国的文化政治力量从政府中驱逐出去，并予以全盘打击，从而彻底取消了第二次建国之可能。

汉初儒者以为，此即秦二世而亡之根源所在。陆贾已明确指出，秦之所以迅速败亡，即因其在扫灭六国后依然"任刑法而不变"，沿用其基于打天下逻辑而确立之初始宪制，而不启动第二次建国。汉家汲取教训，就必须"变"。

二、董仲舒-汉武帝更化：第二次建国之典范①

刘邦集团通过暴力得天下，得天下之后全面继承秦制，沿用秦之刑治、吏治，也延续了秦的专任刑罚、严刑峻法的治理精神。至于掌权者则为军功之臣。此为汉之初始宪制，大体上是秦制之翻版。儒家乃发动第二次建国运动，陆贾首发其端，太史公生动地记载了陆贾对高祖论"治"天下不同与"得"天下后高祖之反应：

> 高帝不怿而有惭色，乃谓陆生曰："试为我著秦所以失天下，吾所以得之者何，及古成败之国。"陆生乃粗述存亡之徵，凡著十二篇。每奏一篇，高帝未尝不称善，左右呼万岁，号其书曰"新语"。（《史记·郦生陆贾列传》）

刘邦虽无文化，却"仁而爱人，喜施，意豁如也，常有大度"（《史记·高祖本纪》），故陆贾有机会以儒者身份言说。重要的是高祖之"惭"，惭在不知保有统治权的长久之术。知耻而后勇，汉高祖知道了转型的必要性，乃下令陆贾著书，总结秦汉之得失、往古各国之成败，以揭示治天下之大道。陆贾之著书乃是官方行为，其第一读者是汉高祖本人，每成一篇，陆贾奏于高祖，且似乎在朝堂上诵读。书名"新语"也表明，这是新王之语，即汉家之语，对汉家有根本法含义。

这表明，儒家在汉家体制中已获得合法政治地位，故孝惠帝除挟书之

---

① 关于汉代第二次建国之详尽描述，参见：姚中秋.可大可久：中国政治文明史.北京：华龄出版社，2021：269-308.

律，废除秦始皇颁布的私学禁令，这已从根本上反秦之制了。此后，儒家教育迅速活跃起来，至关重要的是，皇子、诸子、王子所受之教育也大体上是儒家的。秦焚书之后，以吏为师，皇子教育主要是刑律教育。汉改变了这一点，汉武帝即接受经学教育：兰陵人王臧从申公受诗，孝景帝任为太子少傅，此太子就是刘彻。故刘彻即位一年，王臧升为郎中令，而王臧的同门赵绾则升任御史大夫。

儒家由此构筑第二次建国之文化社会基础：在汉初相对宽松的教育、学术环境下，经学逐渐传布于社会精英人群。汉朝开国君臣固然成长于秦制反文化环境中，但儒家教育逐渐影响下一代，至第三代精英则基本接受儒家理念。此即汉武帝复古更化之文化社会基础。

儒家也在政治上发挥作用，虽较为曲折，此即叔孙通为汉家作礼仪。《史记·刘敬叔孙通列传》记叔孙通精通"文学"也即经学，秦时为博士。而在打天下过程中，叔孙通向汉王推荐不少群盗壮士，他清楚，"汉王方蒙矢石争天下"，其所需要者就是"斩将搴旗之士"。然而，他也希望跟随他的儒生"且待我"，叔孙通一直在等待改造政制之机会。

汉立国之后，叔孙通得以逐渐发挥作用，参与汉家礼仪之制作。礼仪是规则，可塑造朝廷秩序，进而塑造合理的政治秩序。礼仪的作用向来是相互的，行礼让双方均保持在敬的状态：群臣、诸侯固然敬皇帝，面对如此行礼的群臣、诸侯，皇帝也不能不敬。皇帝的尊贵固然被树立起来了，但皇帝也因此受到约束，被置于一系列严格规则之下，而无以随心所欲地行事。

更为重要的是，因此事之成功，儒生得到朝廷重用，得以进入政体结构，获得行道于天下的机会。由此，儒学的社会政治地位提升，越来越多的青少年愿意接受儒家教育，研习六艺。这是儒家历史也是汉代政治史上之大转折的开端，故司马迁评价说："叔孙通希世度务制礼，进退与时变化，卒为汉家儒宗。'大直若诎，道固委蛇'，盖谓是乎？"（《史记·刘敬叔孙通列传》）

到汉文帝时代，贾谊提出完整更化方案。贾谊在《过秦论》中重复陆贾命题，主张汉家必须完成国家精神的转换，以仁义礼乐治国。贾谊对制度变革提出完整方案，其要旨是去秦制、复封建：

> 谊以为，汉兴二十余年，天下和洽，宜当改正朔，易服色制度，定官名，兴礼乐。乃草具其仪法：色上黄，数用五，为官名悉更，奏之。文帝谦让未皇也。然诸法令所更定，及列侯就国，其说皆谊发之。（《汉书·贾谊传》）

据现有文献，贾谊第一个提出系统更化以去秦制的规划，以彻底告别秦制，抛弃秦之治国精神，重建文化、社会、政治等领域的新制度。只是，汉文帝成长于秦制中，"本好刑名之言"（《史记·儒林列传》），对更化并不在意。同时，位居要津的周勃等军功大臣与刑名吏等秦制之既得利益者，更是激烈反对更化[①]。

四十年后，又一批儒者展开更化事业。十六岁的汉武帝即位，"汉兴已六十余岁矣，天下乂安，荐绅之属皆望天子封禅改正度也"（《史记·孝武本纪》）。天下人皆思建立更为健全之体制，武帝之师傅王臧顺应这种心理，立刻发动更化[②]：

> 而上乡儒术，招贤良，赵绾、王臧等以文学为公卿，欲议古立明堂城南，以朝诸侯。草巡狩、封禅、改历、服色事，未就。会窦太后治黄老言，不好儒术，使人微得赵绾等奸利事，召案绾、臧，绾、臧自杀，诸所兴为者皆废。（《史记·孝武本纪》）

本轮更化方案与贾谊相近，增加了至关重要的第一条：立明堂，旨在复封建。秦废封建，鲁儒认为，秦制一切问题皆由此造成。故去秦制，即当复封建。为此，王臧等人请教自己的老师申公，提出以复封建为中心的更化方案。但这是一个极为激进的方案。窦太后是当时黄老之术的坚定支

----

① 《史记·屈原贾生列传》记：诸律令所更定，及列侯悉就国，其说皆自贾生发之。于是天子议以为贾生任公卿之位。绛、灌、东阳侯、冯敬之属尽害之，乃短贾生曰："雒阳之人，年少初学，专欲擅权，纷乱诸事。"于是天子后亦疏之，不用其议，及以贾生为长沙王太傅。

② 值得注意的是，这次更化，得到了两位外戚的支持：魏其侯窦婴者，孝文后从兄子也；武安侯田蚡者，孝景后同母弟也。《史记·魏其武安侯列传》谓：魏其、武安俱好儒术，推毂赵绾为御史大夫，王臧为郎中令。迎鲁申公，欲设明堂，令列侯就国，除关，以礼为服制，以兴太平。举适诸窦宗室毋节行者，除其属籍。

持者，由于其坚决反对，此次更化归于失败。

不过，这次更化取得了一个成果：建元元年（公元前 140 年）冬十月，诏大臣举贤良方正直言极谏之士，丞相绾奏："所举贤良，或治申、商、韩非、苏秦、张仪之言，乱国政，请皆罢。"（《汉书·武帝纪》）奏可。至此，正式放弃了自秦孝公以来之王官学——法家。

到登基第五年，窦太后病重，汉武帝立刻恢复更化进程。次年，窦太后去世，汉武帝立刻下诏广求贤良：

> 朕闻昔在唐虞，画象而民不犯。日月所烛，莫不率俾。周之成康，刑错不用，德及鸟兽，教通四海。海外肃眘，北发渠搜，氐羌徕服。星辰不孛，日月不蚀。山陵不崩，川谷不塞。麟凤在郊薮，河洛出图书。呜乎，何施而臻此与！今朕获奉宗庙，夙兴以求，夜寐以思，若涉渊水，未知所济。猗与伟与！何行而可以章先帝之洪业休德，上参尧舜，下配三王？朕之不敏，不能远德，此子大夫之所睹闻也。贤良明于古今王事之体，受策察问，咸以书对，著之于篇，朕亲览焉。

由这份诏书可见汉武帝之文化取向和政治抱负。儒家教育发挥了作用，汉武帝向往五经所说的三代之治。此即董仲舒所说的"复古"，复向古典。他是周室覆亡之后，第一个自觉地归宗于尧舜三王之道的王者，为此，接受儒家士人提供的更化方案。[①]

已有充分准备的董仲舒立刻提出了一个切实可行的更化方案。董仲舒精于《春秋》公羊学，有创制立法之抱负，《汉书·董仲舒传》全文收录董仲舒上汉武帝的"天人三策"，此为汉代乃至过去两千多年间中国最为重要的政治文献。[②]

第一策中，董仲舒严厉批评秦制，谓其在治国之道上，"废德教而任刑罚"；又焚书坑儒，"重禁文学，不得挟书，弃捐礼谊而恶闻之，其心欲

---

① 姚中秋. 道统与宪法秩序. 北京：中央编译出版社，2017：26 - 51.
② 对此详尽解读，参见：姚中秋. 天人之际的治道：广川董子"天人三策"义疏. 政治思想史，2012（3）.

尽灭先王之道，而颛为自恣苟简之治"。其结果，社会秩序混乱，民风败坏，"法出而奸生，令下而诈起，如以汤止沸，抱薪救火，愈甚亡益也"。汉家要实现优良治理，"必变而更化之"。

那么，如何更化？从战国以来，面对封建制崩坏后广土众民的现实，各国纷纷设立郡、县，建立科层官僚制。至秦，统一郡县制。贾谊、王臧等人认为，此制导致皇权独大，因而试图复封建。但他们的更化方案等于全盘推翻初始宪制，在政治上完全不可行，也不可能有效解决广土众民之现实治理难题。董仲舒另辟蹊径，并不谋求复封建，不准备否定皇权与郡县制之基本架构，而致力于改造其中之官员结构，重塑皇帝和官员之政治精神，同时局部地进行制度变革。

第二策中，董仲舒呼吁"兴太学，置明师，以养天下之士"；与兴学相配合，"使诸列侯、郡守、二千石各择其吏民之贤者，岁贡各二人以给宿卫，且以观大臣之能"，由此逐渐改变官员结构。兴学，则必须尊五经，故在第三策中，董仲舒提出：

> 《春秋》大一统者，天地之常经，古今之通谊也。今师异道，人异论，百家殊方，指意不同，是以上亡以持一统；法制数变，下不知所守。臣愚以为，诸不在六艺之科孔子之术者，皆绝其道，勿使并进。邪辟之说灭息，然后统纪可一而法度可明，民知所从矣。

汉武帝已有更化之意，董仲舒的方案完整而务实，政学合力，推动汉家展开第二次建国，最终形成完全不同于秦制之新宪制。

第一，国家精神，也即治理之基本取向，从秦之专任刑罚，转向先德教而后用刑罚，以教化为大务，以行仁义为志向。

第二，为此而广泛兴学。自孔子以来，儒生以兴学为本，养成士君子。秦为维护政治权力对社会的绝对控制而禁绝私学，"以吏为师"。汉初允许儒生兴办私学，现在更进一步，政府立五经博士，兴办公学，中央有太学，郡县各有其学。公私互补的教育体系以五经养成士君子，教化民众。以学兴起教化，以学为社会治理之基础。

第三，在兴学基础上，建立选举制度，当时为"察举"，儒生得以制度化地进入政府，"自此以来，则公卿大夫士吏斌斌多文学之士矣"（《史记·儒林列传》)，由此逐渐形成"儒家士大夫"群体。秦制下，官吏是习刑名之吏，唯命是从；儒家士大夫则有行道之志，其为政之道完全不同于刑名吏，故非皇帝之工具，而是致力于致君行道。

第四，儒家士大夫群体推动形成新的权力分配格局。秦制之下，国家权力全在皇帝，皇帝通过官吏控制每个人，不存在社会自治。儒家士大夫有行道之志，不顺从于皇权，由此，国家权力出现多重分立：内朝与外朝之分，皇权与相权之分；同时，儒家士君子也领导社会自治，与政府权力分工合作。

概括言之，在汉儒推动下，汉武帝时代展开第二次建国而形成全新宪制，笔者称之为"儒家士大夫与皇权共治体制"①。初始宪制框架仍在，但其基本制度，均有较为重大之变化，故为第二次建国而非革命，它是在初始宪制所确定的宪制框架内的自我深刻变革。经由这一变革，皇权受到约束，儒家士大夫群体崛起而在各领域获得广泛权力，社会治理模式整体改进，社会政治秩序趋于稳定，用陆贾的话说，汉家找到了"长久之术"。

三、第二次建国之周期性出现

上文以秦汉之际历史演变为例剖析第二次建国现象，此现象在汉以后各王朝反复出现。历代政权之更迭通常无法避免暴力，故有"打天下"之说。由打天下而形成"初始宪制"，常贯穿暴力统治之逻辑。秦、汉两朝政治生命之长短则呈现了第二次建国之必然性：凡未能完成第二次建国的王朝，通常较为短命；凡完成第二次建国之王朝，常能维持三百年左右稳定的社会政治秩序。宋、清两朝可为后者之代表。

五代继唐藩镇之乱，民族混融，武人迭兴，政权变换不定。赵匡胤同样以武人夺权，建立大宋。赵匡胤的性格与刘邦约略近似，有较为长远的政治眼光。鉴于五代武人之乱，确定文治之基本取向。太宗继位之后，继续完善各项制度，尤其是完善、改进科举制度，使之常态化，并增加科考

---

① 关于汉代第二次建国后形成的新宪制之较完整分析，参见：姚中秋．可大可久：中国政治文明史．北京：华龄出版社，2021：311-332.

名额，刺激教育发展，儒家士人群体持续成长。

史家以为，"在北宋前期的历史上，真宗朝是一个转折的阶段"①。此时，各项制度已趋完备，构成"祖宗之法"，对缺乏实际军政历练的皇帝有约束力；同时，士人大量涌入政府，皇帝乃将行政系统、财政系统的实际调度权力，下放到长于政务的儒家士大夫群体。宽松的社会环境有助于儒家思想学术之发育；政治地位逐渐提高，也促使儒家士大夫群体产生了政治主体意识。故到仁宗朝初期，即有儒家学术之爆发，士大夫群体逐渐形成思想共识：回向三代之治，重建良好社会秩序。在此力量推动下，宋代展开第二次建国。

邓小南总结说：北宋初期，"国家政治的主导权力无疑把握于帝王手中，朝政的走势很大程度上取决于君主个人的好恶"。不过，"这种状况，自 11 世纪前期开始，发生着深刻的变化。转变的主要表征，从北宋士大夫的角度来看，或者是'共治'的重心从被命从政到参政议政，参政议政的身份从帝王眼中的智囊谋士变化为朝廷命臣"②。儒家士大夫群体发动了庆历新政，仁宗本人也乐于与士大夫共治，陈亮的《中兴论·论执要之道》记仁宗之故事曰：

> 臣闻之故老言：仁宗朝，有劝仁宗以收揽权柄，凡事皆从中出，勿令人臣弄威福。仁宗曰："卿言固善，然措置天下事，正不欲专从朕出。若自朕出，皆是，则可；有一不然，难以遽改。不若付之公议，令宰相行之。行之而天下不以为便，则台谏公言其失，改之为易。"

这表明，儒家士大夫与皇权共治之宪制已经建立，第二次建国初告完成。③ 由此，即便频繁遭遇北方民族之强大压力，宋也仍保有三百多年政治秩序。

---

① 邓小南．祖宗之法：北宋前期政治述略．北京：生活·读书·新知三联书店，2006：338.
② 同①418，419.
③ 关于这一点的简略描述，参见：姚中秋．可大可久：中国政治文明史．北京：华龄出版社，2021：445-469.

清朝同样经历第二次建国。[①]

清朝取得政权后，建立满蒙贵族垄断权力之"部族政权"[②]，社会治理体系陷入混乱，故接连发生川楚白莲教起义、太平天国运动。叛乱初起，满蒙军事力量土崩瓦解，清朝统治者被迫听任汉人儒家士大夫组织团练。曾国藩等儒家士君子领导农民取得军事胜利，借以掌握军政大权，尤其是在地方上。由此，满蒙贵族之权威大幅度跌落，尤其是军事控制力大大减弱。相应地，汉人军政、民政官员的政治地位大幅提升，从而部分恢复了士人政府之格局。这群汉人士大夫带着重整秩序的全幅蓝图，当其掌握权力后，立刻致力于改变其所批判之局面，包括整顿吏治、裁撤陋规、减轻民众负担、兴办书院、鼓励民间自治等。清朝吏治，至此为之一振，由此而有同治中兴。同样重要的是，儒家绅士在地方上全面崛起，极大地扩大了治理权，其与地方政府的关系也因此发生重大变化：社会与政府分工治理的格局得以恢复，非官方的绅士在整个治理架构中的地位大幅度提升。

凡此种种构成第二次建国。清部族统治转换成为传统中国的共治体制。围绕"新清史"展开的争论中，各方似乎都忽略了这一重大转换。正是经由第二次建国，以异族入主中原的清部族政权，改变了其性质，归入中国政治演进之正统。而第二次建国形成之相对宽松的文化、社会、政治环境，让各种现代化事业得以陆续展开。

实际上，第二次建国不仅见于秦汉以后，在此之前的周代，也曾发生第二次建国：周之初始宪制由周文王奠基，周武王于克殷之后建立。武王初定天下，大体沿用殷商之制度，比如，《尚书·洛诰》说，"王肇称殷礼，祀于新邑"。东方发生叛乱，周公之弟卷入其中。周公东征，于胜利之后营洛邑，迁殷移民，尤其重要的是，"兴正礼乐，度制于是改，而民和睦，颂声兴"（《史记·周本纪》）。周公制礼作乐，即为第二次建国。这

---

① 关于这一历史过程的较详尽分析，参见：姚中秋. 可大可久：中国政治文明史. 北京：华龄出版社，2021：555-571.

② 对清初中期政制之分析，参见：钱穆. 国史大纲：下册. 修订第3版. 北京：商务印书馆，1996：830-845.

一事业完成之后，周才得以建立较为经典的封建制，天下得以安定。自秦汉以来，后人常慨叹于周祚之绵长，其关键正是周公之第二次建国。

综上，在中国历史上，第二次建国是那些较为成功的王朝生命过程中最为重要的环节，经这一环节，统治者以种种偶然因素取得统治权、于仓促之际建立起来的初始宪制，得到系统而全面的改造，从而得以长久地维系较为稳定的社会政治秩序。

四、欧美之第二次建国现象

更进一步说，我们在中国漫长历史中所发现的第二次建国现象，其实是人类历史上常见的现象，在欧美历史中就多次发生。

英国现代宪制之构建过程，就存在第二次建国环节。为筹划军费，查理一世被迫于 1640 年恢复长期关闭的议会。资产阶级和新贵族试图借此机会约束国王，两者决裂，革命爆发。1649 年，查理一世被送上断头台，英国建立没有国王的共和政府，此为英国历史之严重断裂，军队和宗教与政治上的狂热分子掌握权力，对英国原有制度展开大规模破坏，在此基础上建立各种新式制度。此后经过复杂的演变而有光荣革命，尤为重要的是，随后一二十年英国经历深刻而广泛的制度变革，一直到 18 世纪初形成一套成熟稳定的宪制，英国经济开始发展，并拓展其帝国。伯尔曼这样总结英国革命之历程：

> 17 世纪的英国革命，尽管在其第一个阶段它要求废除君主制，废除英国国教会，建构一个民主制政府，一部成文宪法，以及刑法和民法立法法典化，最后满足于一种服从于议会至上的立宪君主制，一种宽容持有异议的新教教会的"综合性"英国国教，一个土地乡绅阶级和富有商人支持的辉格党和托利党的两党制之下的政府，以及一套由一个独立的司法发展出来和由独立的陪审团适用于刑民案件的革新的和更加系统化的普遍法。①

---

① 伯尔曼. 法律与革命：第 2 卷. 北京：法律出版社，2008：387.

据此，在英国革命过程中，既有暴力革命之后的第一次立宪，又有各项制度深刻而广泛变革之第二次建国。正是在第二次建国后，英国得以建立起较为稳定的社会政治秩序，并成为世界强国。

在美国历史上，同样可见第二次建国现象，美国学者方纳明确指出，内战开启了美国的第二次建国进程。① 第一次建国发生在独立战争之后，各州联合建立邦联；再经过费城会议制定联邦宪法，建立合众国。然而，在此宪法制定过程中，有一严重问题已经凸显，即奴隶制问题。虽经过"大妥协"而完成宪法制度构建，但其作为社会经济问题仍然存在，最终引发19世纪中期的内战，奴隶制问题大体解决。表面上，美国仍延续费城宪法不变，但在此宪制框架中，宪制精神发生较大变化，相应地，美国的政制与社会结构也发生巨大变化。

美国的第二次建国还有另一个维度。美国建国之时，对于国家发展，实有两种不同理念：汉密尔顿主张实施贸易保护制度，以发展制造业，为此主张建立强有力的联邦政府；杰弗逊等南方奴隶主则主张发展农业，为此主张保留强大的州权。随着英国机器纺织业快速发展，南方奴隶制庄园经济转向专业化地生产、出口棉花，在经济上依附于英国，据此，南方各州精英主张自由贸易政策。而北方工商业者发展本土工业的决心日益坚定。两者的斗争日趋激烈，最终引发内战。内战启动了美国在经济、政治上的第二次建国，转而全面采取贸易保护政策，推动工业化。

为什么会有两次建国？西方学者对此进行过理论性探讨。伯尔曼广泛分析现代西方各国之革命，并总结说："无疑地，每一次革命都有其暴力、破坏、偏执、迫害、压制和赤裸裸的不正义的发生，每一次革命最早的革命者都持有某种形式的乌托邦图景，每一次革命最早的革命者都在造反某种形式的传统，但是，在经过两代人之后，每一次革命都最终以乌托邦图景和传统之间的和解而告终。"② 伯尔曼所说之每一场革命实包含两个阶段：首先，通常有一场暴力革命，革命后建立初始宪制，其精神较为极端，因而不能稳定，也就不能做到陆贾、贾谊所说之"长久"；两代人之

---

① 方纳. 第二次建国：内战与重建如何重铸了美国宪法. 北京：商务印书馆，2020.
② 伯尔曼. 法律与革命：第2卷. 北京：法律出版社，2008：29.

后，会有一场广泛而深刻的自我变革，此即第二次建国，由此形成一套新的社会治理机制，让社会安定下来，其统治秩序得以长久。

具有深刻历史意识的苏格兰道德哲学家休谟反对契约论，其所提出的政府起源论，蕴含着第二次建国思想。在《论原始契约》中，休谟指出，"征服或篡夺，直率地说，即用武力摧毁旧的政府几乎是世上从古到今一切新政府的起源"，此即初始宪制，在此宪制下，人民"服从新政府主要出于惧怕与无奈，而非出于忠诚或道义责任感"。休谟说，当时间逐渐改变了人们的心理，他们逐渐习惯了这个权威。[①] 休谟在此特别强调权威、秩序对于人之重要意义。不过，休谟在《论政府的首要建基原则》中也指出，"由于力量总是在被统治者的一边，统治者除了公众信念的支持，别无依靠。因此政府是完全建基在公众信念之上的"[②]。这样，通过暴力建立的政府必然经历一次转变，才能获得被统治者的认可，比如，原有体制容许一个阶层的人们享有部分权力，即使是很小的权力，而这些人又拥有巨额财产，他们就易于逐渐扩大自己的权力，并使权力的对比和财力的对比一致。英国下院的情况就是如此，此即第二次建国。[③]

美国宪法学家布鲁斯·阿克曼所构建的美国宪法历史叙事，似亦隐含第二次建国之意。他首先区分三条通向立宪政治的道路，第一条是革命，"局外的革命者用宪法做出承诺，将他们的新政权立基于在此前革命斗争中所宣誓的原则之上。印度、南非、意大利和法国走的就是这条道路"。革命之后，必然制定宪法：在第一代执政期间，宪法只是强化了革命领导人的正当性，他们最初之所以赢得权力，是因为为革命做出了巨大的个人牺牲——在战胜旧政权之前，他们要多年身陷囹圄或流亡他国。此即本文所说之初始宪制。然而，这一宪制必定存在严重问题。第一代政治家先后谢幕，取而代之的是一大批机会主义者，他们致力于重振此前的革命理想，但他们也无法主张由革命先辈所获得的那种超凡魅力型权威，于是，政治权威将朝着革命政治之常规化（normalization of revolutionary politics）

---

① 休谟. 休谟政治论文选. 北京：商务印书馆，1993：125 - 126.
② 同①19.
③ 同①21.

的方向继续发展。在另一个领域，法律人以及其他职业人士尝试着解释宪法传承至今的含义。就这样，"一方是一个日渐自信的司法分支，另一方是一个日趋常规化的政治体制，当双方发生碰撞之时，双方就会展开一场激烈的斗争，争夺谁才是革命宪法遗产的最终的守护者"。这种争夺其实也正是第二次建国的过程，最终达成平衡，形成一套稳定成熟的宪制。①

五、第二次建国之基本模型

我们在中国历史上了发现了第二次建国现象，我们在欧美历史上同样发现了第二次建国现象。那么，第二次建国现象何以如此普遍？下面我们尝试对其做出理论性解释。

所有政治秩序都会败坏、朽腐，而不能不更替。但这种更替常以暴力方式，比如王朝更替中常见之打天下或暴力革命，即便是现代，也反复出现统治权以暴力方式更替之现象。由此，社会偏离常态，进入"非常状态"，此状态之主宰者是观念或行为极端之团体，比如打天下之暴力团伙或以各种名义发动革命之组织。

取得统治权者自会制定宪制，以实施统治，此为初始宪制。此宪制必定按照论功行赏的原则构造，打天下的军功群体或革命集团将在各项宪制安排中占有优势，其政治和宗教观念将灌注于宪制及其运作过程中，而常态社会之主流群体的观念、利益遭到忽视，甚至受到严重冲击。

孔子谓，"大道之行也，天下为公"（《礼记·礼运》），初始宪制之特征恰为"不公"。此宪制不是服务于所有人的，而主要服务于打天下或革命之领导集团之权力和利益，常态主流人群之观念、政治诉求等在宪制中未被重视，由此形成宪制与常态社会结构之间脱节。而享有政治特权之统治集团必定趋向于腐败，此宪制必定很快遭遇麻烦，乃至陷入危机。为了"长久"，这一宪制不能不自我变革。

---

① 阿克曼，霍晓立. 宪制发展的三条道路：兼论欧盟危机. 文化纵横，2015（6）.

此一统治秩序虽然不公,但它至少结束了严重的政治混乱,维持着和平秩序,在此环境下,常态主流人群之观念逐渐恢复生机,其文化的或经济的或社会的力量有所恢复,社会整体格局回归常态分布,既不是政治严重腐败时的畸形,也不是暴力革命时的扭曲。本来的主流观念、人群再度成为主流,非常时期的极端观念和人群仍然是非主流,或者已经转入主流。

这两个趋势凑合在一起,即有第二次建国。当然,第二次建国发生之前提是,初始宪制中的统治集团还算明智,愿意接纳新兴的文化政治力量进入政治结构,与之分享权力,由此而有伯尔曼所说之"妥协",也即折中。第二次建国之所以能够结束政治危机,稳定社会政治秩序,奥秘就在于妥协、折中。

打天下或暴力革命通常发生于社会政治秩序严重腐败之时,因而不是无谓的,通常清除了比较严重的社会政治朽腐,因应深刻而广泛地变动社会情势。从旁观者角度看,其初始宪制之架构也许没有太大问题,只是统治集团德能不足或缺乏公心,权力结构与常态社会的权威结构不匹配,才出现运作危机。比如,经历周秦之际的经济社会巨变,秦汉建立郡县制,对广土众民进行直接统治,其促进经济社会发展的功效是十分显著的。也就是说,秦汉所建立之初始宪制——郡县制,确实回应了中国的一次成长需求。问题在于,面对如此广土众民,皇帝试图依靠自己的权力直接统治每个人,面临极高成本挑战;仅由功臣子弟、刑名吏、富人子弟担任郡县官员,更不足以驾驭新形成的国家权力;仅由国家权力实施统治,单以刑律惩罚民众,也不足以维持秩序。由此而不能不有第二次建国,其实质是,本来在社会中兴起教育、因而逐渐产生影响力的儒家士君子群体,带着其治道观念进入政府,由此形成之新宪制是混合的,即汉宣帝所说"霸王道杂之"(《汉书·元帝纪》)。第二次建国区别于打天下或者暴力革命之处正在于,不是一方全胜通吃而是妥协。妥协才有公道,恰因妥协,各种社会政治要素间得以形成相对平衡的关系,特权被打破,各群体大体均衡地分享权力和资源,政治秩序得以稳定。

第二次建国不可能推翻初始宪制,要不然就是另一次打天下或革命了。"第二次"之含义正是，它在既定初始宪制框架中进行广泛而深刻的调整，因而是宪制之自我革命，这一自我革命大体包含以下几个方面：

第一，国家观念之更化。打天下者或革命者常持反传统之边缘观念，由此所建立之初始宪制常偏离共同体原有主流信仰、习惯、风俗，甚至有意地破坏之，而这就意味着，初始宪制或缺乏观念基础，而完全依靠暴力或财富统治；或与民众主流观念相反，导致民众与国家之疏离甚至对立。统治者与民众思想分立、宪制与民情对立，则秩序难以稳定。故第二次建国必定兴起于观念上之重大复归。在欧美，通常是思想和宗教的激进主义退潮，而有保守化转向。在中国，一般表现为回复儒家观念。

第二，社会治理主体之更替。国家观念之更化必定落实于社会治理主体之更替。一方面初始宪制中的治理主体多来自社会结构之边缘，其观念通常是极端的，其立场通常是激进的，或者有革命之能，而无治理常态社会之德。他们或许建立了一种宪制，却无力操作之，因而无法有效实施治理，其掌握权力之正当性日益流失。另一方面，在初始宪制中，原有主流社会精英群体遭到排斥，随着革命者退场，他们重新获得机会；随着社会政治秩序安定，新的国家观念拓展出的教育也培养出新的社会精英，他们起而担负社会领导之责，其信念、志向、行为方式均不同于初始宪制之掌权者。

第三，广泛的制度变化。国家主流观念与社会治理主体之调整，必定带来制度之广泛而深刻的变化。初始宪制确立之文化、政治、社会、经济等各领域的制度通常是不开放、不公正的，或许适用于非常态之政治需要，却无法在常态下维护良好社会秩序，因而，新兴治理主体必定依据其观念改变这些制度，虽在宪制框架内，但改革是广泛而深刻的。它会保留初始宪制之结构性框架，但在具体制度、机制、价值等维度上有重大改进。

经由上述几个方面之变化，初始宪制脱胎换骨，形成一种全新的社会治理模式，从而有能力维护良好社会政治秩序。

在中国，秦汉以来历代王朝之第二次建国，总是伴随着尊儒，由此，政治归于道统。孔子于礼崩乐坏之际，删述六经，六经为先王之政典，其中有圣王之道。孔子以六经传授弟子，而形成"文学"，也即"道学"。孔子以道学养成君子，以为达致优良秩序之主体。儒家士君子学六经而明中国之道，以重建秩序为己任。这是中国历史上一支恒久的文化与政治力量。

此后历史上反复出现统治权之转移，比如叛乱者以暴力打天下，或者边地民族入主中原，或者权臣篡位，由此而有初始宪制。接下来则有第二次建国，初始宪制中的统治者明智地尊崇儒家思想，接纳儒家士君子成为社会政治领导者。由此，政府有了一个德能出色的社会治理主体，即儒家士大夫群体，综合运用德礼之教化、政刑之管制等手段，同时行使权力、领导社会自治，从而有效地维护社会秩序。更为重要的是，由此，统治的正当性问题得以解决。

纵观历史可见，中国的第二次建国发生的时机常在初始宪制建立六十年前后。《史记·孝武本纪》记汉武帝"元年，汉兴已六十余岁矣，天下乂安，荐绅之属皆望天子封禅改正度也"。宋仁宗继位在 1023 年，距太祖立国六十余年。令人惊讶的是，西方的第二次建国似乎也是如此，伯尔曼、阿克曼所说的"两代人"，差不多就是六十年。

六十多年发生第二次建国的机理大约是这样的：初始宪制建立，相对和平的环境为学术的恢复和发展创造有利条件，但学术的创造、积累是需要时间的，通常要经过两代人的努力，才有可能面对社会问题提出比较系统的解决方案。与此同时，接受过此一教育的士君子，也需要较为漫长的时间才能在文化、社会、政治等领域中享有权威，发挥领导作用，创立和操作新制度。

如果说，初始建国带有偶然性，那么经过第二次建国，在偶然中建立之宪制发生根本改变，从而有能力塑造和维护稳定的良好社会政治秩序。相对于统治权确立之偶然，第二次建国体现了学术、道德之于良善政治之必然。在中国，通过第二次建国建立文教国家，通常意味着新的统治集团及其价值制度全面复归于道统，由此回到中国文明之常道。通过一次又一次的第二次建国，中国历史保持了显著的、实质的连续性。[①]

第二节　文教国家之地方构建：以文翁兴学于蜀为例

建立文教国家是中国历史演变之必然性所在，但历史不是自动机，历史必然性是通过人的自觉的能动性历史地实现的。考察历史可以发现，历代的文教国家构建，至少有两种能动性力量同时发挥作用：一种是自上而下的，皇权形成复归于道统的自觉，主动寻求凝定秩序之道；另一种是自下而上的，儒家士人-士大夫群体产生行道于天下的道德-政治自觉，主动寻求致君行道之路径。后者的努力是全方位的，包括兴办教育、培养士君子、兴起礼乐、敦美风俗，以及积极参与政治，尤其是引导皇权；这种努力也是先行的，通常从初始建国之时就开始，通过教育、社会的复杂环节，影响政治、皇权。本节我们以汉初士大夫文翁兴学于蜀郡为例，对此予以分析。

一、文翁其人：作为早期儒家士大夫

《汉书·循吏传》序言已清楚指出文翁兴学的重大政治意义："汉兴之初，反秦之敝，与民休息。凡事简易，禁罔疏阔，而相国萧、曹以宽厚清静为天下帅，民作'画一'之歌。孝惠垂拱，高后女主，不出房闼，而天下晏然。民务稼穑，衣食滋殖。至于文、景，遂移风易俗。是时循吏如河南守吴公、蜀守文翁之属，皆谨身帅先，居以廉平，不至于严，而民从化。"此处以吴公、文翁并列汉代循吏之首，正文却无吴公之传而以文翁列第一。关于吴公，《史记》亦无传，仅于《屈原贾生列传》叙贾谊生平时提及："贾生名谊，洛阳人也。年十八，以能诵诗、属书闻于郡中。吴

---

① 对此问题的全面论述，参见：姚中秋 . 道统与宪法秩序 . 北京：中央编译出版社，2017.

廷尉为河南守，闻其秀才，召置门下，甚幸爱。孝文皇帝初立，闻河南守吴公治平为天下第一，故与李斯同邑而常学事焉，乃征为廷尉。"司马迁去吴公不远，其作《循吏列传》却无吴公，班固列吴公于循吏行列却不为之作传，颇为奇怪。推测其原因或许在于，吴公学于李斯，必学刑名法术，或于入汉之后，改循黄老之术，故"居以廉平，不至于严"(《汉书·循吏传》)，但终究未能兴起教化，移风易俗，从而与两位史家尤其是班固所理解的汉代政治演变之历史逻辑不合，故不为之作传；反过来，把文翁列为循吏之首，则最为充分地体现了这一历史逻辑。

据传世文献记载，蜀地之纳入统一华夏国家政治版图在殷周之际，《尚书·牧誓》记周武王伐殷纣王，所统领的"西土之人"中包括"及庸、蜀、羌、髳、微、卢、彭、濮人"。盖因周人兴起于关中西部，由今日宝鸡南行越秦岭，即可沿嘉陵江达于巴、蜀。立国后，武王必定封赐蜀人，但可以合理地推测，周室东迁之后，这种联系必定断绝，巴蜀乃自行发展。至秦惠王九年，司马错伐蜀，灭之，后又有叛乱、复归。约半个世纪后，秦昭王以李冰为蜀守，在蜀中兴修水利，"蜀于是盛有养生之饶焉"(《华阳国志·蜀志》)，蜀地经济开始发展，但秦的国家性质与李冰的政治观念决定了，政府未能采取相应措施发展文教事业。

国家治理，依赖两种主要机制：以暴力为后盾的政治和滋养、塑造人心的教化，用章学诚的话说是治与教。两者关系发生过一次重大变化：三代以上是治、教混融为一；到春秋末期，礼崩乐坏，则形成治、教二分格局。[①] 这是亚欧大陆上各古典文明演变的共同规律，由此而有德国学者雅斯贝斯所谓"轴心时代"概念，中国学者以此作为分析士人群体兴起、演变之基本理论框架。

具体说来，自春秋末年以来，以孔子为标志，治、教分立，分头发展。一方面，列国间战争日趋残酷，各国君王偏离古典宗教、制度，迫切寻求"富强"，即提高国家的资源生产能力和动员能力，强化国家权力。另一方面，孔子删述六经，以之兴学，教养弟子。其教以仁义为中心，以

---

① 参见《文史通义》之《原道》《原学》。

"成人"为宗旨，养成"士人"。士人是掌握专业知识又有个体道德自觉的全新社会群体。他们又四处兴学，施行教化。与亚欧大陆其他文明的教化机制不同，孔子文教不是教人信神，而是教人修身、齐家、治国、平天下。文教所教养的士人以"为政"为志业，故《论语》第一篇为《学而》，第二篇为《为政》，清楚显示了士人之自我角色定位。

然而，当时现实世界的政治完全不是孔子所想象者，孔门后学乃发生大分化。一部分人坚持孔子理念，面对乱局，甚至强化其理念，乃走向批判立场，比如孟子："道既通，游事齐宣王，宣王不能用。适梁，梁惠王不果所言，则见以为迂远而阔于事情。当是之时，秦用商君，富国强兵；楚、魏用吴起，战胜弱敌；齐威王、宣王用孙子、田忌之徒，而诸侯东面朝齐。天下方务于合从连衡，以攻伐为贤，而孟轲乃述唐、虞、三代之德，是以所如者不合。"（《史记·孟子荀卿列传》）这种批判性立场构成后世儒家的一个传统。

另一部分士人，即以子夏及其弟子为主的三晋之儒积极回应时代需求，由孔子六经之学发展出法家理论，从个人经历看，李悝、吴起、商鞅、李斯、韩非等法家著名人物皆出于儒门。法家以富国强兵为宗旨，构想出强化君权、建立常备军、官僚制、改革土地制度、强化财政汲取能力、处理外交关系等各方面的理论。他们深受各国君王欢迎、重用，陆续在魏国、楚国、秦国发动变法，逐渐建立了人类历史上最早的"现代国家"。①

秦国的变法最为彻底，西方学者称呼现代国家为财政军事国家，秦制下的官僚完全以执行法律为己任，心无旁骛，故汉人谓之刑名吏或文法吏，秦国可谓之"军事-法律-财政国家"。它以资源动员效率最大化为唯一目标，而学术活动妨碍这一点，故《商君书》反复主张取消民间学术，青年若欲学习，则专攻国家刑律、政令，"以吏为师"。推测起来，李冰父子当为此类刑名吏，故其可以兴修水利，因为这有助于国家富强；却不可能兴起文教，因为在法家看来，这是妨碍国家富强的。

---

① 对其现代性的分析，参见：姚中秋．可大可久：中国政治文明史．北京：华龄出版社，2021：197-213.

当然，随着统一事业的推进，秦国对文教的态度也发生了变化：秦国逐渐吞并东方，而东方文化教育事业发达，秦国不能不接纳之，这就有了吕不韦组织东方士人著书之事；统一全国后，朝廷也吸纳士人为博士或官员，成为最早的"士大夫"，参与各方面的制度设计。这实际上开启了治、教合一的历史进程。但这一进程遭到一次巨大挫折。士大夫不同于文法吏：文法吏以服从为天职，士大夫受过五经教育，有自己的政治抱负。因而，齐人博士淳于越主张复封建，李斯明确反对，并认为以士人为中心的民间学术威胁皇权秩序稳定。秦始皇采纳李斯建议，下令"焚书"。这样，秦朝不仅没有建立国家的制度性教化机制，反而消灭了民间内生的教化机制，这是秦政迅速覆亡的重要原因。

汉开国之后，情况有所改观，尤其是汉惠帝时正式废除秦的民间讲学禁令，民间学术、教育逐渐恢复。实际上，秦统治东方的时间很短，从焚书到汉开国中间只有十几年，因而汉初人物接受过五经教育者很多，著名者如叔孙通、陆贾，以及《史记·儒林列传》所记传授各经之师儒。他们复办教育，陆续培养出士人，文翁正成长于这一环境中："文翁，庐江舒人也。少好学，通《春秋》，以郡县吏察举。景帝末，为蜀郡守，仁爱好教化。"（《汉书·循吏传》）

可见，文翁属于早期士大夫，且不是独一无二的，比如传授鲁诗的申公兴办私学，其弟子遍天下："弟子为博士者十余人：孔安国至临淮太守，周霸至胶西内史，夏宽至城阳内史，砀鲁赐至东海太守，兰陵缪生至长沙内史，徐偃为胶西中尉，邹人阙门庆忌为胶东内史。其治官民皆有廉节，称其好学。"（《史记·儒林列传》）这些受五经教育而入仕者即士大夫。此时，士人入仕尚未制度化，但其人数日益增多，注定了他们将改变汉代政教格局，最为重要的是，他们必定建立文教制度。

史籍没有记载文翁的师承，但其政治行为模式却完全依循孔子之教。孔子教其弟子以治国之道：先富之，后教之。[①] 文翁为蜀守，正是如此行事的，《华阳国志·蜀志》记："孝文帝末年，以庐江文翁为蜀守，穿湔江

---

① 子适卫，冉有仆。子曰："庶矣哉！"冉有曰："既庶矣，又何加焉？"曰："富之。"曰："既富矣，又何加焉？"曰："教之。"（《论语·子路》）

口，溉灌郫繁田千七百顷。"这里所说文翁为守时间有误，但其事大概是可信的：在做出富民努力后，文翁即着手兴起地方教化。

二、文翁兴学：文教国家构建之地方试验

基于中国过去两千多年的经验我们可以非常清楚地看到，治、教两分局面不利于国家秩序稳定，但秦汉之际尚处在探索过程之中，大部分人没有认识到这一点，还有人出于各种理由反对，直到汉武帝时始得以采取实质性变革措施，推动治教合一。武帝的决断绝非其个人心血来潮，汉兴之后六十多年间有很多人推动这一事业，文翁兴学于蜀郡，就是其中至关重要的地方制度创新示范，对武帝构建文教国家的进程起了颇大推动作用。《史记·儒林列传》绪论中一段话简练地描述了汉武帝以前历代统治集团对于治教关系之认知：

> 故汉兴，然后诸儒始得修其经艺，讲习大射乡饮之礼。叔孙通作汉礼仪，因为太常，诸生弟子共定者，咸为选首，于是喟然叹兴于学。然尚有干戈，平定四海，亦未暇遑庠序之事也。
>
> 孝惠、吕后时，公卿皆武力有功之臣。孝文时颇征用，然孝文帝本好刑名之言。及至孝景，不任儒者，而窦太后又好黄老之术，故诸博士具官待问，未有进者。

汉朝开国者起于东方，刘邦之弟楚元王刘交是荀子再传弟子，曾与诗学大家申公同学[①]，推测起来刘邦对孔子文教并不陌生，故开国之后，令叔孙通制作礼仪，并听取陆贾之言，令其撰《新语》，讨论国家治理从打天下向治天下的转型之道[②]。然而，高祖晚年主要致力于平定内乱；而后，军功大臣掌权，基于个人利益考量，强烈反对文教建设，而是积极引入黄老之术，奉以为官方意识形态。这其中不乏利益考量：黄老无为，即不做政治制度的变革，他们可长期保持自己的特权，并传给子孙后代。故汉兴

---

① 参见《汉书·楚元王传》。
② 参见《史记·郦生陆贾列传》。

之后六十年间，国家上层权力归军功大臣及其子弟，中下层则承袭秦制，以文法吏治理。

如此权力和意识形态约束决定了儒家士人兴起文教的建议在中央层面是难以实施的：贾谊曾向汉文帝提出完整的变革方案，而军功大臣与刑名吏合力反对，文帝不能实施，贾谊郁郁而终。[①] 汉武帝即位初，其师傅王臧、赵绾等人再度发动变革，但因遭到崇信黄老之术的以窦太后为首之政治势力的反击而中断。[②] 凡此种种现实说明，在郡县制国家框架内，即便贵为皇帝，欲自上而下地发动变革，也面临极大的观念和政治阻力。不过，黄老之治也带来一个意外好处：地方官吏的自由活动空间比较大，于是身为地方官的士大夫就在地方上进行制度创新，文翁正是这方面的典型。

从政治角度看文翁兴学，立刻可见其显著特征：此举完全是文翁作为地方官的自发主动行为，而非出于朝廷法令或政令之要求。事实上，景帝时代正是窦太后凭母后之威频繁干预朝政，因而也是黄老之术的极盛之期。但也许因为蜀郡比较僻远，文翁得以利用地方官吏的自由活动空间，在地方兴起文教。

由此亦可发现士大夫之独特政治品质。文法吏的政治伦理是严格执行国家、上级的法律、政令，可将其理解为机械的"政治机器"。士大夫的心智却大不相同：其人"志于道"，相信自己通过研习五经掌握治国之道，并以行道天下为己任，因此他们富有政治批判精神：若国家法律不合于道，或上级政令不合理，他们会起而反对甚至拒不执行；他们也有政治主动性即创造性，凡事只要合于道，即便法律、政令未作规定，他们也可能主动尝试、创制。文翁正是基于这种政治主动性在蜀郡兴起文教："见蜀地辟陋有蛮夷风，文翁欲诱进之。"（《汉书·循吏传》）这完全出乎他个人的政治主动性、创造性。此即我们将在第六章予以详尽讨论的"领导性治理者"。

文翁开创了后世"志于道"的儒家士大夫施政地方之基本模式：富

---

① 参见《史记·屈原贾生列传》。
② 参见《汉书·武帝纪》。

民，然后兴起文教，以敦美地方风俗。因此，士大夫的施政模式完全不同于秦的文法吏：文法吏的治理是孔子所说的"道之以政，齐之以刑"（《论语·为政》），完全依靠权力，以法律约束民众。士大夫虽为官僚，但受过五经教育，故其治理之道是孔子所说的"道之以德，齐之以礼"（《论语·为政》）。因而，士大夫施政地方多有明确的教化自觉，积极兴办教育，兴起礼乐，以移风易俗。

文翁兴学也有赖于士人共同体之默契。蜀地乏师儒，文翁"乃选郡县小吏开敏有材者张叔等十余人，亲自饬厉，遣诣京师，受业博士，或学律令。减省少府用度，买刀布蜀物，赍计吏以遗博士"（《汉书·循吏传》）。士人是一个文化共同体，博士与文翁均在其中，有共同的价值、话语、抱负，必定积极支持文翁之举，为蜀郡培养人才。

同时，汉代独特的地方官征辟制度也为文翁兴起文教留有较大空间："数岁，蜀生皆成就还归，文翁以为右职，用次察举，官有至郡守刺史者。又修起学官于成都市中，招下县子弟以为学官弟子，为除更徭，高者以补郡县吏，次为孝弟力田。常选学官僮子，使在便坐受事。每出行县，益从学官诸生明经饬行者与俱，使传教令，出入闺阁，县邑吏民见而荣之。数年，争欲为学官弟子，富人至出钱以求之。由是大化，蜀地学于京师者比齐鲁焉。"（《汉书·循吏传》）依汉代征辟制，郡守可自行察举、委任其僚属和郡县吏。文翁利用这一制度，重用接受过教育的士人，为地方教育发展构造了一种有效的政治激励机制，引导地方聪敏青年投身于学，从而养成好学、崇教之社会风气。

由此，文翁在蜀郡建成了全国最早的公立教育体系。孔子以个人之力兴起文教，形成了东方的"私学"也即民间办学传统，六经皆有师儒私人传授。汉初以来，东方的私学很快恢复，人才辈出。蜀地偏远，完全没有私学基础，蜀地文教之兴起必有赖于政府办学。士大夫本身就是教化者，承担了这一责任，其所兴办者当然是官学。后世边远地区的文教发展也都主要依赖身为地方官的士大夫之积极作为。

文翁在地方创办官立学校系一大创举，在地方层面，推动了政教合一，这与汉武帝在国家层面推动政教合一的政治决心正相吻合，于是武帝将此做法推广到全国，如《汉书·循吏传》所说："至武帝时，乃令天下郡国皆立学校官，自文翁为之始云。"这里的地方官自主创新、国家全面推广，亦开后世甚至今日中国制度变革之基本模式。在秦制下，地方官只单纯执行法律与上级政令，整个体制比较僵化，这恐怕是其迅速覆亡的原因之一。士大夫则有政治主动性、创造性，其在基层发现经济社会伦理问题，即自主寻求解决办法，进行地方制度创新、试验。一旦取得良好效果，即可引起全国关注，由中央政府推广到全国。这一模式运作的关键是地方官员的主动精神，而这与其"志于道"的政治勇气有直接关系。

汉武帝推广文翁兴学经验、下令郡县立学校官，这是其推进政教归于合一的事业中的重要环节，相关措施还包括立五经博士、立太学，进而建立察举制，遴选接受过五经教育的优秀士人进入政府。士人入仕制度化，士大夫群体建制化，"文教国家"即告建成。此国家之根本制度是士大夫兼用政、教两种机制，文翁可谓开其先河者。

文翁兴学当然也极为深远地造福于巴蜀："文翁终于蜀，吏民为立祠堂，岁时祭祀不绝。至今巴蜀好文雅，文翁之化也。"（《汉书·循吏传》）此前的蜀郡当然未必是文教沙漠，但恐怕只有零星人家有意愿供应其子弟远赴外地求学，文翁则以地方最高长官的身份进行长期努力，从而塑造了一种好文雅的社会风气，并且确实给人民带来了巨大好处。史籍记载，此后蜀地人才辈出。① 从社会科学角度看，以下两点效果最为值得一提：

第一，为地方经济社会发展构建了良好的教育基础。至为明显者是提高民众的识字率，这当然有助于经济社会发展；儒家的道德伦理教化也有助于增强人际互信，这是社会维持秩序、市场正常运转的重要条件。一个地方的经济起步常有一定的偶然性，但长期保持稳定发展则以文化教育为基础，它可以培养出讲忠信的地方领导者和有纪律的劳动者。后人谓蜀为"天府之国"，不独赖其水利工程，文化教育的作用同样至为重要。

---

① 比如《华阳国志·蜀志》记载："蜀自汉兴至于哀、平，皇德隆熙，牧守仁明，宣德立教，风雅英伟之士命世挺生，感于帝思。于是玺书交驰于斜谷之南，玉帛戋戋乎梁、益之乡。而西秀彦盛，或龙飞紫闼，允陟璇玑，或盘桓利居，经纶皓素。故司马相如耀文上京，扬子云齐圣广渊，严君平经德秉哲，王子渊才高名隽，李仲元湛然岳立，林公孺训诂玄远，何君公谟明弼谐，王延世著勋河平。其次，杨壮、何显、得意之徒恂恂焉。斯盖华岷之灵标，江汉之精华也。"

第二，构建民众的国家认同。蜀地偏远，纳入中国政治版图的时间也较短，其人民的国家政治认同薄弱。汉武帝时，唐蒙奉命开通西南道，征用巴蜀人力、物力，"巴蜀民大惊恐"（《史记·司马相如列传》），可见，巴蜀之民尚缺乏国民责任意识。汉武帝乃派遣司马相如为使，一方面斥责唐蒙鲁莽，另一方面教化巴蜀民以服务国家之大义："当行者或亡逃自贼杀，亦非人臣之节也"（《史记·司马相如列传》），指出巴蜀之民尚不知国民责任，原因则在于"父兄之教不先，子弟之率不谨也；寡廉鲜耻，而俗不长厚也"（《史记·司马相如列传》）。兴起文教有助于构建其人民对国家之认同。儒家文教以忠孝为基本伦理，以尊王为政治要义，天然地就是国家认同之教。因此，后世边远地区纳入国家政治版图，都需经过兴起文教这个重要环节，据以构建边民的文化认同、国家认同，这是边疆地区长治久安的关键环节。

三、结语

在秦汉之际文教国家构建过程中，蜀郡充当了先锋，这或可归因于所谓"后发优势"：蜀郡文教相对落后，不能不由地方官出面组织兴办。文翁作为早期士大夫，恰好有兴办文教之政治主动性，于是在相对僻远的蜀郡进行地方制度创新，为规模宏大的全国性制度变革打开了一个缺口。

这一历史事实提示我们，作为古代中国最为重大、全面的一次变革，文教国家之构建是自下而上的创新与自上而下的决断双向互动之结果，既有士大夫与皇帝之间的互动，也有地方政府与中央政府之间的互动。互动的原初动力还是士大夫志于道的政治伦理自觉与政治主动性、创造性。可见，理解、研究过去两千多年间的中国政治——更不要说文化，士大夫群体是关窍所在。重要的是，绝不能把士大夫视为韦伯意义上"理性地就事论事"的官僚。行道于天下的自我期待，让士大夫群体具有高度的政治主体性、能动性，因而具有创制立法的意愿和能力，而经史之学也让他们具有相应的知识。这种创制立法固然多为自上而下者，但也经常是自下而上发生的，在基层社会中的士人也会进行社会层面上的礼俗、制度创新，比如关学兴"乡约"、朱子办"社仓"或兴祠堂等，而由于士人-士大夫群体的一体性，基层的、地方的制度创新完全有可能成为全国性法律、制度。

因此，与人们的错误印象相反，创新、变通才是中国政治之显著过程性特征。只不过秦汉以来，技术变化较小，士大夫的社会、政治创新是在给定技术条件下进行的，不如工业化及其后的社会政治变化那么显著。尽管如此，士大夫在给定技术条件下持续进行社会、政治变革，发掘组织化潜力，让中国得以保持古典式发展，而这在中国以外并不多见。

文翁兴学于蜀郡，也构成后世边疆地区通过文教化实现"国家化"的典范。秦汉以来，中原王朝的边疆持续向外拓展，早期是向长江以南以至于岭南扩展，唐宋以来则是向西南扩展。在此过程中，战争当然是不可避免的，但边疆各族群最终完成国家化，还是依靠文教。如荀子所说：战争可以"兼并"，文教则可"坚凝"。一个地方在政治上纳入郡县制国家之初，为政一方的士大夫积极建立文庙，兴办学校，培养当地青年才俊，鼓励、扶持其参加省甚至全国的科举考试；接受了文教的当地士人又兴办更多教育，在地方上塑造出士人群体，进而影响地方其他精英，并化民成俗。① 这种文教化进程不仅有助于形成良好社会秩序，更为重要的是，通过教化忠君爱国之大义，边疆族群逐渐建立对国家的政治认同。② 主导这一进程的能动主体正是儒家士人-士大夫群体。

第三节　文教国家的结构：政教兼体而分用

以上我们分析了文教国家构建的历史进程，尤其是动力机制，本节我们拟对文教国家进行简单的结构分析，主要是在比较视野中考察政、教之

---

① 郎玉屏，朱汉民. 清代西南边疆的国家儒学教化体系考述. 西南民族大学学报（人文社会科学版），2021（2）.

② 朱汉民，郎玉屏. 清代西南边疆少数民族儒家文化认同研究. 湖南大学学报（社会科学版），2022（1）.

间的关系，我们将其概括为"政教兼体而分用"。从世界范围看，这一政、教关系自成一格，也就使得文教国家成为国家形态的一种重要类型。中国的可大可久充分证明，文教国家拥有比较卓越的治理、发展能力，我们将对此予以简单分析，将其归因于权威的一元化。

一、对比：其他类型的政教关系模式

最为重要的国家联结纽带是政、教二者：政以政府为中心，系以暴力为依托，以权力管理民众；教即教化。揆之以历史，政与教之关系十分复杂：宗教是先于政府出现的，而且直接作用于人心，影响人的价值观和生活方式，养成治理所不能不依赖的知识和德行，故宗教的性质在相当程度上决定政府，韦伯谓之"扳道工"。但是，政府凭借其权力的一般化性质，在覆盖性、穿透性上拥有明显优势，其所组织、管理的国家在规模化、组织化两个维度上都可持续提高，并以更高效率为其辖下的人民提供更全面的公共品，尤其是在提供关乎安全的公共品方面。因而，对于国民幸福而言，政府的作用大于宗教，宗教更多是功能性的；一个共同体的治理效能和文明水平之高低，取决于其宗教对政府发挥何种作用，是支持还是妨碍，这是我们比较各类政教关系模式的基本立场。

政教分殊化过程中形成的宗教普遍以满足个人生命意义为宗旨，但其取向大不相同，大体有出世与入世之别，这决定着信众对政府的态度是认同、支持还是疏离、对抗。当然，实际上只有儒家文教是入世的，其他普世性宗教基本上都是出世的——这一点就让文教国家从根本上不同于其他政教结合体。就出世的宗教而言，信众的组织化程度决定其是否形成建制化教会，从而决定其是否拥有相对独立的权力，教会的制度化程度又决定这种权力的大小。通常来说，政教分殊化时代所形成的普世性宗教——佛教、基督教、伊斯兰教等，其传播都是超民族、超国家的，如果其教会的制度化程度比较高，就会建立超国家的教会政府，比如西欧中世纪的罗马教会。数千年来，亚欧大陆上形成了多种政教关系模式，如以政府权力的强弱为指标，我们可以看到：

　　秦制居于一个极端，政府权力完全无视甚至试图消灭教化性权力。对此，我们在第四章讨论大一统问题时已有涉及。商鞅在秦国最早建立了以专业化军事和法律官僚对广土众民进行直接统治的体制，为维护王权政府的绝对权威，又采取重农抑商、遏制学术的政策。全国统一之后，秦始皇在李斯推动下消灭五经之学、诸子之学。这样在秦制之下，"百姓当家则力农、工，士则学习法令辟禁"（《史记·秦始皇本纪》），政府权力完全吞没了教化。但人的生命是丰富的，人除了是国家之民还是人伦中人、社会中人，这些关系之好坏同样决定个体生命的幸福与否；任何人都难免对生命的意义有困惑，有死亡焦虑。这些精神性、社会性需求是权力、政府无法满足的，因而宗教对于人是必不可少的，没有教化支持的国家是无从维系的。

　　印度居于另一个极端，有教权而无政府。在文明史的大部分时间，印度只是一个地理和文明概念，间断性地出现过孔雀王朝、笈多王朝、莫卧儿帝国等，然而它们通常只维持短暂时间，且其权力覆盖范围有限，穿透能力也很小。因而，在印度，真正的统治力量是宗教："印度教可能体现了一种救世宗教所能达到的社会权力的顶峰。"[1] 但与基督教不同，印度教没有整合为一体化教会，而是与种姓制互嵌，"一面把社会分割成细碎的、封闭的蜂窝状组织，一面又造成了它们间的相互依存和相互制约"[2]。高度离散化的教权掌握几乎全部权力，政府基本上就是多余的，它完全有能力维系经济社会秩序。但这样的政教体制有一个致命缺陷：无力抵御外部征服性力量，历史上如此，近世完全被英国征服，沦为殖民地。受此传统制约，印度独立建国之后，政府权力同样比较弱小，严重制约其国家发展。

　　在这两个极端之间存在众多中间形态，首先是三大一神教文明，普遍呈现出强教权、弱政府的格局。这是由一神教的性质决定的：《圣经·旧约》开篇记载，神以其言辞创造天地万物与人；神言，故有先知，专事传达神言；神通过先知对人颁布律法，是为"神律"，全面规范人的行为。专业神职人员监督信众遵守神律，以神律裁判人间的是非曲直。由此，神

---

① 曼. 社会权力的来源：第 1 卷 . 2 版 . 上海：上海人民出版社，2015：446.
② 林承节 . 印度史 . 2 版 . 北京：人民出版社，2014：47.

教构造了独立的、强大的社会性意识形态权力，但其政教结构仍因时因地而异。

最早的犹太人国家是教权政府，"士师"（judge）就是统治者。但教权政府有明显缺陷，比如其权力不够完整，而以色列处在四战之地，面临强大外部压力，以色列人乃谋求建立王权。《圣经·旧约·撒母耳记上》记录了王权形成的详尽过程：士师撒母耳老迈之时，仍按成例立其子为士师，为长老们拒绝，他们见撒母耳，对他说："现在求你为我们立一个王治理我们，像列国一样。"而经文明确地说："撒母耳不喜悦他们说立一个王治理我们"，此话道尽教权对王权之全部态度。耶和华神则对撒母耳说："因为他们不是厌弃你，乃是厌弃我，不要我作他们的王。"这显示了神对王权的深刻敌意。

但神及其在人间的代理人无法改变历史演变的大趋势："你要依从他们的话，只是当警戒他们，告诉他们将来那王怎样管辖他们。"教权不能不让步，但随后构建的王权却受教权严重束缚：第一，撒母耳选定了扫罗，并"膏扫罗作王"，此即"君权神授"礼仪，显示王权本身缺乏独立的正当性，而是由教权赋予神意合法性——由于天不言，中国古代是不存在这样的"君权神授"的，王者是以德配天。第二，立王之后，撒母耳仍拥有教权，形成了教权与世俗政府分立的局面。第三，在对亚玛力人的战争前，撒母耳以宗教理由要求扫罗灭绝该族群；扫罗却贪恋其财富而予以保护，可见教权与王权的目标是完全不同的。第四，撒母耳乃废黜扫罗，扫罗被迫"认罪"，显示教权可以神的绝对权威裁判王权。沃格林评论说："扫罗王权统治的这个反王国传统的版本已经创造了西方政治最重要的符号体系之一。通过把希伯来《圣经》（the Bible）吸收到基督教的《圣经》（the Scripture）之中，撒母耳与扫罗之间的关系已经变成了对世俗统治进行精神控制的范式。"[①] 受到教权约束的王权弱小，导致以色列屡次被征服，犹太人大流散于欧洲各地。当然，也正是强有力的教权，让犹太人在各民族的夹缝中得以生存。

---

① 沃格林. 秩序与历史：以色列与启示. 南京：译林出版社，2010：349.

基督教是一种更为典型的个人救赎性宗教，要求信众抛弃家庭，以爱耶稣取代家内亲亲之爱①；信众倾向于超出现有的人伦政治组织，"在宇宙中寻找家园"；基督教教义"把神圣和世俗、精神和物质融为一体，旨在创造出一种超越性社会……它们是和帝国相竞争的社会组织"②。会众的组织逐渐制度化，形成教会。教会建立奉献制度，相当于对信徒征税。教会执行神律，拥有司法权。而且，基督教形成于罗马帝国内部，在组织上模仿帝国形态，进行地域整合，建立纵向的教阶制，逐渐形成完整的教会官僚制。教会越来越像一个政府。罗马帝国解体后，教会成为一个权力覆盖整个西欧的准帝国。依据杨庆堃的宗教分类学，基督教是最为典型的"制度性宗教"，事实上它建立了一个帝国式宗教政府。尽管其权力残缺不全，但足以阻止蛮族建立统一的、高水平整合的政治体。这又让它拥有强大权力，格列高利七世颁布的《教皇敕令》（二十七条）从法律上确立了罗马教权对于分散的西欧世俗王公的统治权。③ 传统启蒙史学把罗马帝国解体后的西欧历史称为"黑暗时代"，尽管后来很多人为此翻案，但将其与同时期的中国相比，即可发现其强教权、弱政府之明显劣势。

伊斯兰教诞生于政治发育水平低下的阿拉伯半岛，穆罕默德决意以宗教组织社会，构建了更为细密的神律和更为繁复的崇拜仪节，更为全面地约束人的日常生活。教士构建并全面管理社会，但没有整合为一体，因而无力对抗王权。伊斯兰教中心区域位于世界贸易十字路口，商人群体力量强大，成为传教的主要载体。他们四处流动，构造了一个"世界性社会"，分布在从西亚、北非、中亚到东南亚、中国等广阔地域，商人与教士共同管理这里的商业社群。沙漠或草原上的武士集团凭借军事权力掌握政治权力，但无法深入教权所控制的社会内部。弱政府与强大而分散的教权并

---

① 《圣经·新约·马太福音》记耶稣说："你们不要想我来是叫地上太平；我来并不是叫地上太平，乃是叫地上动刀兵。因为我来，是叫人与父亲生疏，女儿与母亲生疏，媳妇与婆婆生疏。人的仇敌，就是自己家里的人。爱父母过于爱我的，不配作我的门徒，爱儿女过于爱我的，不配作我的门徒。"

② 曼.社会权力的来源：第1卷.2版.上海：上海人民出版社，2015：401.

③ 关于这一点，参见：伯尔曼.法律与革命：西方法律传统的形成.北京：中国大百科全书出版社，1993；第二章.

存，这是今天伊斯兰国家的普遍特征，也是其在近世普遍沦为殖民地、当代国家发展无力的根源。

总体上，一神教文明的共同特点是强教权、弱王权。不过，16世纪以来的西欧在一定程度上走出了这一格局。欧洲北方的日耳曼各民族位于罗马教廷所统治的基督教世界的边缘地带，教权本身就相对弱小，又单方面地遭受教会剥削，乃通过各种方式反抗，包括路德等人发起的宗教改革运动，削弱了罗马教会政府的集中性权力。分散的世俗权力趁机兴起，在战争和对外殖民过程中持续强化，推动教会的国家化，这是西欧现代国家构建的关键环节。由此出现"主权"理论，这在很大程度上系针对罗马教会而发，旨在排斥教会权力、确定国王为其所统治疆域内的最高、排他性统治者，霍布斯在《利维坦》后半部分着力论述世俗王权作为主权高于教权。王权建立官僚组织，直接统治民众，并以法律、教育等手段归化民众，使之从"教民"转变为"国民"，由此形成"绝对主义国家"。梁启超在《新民说》中敏锐地把"nationalism"翻译为"国家主义"，用以概括西方现代国家的基本特征。历史社会学和全球史的研究已经揭示了，西欧地区正是凭借强政府兴起的。不过，19世纪中期以后，首先从英国开始，工业化帝国主义国家陆续自由主义化，形成了与政府分立并不断扩张的"社会"权力，最终造成"国家衰败"。

总之，在广义西方，政教关系的基本模式是：宗教与政府分立甚至对立，到现代则发展为社会与政府分立、对立；国家定型于社会与政府的结构性分裂，两种统治、治理人民的重要组织各自制度化，并展开竞争。现代西方政治理论经常认为，这种结构性分裂与多元权力竞争有助于保护和扩展自由，有利于代议制等制度的兴起，而这被视为西方兴起的根源。这里的逻辑链条过长，因而不可信。事实上，只要我们承认规模可以带来优势、国家能力至关重要，那就必须承认，国家的结构性分裂和多元权力竞争会造成一系列不利后果。

第一，神教宗派化驱动国家的持续裂解。一神教把神启视为绝对真理，追求其信仰的普世化，事实却是，神启终归由人传达、解释，而传达、解释者均有独断意识，于是一神教总是不断滋生宗派；独断意识又使之不能彼此宽容而走向分裂。国家若以神教为国教，教会分裂必然带来国家分裂，于是，国家裂解成为西方政治演进的明显趋势，通常伴随残暴的战争。今天欧美各国之间、国家内部民族之间的分裂、冲突，根源仍在神教的宗派排他性；亨廷顿所谓"文明冲突论"的实质就是宗教冲突论。

第二，二元政府的分立降低了治理效率。两个政府建立了两套统治体系，人民不得不承担两份财政负担，而两个政府必然相互推卸责任，其结果就是共同体的整体治理效率低下，公共品供应能力不足。这种二元政府到现代转化为政府内部的权力分立，同样造成权力摩擦、资源虚耗、责任落空。

第三，精英分裂导致道德与权力脱钩。宗教精英所倡导的道德是出世的，经常是反政治的，但凭借神教权威垄断道德解释权。政治被划归世俗领域，经常遭到鄙视，无从内生道德意识，无法自我构建正当性，则要么归顺于教权，沦为其工具，比如投入宗教战争，这就是中世纪西方政治的基本形态；要么停留在纯粹暴力、利益的层面，沦为纯粹的权力政治和利益政治，这确实构造了现代国际关系的基本逻辑与现代政治的基本形态。相应地，在西方政治理论中则有所谓国家价值中立、道德与法律分立、善与权利分立之类的观念。

第四，人民陷入身份冲突。神教统治人的灵魂，王权统治人的身体，造成民众陷入教民、国民的身份分裂状态。这两者不是均衡的，教民身份更为直接、切身，必然严重侵蚀国民身份，使之难以建立国家认同，事实上人们经常以教民身份对抗国家权威，其结果就是国家整合水平低下。

二、文教国家的政教兼体而分用

西汉中期以后逐渐形成的文教国家的政教关系截然不同于以上所述各种政教关系。

首先，文教国家不同于秦制国家。秦制下的政治权力无视、消灭教化，对其后果，汉初儒者有清楚认识，比如贾谊指出："商君违礼义，弃伦理，并心于进取，行之二岁，秦俗日败。秦人有子，家富子壮则出分，家贫子壮则出赘。假父耰钼杖彗耳，虑有德色矣；母取瓢椀箕帚，虑立诹语。抱哺其子，与公并踞；妇姑不相说，则反唇而睊。"（《新书·时变》）秦制社会的人际关系严重败坏。董仲舒也指出："自古以来，未尝有以乱济乱，大败天下之民如秦者也。其遗毒馀烈，至今未灭，使习俗薄恶，人民嚚顽，抵冒殊捍，孰烂如此之甚者也。"（《汉书·董仲舒传》）同时，秦制国家的官吏缺乏必要的教化，其行政司法行为持续损害国家的正当性，如张释之所说："且秦以任刀笔之吏，争以亟疾苛察相高，其敝徒文具，亡恻隐之实。以故不闻其过，陵夷至于二世，天下土崩。"（《汉书·张冯汲郑传》）汉儒明确指出，无教化的国家是不可持续的。因此，汉开国以后，儒生群体推动朝廷复古更化，核心就是"以教化为大务"，"修教化而崇起之"（《汉书·董仲舒传》）。最终，汉武帝采纳了儒生的建议，表彰五经，推明孔氏，确立儒家文教为国家教化体系，在政教分殊化之后再度实现其合一，从而构建了文教国家。

就历史演变脉络来看，文教国家的建立类似于罗马帝国尊奉基督教为国教，时间也相差不远。由此，汉朝与罗马帝国都成为普遍性文明-政治共同体；后来的隋唐文教国家又与阿拉伯人建立的伊斯兰政教合一帝国大体同时；明清文教国家则与伊斯兰世界的奥斯曼帝国同时。但我们前面已分析指出，孔子文教不同于西方神教，因而文教国家的结构也就极大地不同于亚欧大陆上尊奉一神教为国教的帝国：一神教是出世的，谋求在天国构建家园，在既有的人伦和政治秩序之外建立组织化教会，其权力足以与王权分庭抗礼。因而，一神教国家的结构性特征是二元政府，即便教会权力的覆盖范围和穿透幅度存在很大差异。

与此相反，儒生虽合群而学，研习经史之学，以训练合群的德能为中心，但是，儒家理念是入世的，士人之志在齐家、治国、平天下，在于改善现世的人伦、政治秩序，因而儒生群体并没有出世而是十分积极地寻求入世。汉武帝认识到这一点，制度化地吸纳儒生，儒生参与到政府之中，成为官员，构成"士大夫"，形成"士人政府"，当然是在皇权之下，这就形成了皇权与士大夫共治体制；实际上，通过皇家教育等方式，文教的价值同时塑造、引导皇帝，政府整体地实现了文教化。文教国家基本上实现了霍布斯所期待的教化服务于国家的理想。在霍布斯所生活的一神教文明中，即便教会实现了国家化，由于其出世的性质，也始终不能真正服务于国家。而文教的入世性质及其对各种神教的改造，让文教国家的宗教在很大程度上功能化了，即宗教主要发挥维护伦理-政治秩序的功能。① 包括文教在内的各种宗教当然也满足人们的超验需求，但文教引领人们的心灵常在此世，也就在国家之中、在历史之中，历史地存在的国家反而被赋予一定超验性。

从结构上看，在文教国家中，政、教相互渗透而一体化，政府成为教化主体，教化支持政府，同时也以各种方式引领政府、矫正政府之偏失，这就形成政教兼体而分用的结构，其基本特征是多元权威交相为用。

人间治理可依凭三种权威：权力、知识、德行。在秦制中，官吏的主要统治工具是暴力，官吏掌握运用刑律的专业知识。在古罗马、中世纪欧洲基督教世界，不存在系统的官僚体系。19 世纪之后的欧洲，世俗政府摆脱教会政府的控制，国王为有效治理众民，建立科层官僚体系——韦伯对此多有分析。这种科层官僚体系类似于秦制下的官僚制：官僚们掌握行政、司法、财政等专业知识，并驱动整个国家暴力机器运转。与秦制的区别仅在于，这个科层官僚体系主要掌握行政权，通过选举产生的政客掌握政治权力。

儒家士大夫组成国家官僚体系，这一点与秦制和现代科层制相同；士大夫同样需要具有行政、司法、财政等方面的专业知识。不同之处在于，在政教兼体分用体制下，儒家士大夫不只是官僚，同时还是"师儒"。儒家士人的知识不限于专业知识，还有德性内涵。他们依凭德性化知识进入政府，因此在治理过程中，除了运用专业知识外，也广泛地运用德行的力量。士大夫为政，始终以教化为根本。因此，士大夫综合运用权力、专业知识和德行。西方意义上的国家只有政，而文教国家的治理则是政教兼用。

若与秦制相比，循吏代表的儒家士大夫之治理模式具有鲜明特点。以

---

① 范丽珠，陈纳. 从杨庆堃宗教社会学的功能主义视角看儒学的宗教特质. 复旦学报（社会科学版），2018（5）；范丽珠，陈纳. 论政治伦理与信仰教化的耦合关系：中华本土宗教的社会学理论建构之刍议. 复旦学报（社会科学版），2021（5）.

政为教，又以教为政。所谓以政为教，就是儒家士大夫行使国家权力的过程带有强烈的教化意味，且以教化为目的。《尚书·大禹谟》记载，帝舜称赞皋陶"明于五刑，以弼五教"，此为儒家士大夫所发扬。行政、司法等治理活动不是单纯依赖国家权力强制民众盲目地服从，或惩罚民众之恶，而是以法律、政令引导民众向善，故孔子曰："听讼，吾犹人也。必也使无讼乎！"（《论语·颜渊》）为政者当以自身的行为垂范民众，如孔子对季康子曰："政者，正也。子帅以正，孰敢不正？"（《论语·颜渊》）凡此种种为政之道，可令民众认同社会和政治秩序，并成为秩序之维护者，不论其对此是否自觉。所谓以教为政，就是国家机器承担起教化的职能，这包括兴办教育，制作礼仪，奖掖善行，养成风俗。儒家士大夫为政，总是把这些文教事业置于至关重要的位置上，故虽为政府官僚，实则在相当程度上扮演"师儒"角色。后世政府的官职设置同样体现了这一点，如明清两代，府州县均有儒学官职。

儒家士大夫之以政为教、以教为政，形成政教"兼体分用"之格局。毫无疑问，政、教是两个不同的社会治理机制：政以权力为本，以官员为体，以律令为器；教以儒家之学为本，以君子为体，以礼俗为器。这两者之间存在紧张关系，且各有一套运作机制，这就是"分用"；但是，教、政两个事业的主体是同一个士大夫群体、同一个政府机构，此即"兼体"。即便士人之中只有少数能够进入政府，成为士大夫，大量士人只能停留在社会中兴办教育、施行教化、敦美风俗，但士人-士大夫毕竟同属一个道德-知识团体。因此，文教国家的政教兼体分用，既不同于西方中世纪之"政教合一"，也不同于西方现代之"政教分离"。

这一结构实际上强化了政府权力，不是简单的量的增加，而是质的扩展，这体现在多个方面：文教赋予政府以教化权；文教为政府权力提供强有力的正当性论证；文教培养政府官员；等等。横向对比，中国的政府拥有最高程度的自主性和能力，这是文教国家的最大优势所在。

在这一宏观结构特征之下还有一些特征，值得讨论，比如独特的学、政关系模式。在神教文明中，通常由教会垄断教育，接受教育者首先是神职人员，世俗政府另有其人员储备池：在中世纪是武士；另有行会养成专业人士，比如法律行会。在这里，学与政是分立的。这种传统也影响到现代，学校经常属于社会领域，学术也经常标榜中立趋于形式化，与实践的政治严重脱节。

儒家士大夫政教兼体分用体制的基础是儒家兴办的教育体系。至少从西汉中期开始，政府兴办教育，从中央的太学或国子监，到郡、州、县之学。这在人类文明史上是极为罕见的。它从根本上决定了，中国社会是一个文治的社会。这个教育体系是全覆盖的，它固然培养儒学传承者，但主要为政府培养官员。任何一个人，只要接受了儒学教育，从而具有一定的知识和德行，就可进入政府，获得治民之位。因此，学、政相通。以德性化知识遴选官员，知识生产体系、德行养成体系与社会管理体系之间存在双向流动渠道。这既决定了中国知识之品性，即具有明确的实践指向，学以致用，并且是用于治国、平天下；也决定了中国政府之品性，即高度知识化、德性化。

在政教兼体分用体制下，道在政中，政治不是中立的、纯粹技术性的，而始终具有理想主义气质。"士志于道"（《论语·里仁》），儒家士人与普通士人之区别就在于具有行道天下之志。儒家之学让士大夫具有明确的价值、信念，具有"行道于天下"的理想，以治国、平天下为己任。这一点完全不同于没有任何价值忠诚的秦制刑名吏和现代科层官僚。儒家士人成为大夫之后也坚持行道之志。儒家士大夫具有强烈的政治主体性意识，致力于行道：不仅自己行道，也致君行道。因此，儒家士大夫主导之中国政府具有道德理想主义倾向，儒家士大夫将一系列价值内置于政府中，政治不能不受这些价值之指引、控制。比如，汉代士人自立国之初就要求"复古更化"，宋代士人强烈呼吁回向三代之治。政治过程、政府内部始终具有一种向上提升的力量。因此，中国历朝几乎都有变法，都有"中兴"。凡此种种，皆源于儒家士大夫内在具有的道德理想主义精神。

政教兼体分用让行政具有政治之品质。秦制的文法吏体系和现代科层官僚体系都只能运作纯粹行政事务。因而秦制中缺乏政治审议机制，现代国家则在科层官僚制之外另行建立政治审议机制，即议会和其他民选官员，通过选举程序，社会的代表进入政府，构成政治部门，以审议机制进行决策，科层制官僚体系则被动地接受、执行其决策。表面上看起来，士大夫身在官僚体系中，是行政性官员，士人政府中没有特别明显的专门的政治部门。但略加观察就可以发现，士人政府中存在政治审议机制，政治实际上混融在行政过程中。士大夫具有道德理想主义精神，不陷于按部就班的行政过程。因此，士大夫天然就是政治家，而绝非"理性地就事论事"的行政官员。他们在行政过程中始终具有政治意识，积极参与皇帝、上级政令之决策；在实施过程中也依据自己的治理理念对皇帝、上级之政令进行审查、抉择。

政教兼体分用格局塑造了政府与社会之分工合作关系。儒家士大夫同时享有国家权力和道德、知识权威，在社会治理结构中不纯粹在国家体系内。事实上，他们成长于社会中，依凭知识和德行进入政府。士大夫是优秀的社会代表，而后又可能返回社会。大量儒家士人、绅士不在政府内，但与士大夫在同一个知识和道德共同体中。这样，儒家士人和士大夫作为一个共同体，横跨、贯通政府与社会。这决定了士大夫政治过程的开放性：不担任官职的儒家士人也可通过各种非正式渠道广泛参与各级政府政务之决策过程。越到基层，参与的程度越高。比如，晚清新政、立宪过程中，张謇等人作为在野绅士，借助地方督抚参政之权，深入参与了新政、立宪方案之设计。士绅之在野、在朝，并无截然区分。因为儒家士大夫之混合身份，政府与社会之间不是分立、对抗的，而是形成分工合作关系，呈现为治理的连续统一。士大夫在政府中运用权力处理公共事务，大量士人也在社会中依托自治性社会组织生产和分配公共品。借助这种合作，社会自治在中国相当发达。各级政府与各种类型的地方社会组织共同治理，分工、合作地生产和分配不同类型的公共品。文教国家确实存在政府、社会之别，但是，士人-士大夫身在同一个知识和伦理共同体中，两者关系之常态是合作：儒家绅士支持官员履行自己的行政管理职责，反过来，儒家官员对于儒家士人主导的社会自治也予以认可、支持。在朱子兴办的社仓中，就可以清楚地看到官、绅之间的别而合作。

比较中西政教关系模式可见，一神教国家的根本特征是分裂与斗争，文教国家的根本特征是整合与一体化：在纵向上，整合了皇帝、官僚、普通民众，保障社会的开放性和流动性①；横向上，整合了权力与教化，整合了政府与社会；在价值上，整合了文教与各种神教。因此，文教国家是大一统价值的最佳实现形态，中国文明因之取得了可大可久的绩效。

三、文教国家的能力来源与秩序取向

具有高度普遍性的文教，结合直接统治的郡县制，使得文教国家具有卓越的政治能力与独特的秩序取向，下面我们首先通过与秦制国家、神教国家、西方现代自由主义国家的比较，揭示其能力来源。

文教国家的第一个能力来源是其政治能动者——作为先进性领导者的士大夫群体。法家与秦制国家，韦伯的官僚制理论与西方现代自由主义国家都具有制度中心主义倾向，政治家、官僚都只不过是规则、制度的人格化担当者。儒家则相信"为政在人"，荀子说："故有君子则法虽省，足以遍矣；无君子则法虽具，失先后之施，不能应事之变，足以乱矣。"（《荀子·君道》）因此，儒家始终以培养士君子为本分，为文教国家源源不断地生产合格的能动主体——士人-士大夫群体，他们既有行政专业知识，也有一定的德行，因而在治理过程中，具有高水平的政治能动性——对此，我们将在第六章予以详尽分析。士大夫是人类历史上最优的政治能动者：秦制的文法吏有专业知识而缺乏亲民的道德意识；广义西方各古代文明则普遍存在教士与武士的分立、斗争，教士虽有道德意识，却追求出世，武士则缺乏知识；西方现代国家的理性化官僚没有能动性，政客缺乏专业化知识；文教则教给士人以修身、齐家、治国、平天下之志向、德行和知识，最为切合国家构建、治理、发展之需要。

文教国家的第二个能力来源是权力的一体化。一神教在教义上构造了另一个世界，在组织上构造了另一个社会，甚至另一个政府，国家也就处在分裂状态，政治与宗教抗衡，政府与教会抗衡，由此导致政府仅仅是多元权威之一，所谓"社会"则始终拥有强大权力。文教国家的基础是秦朝

①　牟复礼. 中国思想之渊源. 2版. 北京：北京大学出版社，2016：64.

所建立的进行高水平直接统治的皇权郡县制，文教叠加其上，养成士君子，同时教化国民以孝亲、忠君之道。由此，文教推动了国家权力的一体化。单一中心降低了国家管理的成本，提高了国家管理的效率。

基于文教之独特性质，我们还可以做出如下界定：

文教国家是人文教化型国家。秦制国家缺乏系统的道德教化机制。神教的教化则教人出世，经常背离国家生活。西方现代自由主义国家形成于政教分离过程中，标榜价值中立，仅关注民众福利，放弃了政府的教化责任。文教国家则坦然地承担起教化民众的责任，采取各种措施教化人民，且教化人民以成人之道，培育向善的社会风气，提高人民的道德水准。这样，文教国家就是德性国家，至少不承认人民有堕落的自由。

文教国家是追求人的全面发展的国家。西方学者基于东亚几个经济体在二战后的卓越发展绩效，提出"发展型国家"（developmental state）概念。它之所以出现在东亚，与儒教传统有密切关系。儒家士大夫为了厚生养民，采取各种方式推动物质生产的发展；又通过教化，提升人民道德水准。因此，文教国家可谓古典的发展型国家，而且寻求人的全面发展。相反，欧洲中世纪教会不关心物质生产，其向信众提供救赎，也未带来属人的德性的发展。现代西方国家固然高度重视物质生产，却忽略了人民的德性的发展。

文教国家是历史性国家。西方文明演变呈现出明显的空间转移特征，国家缺乏明显的历史连续性，因而西方现代国家普遍缺乏历史意识。雅斯贝斯明确指出西方文明的显著特征是"不畏断裂和跳跃"①。作为现代思想之基础的自然状态学说，则从根本上取消了历史。自由主义迷信理性主义和进步主义，既否定历史上的国家对于当下的意义，又有"历史终结论"妄想。竞争性民主制瓦解了作为整体的"人民"与负责任的政治家，无人对历史、对未来承担责任。凡此种种观念和制度，使得西方现代国家完全是当下的存在者，而缺乏历史意识。孔子"述而不作，信而好古"的理念，充分体现了对历史、传统的敬意，这一点贯穿在文教之中，强化了历

---

① 雅斯贝斯. 历史的起源与目标. 桂林：漓江出版社，2019：83.

史政治理性取向，儒家士大夫群体与历代王朝均以延续中国文明为己任。由此，文教国家成为历史性存在者，以承上启下为最大政治责任。由此，中国文明保持了全面而深刻的历史连续性。这也就决定了历史方法是理解、研究文教国家的元方法。

文教国家是"即凡而圣"的国家。一切神教都以世界的两分为其基本教义，奥古斯丁有两城之喻，神教徒普遍向往天上的城，鄙弃地上的城。由此，国家对国民生命没有深度意义，沦为追求鄙俗的利益最大化之人免于相互伤害，进而进行利益分配的工具、舞台。中国人敬天，天是生生不已的万物之全体；依天道而行，世俗生活就有神圣意义，即体用一源、显微无间。美国哲学家芬格莱特概括孔子的理想人生是"即凡而圣"[①]，文教国家同样如此。文教没有两个世界的幻想，而是教人在此世"止于至善"，国家作为最高水平的组织，对国民承担全方位责任。国民在国家中"止于至善"，国家对国民具有生存本体论意义，人民普遍具有维护国家整体性、连续性的坚定政治意愿。事实上，国家作为一个整体长久存在的事实本身，也足以赋予其神圣性。

文教国家是普遍性国家。人类构建国家，始终面临种种阻隔性因素，比如部落主义，众多族群因此未能建立国家；不少第三世界国家至今仍然深陷部落主义传统而支离破碎。犹太先知创立了一神教，却基于其"选民"观念区隔、排斥他者，成为一个高度封闭的宗教种族性组织。现代西方民族主义正是由这种排他性宗教意识发展出来的，西方式民族国家由此具有深刻的零和排他倾向。[②] 这样，西欧的现代国家构建瓦解了普遍性基督教世界，也瓦解了多个普遍性帝国，呈现为一个明显的政治去普遍化的过程，小邦林立、长期战争成为欧洲政治世界的结构性特征。表面上看，美国建国是合众邦为一体，其规模也是西方最大的，似乎构建了普遍性国家，但这个国家的立国根基却是种族主义——这与其清教信仰，尤其是"选民论"有直接关系，亨廷顿的"我们是谁"之问，体现了奠基于宗教

---

① 芬格莱特. 孔子：即凡而圣. 南京：江苏人民出版社，2002.
② 赵鼎新. 帝国政治和主导性意识形态：民族运动的起源、发展和未来. 二十一世纪，2021 (6).

认同的种族主义是何等深刻地塑造了美国精神及其思想学术。① 美国极力推广的"普适价值"，也不是通往普遍秩序而是通往独断论的帝国秩序。文教国家则使中国成为普遍性国家，最明显表征是超大规模且长期保持、持续扩展，而又实现高水平整合。主要原因在于文教只是教人以成人之道，因而是高度普适的；它也不寻求深度塑造人的意识和行为，反而可以穿透一切民族和宗教，从而具有强大而灵巧的整合能力。

文教国家塑造和维护和而不同的世界秩序。孔子之教旨在教人成人，但成人之道并非外来的神启，毋宁依赖于学者的自觉自省、自主成长。基于这一点，孔子从不主动传教，《礼记·曲礼上》曰："礼，闻来学，不闻往教。"后世儒生从不主动传教，倒有"程门立雪"的佳话。基于同样的逻辑，与其他民族、国家遭遇，文教国家也从不主动传播自己的宗教或意识形态。因此，文教中国确实极大地影响了东亚、东南亚众多民族的历史进程，塑造出儒家文化圈，但这些民族接受文教，乃出于其自身主动的文化、政治选择，而非因为中国的强制。在东亚世界，中国拥有明显优势，却十分克制，主要依靠文明的吸引力，塑造和而不同、共生互惠的普遍性世界秩序，对此我们将在第七章予以详尽讨论。

经由以上讨论可以发现，从世界范围看，文教国家是一种至关重要的国家类型，而且拥有比较明显的比较优势，从学术上对其进行全面深入的研究，最有可能发现普遍性致善之道。

---

① 亨廷顿.谁是美国人？：美国国民特性面临的挑战.北京：新华出版社，2010.

第六章
为政在人：国家先进性领导者

文教对于国家的首要的、基础性的功能是，源源不断地培养士人，士人具有修身、齐家、治国、平天下之志向、德行和知识，从而是称职的政治能动者。第五章我们对此已有所涉及，本章专门予以详述。我们将在比较视野中展开论述，回应西方的两个重要理论：首先我们从公民理论的角度讨论君子的社会政治定位，我们认为三代的君子与秦汉以来的儒家士人、士大夫就是积极公民；其次从韦伯的官僚-政治家理论角度讨论士大夫的品质和行动逻辑，我们认为，士大夫不只是官僚，也不只是政治家，而是统合了教化者、官僚、政治家这三重角色，可界定为"领导性治理者"。

第一节　君子作为积极公民

国家是人以各种方式联结而成的政治共同体；人在国家之中，即为"国民"；参与国家的公共生活，即为"公民"。公共生活的正常运转是国家存在的前提，中国作为一个国家长期存在，且比较而言还能够维持较好的社会政治秩序并保持经济社会的活力，那么我们完全可以推定公民群体的普遍存在。然而，现代学术却把公民概念完全特殊化即西方化或现代化，断言只有古代的雅典或罗马共和国存在公民，或只有西方现代国家存在公民。事实果真如此吗？本节将从中国历史中发现公民和公民生活。我们认为，儒家之学是君子养成之学；然则何谓君子？君子就是具有公共关怀、相对积极地参与公共事务之士，也就是公民，实际上是积极公民。在中国历史上，儒家发挥的主要作用正是以教育塑造公民，这些儒家公民在社会各个领域创造和维系公共生活。

一、现代中国之"公民焦虑"

现代中国学人是在 20 世纪初救亡图存之压力下接受"公民"概念的。梁任公首发其端，作《新民说》，汲汲于"新民"，也即塑造具有"公德"之"国民"。

欧洲现代史始于"国民国家"之构建。此前欧洲为封建制，每人普遍地属于另一人，即各级世俗和宗教领主。15—16 世纪，欧洲经历古今之变：封建制瓦解，逐渐出现绝对王权制，中间层次的贵族丧失治理权，国王成为相对确定的一块地域之唯一政治权威即主权者，所有人服从于他，成为"国民"。国民直接与国王发生关系，卷入国家的公共生活，至少从理论上是这样。这就是"国民国家"。国家的组织化程度大幅度提高，共同的政治生活推动了国民之紧密联系，故此新型政治体具有较高凝聚力，全国性政府的资源动员能力大幅度提升。内部凝聚力提升的国民共同体强化了彼此间之区别意识，甚至产生敌对意识，驱动国家具有对外扩张倾向，此即民族主义。西语 nationalism 同时具有国民主义、国家主义、民族主义等多层含义。

《新民说》第二节下半部分论证说："自十六世纪以来约三百年前，欧洲所以发达，世界所以进步，皆由民族主义（Nationalism）所磅礴冲激而成。民族主义者何？各地同种族，同言语，同宗教，同习俗之人，相视如同胞，务独立自治，组织完备之政府，以谋公益而御他族是也。此主义发达既极，驯至十九世纪之末近二、三十年，乃更进而为民族帝国主义（National Imperialism）。"[①] 任公此处对"Nationalism"之描述，实包括国民主义和民族主义两个意涵。中国是欧洲这一古今之变的受害者：具有强大资源动员能力的现代欧洲国家入侵中国，中国被迫进入三千年未有之大变局。士大夫乃寻找西人强盛之秘密，梁任公洞悉国民-民族国家之事实，并按照社会达尔文主义的思路提出对策：中国人要救亡图存，即须以其人

---

① 梁启超. 饮冰室合集：第 6 册. 北京：中华书局，1989：3-4.

之道还治其人之身，中国当建立国民-民族国家。

任公以为，国民-民族国家之主体是国民，所谓国民就是国家之民，其相对者为"部民"，第六节"论国家思想"开篇云："人群之初级也，有部民而无国民。由部民而进为国民，此文野所由分也。部民与国民之异安在？曰：群族而居，自成风俗者，谓之部民。有国家思想，能自布政治者，谓之国民。天下未有无国民而可以成国者也。"① 在任公的语境中，国民就是公民，其根本特征在于具备"公德"。第四节"就优胜劣败之理以证新民之结果而论及取法之所宜"比较世界各主要族群，结论是条顿人，尤其是盎格鲁-撒克逊人之公德最为杰出，"条顿人之优于他白人者何也？条顿人政治能力甚强，非他族所能及也。如彼希腊人及斯拉夫人，虽能立地方自治之制，而不能扩充之。其能力全集注于此最小之公共团体，而位于此团体之上者，有国家之机关；位于此团体之下者，有个人之权利，皆非彼等所能及也。以故其所生之结果，有三缺点：人民之权利不完，一也；团体与团体之间不相联属，二也；无防御外敌之力，三也"②。国民之最为卓越的品质是政治能力，能在个人、小团体、国家三者之间建立合理关系，构造完整的公共生活网络，将所有人联结成为牢固的整体："若夫条顿人，则其始在日耳曼森林中为一种蛮族时，其个人强立自由之气概，传诸子孙而不失。而又经罗马文化之熏习锻炼，两者和合，遂能成一特性之民族。而组织民族的国家（National State），创代议制度，使人民皆得参预政权，集人民之意以为公意，合人民之权以为国权。又能定团体与个人之权限，定中央政府与地方自治之权限，各不相侵。民族全体，得应于时变，以滋长发达；故条顿人今遂优于天下。非天幸也，其民族之优胜使然也。"③ 梁任公之所谓国民、公德的含义在此。他所说的国民具有公德，也即积极参与各个层面尤其是国家层面的公共生活，这就是今人所说之公民。任公以条顿人主要是现代英国人，作为现代公民之典范。而英国之所以具有力量，横行世界，就因为在英国的国民国家体制中，每个人皆可成

① 梁启超．饮冰室合集：第 6 册．北京：中华书局，1989：16.
② 同①10.
③ 同①11.

为关切公共事务、积极参与公共事务之公民。

梁任公正是以此为典范探讨现代中国新民之道的。任公断言，中国之民尚非国民：

> 昔者吾中国有部民而无国民，非不能为国民也，势使然也。吾国凤巍然屹立于大东，环列皆小蛮夷。与他方大国，未一交通，故我民常视其国为天下。耳目所接触，脑筋所濡染，圣哲所训示，祖宗所遗传，皆使之有可以为一个人之资格，有可以为一家人之资格，有可以为一乡一族人之资格，有可以为天下人之资格；而独无可以为一国国民之资格。夫国民之资格，虽未必有以远优于此数者，而以今日列国并立，弱肉强食，优胜劣败之时代，苟缺此资格，则决无以自立于天壤。[①]

第六节"论国家思想"中，任公又说，中国人普遍缺乏国民国家理念，"一曰知有天下而不知有国家，二曰知有一己而不知有国家"[②]。国人之普遍的非国民、非公民品性导致中国处于一盘散沙状态，难以在社会达尔文主义的现代世界自立。

任公作《新民说》之目的乃在于唤醒国人之国民的自觉。所谓国民就是国家层面之公民，就是将自己与邦国命运相连、积极参与邦国公共生活之民。严复最早提出的民德、民智、民力，其宗旨是培育国民之德，聚合国民之智、力为整体力量，而与外敌竞争。为此，需要开议会、行自治等制度安排，以期亿万万人"联若一体"[③]。《新民说》主体部分对此有系统阐述：需要国民具有进取冒险精神、权利思想、自由精神、自治能力、追求进步的意愿、自尊、合群能力、毅力、义务思想、尚武精神等。此中既有观念之改造，也有制度之设计，关涉现代国家构建之所有领域。

任公充分地展示了至今仍纠缠知识分子之"公民""公共性""公共生活"焦虑。自梁任公始，中国精英群体之诸多思考、政治实践和制度构

---

① 梁启超. 饮冰室合集：第6册. 北京：中华书局，1989：6.

② 同①21.

③ 严复. 严复集：第1册. 北京：中华书局，1986；原强.

造，皆由这一焦虑驱动，如 20 世纪初"一盘散沙"之普遍慨叹，"军国民教育"之出现，新文化运动之激发，乃至于 20 世纪中期摧毁基层社会之传统组织、风俗的努力，凡此种种措施，其宗旨均在塑造真正的公民，也即参与国家层面之公共生活的国民。

晚近以来，受西方公共理论影响，中国知识界又回到历史上的中国寻找公共生活之场所，如研究 20 世纪上半期之茶馆、咖啡馆之类。当然，研究者对此相当失望。

总体上，直至今天，学界似乎仍普遍相信，历史上，中国始终缺乏公共生活，中国人始终没有作为公民存在过。而作为探讨治理问题、塑造治理形态和制度之主要知识体系——儒家，对此要承担主要责任。因此，中国欲生成公民，以及建立公民支持之政治架构，必须另辟蹊径，改造乃至全盘摧毁儒家传统及其所塑造之社会结构。梁任公的案例已清楚揭示，百余年来政治家、知识分子、学界关于公民、公共生活之思考和实践，完全以西方历史、概念和理论为判准。然而，梁任公在访问美国之后就已得出结论，以西方标准思考中国问题，本身就是问题。在此，保持一定审慎的反思态度是明智的。故本节将基于儒家之思考和中国历史经验，重新思考公共生活与公民概念。

二、三代封建结构中的层级性公民

何谓公民？公民之公是指公共生活。公共生活是数量达到一定规模的、因而存在着明显的公共品生产与分配需求之共同体，在特定制度架构中处理公共事务之过程。共同体中成员，只要较为持久地参与其所在共同体之公共生活，就是该共同体之公民。因而，如何定义公民，取决于对公共生活的认定，取决于对何种共同体处理其公共事务的过程有资格被称为公共生活的认定。而公共生活之单位，中西方之间存在明显而重大差异。

基本上，在西方，公民关联于城邦之公共生活。柏拉图、亚里士多德讨论的公共生活之展开空间就是城邦，所谓公民就是且仅仅是城邦的公民。此后，西方政治理论之主流一直就是城邦论，而公民就是城民（citizen）。城邦公共生活具有显著特征：高度的统摄性或者说排他性。从根本上，城邦恐惧私人生活，也排斥今人所说的"社会"。柏拉图主张取消家庭，女人和孩子公有，其目的就是排除私人感情、社会关系对公民之侵蚀。

中国人的公共生活形态则与此不同，首先来看三代封建时代。[①]从尧舜时代起，中国之文明与政治体是大规模乃至超大规模的，比如：周代通过封建所构造之文明与政治体的范围，从今日甘肃到黄海、渤海，从燕山到长江流域；而将如此大范围内多样的族群整合在一个共同体的机制是封建制。这两点是理解古典中国公共生活的关键。

在如此封建的、超大规模的文明与政治体中，存在着多层次、多中心而又相互关联、覆盖范围不等的治理实体和治理中心：周王以王城为中心治理天下，诸侯以国为中心治理邦国，卿大夫以都、邑为中心治理自己的家。至关重要的是，每一个治理实体都享有相对独立的治理权。

周的天下治理实体之多层次、多中心，决定了公共生活之多层次、多中心：首先是以周王为中心的天下公共生活，这当然只有一个。其次是以诸侯为中心展开之邦国公共生活。全国有几百个诸侯，也就有几百个邦国层面上的公共生活空间。最后是以卿大夫为中心在都、邑展开的家之公共生活。家的数量极多，因而，最小型的公共生活空间在全国有成千上万个。

那么，谁参与这些公共生活？首先是"君子"。周人所说君子就是各个层级的共同体之君——周王、诸侯、卿大夫，共同构成君子群体。不过，需要注意的是，在周的封建结构中，除了周王，各级之君同时又是另一个君之臣。也就是说，君子一般总是同时具有两个身份：某些人之君、某人之臣。作为君，他是某个公共生活单元的组织者；作为臣，他是某个公共生活单元的参与者。也正是通过这样的纽带，几个层级的公共生活相互交织，而具有某种整体性。

---

① 关于古典中国公共生活形态之详尽描述，参见：姚中秋．华夏治理秩序史：第2卷．海口：海南出版社，2012．

这些严格意义上的君子之主要职责就是参与共同体之公共事务，他们当然是公民。考察历史也会发现，士也在公民范畴内。在周代，"国人"之主体是士，他们参与卿大夫之家的公共生活，并在重大时刻参与诸侯之公共生活。《春秋》各传对此有很多记载。

那么，庶民是否参与公共生活？封建治理之特征是小共同体也即家，相对独立地自我治理。这里的家不是后世的核心小家庭，甚至也不是宗族，而是一个综合多个联结纽带的社会治理单位。人们几乎永久性地生活于其中，休戚与共。在这些共同体中，存在着频密的公共生活，其中特别重要的是井田制和祭祀。井田制下，农民除了单独耕种"私田"，还需要共同耕种"公田"。至于社中之祭祀基本上是全体共同体成员参加的。这样的共同生活经验塑造了庶民强烈的共同体主义心态。人们是通过共同体、通过与他人的关系认识自己的。

礼、乐就是因应复杂的共同体生活而生成并持续丰富的。共同体秩序由礼乐维系，君子领导公共生活，礼乐则是公共生活之规则和程序。射礼、乡饮酒礼等都是公共生活之形态。以乐为例："是故乐在宗庙之中，君臣上下同听之则莫不和敬；在族长乡里之中，长幼同听之则莫不和顺；在闺门之内，父子兄弟同听之则莫不和亲。"（《礼记·乐记》）封建时代的乐皆用于共同体之公共生活，确定公共生活之节奏。

不过，上述三种人——君子、士、庶民，参与公共生活之程度，也即其公民身份的程度是不等的，君子是积极公民，士是公民，庶民则是不那么完整的公民。所有人都具有公民属性，只是其程度不等。

公共生活之制度载体是多样的：有朝会，有宗庙、社稷之礼，有大蒐、会同等活动。以朝会为例，文献记载，一位卿大夫同时参加两个朝会：作为诸侯之臣，他参加诸侯之朝会，此为卿大夫之"外朝"；作为一家之君，他又组织自己的朝会，对他而言，这是"内朝"。此处之内朝、外朝都是公共生活之重要形态，在这里，君臣审议共同体之重大事务。参与其中的君、臣，就是公民。同时，卿大夫也可能跟随诸侯，参与周王之会同。

由此，我们可以看出，在周的封建制下，最为积极的公民即君子，其身份具有层级性，也即同时参与多层级的共同体之公共生活，因而同时具有多个层级的公民身份：家之公民、国之公民、天下之公民。封建的构成原则是有联系而不相统属，在欧洲有"我的附庸的附庸不是我的附庸"之谚，在中国则有"家臣不知国政"之谚。每个共同体自成体系，仅通过其君之间的君臣关系纵向地联结。至于各共同体横向之间，则几乎没有联结。这样，共同体成员参与的范围是比较有限的。或者更准确地说，封建时代，公民参与不同层级的公共生活之强度是大不相同的：以一位士为例，他最为频繁地参与家室之公共生活，较多地参加邦国之公共生活，只是偶尔参与天下之公共生活。不管怎样，他是公民。他是多个共同体之公民，尽管其公民性程度不等。

周代封建的公共生活与公民身份结构，提示了一个更为一般的公共生活与公民概念。"公民"不必只关联于城邦。城邦确实是文明最为重要的载体，自觉的中国文明起源之时，同样如此。然而，在中国，文明与政治共同体的规模很快超出点状的城邦，而由若干城邦联合构成一个广域国家，周代公共生活之中心亦在分散而又相互关联的大大小小的城邦网络中。此时，就不能不超出城邦，构建更为开放的公民身份，公民分身于不同层级的公共生活空间。

周代封建的、超大规模的文明与政治共同体形态，确立了与公民有关的三个重要事实：多中心而相互关联的公共生活单元，所有人都具有一定的公民性，作为最积极公民的君子之公民身份是多层次而可扩展的。此后中国历史虽复杂多变，但这些基本格局未变，因为，中国始终是一个超大规模的文明与政治共同体。这一点是在中国理解公共生活和公民的关键因素。

三、儒家士君子作为积极公民

孔子时代，君子群体溃散，礼崩乐坏。这其实是一个事情的两个不同表现。由此，小型共同体松动、瓦解，到战国时代崩溃。人从共同体中离散出来，处于"游"的状态——孔子就是典型，自谓"今丘也，东西南北之人"（《孔子家语·曲礼公西赤问》），一生游历于各国之间；其弟子也是"有朋自远方来"（《论语·学而》），形成了一个"游学"团体。"游"字在战国至汉初文献中反复出现，"游"就是流动，人们在空间和社会结构中流动。

因为"游"，封建的家没有了，社会基本单元是核心小家庭，所谓"五口之家"或"七口之家"。这两个词在战国时代十分流行，说明这是一个引人注目的新现象。典型的家庭由父母与未成年儿女组成，有自己的一块土地，独立耕种，自己养活自己，不靠任何人。在这个意义上，普通人皆是"私人"。在家庭之上，只有国家，没有中间层级的公共性组织。国民经由官僚体系，勾连于遥远而强大的国王。普通人是国民，相互平等的国王之民。但国王太遥远了，人们无从参与国家公共事务，因此，国民没有公民意识。

也就是说，具有强大动员能力的公共组织之建立和运转并未塑造出公民，凸显了超大规模共同体构建公共生活时难以克服之规模瓶颈。公共组织的规模太大而缺乏必要的制度化渠道，成员将无从参与公共生活，无法与权威之间构建联系，相互之间也无法构建有效的对话和情感分享渠道。由此，成员无法塑造对国家的认同感，相互之间也难以产生休戚与共的共同体感。后古典时代的中国，是一个平铺的、离散的、私人的大海，缺乏公民，缺乏公共生活之适当制度载体。

儒家正好回应这个问题，在周秦之变的大转型期塑造公民，重建公共生活。儒家的努力分成两个部分：第一部分，塑造私人为公民，此即儒家君子养成之学的要旨。① 第二部分，构造可就近进入的公共生活空间，为此，儒家构建了有效的公共参与渠道，也即中间层级的公共生活组织。

《论语》首篇表明，孔门之核心目的在于通过学养成君子群体。然而何谓君子？君子究竟扮演什么样的社会角色？我们来看儒家的自我定位：

---

① 关于君子与公民之间的关系，参见：姚中秋，郭忠华，郭台辉，等．君子与公民：寻找中国文明脉络中的秩序主体．天府新论，2015（6）；王苍龙．政治法理与道德伦理：一个比较"君子"与"公民"的分析框架．社会学评论，2018（3）.

子曰："君子矜而不争，群而不党。"（《论语·卫灵公》）

君者，何也？曰：能群也。能群也者，何也？曰：善生养人者也，善班治人者也，善显设人者也，善藩饰人者也。善生养人者，人亲之；善班治人者，人安之；善显设人者，人乐之；善藩饰人者，人荣之。四统者俱，而天下归之，夫是之谓能群。（《荀子·君道》）

君之为言群也；子者，丈夫之通称也。（《白虎通义·号》）

综合上述儒家经典论述可清楚看到，在儒家理论思考中居于枢纽位置的君子之核心功能，乃是合群：或者是群之发起者，领导者，或者是群之公共生活的积极参与者。合群就是构造和维系共同体，发起、管理公共事务，至少积极参与公共事务，以合群为己任的君子就是积极公民。

儒学之兴起就是为了养成公民。孔子身处封建的共同体解体、新兴的平民社会处在离散状态之时代。孔子思考之核心问题就是：在一个离散的平民化时代，谁来组织人们可参与的共同体，积极创造和参与公共生活？孔子诉诸君子。君子古已有之，但孔子对君子之内涵予以转换，剥离了等级要素，直指古典君子最为根本的内在能力：合群能力。君子之所以是君子，合群才是关键。在古典社会，君子承担合群功能。孔子希望，新兴平民中一些人通过学成为君子，充当组织、领导、参与公共生活之能动主体。检视《论语》《礼记》等文献即可发现，孔子关于君子之全部论述，都指向合群的意愿和能力，也即创造和维护公共生活之自觉和能力。

君子-小人之对比，最为清楚地表明了孔子养成君子之深刻意向。孔子常把君子置于君子-小人对比的框架中讨论，最著名者如：

子曰："君子周而不比，小人比而不周。"（《论语·为政》）

子曰："君子和而不同，小人同而不和。"（《论语·子路》）

孔子之后，君子-小人之别成为儒家思考社会问题之基本范式。然而，君子、小人之别的关键何在？在于合群能力。君子具有卓越的合群能力，有能力将尽可能多的离散的个体组织成共同体，至少君子本人积极参与公共生活。相反，小人则缺乏合群能力，甚至缺乏这种意愿，而呈现为较为纯粹的私人身份。因此，君子、小人之别就是个体之公共意识、公共生活自觉或者说公民程度之别。换言之，君子、小人之别就是积极公民与私人之别。

君子、小人之所以形成公共意识的重大差别，根源在于其：

> 子曰："君子喻于义，小人喻于利。"
> 子曰："放于利而行，多怨。"（《论语·里仁》）

"小人"就是作为一切现代社会科学预设之"理性经济人"，其行动的唯一驱动力量是个体的、看得见的、物质的利益之最大化。而博弈论清楚指出，理性经济人必陷入"囚徒困境"，无法理性地合作。制度经济学的研究则表明，理性经济人必然多怨，也即陷入"集体行动的困境"[1]，而无法采取集体行动，无力生产和分配每个人都迫切需要的公共品。同时，理性经济人也会面临"搭便车"难题，而无法完成必要的制度变迁。[2] 总之，理性经济人也即小人缺乏公共意识，不能组织共同体，不能维系公共生活。他只是私人，不参与创造和维持规则和程序，他是公共品的纯粹消费者。

君子则与此不同。"君子喻于义"，可以同时解决上述三个难题。因为喻于义，所以君子具有德行，具有治理技艺。德行可以克服"囚徒困境"。君子愿意付出，投入宝贵的精力，运用自己的道德权威和各种资源，组织普通民众。君子具有发起组织、提供公共品的知识和技艺，比如联合的技艺，说服、动员、引导其他人的技艺。设计各种激励约束机制，尤其是以身作则，节制那些"喻于利"的普通人之"理性经济人"倾向，让他们投入共同的公共品生产活动中，从而维持局部的社会秩序，带领人们走出"集体行动的困境"。无数君子分散在社会各个角落，并在不同层面上进行合作，也就维持了社会整体秩序。同时，君子也可解决制度变迁中的"搭便车"问题。君子"见义"勇为，并不计较自己之行动是否能够获得足够

---

① "除非一个集团中人数很少，或者除非存在强制或其他某些特殊手段以使个人按照他们的共同利益行事，有理性的、寻求自我利益的个人不会采取行动以实现他们共同的或集团的利益。"（奥尔森.集体行动的逻辑.上海：上海人民出版社，1995：2）

② 诺思.经济史上的结构和变革.北京：商务印书馆，1992.

收益，君子甚至可以杀身成仁，这就可以克服"搭便车"心理，迈出变革第一步。概言之，君子超越于"理性经济人"的成本-收益计算，其视野能够超出私人生活的狭窄范围，具有公共精神，关心公共事务，组织和参与公共生活，追求公共之善。

因此，孔子的历史意义在于，在古典公民群体溃散之后，在平民化社会中，通过学养成新兴君子，即"士君子"；士君子从平铺的、散漫的、私人的大海中凸显出来，是平民化社会中之积极公民。他们发起和组织公共生活，为此，他们建立了多种形态的共同体，以为公共生活之制度载体。

孔子之后，儒生群体持续思考并实践学以养士、士人合群之道。《礼记·学记》论述士人教育的目标曰："一年视离经辨志，三年视敬业乐群，五年视博习亲师，七年视论学取友，谓之'小成'。九年知类通达，强立而不反，谓之'大成'。夫然后足以化民易俗，近者说服而远者怀之，此大学之道也。"士人合群即是小成，然后领导民众合群，则是大成。曾子、子夏、子思、孟子、荀子等人均发展了君子养成之道，荀子更加明确提出合群议题。

四、文教国家的公共生活机制

儒家塑造士君子，士君子自己组织起来，进而也推动民众"合群"，为此而创造各种公共生活制度，核心是创造和领导、维护作为共同生活载体的"群"即各种社会组织。在这方面，儒家至少提供了三套方案。

首先，儒家构造了一个完全陌生人的知识与道德性集体组织——儒生共同体，其基本合群机制是讲学。来自全国各地、完全陌生的人们聚集一堂，长期共同生活，从而习得合群的技艺，同时儒家之学本身就是合群之学。因此，在学习过程中，士人就基于共同的价值、知识而结成稳定的组织，比如师生共同体与大大小小的朋友圈子，东汉的经师讲学、宋明的书院都是相当紧密的社会性组织。在此过程中，儒生养成自己为君子-公民，并积极参与学术性公共事务，练习合群的技艺，学成之后，将其运用于社会各领域，组织和维持更为广泛的公共生活。

其次，儒生进入政府，形成士大夫群体，组成士人政府。这个政府是按照科层化机制组织起来的，但孔子之道使得士大夫超越了理性化官僚的行为模式——至少一部分人在一定程度上是如此，他们所组成的政府也就具有一定的道德、知识共同体的性质。

最后，儒家士君子在严格意义上的"社会"领域创造了多种公共生活形态，塑造公民。后封建时代，人具有原子化生存的强大趋势，儒家则把人从纯粹私人状态中拉出来，让其注意他人的存在，与他人共同生活。简言之，儒家让人们具有公共生活之自觉，并养成公共生活之技艺。为此，儒家致力于将人组织起来。《论语·学而》首章论述了孔子的创造性事业：以学养成君子。然而，君子如何在庶民中重建秩序？《论语·学而》次章对此有所论述：

> 有子曰："其为人也孝弟，而好犯上者，鲜矣！不好犯上，而好作乱者，未之有也。君子务本，本立而道生。孝弟也者，其为仁之本与！"（《论语·学而》）

儒家所构想的公共生活是从小到大的。这里首先强调孝悌，也即儿女孝敬父母，兄弟相爱，旨在建立完整的家庭公共生活空间。家庭责任同样在克服人的私人性而养成公民意识。这样的公民意识容易培养，毕竟此中有深刻的感情。而在这里养成的小范围的公民意识，乃是更大范围的公民意识之基础。儒家重视家庭亲情，然而绝不限于家庭；儒家旨在重建秩序，故其根本着眼点在陌生人之间相互关切、信赖，这就是"仁"之功用。在亲情中人们切身地体认到具体的仁爱之情，对于秩序重建的事业而言，这只是树根。这样的个别之仁可以扩展成为一般性的仁爱之情，从而拉近陌生人之间的距离，让陌生人相互视对方为与己相同之人。对于社会秩序之维系而言，这才是树干、果实。这是公共意识之基础。经由具有亲密情感的小共同体内养成的公共意识之扩展，相互陌生的庶民可被重新组织起来，形成一个共同体，或者说"有情意的社会"。《大学》论述了家内置教塑造公民之机制：

故君子不出家而成教于国：孝者，所以事君也；弟者，所以事长也；慈者，所以使众也。

《康诰》曰："如保赤子"，心诚求之，虽不中不远矣，未有学养子而后嫁者也！

公民是需要养成的，但养成于何处？现代共和主义没有回答这个问题。托克维尔揭示了美国的"乡镇精神"，人民在基层乡镇进行自治，养成其公共精神①；然而，这种乡镇却是以教堂为中心的②。但在中国，不存在这种独立于家和政府的建制化教会。家就是基本教化场所。因此，人就是在家内生活中习得公共生活所需之德与能的。《大学》也清楚指出，家与国所需之德与能确实是有区别的，但是，两者毕竟有相通之处，家内之德与能可以成为"本"，发育成为国的公共生活之需之德与能。《孝经》篇幅虽然短小，却始终为历代所重视，原因就在于其论证了由家教训练公民之道。③

这些以亲亲之情组织起来的家、族是可以进行自我治理的：

或谓孔子曰："子奚不为政？"子曰："《书》云：'孝乎惟孝，友于兄弟，施于有政。'是亦为政，奚其为为政？"（《论语·为政》）

这是中国历史上，基层社会自我治理的第一次理论表达。政就是治理。孔子时代，已具雏形的政府运用权力进行治理。孔子则充满信心地断言，基于孝悌并在此基础上扩展而成的陌生人之间的社会自组织，同样可以"为政"，同样具有治理之功能。孔子宣告，新时代实有两种政：政府之政，社会自我治理之政。前者至关重要，后者更为根本。子曰："道之以政，齐之以刑，民免而无耻；道之以德，齐之以礼，有耻且格。"（《论语·为政》）离开社会自我治理，单纯依靠政、刑的治理模式，注定不能持久有效。新时代的治理理论必须具有广阔的视野，将两者同时纳入，既重视政制，也重视风俗。这正是儒学比其他诸子高明的地方。

---

① 托克维尔. 论美国的民主：上卷. 北京：商务印书馆，1988：66-76.

② 同①333-342.

③ 姚中秋. 孝经大义. 北京：中国文联出版社，2017.

从家庭向外，最为自然的组织是宗族。从汉晋宗族到宋明宗族，其间发生了重大变化。但两者都是儒家士君子有意识构建起来的。比如，在宋明宗族制的形成过程中，朱子《家礼》发挥了决定性作用，因为它确立了祠堂制，构造了宋明宗族凝聚之中心，也构造了乡村之公共生活空间。经由祠堂，也可以准确理解宗族之性质。宗族的功能是把人从小家中拉出来，参与社区范围的公共事务，从而成为公民。当代学者对宗族的研究，尤其是关于尚保存宗族制的南方社会与宗族制基本瓦解的北方社会治理状况的对比研究，已清楚揭示了祠堂中心的宗族制度创造公共生活的功能。在没有祠堂、没有宗族的地方，农民就是相互离散的私人，这群人中间没有社区公共生活。祠堂则建立了公共组织，通过礼乐的联结纽带，创造了诸多公共生活场景，塑造了人们的公共意识和公共精神。通过宗族的组织、动员，农民普遍参与生产社区的公共品，如道路、教育、安全、救济等。祠堂中心的宗族公共体生活把私人状态的农民，塑造成社区的公民。①

除此之外，在儒家价值浸润下，传统社会中还有其他非宗族的公民组织，如行会，它把私人意义上的商人变成公民，除维持商人群体内部秩序外，还参与社会慈善公益事业。尤其是在明清，儒家绅士组织了种种公益慈善组织，这方面，学界已有大量研究。

上述种种公共性组织构成了现代意义上的"社会"。它与国家权力处于竞争性合作关系中。这些公共组织在不同层级、不同领域中生产和分配公共品。比如，乡村的公共品主要由宗族生产和分配。没有这样的公共组织，没有公共生活，基层社会是无法维持最基本秩序的，更不要说繁荣。这样，在传统中国社会，我们看到了一幅多层次、多中心的公民与公共生活图景。

第一，所有人都生活在一个以上共同体中。一般而言，最底层的农民也在家庭中、家族中，并至少参与宗族的公共生活。至于读书人、儒家绅士，则参与更高层次的公共生活，如县的公共生活，甚至国家层面的公共生活。也就是说，在传统中国社会，国民普遍具有公民属性。

① 更详尽的论证，参见：姚中秋.重新发现儒家.长沙：湖南人民出版社，2012；第四篇.

第二，尽管如此，并不是每个人都积极参与其所在群之公共生活，每一个群中，都可以分别出君子、小人。此为公民-私人之别。

第三，并不是每个人都以同等热情参与其所在每个群之公共生活。普通农民积极参与宗族公共生活，但并不积极参与县层面的公共生活，更不要说全国层面的公共生活。然而我们仍然要说这些农民是公民，他们或许不能说是国家公民，但他们是社区公民。此为公民之层级性。

第四，大约只有儒家士君子能够贯通地参与所有层级的共同体之公共生活，而成为完整的公民和积极的国家公民。并不是所有公民都是国家公民。此为国家公民身份之有限性。

事实上，儒家式社会中公民的上述几种特征就是现代社会公民之特征。古希腊城邦普遍是通过征服方式建立的，其人口也就划分为两类：自由人或公民，与非公民（包括本邦的妇女儿童、外邦人和奴隶）。在这里，公民是一种法律身份，具有高度排斥性，城邦中多数人口完全没有公民身份。公民固然是完整的积极公民，但奴隶、外邦人完全不参与公共生活，两者界限极为分明。中国古典时代与此已有不同，西汉中期以来的儒家式社会更与此大相径庭。具体地说，西汉中期以来儒家所构造的社会秩序其实带有强烈的现代性：其宪法原则是平等；公民身份并无法律限定，仅具有道德和社会意义。每个人都是国民，理论上都有资格参与公共事务，也即均可成为公民。然而在这样的社会，人却首先呈现为私人，是否成为公民由个人自由选择，由个人的处境和能力所决定。一个人可以选择积极参与公共生活，也可以选择退缩于纯粹私人生活空间，这是一个社会角色的自由选择问题。

这是现代性的一大特征。美国宪法学者布鲁斯·阿克曼提出"private-citizen"（私人公民）概念。人群或有两个极端：一个极端是利己主义者，或称之为私民，基本上不积极地参与公共生活。这类人也许是少数。另一个极端是公共公民，始终主动而积极地参与公共生活。这类人同样是少数。阿克曼相信，大多数美国人是私人公民，兼有私民和公共公民两种角色，而在不同的时间点上扮演不同的角色。在日常生活的大多数时间里，这些民众是私民，主要关注自身生活。但在某些特殊时刻，他们会成为公民，积极卷入公共生活。①

由于超大规模属性，在中国，绝大部分国民难以成为有效的国家公民。但是，作为公民的儒家士君子创造了诸多社会组织，尤其是基层自治性组织。由此，基层的私人得以进入基层公共组织，卷入基层公共生活，从而成为基层公民。他们已经摆脱其私人身份而成为公民；重要的是其公民身份、意识、行为是可扩展的。

实际上，一些参与现代国家构建的思想、政治人物已经注意到了这一点。首先是梁任公，在访美归来所写《新民说》的最后三节，改变了其僵硬的公民-非公民两分法，其十八节"论私德"这样说：

> 且公德与私德，岂尝有一界线焉？区划之为异物哉？德之所由起，起于人与人之有交涉，使如《鲁敏逊漂流记》所称，以己身独立于荒岛，则无所谓德，亦无所谓不德。而对于少数之交涉，与对于多数之交涉，对于私人之交涉，与对于公人之交涉，其客体虽异，其主体则同。故无论泰东、泰西之所谓道德，皆谓其有赞于公安公益者云尔！其所谓不德，皆谓其有戕于公安公益者云尔！公云私云，不过假立之一名词，以为体验践履之法门。就泛义言之，则德一而已，无所谓公私；就析义言之，则容有私德醇美，而公德尚多未完者。断无私德浊下，而公德可以袭取者！孟子曰："古之人所以大过人者无他焉，善推其所为而已矣。"公德者，私德之推也。知私德而不知公德，所缺者只在一推。蔑私德而谬托公德，则并所以推之具而不存也。故养成私德，而德育之事思过半焉矣。②

任公现在认识到，德是合群的品质，因此，民众在基层、小型共同体中养成之德实具有扩展性，完全可以发展成为国家层面上的公民之德。任公以前认为，两者是相互排斥的；现在则相信，社会公民的训练实为养成国家公民的阶梯。

面对现代公民构造问题，孙中山相信，传统的宗族组织乃是构造更大范围的公共生活的良好起点："中国有很坚固的家族和宗族团体，中国人

---

① 阿克曼．我们人民：宪法的根基．北京：法律出版社，2004；第九章 常规政治.
② 梁启超．饮冰室合集：第6册．北京：中华书局，1989：119.

对于家族和宗族的观念是很深的。……由这种好观念推广出来，便可由宗族主义扩充到国族主义。我们失了的民族主义要想恢复起来，便要有团体，要有很大的团体。我们要结成大团体，便先要有小基础，彼此联合起来，才容易做成功。我们中国可以利用的小基础，就是宗族团体。此外还有家乡基础，中国人的家乡观念也是很深的。如果是同省同县同乡村的人，总是特别容易联络。依我看起来，若是拿这两种好观念做基础，很可以把全国的人都联络起来。……中国人照此做去，恢复民族主义比较外国人是容易得多。"[①] 在孙中山看来，宗族实乃个人联结为国族之有效中介。由此中介，普通民众的公民身份可以扩展成为国民。

社会的本质是人的组织化，社会秩序的形成和维系依赖于人们参与公共事务。传统中国维持了秩序，创造了经济社会的繁荣，至少人口有巨大增长，那么完全可以合乎逻辑地推想，在传统中国，人际的组织、公共生活一定是相当发达的，也一定有相当多的人积极参与公共生活，扮演公民角色，创造和维护公共秩序。本节我们通过返回历史、解读经典，在中国发现了公民传统，尤其是发现了，文教一直在塑造积极公民。同时我们发现，中国作为超大规模国家的事实意味着，公共生活具有多层次与多中心性质，这也就决定了公民身份之层级性质。因此，我们不应执守公民-非公民的截然两分，而应在不同规模、不同层级的公共性组织中辨析"公民性"的程度，揭示其发育机制与相互转换的机理。

第二节 士人-士大夫作为"领导性治理者"

文教国家的关键能动性主体是士人-士大夫，横向比较可见，这个群体是人类文明史上最为独特的政治能动主体。他们不仅是文教国家的全能领导者、治理者，还在王朝更替之时，反复地重建文教国家。因此，士

---

① 孙中山．孙中山选集：下．北京：人民出版社，2011：700.

人-士大夫是文教国家的第一推动力。理解文教国家的关键就在于理解士大夫及其后备军——士人——的品质和行为逻辑。

历史地看，从秦到西汉中期，士大夫取代了文法吏在皇权郡县制国家中的治理者位置，钱穆、阎步克等历史学家已经颇为详尽地描述分析了这一重大转型过程，并阐明了两类主体的特点及其所塑造的两种社会政治秩序间之重大差异。① 笔者曾称这一演变所在的宏大历史过程为"秦汉之变"②；钱穆是现代学者中最早系统揭明治理主体转变事实者，其相关论说可称为"钱穆命题"。本节我们将对钱穆命题进行更为理论化的研究，以揭示士大夫的品质与行动逻辑，由此我们可以理解把文教国家视为一种国家类型的根本理由。

一、文法吏：作为典型的韦伯式官僚

查尔斯·蒂利的名言道出西欧现代国家形成之机制："战争制造国家，国家发动战争。"③ 春秋战国时期的中国早就经历了类似变化：周王权威崩坏后，诸侯国间的冲突增多、烈度提高，享有分散的统治权的封建君子群体被挤压、消灭。为在战争中存活和获胜，各国展开制度创新竞争，基本方向是从间接统治转向直接统治。强军的动机推动军队率先平民化，进而官僚化，因而《史记》把兵家列在列传部分的靠前位置。进入战国，战争压力加大，各国的制度创新呈现加速、加深之势，逐渐走向单一王权对广土众民之直接统治，形成具有现代属性的疆域性国家。④

---

① 钱穆．国史大纲：上册．修订第3版．北京：商务印书馆，1996：138-153；阎步克．士大夫政治演生史稿．北京：北京大学出版社，1996.

② 对其完整描述，参见：姚中秋．可大可久：中国政治文明史．北京：华龄出版社，2021：215-332.

③ 蒂利．强制、资本和欧洲国家：公元990—1992年．2版．上海：上海人民出版社，2012；对中、欧宏观历史比较视野下、战争推动现代国家制度形成历程的完整描述，参见：许田波．战争与国家形成：春秋战国与近代早期欧洲之比较．上海：上海人民出版社，2009.

④ 关于这一阶段官僚制领土型国家各种制度的发展，参见：姚中秋．可大可久：中国政治文明史．北京：华龄出版社，2021：197-213.

与早期现代欧洲不同的是，中国出了一个秦国。它位于华夏文明区边缘，因而处在封建天下"薄弱环节"，其变革最为彻底：统一设县，由国王委任官僚，直接统治所有国民。秦国由此对他国取得明显制度优势，最终一统天下，构造了超大规模的"皇权官僚郡县制国家"，这是此后中国政制之基本骨架。秦制的统治对象是"编户齐民"："编户"意谓所有人编入国家户籍，故为国家之民；"齐民"意谓所有人在法律上相互平等，无等级之别。编户齐民就是欧洲"现代"意义上的"国民"。为对人口众多的国民实施直接统治，国家设立了从中央到郡、县的层级化政府，甚至还有乡、里等基层管理组织；每一层级又设立分工清晰的多个部门，形成"块块"；同类部门上下级之间则有"条条"关系。

分布在这些官署的国家权力行使者是文法吏①，他们是典型的韦伯式官僚。生活在普鲁士官僚统治的国家中，韦伯以官僚制为现代国家之根本制度，并概括其六项特征：官职管辖权限由法律明确规定；职务等级制，自上而下的监督；运作文书化，有固定官署；接受专业训练；全日制工作且有固定薪酬；有完善的行政法规对其进行管理。② 文法吏合乎所有这些标准，正是韦伯意义上的官僚，以下两点或许最为重要：

第一，文法吏是高度专业化的。商鞅变法即确立了严格以统一的法律治理国家的基本原则，相应地确立了"以吏为师"的国家教育原则。此后在秦国并延续到秦朝统一后，唯一合法的国民教育是法律、政令教育，庶民掌握此类知识优秀者得为吏，进一步升迁为官，甚至皇子的教育也是专业的刑律教育。③

第二，文法吏的行为是高度理性化的。韦伯所谓官僚制理性化意谓其"精确性、稳定性、纪律的严厉程度以及它的可靠性"，一个重要表现是"形式上非人格化精神的支配：不示好恶（Sine ira et studio），没有憎恶或激情，

---

① 对文法吏的教育、行政模式与弊端的讨论，参见：阎步克. 士大夫政治演生史稿. 北京：北京大学出版社，1996：224-267.

② 韦伯. 经济与社会：第2卷·上册. 上海：上海人民出版社，2010：1095-1097. 另一处比较集中的讨论，参见：韦伯. 经济与社会：第1卷. 上海：上海人民出版社，2010：323-333.

③ 《史记·秦始皇本纪》记："赵高故尝教胡亥书及狱律令法事，胡亥私幸之。"

因而没有爱或狂热"①，即"理性的就事论事"②。对此，作为官僚制国家缔造者的法家有很多规范性论述，如商鞅说："故有明主忠臣产于今世，而欲领其国者，不可以须臾忘于法。破胜党任，节去言谈，任法而治矣。"（《商君书·慎法》）现实中的文法吏也确实是这样做的：有人曾劝汉武帝时代的两位高级官员在处理政务、司法时适当考量儒家五经之中所阐述之伦理、道德原则，廷尉杜周回答说："前主所是著为律，后主所是疏为令，当时为是，何古之法乎！"（《史记·酷吏列传》）武吏出身的琅琊太守朱博回答说："如太守汉吏，奉三尺律令以从事耳，亡奈生所言圣人道何也！"（《汉书·薛宣朱博传》）两人清晰表达了文法吏的"责任伦理"：严格执行法律和上级命令，不受情感、意识形态、民意之类因素的影响。

可见，秦朝是人类历史上最早且高度发达的官僚制国家或曰"现代国家"。③位于官僚体系顶端的皇帝也自觉追求行为的官僚化，以专业化地处理刑事案件为其根本职责，史载秦始皇"事皆决于法，刻削毋仁恩和义"（《史记·秦始皇本纪》），"专任刑罚，躬操文墨，昼断狱，夜理书，自程决事，日县石之一"（《汉书·刑法志》）。可以说，秦朝十分彻底地贯彻了官僚制国家之政治逻辑。

然而，秦朝二世而亡。这一残酷事实说明，韦伯所谓"独断式官僚制"也即纯粹的官僚制虽然可能有"最高度的效率"，"在形式上也是对人类行使权威的已知最理性的手段"④，但不能算是一种健全的政治制度。

对此，汉初学者、政治家进行过不少讨论，陆贾和贾谊都指出了秦制之大弊——僵化而不知变。以政治-行政两分范式⑤分析，秦制最大问题在于，只有按部就班的行政，没有因时而变的政治，因而贾谊说，"秦虽离战国而王天下，其道不易，其政不改"（《新书·过秦中》）。秦以战争中形

---

① 韦伯. 经济与社会：第1卷. 上海：上海人民出版社，2010：332.

② 韦伯. 经济与社会：第2卷. 下册. 上海：上海人民出版社，2010：1138.

③ 姚中秋. 可大可久：中国政治文明史. 北京：华龄出版社，2021：215-229. 福山也肯定中国是人类历史上第一个官僚制国家，其叙述人类建立国家的历史正式从秦朝开始，参见：福山. 政治秩序的起源：从前人类时代到法国大革命. 桂林：广西师范大学出版社，2012.

④ 同①330.

⑤ 古德诺. 政治与行政. 北京：华夏出版社，1987.

成的法律、制度治理和平时代的民众，显然过于严苛。而皇帝本人已被官僚意识支配，各级文法吏只知按官僚化逻辑盲目地严格执行严酷的刑律、政令，大量民众被置于两难选择之中，基于理性计算，乃铤而走险：陈胜、吴广等人因为天气原因耽误戍边行程，预期到自己将遭到严厉处罚，乃发动起义。[①] 刘邦也是基于违法的恐惧而投身起义的。从这个意义上说，秦亡于官僚制之严苛、僵化，亡于行政消灭了政治。

就此而言，巴雷泽等学者对"官僚制范式"（bureaucratic paradigm）的批判[②]是可取的。但秦制也证明其所倡导的市场化方案不可能解决问题，事实上，其背后的理性经济人预设本身就是问题的根源。法家正是基于人性普遍自利的预设构建官僚制国家的各种制度的，如韩非所说：

> 人臣有私心，有公义。修身洁白而行公行正，居官无私，人臣之公义也；污行从欲，安身利家，人臣之私心也。明主在上，则人臣去私心行公义；乱主在上，则人臣去公义行私心，故君臣异心。君以计畜臣，臣以事君，君臣之交，计也。害身而利国，臣弗为也；富国而利臣，君不行也。臣之情，害身无利；君之情，害国无亲。君臣也者，以计合者也。至夫临难必死，尽智竭力，为法为之。（《韩非子·饰邪》）

韩非的论述表明，只要君臣、上下完全依自身利益最大化逻辑行动，则其尽管生活在文明的国家之中，却仍是霍布斯式"自然人"，处在相互为敌的"自然状态"中——这其实就是博弈论中的"囚徒困境"。因此，秦制奉行严刑峻法原则，严厉约束官吏；韩非也向君王贡献了大量驭臣之术，并预期官吏将会基于恐惧和利益而服从上级和皇帝，尽心履责。然而，官吏本身是利益计算者，一旦预期到可以获得更大的利益，就会毫不犹豫地欺骗上级：赵高为了专权，欺骗秦二世"常居禁中"（《史记·秦始皇本纪》），不与群臣相见；陷害其他大臣；在汉军入关之后，因为死亡

---

① 参见《史记·陈涉世家》。

② 巴泽雷. 突破官僚制：政府管理的新愿景. 北京：中国人民大学出版社，2002.

的恐惧又抛弃了秦二世。① 陈胜吴广首义之后，不少郡县官吏，比如沛县令与其县中长吏萧何、曹参就因为恐惧而决定响应陈胜吴广之首义。② 可见，因为缺乏必要的价值、信念，秦的官僚普遍缺乏政治忠诚。

秦制证明了，基于理性经济人预设的官僚制实有其内在困境。韦伯本人也清楚官僚制的内在缺陷，再三说明单纯的官僚统治远不足以维持良好政治秩序。其补救方案是，由人民选举产生的政治家领导官僚。③ 早在两千多年前，中国就建立了官僚制，并经历了一次大失败，当然会积极探索解弊之道：第一个解决方案是汉初军功大臣推动的黄老之治，但并不有效；儒家士人群体提出了第二套解决方案，以儒家理念改造国家制度，汉武帝据此进行变革，造就了士大夫群体与士人政府，在一定程度上克服了秦朝独断式官僚制之弊端。

二、士大夫：作为领导性治理者

依据董仲舒、公孙弘等人的建议，汉武帝前期进行了一场全面文化政治变革，其措施环环相扣：第一，立五经博士，表明接续历史之意，赋予政治秩序以历史文化正当性；第二，为博士配弟子员，兴办以太学为首的公立学校体系，以五经培养士君子；第三，建立察举制，遴选接受过五经教育、以孝廉之德能著称乡里的士君子进入政府。由此，"公卿大夫士吏斌斌多文学之士矣"（《史记·儒林列传》），形成"士大夫"群体，逐渐替代了文法吏；政府形态由此发生巨大变化，转化为"士人政府"④。

这是一场体制内革命，秦政的两根制度支柱——皇权与官僚郡县制依然如故⑤，但治理主体有根本变化：儒家士大夫替代了专业化文法吏。这

---

① 参见《史记·秦始皇本纪》。

② 参见《史记·高祖本纪》。

③ 比如马克斯·韦伯发表于 1917 年的《德国重建后的议会与政府（对官员和政党政治的评论）》，参见：韦伯. 经济与社会：第 2 卷：下册. 上海：上海人民出版社，2010：1567 - 1573.

④ 钱穆. 国史大纲：上册. 修订第 3 版. 北京：商务印书馆，1996：148 - 149.

⑤ 我们可以在此意义上理解韦伯说过的一句话："官僚制一旦完全得到确立，就会成为最难以摧毁的社会结构。"（韦伯. 经济与社会：第 2 卷：上册. 上海：上海人民出版社，2010：1127）

样，秦、汉初的皇权官僚郡县制逐渐转型为皇权士大夫郡县制。该宪制此后持续两千多年，因而是"超稳定"的。① 两相对比可见其成功的秘密在于士大夫，但他们不是文法吏的相反者而是其超越者。

对士大夫群体的形成，战国后期的荀子已有理论准备。法家是从三晋之儒中分化而出的，同样出身三晋的荀子又反身综合儒、法，并于战国末年入秦游说秦王、秦相，一方面肯定其军事、政治制度的理性、高效，另一方面建议其尊崇儒学。② 董仲舒大体继承这一思想，其对答汉武帝的"天人三策"，一方面肯定皇权官僚郡县制的宪制架构，另一方面建议"推明孔氏，抑黜百家。立学校之官，州郡举茂材孝廉"（《汉书·董仲舒传》），从内部全面改造国家价值、制度。

历史地看，士大夫群体形成于士人和官僚之双向融合：一方面，儒生学习刑律文法，比如董仲舒、公孙弘、兒宽三人皆为通明五经之学的儒者，而又"通于世务，明习文法，以经术润饰吏事"（《汉书·循吏传》）。另一方面，洞见大势之文法吏转而修习经学。两者双向融合之结果是逐渐形成的士大夫群体既通经术，又掌握官僚的专业技能。赵鼎新把武帝之后逐渐形成的新宪制称为"儒法国家"（confucian-legalist state）③，颇为得当。

士大夫区别于文法吏之处就在于其接受了五经教育，并凭这方面的知识和德行得到官职。因此，经学是士大夫的身份标志。在士大夫身上，儒、法不是简单融合，亦非近人所谓"儒表法里"，而是以儒统法，五经大义塑造了其人生与政治倾向，由此形成士大夫如下独特品质：

第一，政治主体意识与主动性、自主性。五经呈现圣人之道，董仲舒说："道者，所由适于治之路也，仁义礼乐皆其具也。"（《汉书·董仲舒

---

① 这是 20 世纪 80 年代颇为流行的说法，参见：金观涛. 在历史的表象背后：对中国封建社会超稳定结构的探索. 2 版. 成都：四川人民出版社，1984. 而超稳定之根源就是其所谓政治结构和儒家意识形态的一体化，参见：金观涛，刘青峰. 兴盛与危机：论中国社会超稳定结构. 北京：法律出版社，2011：31. 此一体化之人格化呈现就是我们所说的"士大夫"，尽管作者使用的是官僚、儒家知识分子之类的词汇。

② 对此详尽分析，参见：姚中秋. 荀子说秦与秦之儒化：《荀子》相关章节疏解. 原道，2019 (1).

③ DINGXIN ZHAO. The confucian-legalist state：a new theory of Chinese history. New York：Oxford University Press，2015.

传》）士人相信自己通过研习五经掌握了通往良好秩序之道。道本于天，高于权力，士人乃以此判断现实的法律、政治之是非好坏。为了行道，士人入仕，成为士大夫，士大夫承认皇帝为最高统治者，此为大一统之政治保障；但又相信自己掌握了治道知识，享有治理的主体地位，因而在政治上具有高度的主动性和自主性。士人政府形成了某种程度的"双主权模式"，士大夫在精神上、制度上与皇帝分庭抗礼。由此形成士大夫与皇权"共治天下"之观念和政治格局，它初步发育于汉武帝时代，至宋代达到完备状态。[①] 在此格局中，士大夫与皇帝间的政治关系极大地不同于秦朝时文法吏与皇帝间的关系，但对此，研究古代官僚制的学者普遍未认真对待。

第二，政治理想主义精神。子曰："士志于道"（《论语·里仁》），故士人入仕为政，志在行道天下，未止步于"理性的就事论事"的行政事务，而有"致君尧舜上""复三代之治"之类的政治抱负。这样，士大夫身在政治建制之中为官僚，却常有自我反思精神；面对皇帝和政治建制，常有政治批判精神；更有凭借着治道逾越既有制度的政治创造精神。

第三，公共服务精神。五经大义、孔孟思想教养士人以仁者爱民、"民惟邦本，本固邦宁"之类政治理念；入仕为政后，士大夫常有公共精神，关注社会中最大多数人即普通民众之利益，所谓为民请命、"作民父母"等观念都体现了士大夫的公共服务精神。

第四，专业性与政治性。韦伯轻率地以为士大夫仅为"有教养者"或精通诗文的"文人"[②]，缺乏政治、行政专业知识。这种认知是不准确的。士大夫之学以五经为根本，五经收录三代治国理政之文献，实为政治学教科书，也包括行政管理方面的原理、原则。同时，士大夫高度重视史学，《史记》写作于西汉儒家士大夫群体初步形成之时，绝非偶然。士大夫据

---

① 姚中秋. 可大可久：中国政治文明史. 北京：华龄出版社，2021：311-332.

② 韦伯. 经济与社会：第2卷：上册. 上海：上海人民出版社，2010：1141. 他自作聪明地说李鸿章的最高理想是"成为一个伟大诗人"，参见：韦伯. 儒教与道教. 南京：江苏人民出版社，2003：110.

此"通古今之变"，主要就是通古今政治之变，其中的《尚书》、《汉书》的"志"提供了政治、行政各领域制度、政策的专业性知识。① 士大夫作为地方官的主要职能是司法，当然积极研习刑律政令；汉唐还有专门的典章制度之学如《汉官仪》《通典》等书。漫长的教育过程也使士大夫具有极强的学习能力，入仕之后在政治、行政实践中持续地思考、学习，可以迅速掌握更为具体的行政、财税、军事、农业、水利等方面的知识。据此可以说，士大夫是高度专业化的。同时，五经大义又是政治、行政、司法的原理，故其在处理各种事务时又得以超越专业性，而有道德、政治意识。

第五，道德的自我激励-约束意识。孔子、孟子强调"义利之辨"，《大学》强调"修身为本"，儒家士人教育重视人格养成，董仲舒呼吁士人"正其谊不谋其利，明其道不计其功"（《汉书·董仲舒传》），历代官员选拔、升黜也高度重视品行。士大夫在精神上构建了自我约束与激励机制，普遍有廉耻之心，也就有一定的道德意识，持守政治、行政伦理。

以上五种品质使士大夫完全不同于秦朝的文法吏。他们确实处在郡县制国家的官僚位置上并行使行政权力，但五经教育塑造其超越了理性经济人的品质，不再只受利益最大化逻辑驱动，在一定程度上能够自我约束、自我激励，因而更有责任心，更为忠诚；更为重要的是，五经教育所塑造的政治主体性意识、自主性、主动性等因素，推动其超越"理性的就事论事"的官僚行动逻辑，进入政治与教化领域。

在《以政治为业》中，韦伯区分官僚与政治家、"靠政治为生"与"为政治而生"两种生命状态，并阐明了政治家的品质："采取立场，充满激情——ira et studium（好恶分明）——是政治家的本色"；"有三种前提性的素质，对于政治家是决定性的：激情、责任感和恰如其分的判断力"；官

---

① 很多学者都已指出史学在中国传统学术、知识体系中的重要性，参见：钱穆. 现代中国学术论衡. 长沙：岳麓书社，1986：101-150. 钱穆也指出，中国传统的政治学就在历史学中，参见：钱穆. 现代中国学术论衡. 长沙：岳麓书社，1986：183-200. 赵鼎新则指出，中国人的政治思考具有明显的"历史理性主义"（historical rationalism）倾向，参见：DINGXIN ZHAO. The confucian-legalist state：a new theory of Chinese history. New York：Oxford University Press，2015：187-188.

僚秉持"责任伦理"，政治家则秉持"信念伦理"。① 略加考察即可发现，士大夫具有韦伯式政治家的全部品质：他们"志于道"，此即其明确立场；他们以此为标准判断是非，因而好恶分明；他们有强烈的责任感，充满行道的激情，当然也有知识和判断力。士大夫发挥政治家功能显著地表现在以下三个方面：

第一，政治批判。士大夫有天下为公的意识，经常进行自我批判，批判自身群体内部的堕落倾向和风气，这有助于抑制其败坏倾向②；士大夫身在科层制中，却有一定的反科层倾向，这有助于克服官僚制的僵化倾向③；士大夫经常批判不合理的国家政令、法律和惯例，甚至批判皇帝，这在一定程度上约束了皇权的任意性，促进了政治的理性化④。

第二，政治创新。基于行道信念，如有必要，有些士大夫在地方进行制度创新，或在中央发动政治变革。促成士大夫群体形成之汉武帝变革就是汉初甚至秦以来儒生持续努力推动之结果；西汉以来的"变法"全部出自士大夫的倡议，其方案由士大夫设计。

第三，行政灵活性。士大夫不盲目地执行法律、政令，基于其行道信念，如有必要，可能无视律令、政令。西汉以《尚书》起家的倪宽任左内史时，"收租税，时裁阔狭，与民相假贷，以故租多不入"（《汉书·公孙弘卜式儿宽传》）范仲淹之子范纯仁"知庆州"时，擅自开启常平仓所储之粟救济灾民，僚属请求其等候朝廷批复，纯仁曰："报至无及矣，吾当独任其责。"（《宋史·卷三百一十四 列传第七十三》）历朝皆有士大夫擅自发仓以救灾民之事，而这是要冒政治风险的，范纯仁道出了其精神驱动力量：对万民的仁爱之心、对国家长远利益的政治责任感。

以上种种行为，远远超出了官僚的"理性的就事论事"，而属于名副其实的政治活动。还有两项制度安排同样突出了士大夫的政治家角色：

---

① 韦伯. 学术与政治：韦伯的两篇演说. 3 版. 北京：生活·读书·新知三联书店，2013：76 - 107.

② 艾森斯塔得研究了士人限制皇权败坏的倾向，参见：艾森斯塔得. 帝国的政治体系. 贵阳：贵州人民出版社，1992：335.

③ 丁轶. 反科层制治理：国家治理的中国经验. 学术界，2016 (11).

④ 进行古代官僚制比较性研究的艾森斯塔得注意到了士人的这一功能，而这产生了良好政治效果：在中国，这种竭泽而渔的情况，并不像在其他历史官僚政权之中那样严重，参见：艾森斯塔得. 帝国的政治体系. 贵阳：贵州人民出版社，1992：334.

第一，士大夫作为地方政治代表。汉代察举制成熟之后，即按地域分配察举名额；科举制则有更精细的安排，旨在保证各省士人均有机会进入全国性政治场域。苏力评论说，科举制"主要是一个促进政治参与和（事实上的）政治代表的制度架构"①。

第二，士人-士大夫作为地方政治家。大量士人不能通过选举进入政府，乃在基层社会从事教育，并组织和参与社会治理；有些士大夫退休后返回故里，作为基层政治家发挥作用。由此，士人-士大夫成为国家与国民之间的沟通者，国家价值、权力通过士人深入渗透，推动了国民的"国家化"。② 经由这个群体的内部信息沟通，地方政治难题也可以反映到中央。士人-士大夫共同体构成政治大一统之本。③

古德诺说，政治的功能"包括制宪、立法、政府官员选举，以及对国家意志执行功能的控制"④。以上所说士大夫的种种政治批判、创新活动和行政灵活性均多多少少改变了制度或政策，属于国家意志的表达，因而在政治范围之中。但此处与西方有一个明显差别：在士人政府中，政治和行政并不分属两个部门，士大夫以行政官僚身份发挥政治家功能，两个身份融为一体。士大夫身处皇权官僚郡县制国家中，故可称之为"政治家化的官僚"。

但不止于此，士大夫还是国民教化者。士人是周孔或者孔孟之徒，因而首先是行道者，以各种途径实施教化，比如兴办书院、兴起礼乐。一旦入仕，也必定遵循孔子的治国之道："道之以政，齐之以刑，民免而无耻；道之以德，齐之以礼，有耻且格。"（《论语·为政》）士大夫的自我定位是

---

① 苏力.大国宪制：历史中国的制度构成.北京：北京大学出版社，2018：439.钱穆将此代表称为"贤能代表"或"人才代表"，有别于西方的"多数代表"或"统计代表"，参见：钱穆.政学私言.北京：九州出版社，2011：7.

② 费孝通对此有所论述，参见：费孝通.乡土中国.上海：上海人民出版社，2007：论绅士.

③ 对人类政府形态进行历史比较研究的芬纳指出，正是借助士大夫及其所传承的儒学，"'天下一统'成为帝国的理想"，参见：芬纳.统治史：卷一.2版.上海：上海人民出版社，2014：553.

④ 古德诺.政治与行政.北京：华夏出版社，1987：25.

复合的：既是行使权力的官员，也是实施教化的"师儒"。因此，士大夫为政，普遍重视兴起礼乐、兴办学校，历代正史所记之"循吏"或"儒臣"，无不如此。

士大夫积极承担教化责任，通常驱使其超越官僚职责范围，成为创造性政治家。教化本无一定之规，故士大夫兴起礼乐教化的举措常出自其自主的政治创新。比如我们第五章讨论过的汉人文翁，"少好学，通《春秋》，以郡县吏察举"（《汉书·循吏传》），因而是典型的士大夫。景帝时文翁为蜀郡守，"仁爱好教化，见蜀地辟陋有蛮夷风，文翁欲诱进之"（《汉书·循吏传》），乃创办全国第一所郡立学校。此举并非法令要求，亦非朝廷命令，而完全出于文翁的政治信念和责任感，属于地方制度创新。发现其良好效果之后，汉武帝下令将此制推广全国——当代中国的诸多政治创新同样依循这一模式。类似地，兴修水利之类的举措也多出自士大夫的政治主动性。

士大夫作为地方官，其主要事务是司法，判决案件当然主要依据刑律，这与文法吏相同。但除此之外，士大夫还依经义裁决案件的是非曲直，汉代有"《春秋》决狱"之事，后代士大夫也普遍援引经义裁决案件。士大夫还遵循《尚书·大禹谟》以刑弼教、孔子"必也无讼"的原则，通过司法裁决施行教化。① 士大夫的司法实践不是韦伯等西方学者所讥讽的不专业的，而是超专业的。

总结以上所论，士大夫同时承担了教化、政治、行政三重职能。韦伯式官僚仅承担了第三项，士大夫却多出了前两项，从而完全不同于官僚。从政治结构上说，士大夫确实在郡县制国家的官僚之位上，但就其内在品质而言，士大夫远超官僚，同时是教化者、政治家。因此，士大夫既是"理性的就事论事"的行政管理者，又因其"志于道"的信念而成为国家意识形态的塑造者，有激情、责任感和判断力的政治领导者。把这三种角色统合于一身，士大夫是"一元统合型治理者"——而在中国以外常见的情形是，为政者与教化者分立，政治家与官僚分立，可称为"多头分立型

---

① 对明清时代循吏的司法实践中所体现的"爱民"和"教化"精神之具体分析，参见：徐忠明. 情感、循吏与明清时期司法实践. 南京：译林出版社，2019.

治理主体"。

换一个角度说，士大夫是"领导性治理者"。按韦伯、古德诺等人的看法，政治的作用是为行政指引方向，并通过创制立法，为行政活动铺设制度性轨道；而政治的方向是由道德、政治价值决定的，政治价值则由宗教阐明、确认并论证。韦伯论证过资本主义与新教伦理之间的关系，令人惊讶的是，他在讨论现代国家时却忽略了宗教，在其论述中，官僚的行动逻辑与宗教似乎毫无关系。造成如此盲点的原因大概是其现代性迷思，他把中国士大夫视为前现代的即体现了这一点。但不管如何定性，士大夫甚至不是简单地结合意识形态权力与政治权力，而是以意识形态统合政治权力。由此形成的士人政治是有明确价值追求的政治——这就是"领导"的含义所在；这个有明确价值追求的政治展开为立法、行政、教化、司法、地方自治、学术等多种形态，这是一种"多元一体"的统合型治理架构。我们也可以说，士大夫是"先进性政治能动者"，凭借其知识-道德上的先进性获得和行使国家的全面领导权。

当然，以上所刻画的士大夫品质及其行动逻辑是一个"理想类型"，未必历史上每个士大夫都能做到。但这确实是西汉中期以后历朝制度设计所期待的士大夫的品质，每个时代也确有一定数量的士大夫合乎这个标准。士大夫群体塑造了士大夫政治和士人政府，在一定程度上克服了秦制即纯粹官僚制国家曾遭遇之各种运作难题。

以下历史事实清楚地说明了士大夫与官僚的根本区别：秦、汉初，吏与官没有性质上的区别，大部分官由吏升迁而来。随着士大夫群体形成，官、吏之间的分化日益明显，界限日益严格，士大夫日益清显尊崇，胥吏地位日益低下，士大夫耻于与之为伍。整个社会对两者有完全不同的认知和期待：胥吏是自利性的，士大夫是公共的。[1]

当然，每到王朝后期，士大夫群体总是趋于败坏，其表现是，我们在士大夫身上分解出的有别于官僚之品质逐渐流失，他们更多地以自利逻辑行动。这样，士大夫就退化成了官僚，这就构成一个需要解决的严重政治

---

[1] 赵世瑜.两种不同的政治心态与明清胥吏的社会地位.政治学研究，1989（1）；周雪光.从"官吏分途"到"层级分流"：帝国逻辑下的中国官僚人事制度.社会，2016（1）.

问题。就此而言，现代学者把士大夫称为官僚，显然有悖于历史事实。借用亚里士多德分析政体时的用语，以自利逻辑行动的官僚是正统士大夫退化之后的"变态"。

尽管如此，士大夫养成机制与政教合一制度内置了自我重振、矫正、修复的政治机制。士人政府与秦的独断式官僚制的不同之处在于，既有行政，又有政治，同时还有意识形态。就事物的性质而言，意识形态仅涉及观念层面，其自主性是最强的；由于主体的同一性，士人的意识形态变化可以直接影响政治。因而历代政治的机制修复路径一般是：意识形态引导政治，政治推动行政。首先，士人群体中兴起思想、道德振兴运动，或者发生在跨朝代之间，也经常发生在一个朝代之内；其次，思想道德振兴运动振奋士大夫的精神，至少使一部分人恢复、重建士大夫品质；最后，这些士大夫通过政治变革，推动官僚体系更新。历史上的变法基本上都循如此路径展开；朝代更替之际，还有"第二次建国"或政制再造，其内在逻辑大体相同。这就是两千多年来中国社会政治秩序超稳定的基本机理。

三、领导性治理者之理论意涵

以上我们梳理出士大夫的独特品质，由此形成中国两千多年来国家形态的显著特征：治理主体在职能和组织上的一元统合。这一特征贯穿于今天，"干部"同样是一元统合的。这与欧洲同样贯穿古今的职能和组织二分，形成了鲜明对比。其原因则在于各自的宗教。

韦伯把宗教比喻为人类追求利益的行动之"扳道工"[1]；迈克尔·曼更进一步，把宗教比喻为"铺轨车"，突出其对国家形态的巨大塑造能力[2]。亚欧大陆上的古典文明崩溃之后，普遍经历了章学诚所说的治与教、官与师的二分[3]，即政与教的分殊化演进：一方面形成了更大规模的政治体，如秦汉国家与罗马帝国；另一方面形成了高级宗教，约可划分为两类，即

---

① 韦伯.马克斯·韦伯社会学文集.北京：人民出版社，2010：263.
② 曼.社会权力的来源：第1卷.2版.上海：上海人民出版社，2015：36.
③ 参见《文史通义》。

此世宗教或伦理性宗教，出世宗教或救赎性宗教，即我们所说的文教或神教。中、西宗教分属两类，塑造了不同的政教结构。

基督教是救赎性宗教的典型，其专业神职人员制度化为教会，拥有广泛治理权，与世俗政府相对，在欧洲构造了二元治理结构。教会负责守护精神价值，相应地，世俗权力是无价值的，基于利益最大化逻辑行动，此即"世俗"一词的西方含义。两者支配关系有过变化：中世纪，罗马教会控制世俗王公；作为反弹，欧洲现代国家构建过程之关键环节是世俗权力摆脱教会控制。这样，包括官僚体系在内的现代国家是"世俗的"，因而依照理性经济人逻辑和工具理性建立和运转；教会则转为"社会"，由此形成国家与社会二分之格局；现代国家构建过程中，则一边兴起韦伯集中研究的官僚体系，另一边兴起民意性政治，形成政治与行政二分之格局。

历史塑造理论。兴起于西方的自由主义政治学阐明了国家价值中立、社会自由选择的规范性命题，韦伯也曾多次强调。西方政治与行政学科普遍强调国家内部政治、行政二分，强调政治的价值性与行政的中立性之别，政治家的信念伦理与官僚的责任伦理之别。然而二分之后，终究还要合一，否则国家运作无从一体化。常见思路是韦伯提出的政治领导行政，以民主制控制官僚制，由政治家引领官僚。但韦伯又悲观地注意到，面对高度专业化的官僚，民主选举的"业余的"政治家经常是无力的。[1] 这一困境引出另一种思路：去官僚化。自由主义、共和主义、保守主义思潮都有明显的反官僚制倾向；经济学自由主义渗入行政学领域，则有"新公共管理主义"，激烈批判"官僚化范式"，主张去官僚化，倡导"企业型政府"，以市场替代政治。[2] 然而，按照韦伯的说法，没有官僚制就没有现代国家。可见，只要肯定国家与社会的二分、行政与政治的二分，就很难找到合一的出路。

新公共行政理论则另辟蹊径[3]，从理论上打破行政与政治的二分，打

---

① 韦伯. 经济与社会：第2卷：上册. 上海：上海人民出版社，2010：1130-1134.
② 其代表作是巴泽雷的《突破官僚制：政府管理的新愿景》。对此派理论的介绍及批评，参见：竺乾威. 新公共管理与文官制度改革. 江苏行政学院学报，2013（4）；张康之，张乾友. 论公共管理概念的生成及其基本内涵. 行政科学论坛，2014（1）.
③ 对此学派之述评，参见：张康之，张乾友. 解读"新公共行政运动"的公共行政观. 公共管理与政策评论，2013（1）.

破行政学构筑的工具理性、技术理性牢笼，倡导价值理性。具体而言，倡导行政过程以增进社会公平为价值目标，积极致力于社会变革，也即采取政治行动。[①] 这就是倡导行政的政治化。

或许可以说，汉武帝时代的大变革就是一场新公共行政革命——当然，它远远超出新公共行政理论家的想象，形成了集教化、政治、行政职能于一体的领导性治理者群体，其历史动力是中国独特的政教关系。

孔子之教延续了早期古典宗教的取向，为此世宗教或伦理性宗教。孔子不教人信神，而是教人修身成德、成为君子，在此世改善社会政治秩序。[②] 因此，士人是亲政治的，以入仕作为其行道的主要途径。只不过在战国时代，战争压力迫使政府完全偏于效率导向，士人虽进入政府，却只是充当专业化文法吏——这是一种退化、变态。汉武帝时代以后，士人发育成熟为其应然状态即士大夫，以明确的价值，综合运用各种权力机制，包括教化、政治、行政，一体化地塑造和维护良好社会政治秩序。

治理主体的一元统合与多头分立，两者孰优孰劣？韦伯等人所代表的近世西方理论的基本倾向是贬统而褒分，理由恐怕就是中国近世的衰退。但是，中国历史上长期保持政治统一、实现人口缓慢持续增长的事实，加上仍凭一元统合的治理主体实现文明复兴的当代事实，似已足以挑战上述看法，要求我们认真对待治理主体一元统合的中国传统。

从以上对士大夫品质的历史分析可抽象出如下理论性命题：对国家治理者进行人文性道德、政治教育是必要的、可行的、可取的。

韦伯认为，政治家、官僚分别依循信念伦理、责任伦理行动，却未论及其如何具有信念与责任意识。事实上，整个西方学界几乎从未讨论过：民意代表如何具有信念伦理、价值理性？人民选举，即可使之具有如此品质吗？倒是美国联邦党人在制定联邦宪法时十分担心人民选举产生的民意代表之腐败倾向，因此设计参议院、总统，设立司法审查权，对其加以制衡。新公共行政理论在这方面有所推进，主张导入价值，却未讨论如何导入。

---

① 弗雷德里克森. 公共行政的精神. 2 版. 北京：中国人民大学出版社，2013：译者前言.

② 凡是进行跨文明比较的中外学者都注意到了孔子之教的独特性，比如可参见：芬纳. 统治史：卷一. 2 版. 上海：华东师范大学出版社，2014：23 - 32.

士大夫身份的构建因素是教育，包括行政的专业技能教育，但首先是"君子"教育，"明明德、亲民、止于至善"的教育。接受过这一教育者可以在一定程度上从"小人"进至"君子"，子曰："君子喻于义，小人喻于利。"（《论语·里仁》）教育使得霍布斯式自然人成为具有一定程度的信念伦理、价值理性、公共精神的"政治人"，有助于抑制掌握权力者的自利性。

其实，教育可在一定程度上养成道德，不论是私人道德还是公共道德，这是一个常识；古希腊哲人对此多有讨论，《理想国》的主题就是教育城邦守卫者具有德与能。现代西方政治、行政学主流理论则在经历了中世纪基督教支配、早期现代宗教大冲突之后，回避了这个至关重要的议题，高扬政教分离、国家价值中立之观念。

孔子之教非常独特，本身就是人文道德教育。黑格尔等人曾讥讽这一点，但这在政治上是一个极大的优势。独特的士大夫养成机制揭示了普遍而可行的政治人养成机制：实施系统的人文道德教育。其实，卢梭倡导理性的"公民宗教"[1]，美国学者贝拉等人剥离基督教中的神灵崇拜因素、取其道德伦理内容以构建"公民宗教"[2]，都是在这个方向上的重要努力。

为此，首先要从理论上肯定，国家治理者需接受教化。西方现代政治思想普遍假设自然状态中的理性经济人可以直接跃入文明政治社会，完全依靠法律、制度展开互动，即可形成秩序；也相信，仅凭民意或程序，即可发现、树立合格的政治家或官僚。显然，这些治国者仍是霍布斯式自然人，于是，政治、行政过程交给了自然人的自利逻辑。士大夫以"天下为公，选贤与能"的原则造就，为此首先接受教化，既有专业能力又有道德意识，这是其成为国家领导性治理者的基本资格条件。抽象成一般命题即是：潜在的国家治理者，不论其是否为民选的政治家或官僚，均需首先接受道德、政治教育。

事实上，这一教育程序本身就可以塑造其作为价值担当者的自我期

---

① 卢梭. 社会契约论. 3 版. 北京：商务印书馆，2003：166-183.
② 贝拉. 美国的公民宗教//陈明，朱汉民. 原道：第十三辑. 北京：首都师范大学出版社，2007.

待；国家由此成为一个价值共同体，"朋友切切偲偲"（《论语·子路》），在道德上相互期待、砥砺；同时，民众也可以高道德标准要求官员，构成政治、行政向善的舆论压力。①

若肯定国家权力行使者需要接受教育，据此对其施以人文性道德政治教育，那其在行动中必定统合价值理性与工具理性、信念伦理与责任伦理，也就可以实现政治与行政的合一、教与政的合一。不管这一点在西方的可行性有多大，至少这是从理论上解决其所深陷之各种结构性二分困局之唯一出路。

四、结语

由春秋末期至西汉中期，中国走过了曲折复杂的政治创新、探索历程。

第一阶段，战国前、中期的战争刺激各国进行制度创新竞争，制度和官员形态是多样的。

第二阶段，多元竞争逐渐收敛为秦的直接统治体制与效率导向的文法吏，最终定型为大一统的皇权官僚郡县制国家。这个政制框架是现代的、善的、可行的，但其中的权力行使者——文法吏，则有显著缺陷，不足以塑造和维护良好秩序。

第三阶段，汉朝建立后，黄老之治进行了一定程度的去官僚化尝试。这种政策调整带来了经济社会繁荣，但面对随之出现的问题、危机，政府束手无策。

第四阶段，西汉中期进行了另一方向的尝试，把儒家士人导入国家体制中。由此造就士大夫群体和士人政府，保留秦制架构，但赋予其以历史文化正当性，更换其权力主体，为之内置调整、振作的机制，故得以维持两千多年不坠。

到 20 世纪初，内外巨变使得士大夫群体与传统政教体系同时崩解。但

---

① 范晔论述东汉社会风气说，当时士人虽有这样那样的缺陷，"且观成名高第，终能远至者，盖亦寡焉，而迁滞若是矣。然所谈者仁义，所传者圣法也。故人识君臣父子之纲，家知违邪归正之路"（《后汉书·儒林列传》）。

在经过短暂的混乱之后，这一传统又以另一种形态重建：中国共产党是工人阶级先锋队政党，在延安整风中经历了一次全面、深刻的中国化，党员-干部的品质和行为逻辑趋近于士人-士大夫，但仍保持了坚强的组织性、纪律性与更高水平的集中统一，由此形成中国式党员-干部群体，这就是士人-士大夫群体的创新性发展。①

可见，一个具有思想、政治、道德先进性的领导性治理者团体全面领导、治理国家，是中国最重要的政治传统，中国型国家形态之历史连续性在这里体现得最为明显。②

---

① 姚中秋．干部作为政治能动者的一种类型：一个初步的分析框架．江苏行政学院学报，2022（2）．

② 本书编写组．大道相通：马克思主义与中华优秀传统文化．北京：中国青年出版社，2023：228 - 248．

第七章

文教国家的治理机制

本章我们讨论文教国家的治理机制。但实际上，之前各章对此已有所涉及，比较全面地讨论了治理主体、国家整合、宗教治理、经济治理等方面。本章将讨论前面较少涉及的三个问题：首先指出文教国家治理的结构性特征，即多元一体；其次对其中的礼治进行全面研究，我们将重点分析政治权力与礼治的关系，现有研究对此有所忽视；最后我们讨论文教国家作为一种普遍性秩序的历史体现——东亚天下秩序，重点分析文教国家形态本身是如何扩散的。

第一节　多元一体的治理体系

中国型国家存在多个维度的多元一体格局，前面已经我们揭示了族群、宗教的多元一体，此处我们讨论治理机制的多元一体。在这里，我们引入统治（government）和治理（governance）两分之理论范式。大体上可以说，对于如何塑造和维护社会秩序，孔子之后出现了两种递进的义理和体制之间的竞争与融合：秦国构建了单一权力统治模式，汉朝在此基础上融合文教，构建了多元一体治理模式，并成为此后两千多年之正统——但也周期性地出现反复。

一、周秦之变：单一权力统治及其困境

孔子之前，三代皆行封建，形成了一套以礼治为基础的多中心治理模式。在礼治秩序中，人们生活在高度稳定的小型地域共同体也即封建

意义上的"家"之中。治理是混融的，礼无所不包、无所不在，而无私法、公法之分。因此，共同体中没有社会、政府之分，甚至没有"权力"之观念和制度。[①] 用统治与治理两分之范式分析，以周为代表的三代古典社会管理模式是治理，且系多中心的，以礼乐为基础，不是国家权力统治民众。

春秋后期，混融的古典治理模式开始分化。原因在于礼崩乐坏，民众从封建的小型共同体中游离出来，来到陌生地方，不再受原来无所不在的礼乐的约束，行为趋于放纵。其中有些人生计艰难，而为盗贼。文献记载显示，春秋中后期，不少邦国都面临严重的"盗"患："鲁多盗"（《左传·襄公二十一年》），故"季康子患盗，问于孔子"（《论语·颜渊》）。晋大夫士文伯谓子产"敝邑以政刑之不修，寇盗充斥"，故"令吏人完客所馆，高其闬闳，厚其墙垣"（《左传·襄公三十一年》）。子产执政时，"郑国多盗，取人于萑苻之泽"，执政者"兴徒兵以攻萑苻之盗，尽杀之，盗少止"（《左传·昭公二十年》）。

社会秩序混乱，季康子决心以刑罚威慑盗贼。《论语·颜渊》记载：季康子问政于孔子曰："如杀无道，以就有道，何如？"而在此之前，郑国执政者子产铸刑书，晋国贤人叔向对此提出批评[②]；然而若干年后，"晋赵鞅、荀寅帅师城汝滨，遂赋晋国一鼓铁，以铸刑鼎，著范宣子所为刑书焉"（《左传·昭公二十九年》），这一次孔子提出严厉批评。叔向、孔子之所以对主持铸造刑书者提出批评，乃因为这两大事件标志着礼治向刑治之历史大转变，催生一套全新社会管理模式。在礼治秩序中，刑附于礼，刑只是礼的强制执行手段；在刑治体系中则不再有礼，社会管理难免趋向于崇尚暴力，此为仁者所不忍见。[③]

但历史的演变不以个别人的意志为转移，逐渐地，国家性质发生巨大变化；由此，有了权力意志之觉醒，现代政治起步。各国强势卿大夫如晋

---

① 关于周代礼治之简明分析，参见：姚中秋. 可大可久：中国政治文明史. 北京：华龄出版社，2021：121-139. 更为详尽的分析，参见：姚中秋. 华夏治理秩序史：第 2 卷. 海口：海南出版社，2012.

② 参见《左传·昭公六年》。

③ 秋风. 立宪的技艺. 北京：北京大学出版社，2005：318-335.

国诸卿、鲁国三桓、齐国陈氏、郑国子产等执政者，都具有权力意识。哀公问曰："何为则民服？"（《论语·为政》）季康子问："使民敬、忠以劝，如之何？"（《论语·为政》）季康子问政于孔子曰："如杀无道，以就有道，何如？"（《论语·颜渊》）"卫灵公问陈于孔子。"（《论语·卫灵公》）"季氏将伐颛臾。"（《论语·季氏》）"齐景公有马千驷，死之日，民无德而称焉。"（《论语·季氏》）"季氏富于周公，而求也为之聚敛而附益之。"（《论语·先进》）哀公问于有若曰："年饥，用不足，如之何？"（《论语·颜渊》）可见，诸侯卿大夫们关心的核心问题是不断提高财政收入，让民众顺服，广泛使用暴力强迫、惩罚民众；对外，则蛮横地使用武力，以占取更多资源。

权力意识驱动诸侯，尤其是卿大夫尝试运用官僚体系、刑律等机制，管理后封建的社会。孔子早年培养的弟子冉有、子路等人，也参与了这个已有雏形的现代政府。由此一路发展至战国初期，各国陆续形成"王权制"的社会治理模式。西欧在16世纪出现的绝对主义与此类似，其统治工具有官僚制、刑律之治和常备军等。这是一种现代国家体制，完全不同于古典的礼乐之治，至后来的秦，发展到极致。① 孔子敏锐地预见到这种社会治理之完整形态，并发出警告，提出了重要的比较政治学命题：

> 子曰："道之以政，齐之以刑，民免而无耻；道之以德，齐之以礼，有耻且格。"（《论语·为政》）

"道之以政，齐之以刑"即孔子时代开始出现，至战国成熟之王权制的基本运作机制，其中，维护秩序的唯一主体是政府：政府运用行政力量管理民众；若民众不顺服，政府以刑律予以惩罚。政、刑之后盾是政府掌握的暴力。秦把这种政制推到极致。法家为秦的制度创造提供了理论依据。从商君到韩非、李斯，法家政治理念的核心是确立政府相对于民众之无上权力，其中之关键又是确立君主之主权地位。在法家构想的政治共同体中，不存在社会自治，秦的社会管理体系是国家主义的，自上而下的强制性权力是社会管理体系中唯一发挥作用的力量，它把每个人强制整合到

---

① 关于王权制略微详尽的分析，参见：姚中秋.可大可久：中国政治文明史.北京：华龄出版社，2021：197-213.

由皇帝操纵的国家控制和动员体系中。秦制的基本结构是：政府强大，社会自治归零，民间学术也被消灭。①

孔子预言，此种国家主义的权力统治模式是不可行的，因为，"民免而无耻"。为控制民众，政府建立严密的控制体系，它依托暴力的运用和威胁。当此控制体系有效运作时，民众固然不敢触犯刑律。但无论如何，民众没有耻感，也没有自我约束意识。民众当然会尽可能避免触犯刑律，但在刑律没有规范、在预计不会遭受惩罚的领域，必然肆无忌惮地实施伤害和破坏，只要这有助于增进自己的利益。民众追求个体利益最大化，而没有任何自我节制。人与人之间相互视为潜在敌人，风俗必定日趋败坏。国家权力也会不胜其烦，最终被过高的统治成本压垮——历史确实是如此展开的。

法家和秦制在中国政治演变历史上具有特殊价值。法家全部秩序思考聚焦于权力，秦人凭其强大的权力控制体系，建立高效率资源动员机制，从而以西方僻远之国，横扫更为富裕繁荣的东方六国，结束了战国争雄之天下分裂状态，在超大规模上构建了直接统治机制，奠定了大一统的政治架构。可以说，没有法家和秦制，就没有政治大一统的牢固基础，因此，后世虽有多中心格局之出现，但并未撼动集中统一的皇权科层化郡县制这个框架，而这是法家与秦朝奠定的。事实上，早期现代的西欧其实也是循法家之道发展的，马基雅维利、博丹、霍布斯等人的思想都有法家底色，只不过欧洲独特的政教条件使之未能出现秦，从而未能实现政治大一统。

然而，如贾谊后来指出："夫并兼者高诈力，安危者贵顺权，推此言之，取与守不同术也。秦虽离战国而王天下，其道不易，其政不改，是其所以取之也；孤独而有之，故其亡可立而待也。"（《新书·过秦中》）取得天下，或可使用暴力，是为"打天下"；但仅仅依靠暴力支撑之国家权力，是无力在新形成的超大规模的文明与政治共同体中塑造和维护稳定社会政治秩序的，因此必须转型。秦的统治者未能果断实现转型，迅速覆亡。汉朝则汲取了秦亡之教训，实现了从统治到治理的转型，郡县制

---

① 关于秦制的基本结构与运作机理，参见：姚中秋. 可大可久：中国政治文明史. 北京：华龄出版社，2021：215-237.

国家秩序由此底定。

二、秦汉之变：从单一中心统治转向多元一体治理

周秦之变乃史家公论，然而中国政制演变史上最为幽微、对今日而言又最有启发意义者，乃为"秦汉之变"。

大约自谭嗣同起，百代皆行秦制之浮说形成①，并借梁启超拾人之牙慧论说之皇权专制史范式，大为流行，整个 20 世纪，专制说影响深远②。直至今日，学者、知识分子乃至普通民众，几乎本能地以"专制"一词或自相矛盾的"封建专制"一词，轻松打发两千多年中国古代政治史；进而断言，建立现代良好秩序所需之制度，只能全盘从外部引入。

然而，百代皆行秦制之说是违反历史事实的，且其无法解释，为什么秦二世而亡，而两汉和两宋都有三百多年的政治生命？它也无法解释，过去两千多年中，中国人口何以能从秦汉的五六千万增长到 19 世纪中期的四亿，而民众生活水平还有缓慢提高？它也无法解释，过去三十多年中，中国的政治体制始终被认为是劣质的，不断有人预言中国马上就要崩溃，但中国经济却有全球最好的表现？当年谭嗣同、梁启超等人面临国家危机，震惊于列强之力量，变法心切，乃倾向于低估中国人之治理智慧，其情可鉴；那么一百年后，还重复其一时愤激之言，就是知识上的懒惰和道德上的不负责任。

考察历史可见，在周秦之变以外还有一次秦汉之变。立足于三代经验，孔子提出德、礼、政、刑兼用的多中心复合治理模式。此道当时未能行于天下，但经儒家士人努力，汉武帝复古更化，形成儒家士大夫与皇权共治体制。而以广泛而深厚的社会自治为基础，其政制不再是单一权力统治而形成了多元一体的治理体系，这一变化过程可谓之"秦汉之变"。

---

① 谭嗣同在其《仁学》中说，"两千年来之政，秦政也，皆大盗也"（谭嗣同. 谭嗣同全集：增订本（下册）. 北京：中华书局，1981：337）。
② 毛泽东晚年诗作《七律·读〈封建论〉呈郭老》谓"百代都行秦王政""孔学名高实秕糠"。

权力单一统治的秦制维持时间十分短暂，显示秦制不是一种常态政制。故秦亡之后，法家消歇，后世或有人用其术，但再无理论创新。黄老曾流行一时，但同样只是短暂的过渡：在秦制崩溃的烂摊子上无为而治，只是不再给民众制造新麻烦而已，却无助于解决整个社会存在的深层次问题。① 黄老之治真正的贡献在于，国家权力改弦更张，放松对学术、社会的控制，儒家思想得以从焚书坑儒的重压下逐渐恢复。故汉初数十年，儒家基于秦亡之教训，据孔子之道，思考并尝试设计了适应急剧变化了的经济社会情势的社会治理模式，进而在学术、教育、社会、政制等各个领域进行多中心的努力，最终推动了秦汉之变，实现了从单纯依赖国家权力的统治体制到政府和社会共同发挥作用的多中心治理模式之转型。

儒家推动此一转型的动力来自孔子之志。孔子本就反对统治迷信，于国家主义兴起之初，阐发自我治理之正道：

　　或谓孔子曰："子奚不为政?"子曰："《书》云：'孝乎惟孝，友于兄弟，施于有政。'是亦为政，奚其为为政?"（《论语·为政》）

这是国史上基层社会自我治理之第一次理论表达。当时，已具雏形的政府积极运用权力管理民众，有人认为，这才是"政"，新兴士君子唯有进入政府，才算为政。孔子却不以为然，他充满信心地断言，基于孝悌之德的社会最基本单元——家之自我治理，同样是"政"，同样具有治理之功用。孔子丰富、扩展了"政"之内涵：政府运用权力管理民众固然是政，这对秩序之维系是重要的；政府之外的社会主体、个体、家，不运用权力而运用其他机制，组织民众生产和分配公共品，哪怕只是在家中，同样可发挥维系秩序之大用，这同样是政。孔子宣告完备的"政"实有两种：政府之政，政府之外的社会之政。孔子阐明了"现代治理"之思想的根本要义，而这构成儒家政治思想之内核。后世儒家讨论优良秩序之塑造和维系，从来不限于政府运用权力之事，而总是同时关注政府之外的社会

---

① 关于黄老之治的得失，参见：姚中秋. 可大可久：中国政治文明史. 北京：华龄出版社，2021：239-267.

层面的为政，且以之为整个社会形成良好秩序之关键和基础。

回到上节所引孔子之语，形成优良秩序，首先需要"道之以德，齐之以礼"。"德"指德行，"礼"是共同体漫长的相互交往过程中累积形成的习惯性规则体系，如习俗、习惯法等。礼也是规则体系，但与同样作为规则体系的刑大为不同：第一，礼调整生活所有领域，涵盖政体、民事领域的人伦关系、商业交易等各个领域；刑律只管制刑事犯罪行为。第二，礼是自发生成的，刑律是政府制定的。第三，礼制既为习惯，则大多数情况下，人们自发遵守礼制；刑律却必定由政府强制执行。在后世，礼就是礼俗。孔子指出，为政者修己以德，为民作则，以礼制约束人们在各个领域之行为。在这个社会治理模式中，所有人都受礼的约束，包括拥有权威和权力者。民众在礼制约束下，各尽其职，各得其宜。此治理模式从根本上说立基于普遍的个人和社会自我治理，因而呈现为多中心治理格局。而政、刑之治，从本质上是政府作为单一中心自上而下地管理民众。引入德、礼之治，可收"有耻且格"之效。"有耻"者，人有羞耻之心；有耻，则能自我约束。格者，至也。在政、刑之治中，民是政府管理的对象，故前一句只说"民免而无耻"。德、礼同时适用于为政者与民，故本句不明言民，当包括为政者。"格"的意思就是，德、礼无所不包，无人不至，为政者和民均自我约束，故能相互信任。由此，制度运作成本也即社会管理成本可以控制在较低水平。

需要说明的是，孔子虽比较两种社会治理模式，但并不等于两者相互排斥。政、刑之治的问题不在于其运用政、刑，而在于迷信政、刑，排斥德、礼。反过来，德、礼之治却可以兼容政、刑。因为，治国必然有政，悖礼须以刑治，此为社会治理之内在逻辑。因此，孔子的完整的理想社会治理模式是：以德、礼为本，以政、刑为辅。德、礼、政、刑兼备，方为王道。孔子曾论述说："圣人之治化也，必刑、政相参焉。太上，以德教民，而以礼齐之。其次，以政言导民，以刑禁之，刑不刑也。化之弗变，导之弗从，伤义以败俗，于是乎用刑矣。"（《孔子家语·刑政》）

"道之以德，齐之以礼"的主体当然可以是政府，于"为政"，孔子提出之基础命题是"为政以德"（《论语·为政》）。但这绝不意味着，德、礼之治的主体仅限于政府。就其性质而言，德、礼与政府之间的关系并不紧密，相反，德、礼之治更多发生在社会领域。

总之，在孔子规划的社会治理模式中，政府的统治与非政府的自我治理同时发挥作用。可以说，孔子是社会自治观念、制度之中国始创者，恐怕也是人类文明史上的第一人，因为彼时古希腊哲人只承认城邦政治，而全无自治观念，为了让公民全面效忠城邦，柏拉图主张解散家庭，实施共妻、共子制度。更为重要的是，孔子构造了社会自治的主体：儒家士君子，也构想了社会自治之两项重要制度：士人团体与宗族制——下文将予以论述。

孔子的治理之道当时不得行于天下，但秦二世而亡，宣告了反乎孔子之道的政制之不可行，故汉兴之初，儒家士人立刻提出第二次建国之绝大议题——对此，第五章已有讨论。陆贾第一个系统提出"逆取而以顺守之"（《史记·郦生陆贾列传》）命题。在他看来，秦亡于以打天下的逻辑治天下，迷信权力统治；汉家统治权欲长久，必须改弦更张，从统治转至治理。陆贾命题触及中国政治哲学之最重要问题，陆贾命题描述之转型是中国历朝政治生命周期中最为关键的环节。完成转型则可长久，不能完成转型必然短命。

陆贾之后，儒家不断在理论上努力，由董仲舒集大成，形成完整的天道主义治理学说。[①] 董仲舒认为，秦政的最大问题是迷信国家权力："秦继其后，独不能改，又益甚之，重禁文学，不得挟书，弃捐礼谊而恶闻之，其心欲尽灭先王之道，而颛为自恣苟简之治，故立为天子十四岁而国破亡矣。"（《汉书·董仲舒传》）为此，董仲舒呼吁汉武帝必须果断"更化"，从根本上改变国家精神与管理模式，奉行全新的治国原则："王者承天意以从事，故任德教而不任刑。"（《汉书·董仲舒传》）

汉武帝部分采纳董仲舒方案，展开第二次建国，从多个方面着手进行制度建设，最终形成"儒家士大夫与皇权共治体制"，此即汉宣帝所说"霸王道杂之"（《汉书·元帝纪》）。这一转型过程就是秦汉之变。相对于

---

　　① 董仲舒学说的简略版本，可见《汉书·董仲舒传》所收"天人三策"；对其义理之解读，可见拙文《天人之际的治道：广川董子"天人三策"义疏》。

秦制，西汉中期之后逐渐形成了一套全新的社会治理模式。

首先，国家权力的性质及其运作模式有巨大变化：官员主体从精熟刑律之刑名吏，转换为接受过儒家经典教育之儒家士大夫——对其品质和行为逻辑，第六章已有分析。

其次，社会自治开始发育。秦制不允许任何力量分散皇权，故一切社会组织都被消灭，不存在任何社会自治。士大夫执政后，因接受孔子之道，不复迷信国家权力，而相信人之自治能力，故政府可接受社会自治，甚至鼓励社会自治之发育。这种态度是社会自治得以发育之政治前提。由此，社会自治才得以快速发育，并发挥越来越大的作用，覆盖全社会，并经过磨合，与政府形成分工、合作关系。

可以说，过去两千多年来的中国社会自治之基本框架大体形成于西汉中期，其创造者是儒家士人群体，有两大基础性制度。

第一个基础性制度，士人群体之自我治理。

今人对儒家有严重误解，以为其仅适应于静态的农耕社会。这种说法无视基本历史事实：儒家诞生于流动性极高的时代。春秋时代，礼崩乐坏，社会开始流动。处于封建君子群体之最底层的士，得风气之先，率先在地域和社会结构上流动，以寻找更好机会。孔子形容自己是"东西南北之人也"（《礼记·檀弓上》），孔门弟子全为"游士"。

如此高流动社会如何治理？有效治理之前提是组织化，孔门士人以治国平天下为己任，自觉担负组织社会之功能，需要自己首先组织起来。故孔子强调合群而学，所谓"独学而无友，则孤陋而寡闻"（《礼记·学记》）。曾子曰："君子以文会友，以友辅仁。"（《论语·颜渊》）孔子第一个在封建治理结构之外将游士组织为"群"，即高度自治的思想、教育、学术和政治团体。

儒家重"五伦"，五伦中，朋友、兄弟之伦不同于血缘性父子、兄弟之伦，也不同于亲昵的夫妇之伦：前两者是陌生人的合群之道，"朋友"又不同于君臣，为陌生人平等相处之道。孔门弟子之间互为朋友，弟子共学孔子之道，而有共享之知识、话语、思考方式，以及共同的"志于道"的道德理想主义精神，以和而不同的原则结为学术团体，这是当时正在形成的平民化社会中的第一个新型自治组织。

与诸子百家相比，尤其是与道、法两家相比，儒家合群生活之特征引人注目。但儒家团体之组织化程度又不及墨家，也不及西方教会：墨家有教会化倾向，但不适合中国，故而自行消亡；西方教会高度建制化，在政府之外另建一个政府，从而塑造西方政、教分立而对抗之国家结构。儒家则循守中道，结成相对松散的学术团体，没有走向严格的建制化，没有对抗政府。儒家如此组织，决定了后世中国国家结构之基本格局。

儒家学术团体成为此后中国最重要的自治性社会组织。此组织以学术为本，与道义相结合。不论环境如何，历代儒家都积极兴学，如汉代经师之家学，宋明儒者之广兴书院。通过兴学，有志者以文会友，以义相合，以师友关系为主要联络纽带。此团体是高度自治的，由近而远，遍及天下，道德高尚、学术纯正者在其中拥有权威，在基层社会与国家政治等不同层面发挥领导、组织作用。

在基层社会的微观层面上，一乡、一县之士人，因有共同的话语和志向而互通声气，相互支持，以儒家义理主导地方社会自治，尤其是在县政层面上，与同为士人的政府官员沟通、协商，形成地方层面上政府与社会之共同治理。

在国家政治的宏观层面上，联合起来的儒家士人团体，即便比较松散，也足以确保道统始终在儒家士人群体而非在权力建制。政治向上提升，趋于健全，全赖整个社会尤其是掌握资源者循道而行。但道在学中，学在士人，士人主要在民间为学、讲学，尤其是大儒，为士人群体尊仰，为道之所寄。这样的士人群体享有文化权威，据此而有社会权威，并发挥重大政治影响，迫使皇权向道、行道，即便不是全部，至少在一定程度上能够如此。联合起来的士人之道义力量约束权力，并给权力指引方向，这是多中心治理模式得以维续之重要因素。士人行道最直接的办法是进入政府，即便在政府之外，也可以通过士人群体主导的社会舆论，对政治施加强大压力。清末康有为、梁启超之"公车上书"，可说明儒生如何借助学术活动组织起来并发挥政治影响。

士人也凭借自己的知识、德能创建了在社会各领域组织自治的机构、团体。过去两千多年间，中国社会的一切自治性制度均为儒家士人因应经济社会情势、运用孔子之道有意识地构造出来的，并在其中发挥组织和领导作用。没有士人群体积极发挥作用，中国就没有自治，也就没有多中心的治理。

第二个基础性制度是家族或宗族。

前引孔子所说"《书》云：'孝乎惟孝，友于兄弟，施于有政。'是亦为政，奚其为为政"，已清楚指出社会自治之基本机制：借助孝悌之德，维护家庭及更大范围的血亲共同体内良好秩序，此为更大范围内的社会形成良好秩序之基础。

《论语·学而》首章谓：子曰："学而时习之，不亦说乎？有朋自远方来，不亦乐乎？人不知而不愠，不亦君子乎？"阐明儒家以合群而学养成士君子，士君子志在建立和改善社会秩序。从何处着手？接下来此篇第二章则是，有子曰："其为人也孝弟，而好犯上者，鲜矣！不好犯上，而好作乱者，未之有也。君子务本，本立而道生。孝弟也者，其为仁之本与！"这样的文本结构表明社会自治在儒门义理中之重要地位。一度继承孔子之位领导孔门的有子指出，通过孝悌意识之唤醒、扩充，可稳定家庭，此为良好社会秩序的基础。家是重要的教化机构，人们在其中通过孝悌的生活实践，习得敬、爱陌生人之技艺，于家门之外，可成为好公民。[①] 在儒家看来，好人可通向好公民。

儒家发现了组织普通民众的重要机制：借助人人天然具有的血亲之爱，稳定家庭，组织家族或者宗族，把离散的庶民重新组织起来过公共生活，生产和分配公共品。经由儒家之阐发和实践，家族、宗族制成为中国基层社会自我治理之核心组织形态，尽管这一制度在汉晋时代和宋明时代的表现有所不同。

[①] 精通西方文化、对中国文化又有深入理解的辜鸿铭，在将《论语》翻译为英文时，即将"悌"对译为公民之道（be a good citizen）。参见：辜鸿铭. 辜鸿铭文集：下. 海口：海南出版社，1996：348.

需要特别予以说明的是，宗族制不是自然存在的，而是由儒家建构出来的。人固有亲情，但未必有家族，尤其是宗族制，大多数文明中是没有的。而在中国，圣贤向来重视家：周代的"家"制是通过周公制礼而稳定下来的。从春秋末期起，封建之家制逐渐解体，秦甚至禁止大家庭制度，整个社会由离散的核心小家庭组成①，故汉初君臣甚至不知其祖父。到西汉中期，由于儒家士人在基层社会的努力，宗族制才得以建立起来，体现为汉晋士族制度。但唐代中后期，由于各种力量冲击，士族制度又告崩溃，民众再度离散化。宋儒乃起而重建基层社会，形成了以祠堂为中心的宋明宗族制，在此制度形成过程中，朱子《家礼》发挥了极大作用。

同样需要说明的是，不论何种形态的宗族组织，都是基层社会的公共治理组织。② 今人对宗族有太多误解，尤其是公民理论倡导者，普遍对宗族不屑一顾甚至强烈反对。然而，宗族是民众自我组织、生产并分配公共品的公共组织，只不过运用了较为自然的人际联系纽带为其基础。但是，宗族制之运作实有赖于绅士的组织，凭借各种复杂的规则、程序和制度。只要考察一下当今南方乡村之宗族的运作，即可明白这一点。

除了宗族，传统中国社会还有其他自治性组织，尤其是到明清，如行业自治组织、慈善公益组织。所有这些社会自治组织编织了多层次、广覆盖的自治网络，满足了民众的大多数公共品需求，而其组织者、领导者都是接受过教育的儒家士人，有的有功名，有的只是接受过初级儒家经典教育——学者或称之为"绅士"。

人们经常形容传统中国社会的治理是"皇权不下县"。然而，秦制绝非如此，只是到西汉中期以来才接近如此，宋以后尤其明显。而皇权之所以不下县，乃是因为皇权不必下县，社会自治组织生产了大多数公共品，并维持基层社会之秩序，则政府当然可以退出，只需在维护治安等问题上

---

① 商鞅变法措施有这样一条："民有二男以上不分异者，倍其赋"（《史记·商君列传》），男子成年后，必须与其父母分家。

② 关于这一点，参见：姚中秋.重新发现儒家.长沙：湖南人民出版社，2012：44-58.

发挥作用即可。①

由于上述两大社会自治制度之确立，西汉中期以来，社会秩序之塑造和维系不再依赖单一的国家权力统治，而依循多中心治理模式：以广泛而深入的社会自治为基础，社会、政府之间分工、合作，共同治理，而在其中发挥主导作用的是儒家士人群体。

三、多中心治理模式之结构分析

以上分析说明，儒家治道与中国政制之主流传统是"治理"而非"统治"。那么，以自治为基础的多中心治理模式之基本结构和运作机理如何？概言之有六：本乎儒家义理，以学为支点，以士君子为能动主体，由绅士组织自治，国家日常治理权在士人政府，政府与社会分工、合作。下面我们对此略作阐述。

第一，本乎儒家义理。

周秦之际礼崩乐坏，政教分殊化，百家争鸣，但儒家与诸子百家性质实完全不同：儒家传承、阐明六经，诸子无与焉，而中国治理之道则在六经之中。自古以来，尊儒首先是尊经；尊经，社会治理方可上正道。

就各家义理而言，司马谈谓诸子百家皆"务为治者也，直所从言之异路，有省不省耳"（《史记·太史公自序》），但对比各家即可发现，儒家之外各家均执一端，因而窒碍难行：道家主张清静无为，削减国家权力对社会之干预，也就无法解决必要的创制立法问题。法家致力于确立君王的主权，提高国家能力，有助于国家应对外部压力，但迷信权力，以权力全面控制民众，短期效果不错但制度运作成本过高。墨家主张节用，固然有益

---

① 有学者这样描述绅士的治理作用："他们视自己家乡的福利增进和利益保护为己任。在政府官员面前，他们代表了本地的利益。他们承担了诸如公益活动、排解纠纷、兴修公共工程，有时还有组织团练和征税等许多事务。他们在文化上的领袖作用包括弘扬儒学社会所有的价值观念以及这些观念的物质表现，诸如维护寺院、学校和贡院灯。"这位学者又指出，在县一级，"官吏们所做的事，极为有限，绅士所干的事，往往取代了官府的政事。绅士的这些事或许可称为'半官方'的，因为绅士代政府而行事，但又不是政府的代理人。绅士仍然是一个社会集团，在自愿的基础上行事"。参见：张仲礼. 中国绅士：关于其在 19 世纪中国社会中作用的研究. 上海：上海社会科学院出版社，1991：54，57.

于民众增进物质利益，但要求所有人的意见上同于天子，导致社会丧失活力。三家又有共同的致命缺陷：蔑视文化，否定精英作用，抽空社会自治之根基。故三家政治思想均为国家主义，只不过法家、墨家较为明显，道家较为隐晦而已——事实上，韩非正是以法术势嫁接了老子之说。

只有儒家，秉承尧舜、三代治理之大道，在国家与社会之间寻求平衡，保持中道。欲求治理之思想、智慧，不能不进入儒家义理体系。孔子不反对政府承担必要的管理职能，但反对国家权力迷信。针对当时正在形成的国家权力统治模式，孔子强调，个人和社会之自我治理是形成良好秩序之基础。"修身"就是个体的自治，"齐家"就是社会最基本单元之自治，进而形成其他自我治理机制。故从孔子开始，儒家就主张以自治为基础的多中心治理模式。秦制之短命给了儒家以实践机会，汉初儒家抓住这个机会，证明了孔子治理之道之可行。

第二，以学为支点。

国家权力统治是自上而下的，完全可以作纯粹社会管理工程来处理。社会自治却必定始发于个人，逐层向外推展，自下而上地生长。因此，自我治理能否发育，以及人们如何自我治理，由人对生命之认知及人际互动之模式所决定。而人对他人的情感模式，对神人、人际关系之认知模式，以天性为本，由教化养成。故一个共同体内人群自治之形态，必由其教之义理和社会形态所决定。结论是：社会自治是道之较为直接的呈现，以教化为基础；讨论社会自治，必须从教化之道入手。

人类较为成熟的普遍教化之道，无非有二：中国式的、非中国式的。后者是神教，尤其是一神教，以排他的唯一真神信仰为中心，典型者如犹太教、基督教、伊斯兰教等。信神则有传教活动，传教士以神启之律法教化民众。因传教所需，而有神学及其教育体系。后古典时代相当长时间，欧洲之教育就是神学教育，神学是唯一的知识体系，希腊古典哲学就是因其服务于神学而得以复兴。

中国教化之道与众不同：尧舜禹时代，即以敬天为本，而以礼乐之文教化万民；孔子将此文教予以转型、发展。《论语》中孔子说的第一个字是"学"，孔子本人由学而成圣，孔子又兴学，以"文"教养弟子成为健全的人。孔子不要人信神，只是教人学文，"博学于文，约之以礼"（《论语·雍也》），即可向上提升生命，乃至于与天地参。

孔子树立学之典范，此后历代儒者都以兴学为己任。故两千多年间，中国始终有十分发达的私人办学传统：大儒办学，发展明道之学术；三家村学究办学，教养农工商庶民子弟识字、明理。

中国也有政府办学之漫长历史。汉武帝、董仲舒更化改制，其最为重要的制度创新就是各级政府立学校之官，以孔子删述、儒家传承之五经养成士君子。中国建立了世界上最早的公立教育体系。它与民间办学分工、合作，构成儒家之教化体系。

孔子之教是开放、包容的，这体现为，在中国，完整的教化体系是"一个文教、多种神教，众神教统于文教"。以孔子之学为中心、一体而多元的全覆盖教化体系有效地教化民众，养成民众以社会自治所需之德，即塑造出人们的公共精神，从而有效地支持自治。这一教化体系还经常创造出自治制度，比如，祠堂是祖先崇拜场所，以祠堂为公共生活中心，民众得以组织起来，展开自我治理。中国化佛教也创立了诸多慈善组织。

第三，以士君子为能动主体。

任何形式的治理，不论是社会自治，还是国家管理，都需要合格的主体。儒家之学专门培养具有治理之德、能的人，自孔子以后，名为"士君子"。关于君子，今人多从道德角度理解。然而，君子首先是担负特定社会功能之人，即社会领导者。《诗经》《尚书》中所说的君子就是大大小小的封建共同体之君，也即领导者。正是封建的世袭的君子群体败坏，导致礼崩乐坏。孔子志在重建秩序，故创造教育，以养成君子。目的何在？孔子期望他们领导民众，重建社会秩序。《白虎通义·号》这样解释"君子"：

> 或称君子何？道德之称也。君之为言群也；子者，丈夫之通称也。故《孝经》曰君子之教以孝也，下言敬天下之为人父者也。何以言知其通称也？以天子至于民，故《诗》云"凯弟君子，民之父母"，《论语》云"君子哉若人"，此谓弟子。弟子者，民也。

这段话含义丰富。首先，君子就是合群能力出众之人，有领导众人之德、能。《论语》中，孔子从多个角度阐明君子之德能，如知、仁、勇，正是这些德能让君子赢得他人尊重，组织分散的个人为群，并让群正常运转。孔子之学，尤其是《论语》，就是君子养成之学，而君子正是构建和维护秩序之文化与社会主体。

其次，孔子办学，"有教无类"（《论语·卫灵公》），士君子群体是开放的，不论贫富贵贱，只要学，只要好学，都可成为士君子，也就可以用这样那样的方式在社会不同层面、领域发挥领导作用。此为中国社会向来政治平等之文化、社会基础。今天有人羡慕西方贵族传统、贵族精神，殊不知，贵族身份来自世袭，羡慕也是徒然。其实，中国三代之君子就是世袭的贵族，但孔子对君子生成机制予以创造性转换，此后，所有人都有成为君子之机会，而这些平民士君子在社会各个层面、领域所发挥之组织领导作用，丝毫不亚于世袭贵族。

社会治理以学文而养成之士君子为主体，实为中国文明超迈其他文明之处。在西方前现代，教育由教会垄断，暴力由世俗贵族垄断。由此而有两群心智完全不同的精英：有知识的人不理解世俗社会的运作，掌握权力的人没有知识，两者各有所偏，且相互争斗不已。儒家以学养成之士君子则既有知识，又有德行，还有治理能力，是十分卓越的治理主体，并且能够贯通国家、社会塑造出内部各部件相互协调的社会治理体系。

第四，由绅士组织自治。

《大学》开篇说"大学之道，在明明德，在亲民，在止于至善"，其具体路径则是格物、致知、诚意、正心，修身、齐家、治国、平天下。可见，儒家重建和改善秩序，系由己推人，由近及远。士君子欲行道于天下，必定从修身也即自治其身为起点，而这是社会形成良好秩序的基点，由此，士君子就近推动身边的治理，并不断向外推展。儒家治道，以个体和社会自治为本。

儒家文教则源源不断地培养具有治理之德能的绅士。接受儒家教育的大多数士人无从进入政府，乃留在基层社会，以自己的知识，以及通过学文所养成之德行，在基层社会发挥治理作用，是为"绅士"。当然，还有不少官员，因守孝或致仕，甚至贬黜而返回乡里，同样凭其知识、德行、尤其是人脉组织民众，在一定地域内生产公共品。

基层社会还有相当数量的人，或由于资质有限，或由于教育条件所限，只接受过初步的教育，而后进入农、工、商、医等职业领域。相对于未受教育者，他们"知书达理"，心智开明，具有生命向上的自觉，能以伦理规范要求自己，从而能在一定范围内进行社会治理。他们属于低级绅士。

各种程度的绅士发起、组织、领导各种各样的社会自治。博弈论的研究清楚证明，没有士君子之发起和组织，即便每个人都深切感受到公共品匮乏之不便，也不可能自发起来生产之，因为其"喻于利"。中国传统社会之所以以自治为基础，就是因为文教不断养成士君子，而"君子喻于义"（《论语·里仁》）。

第五，国家日常治理权在士人政府。

儒家以学养成士君子，士君子志在行道于天下；其发挥领导作用以创建和维护良好秩序的途径大约有三：首先，兴学，教化民众，包括士君子的持续养成；其次，在社会层面建立和维护各色自治制度；最后，进入政府，改造权力运作方式并提升其水平。汉武帝创建公立教育体系，同时也依"选贤与能"（《礼记·礼运》）之大义，配套地建立选举制度，以察举程序，从接受教育之士君子中遴选德能卓越者进入政府，担任官职。此后，官员结构发生变化，逐渐形成"儒家士大夫"，其主导政府，形成"士人政府"。① 唐宋以后，官员遴选程序是科举，但士人政府形态未变。

士人政府是人类政治史上独特而成功的政制。士人政府通常从打天下形成的国家权力统治体制转型而来，经由第二次建国过程形成，以文治为纲领；士人政府不是世袭的而是选举的，人人都有机会进入政府；士人政府也不是依据财富多寡分配权力，而大体上依据知识、德行和能力分配权力。

士人政府是"贤能政府"，行使国家权力者大体上是国中最为贤能者，尽管有很多例外。在西方中世纪，教会自成政府，由读书人组成，但主要管理民众的精神。世俗贵族组成世俗政府，其人多无知识。这样，统领民众的是神和刀剑；而在中国，国家权力奠基于知识和道德。"仕而优则学，

---

① 钱穆就以士人政府为线索叙述西汉以来中国政制，关于士人政府之成立，参见：钱穆.国史大纲.修订第3版.北京：商务印书馆，1996：138-149.

学而优则仕"（《论语·子张》），士人政府是读书人组成的政府，是人类有史以来知识水平最高的政府，经史之学给士大夫提供了丰富的为政智慧。士人政府是学习型政府：士人本来就是因为好学而进入政府的，而在任上仍继续学习，也因此，士人政府总有政治上的活力。士人政府始终设置有专门的知识和学习机构：汉代的博士、学校、史官，明清的学校、翰林院等，这一点足以促使人们重新思考"国家"的定义。

就此而言，士人政府确实是政教合一的，然而孔子之教不是排他的一神教，而是开放的学文之教，因而更准确的说法是，士人政府是"政学一体"的。这种结构不会压制其他学说和宗教，反而给各种宗教、学说之信徒提供普遍的公民教育，使之关心公共事务；同时也实施普遍的国民教育，养成所有人之共同体意识。而神教必分裂为宗派，以神的名义撕裂共同体，中国之外的世界多因此而四分五裂，包括欧洲。中国却基本维持大一统格局，且规模日益扩大，秘密正在于士人政府的政学一体：给多元宗教以充分自由，以普遍文教维系国家之一体化。纵观中国历史，有这样一个大趋势：儒家衰败，某种神教占据主导地位，国家必定解体、分裂。欲增强国家凝聚力，就须以文教贯通所有地区、集团。

第六，政府与社会分工、合作。

士君子既发起、组织社会自治，又组成士人政府，则很自然地形成一种独特的国家（实际上是政府）-社会关系：分工、合作而不是分立、对抗。

现代主流政治、社会，乃至经济理论的基本前提是政府与社会之对立性两分。此理念源于西方，以教会与世俗性政府之分立为背景，在这里，存在两个管治主体、两套管治教义、两套权威运作机制，以及两个完全不同的目标，当然是分立而对抗的。然而，在中国，社会自治的领导者与政府官员是同质的：政府官员和绅士在同一教育体系中接受教育，具有共同的话语、志向、知识、德行甚至能力，因而具有共同体感。由于这一共同背景，政府官员对绅士领导的社会自治大体持认可态度。地方政府官员在处理政务时与地方绅士之间密切合作，这为社会自治的发育创造良好政治环境，地方官员甚至维护社会自治。而组织社会自治的儒家绅士对政府官员也持尊敬态度，尊重政府权威。

于是，在中国治理体系中，政府与社会之间是合作关系。两者当然并不全然相同，但绝非对立；两者当然存在紧张，但本质上是合作的。社会承担了大部分公共品的生产与分配责任，因而政府可以是小的。尤其是地方政府，如县一级政府，基本上是维护安全的司法型政府，民众正常生活所需之公共品多由地方绅士组织生产和分配。但这种公共品生产和分配活动又不是社会独立完成的，官员常在其中发挥发起、协调的作用。[①]

这样，在中国，政府和社会倾向于相互渗透，乃至互嵌：社会自治内嵌于国家权力运作过程中，反过来，政府权力也可嵌入社会自治领域。西汉以来中国正统治理模式是：同一个儒家士君子群体用两种相互配合的治理制度追求同一秩序目标。这一重大的中国经验迫使人们从理论上反思从西方传来的整个概念体系：国家究竟是什么？社会究竟是什么？两者一定是完全不同的事物吗？分立而对抗是普遍而正当的吗？

四、社会治理之多元与一体的辩证关系

以上刻画了西汉中期以来逐渐形成的多元一体的治理模式。我们较多地讨论了多中心治理的维度，但需要强调：这种多中心治理展开于皇权科层化郡县制国家结构之中，社会治理的多元中心终究统合于皇权统领的士人政府，此即大一统之大义所在。因此，在文教国家中，一与多的关系是辩证的而不是机械的，因而也是历史地发展变化的。

考察中国历史可以看出，多元与一体呈现出明显的周期性变化趋势，体现于我们上面所分析的第二次建国环节中：新王朝通常是通过打天下取得政权的，因此其初始宪制必然是权力的单一统治；随后启动第二次建国，引入文教，各种社会组织、力量因之兴起，形成多元权威。

同时，从两千多年跨度来看，由于文教的长期教化，人民的国家认同

---

① 关于绅士与行政官员之间的分工、合作关系之个案分析，参见：瞿同祖. 清代地方政府. 北京：法律出版社，2003：281 - 314.

日益巩固，社会组织日益发育成熟，秦汉以来政治变化的大趋势是，政府权力逐渐收缩，多元社会权威日益发达。最简单的政治算术可揭示这一点：西汉中期，中国人口约五千万，县、道、国、邑等县级单位共一千五百八十七。[①] 北宋盛时，人口到一亿，设县一千二百三十四。[②] 清光绪三十一年（1905年），台湾、新疆、东北已设省，人口到四亿，全国设县凡一千三百五十有八[③]，此时人口是西汉时期的七八倍，但县级单位数量变化幅度极小，则每县平均管理人口大幅度增加。同时，县级及其以下机构设置，更为简陋：秦汉时代，县令、长之下设有丞、尉，另有斗食、佐史等吏员，均食国家俸禄。县下设乡建制，乡有三老、有秩、啬夫、游徼；乡下设里，有里正，直接管理民众。到清代，县设知县，另有教谕、县丞、主簿、典史，但这些佐贰官常无人掌领，县政府差不多就是"一人政府"[④]。至于县以下则没有乡、里建制，只有保甲之类松散的民众自治性组织。据此可以推测，过去两千多年间，在儒家的努力下，政府日益变小，政府直接统治民众的权力不断收缩，相应地，政府提供公共品的能力持续下降。民间自治组织替代了政府，承担基层社会大多数公共管理职能。由此实现了"集权的简约治理"，政府以极低成本有效治理超大规模国家，这是文教国家的显著优势。

不过，在中国卷入全球贸易体系之后，这一优势逐渐转变为明显的劣势：中国的政府太弱小了。宋代以来，工商业日益发达，尤其是海外贸易迅速扩大，中国经济成为全体贸易体系之驱动力量，明清时代的中国甚至已成为世界工厂。[⑤] 但在儒家"国不以利为利、以义为利"（《礼记·大

---

① 参见《汉书·百官公卿表上》。
② 参见《宋史·卷八十五 志第三十八 地理一》。
③ 参见《清史稿·卷一百十六 志九十一 职官三》。
④ 瞿同祖. 清代地方政府. 北京：法律出版社，2003：28.
⑤ 有西方学者分析指出，明清时代，中国的瓷器、丝绸等制造品具有强大竞争力，为弥补顺差，而吸纳大量白银，于是，中国内部的价格变动反过来对全球经济产生巨大冲击，据此可以说："整个世界经济秩序当时名副其实地是以中国为中心的。哥伦布以及在他之后直到亚当·斯密的许多欧洲人都清楚这一点。只是到了19世纪，欧洲人才根据新的欧洲中心论观点名副其实地'改写'了这一历史。"（弗兰克. 白银资本：重视经济全球化中的东方. 2版. 北京：中央编译出版社，2008：169）

学》)、故不与民争利之观念支配下，面对商业、国际贸易，政府过于谨慎、消极，未及时为之提供必要的基础设施和制度保障，也未从商业和国际贸易中征取适度税收，用于国家的物质和制度建设，而这反过来制约了工商业和贸易的进一步发展。在中国驱动的全球生产、贸易体系中，西方反而后来居上，以其坚船利炮压迫中国。但此时，中国经济力量尚算强大，只是政府的政治统合能力太低，国家趋向碎片化，资源动员能力低下，中国虽大，却无力动员足够的社会和物质力量参与弱肉强食的国际竞争，反成他人俎上之肉。当然，中国社会的底盘极有韧性，因而未像印度那样沦为殖民地。

向来具有忧患意识而又好学的儒家士大夫，深切地认识到中国的困境，乃致力于模仿西方，建立新型国家体制，目标是"富国强兵"，即提高国家之组织化水平与政府动员资源之能力，此为 19 世纪中期以来中国思想和政治之基本主题。只不过，由于各种各样的原因，清末民国在这方面的努力不算成功，一体化中心力量反而遭到持续削弱，国家乃趋于解构（de-integration）。在这种情况下，多元治理机制也就劣质化，比如，知识分子接受西式教育，与民众基本脱节；由于缺乏政治约束，传统乡村士绅退化为"土豪劣绅"。

中国共产党扭转了这一国家解构趋势，凭借先锋队政党的组织性、纪律性和集中统一，建立了高度集中化的政党中心主义国家体制，并通过社会革命，消灭了各种传统社会残留的或在半殖民地环境中发展出来的多元社会权威。从结构上看，20 世纪中期的中国式现代国家高度类似于秦制国家，具有极高的组织、动员能力，由此中国得以在不公正的世界体系中获得自主性，并高效率地推进工业化。

但是，单一权力中心统治也有缺陷，于是党政国家在 20 世纪 70 年代中后期启动改革开放，市场得以发育，社会同样得以发育。此时，如何安顿新发育出来的多元的观念、群体、组织，变成一个重大挑战。80 年代以来，一度基于西方理念进行过诸多努力，但事实证明无法解决问题。比如，基层民主改革曾被视为政治"转型"的重大突破，但高度程序化的选举过程撕裂了乡村社会。[①] 市民社会/公民社会理论也一度颇为流行，但它基于西方国家-社会之两分、对抗的经验，源于罗马教会与世俗政府两分、对抗之特殊历史。不加反思地在中国运用这一理论，以对抗政府的姿态从事社会自治实践，不可能有任何成功的希望。[②]

因此，重建多元一体治理模式仍是一个未完成的任务，本节讨论提示了一条可能的道路：重振文教，养成士君子，由其全面领导政府、社会、市场，或可重建工业化生产方式基础的现代的集权的简约治理模式。不过，考虑到中国仍需在世界体系中进行艰苦斗争，这只能是一个相对遥远的目标，因为在此斗争过程中，多必须从属于一。

第二节　礼治：塑造有情意的共同体生活

礼治是传统中国至关重要的治理机制，三代最为发达。不过在秦汉以来的文教国家中，礼治同样是一种关键性治理机制。对此，学界已有很多研究。但既有研究似乎较少关注礼治与政治权力之间的关系，而这对于我们理解礼治的历史性变化是至关重要的，因为文教国家是秦朝建立的集中统一的皇权郡县制通过吸纳文教而形成的，在此过程中，礼治与政治权力发生了极为复杂的互动。仔细分析这一过程，辨析最终形成的稳态这一关

---

① 对这一问题的分析，参见：仝志辉. 农村政治体制改革三十年的回顾与前瞻. 科学社会主义，2008 (6).

② 作为较早引入市民社会理论的学者，邓正来曾反思提出，"在对中国问题进行研究的过程中，我们还必须拒斥一种我所谓的'前反思接受取向'"，此即"现代化框架"，其在中国市民社会研究中的主要表现是："1) 论者们认为，西方发展的经验乃是在自由市场经济的基础上建构市民社会、进而在市民社会的基础上实现政治民主化。这一认识向中国现代化发展的投射，强烈地暗含了对西方实现政治现代化的道路具有普遍有效性的预设。2) 中国市民社会研究在某种意义上是在承认西方现代化与中国传统这一两分界定的基础上展开的，其间最为凸显的方面是，大多数研究都否定中国以亲情血缘为基础的文化网络之于整合中国市民社会的正面意义，忽视中国自身发展的经验对于形成中国市民社会品格的可能性。"（邓正来. "生存性智慧模式"：对中国市民社会研究既有理论模式的检视. 吉林大学社会科学学报，2011 (2)）

系，有助于我们准确地把握文教国家之构成与运作机制。为此，本节将以礼治与政治权力的关系为中心进行溯源穷流式研究，讨论其历史演进的三个关键节点：首先是华夏统一国家起源时期，其次是战国到秦汉的早期现代国家构建时期，尤其是文教国家形成时期，最后是 19 世纪末以来的现代国家构建时期。从中我们可以看到，在文教国家中，政治权力具有自主性、能动性，对于礼治享有支配权；而建立和维护礼治，有助于国家社会政治秩序之稳定。

一、原始之礼与作为一种国家治理机制的礼治

对于礼和礼治的起源，古今学者多有研究，但孔子的研究是本源性的，下面我们通过解读《礼记》所记孔子论述与孔子删定之《尚书》所记华夏统一国家诞生过程，探索政治权力与礼、权力统治与礼治之起源、性质、功能和相互关系。

孔子认为，礼起源于早期宗教活动之中："夫礼之初，始诸饮食，其燔黍捭豚，污尊而抔饮，蒉桴而土鼓，犹若可以致其敬于鬼神。及其死也，升屋而号，告曰：'皋！某复。'然后饭腥而苴孰，故天望而地藏也。"（《礼记·礼运》）这是古人之通识，《说文解字》释"礼"字之义曰："履也，所以事神致福也。"现代学者大多认可这一论断。① 礼的宗教起源塑造了其基本结构，即《礼记·祭统》所说："凡治人之道，莫急于礼；礼有五经，莫重于祭。"《荀子·礼论》大篇幅论述丧葬祭祀之礼，历朝制作礼典，均将祭祀鬼神、先祖之吉礼排在首位。

早期宗教也创造出全面规范生活各领域之规则与公共性权威。荀子谓人别于禽兽之处在于"人能群，彼不能群也"（《荀子·王制》）。人类合群方式依次有三种。第一种，以血缘亲亲之情为联结纽带，最为自然、最早出现，但有明显缺陷——组织规模极为有限。在农业有所发展、出现一定

---

① 王国维. 观堂集林. 石家庄：河北教育出版社，2001：143-144；何炳棣. 原礼. 二十一世纪，1992（2）. 张光直认为，巫觋出现在考古学上的仰韶时代，参见：张光直. 中国考古学论文集. 北京：生活·读书·新知三联书店，2013：133-147.

第七章　文教国家的治理机制

剩余之后演化出第二种组织方式——早期宗教，较大规模人群通过共同崇拜神灵，联结为较大规模的地缘共同体。孔子描述过其组织原理："故玄酒在室，醴、酨在户，粢醍在堂，澄酒在下；陈其牺牲，备其鼎、俎，列其琴、瑟、管、磬、钟、鼓，修其祝、嘏，以降上神与其先祖；以正君臣，以笃父子，以睦兄弟，以齐上下，夫妇有所，是谓承天之祜。"（《礼记·礼运》）① 文明的基本要素在此同步形成：首先，当然是祭祀鬼神、先祖之礼仪；其次，神圣性规范衍生出或者巩固人伦与生活规范；最后，涌现出管理共同体的权威，其中巫觋地位最高，掌握神圣性领导权，祝、宗予以协助，其下"有天、地、神、民、类物之官，是谓五官，各司其序"（《国语·楚语下》），拥有行政管理权。这个共同体的基本治理结构是：神圣性权威通过神圣化的规范体系全面管理社会，权威和规范均依托神灵。

孔子又明确指出早期宗教的崇拜、祭祀对象有两类：上神和先祖。张光直依据考古资料证明了这一论断，认为远古祭祀有两类：社祭和祖祭。② 后者日趋重要，从而与西方宗教走上不同发展道路。③ 西方宗教在前者基础上走向人格化神灵崇拜，巫师的预言或唯一真神以言辞对先知颁布之神律、神命具有绝对重要性；在中国，先祖崇拜日趋重要，没有神的绝对临在性，礼仪反而获得了重要意义④，而这有利于道德性、政治性权威之发育。⑤

宗教维持了共同体秩序，经济社会得以发展，由此带来人口增加、生态危机，驱使族群之间展开资源争夺战——《史记·五帝本纪》记载五帝

---

① 《礼记·祭统》有类似说法："是故君子之教也，必由其本，顺之至也，祭其是与？故曰：祭者，教之本也已。夫祭有十伦焉：见事鬼神之道焉，见君臣之义焉，见父子之伦焉，见贵贱之等焉，见亲疏之杀焉，见爵赏之施焉，见夫妇之别焉，见政事之均焉，见长幼之序焉，见上下之际焉。此之谓十伦。"

② 张光直. 中国考古学论文集. 北京：生活·读书·新知三联书店，2013：113-132.

③ 陈来基于周代礼乐之取向论述过这一点，参见：陈来. 古代宗教与伦理：儒家思想的根源. 北京：生活·读书·新知三联书店，2009：293.

④ 陈顾远认为，中华法系包括礼、刑，"源于神权而无宗教色彩"，并强调"抽象的天意观念……将一具有意识的人格神，蜕变而为人事上的自然神"。参见：范忠信，尤陈俊，翟文喆. 中国文化与中国法系：陈顾远法律史论集. 北京：中国政法大学出版社，2006：19，23.

⑤ 张光直认为，中国文明（国家）的起源不是由于技术突破，而是由于政治权威的发育、扩张，参见：张光直. 美术、神话与祭祀. 北京：生活·读书·新知三联书店，2013：102-125.

之首的黄帝长期从事征战。龙山时代日益频繁的战争推动了政治性权力之发育、扩张、集中。① 最终尧舜建立了政治性国家——这是继血缘、宗教之后的人类第三种基本组织机制，即第三种人类合群方式。《尚书》开头三篇比较完整地记录了尧舜建立国家之事，而此过程以创制立法为中心②：

第一，确立非人格化至高崇拜对象——天。根据观射父叙述，颛顼进行过第一次"绝地天通"（《国语·楚语下》），帝尧在实现政治联合之后进行了第二次："乃命羲和，钦若昊天。历象日月星辰，敬授民时。"（《尚书·尧典》）这是一场宗教革命，屈神而敬天，铺就了中国文明前行之轨道。③

第二，基于帝尧之敬天，帝舜继位之后整理、完善王室祭祀之礼："在璇玑玉衡，以齐七政。肆类于上帝，禋于六宗，望于山川，遍于群神。"（《尚书·舜典》）舜依序祭祀天所统摄之众神，这就是最早的国家祀典。

第三，帝舜建立瑞玉制度："辑五瑞。既月乃日，觐四岳群牧，班瑞于群后。"（《尚书·舜典》）瑞玉是标识王与诸侯间君臣关系之信物，这是一种纯粹政治性质的礼制，与宗教无关。

第四，帝舜巡守四方，召见各地诸侯："协时、月，正日，同律、度、量、衡。修五礼、五玉、三帛、二生、一死贽。如五器，卒乃复。"（《尚书·舜典》）帝舜以王权对各地形成的多元之礼俗进行协调、统一。

第五，帝舜作刑："象以典刑，流宥五刑，鞭作官刑，扑作教刑，金作赎刑。"（《尚书·舜典》）刑是礼的强制执行手段。王权以暴力强制执行礼，让礼成为国家治理之手段。

第六，帝舜建立了中国第一政府，其中设置"秩宗"之职，管理王室"三礼"（祭祀天神、人鬼、地祇之礼）。

---

① 王震中. 中国古代国家的起源与王权的形成. 北京：中国社会科学出版社，2013：265 - 280.

② 对此详尽解读，参见：姚中秋. 尧舜之道：中国文明的诞生. 北京：中国文联出版社，2016；姚中秋. 原治道：《尚书》典谟义疏. 北京：商务印书馆，2019.

③ 姚中秋. 绝地天通：中国式宗教治理之道与世界宗教分类之尺度. 西南民族大学学报（人文社会科学版），2022（1）.

第七，《尚书·皋陶谟》记载皋陶发展天道治理秩序论，以天为典、礼、政、刑等规范和强制执行权威之终极渊源。

可见，尧舜在建立统一华夏国家过程中广泛进行了制礼活动，从而重塑了礼的性质及其与权力的关系。首先，尧舜除了"修"既有之礼外，也进行了少数创制，从而表明政治权力已突破礼的约束，反居其上。其次，尧舜把天确认为礼之终极渊源，而天不是人格化神灵，礼就逐渐脱去神秘性而人文化，如孔子所说"夫礼，先王以承天之道，以治人之情"（《礼记·礼运》）。礼的功能由事神向事人转变，从维护宗教祭祀秩序向维护以王权为中心的人伦与政治秩序转变，尤其是支持王权的至高地位。摆脱了神灵全面控制的王，凭其政治主体性，运用传统的与新创的礼制治理国家，此即礼治。

我们要在理论上区分礼的起源与礼治的起源。礼起源于早期宗教活动，巫觋享有崇高权威，但神灵绝对权威又把巫觋置于礼的全面控制之下，巫觋缺乏治理的自主性、自觉性。礼治却形成于国家诞生过程之中，王权"首出庶物"（《周易·乾·象》），以暴力和道德为其依据，在共同体中获得至高地位，具有自主性和能动性。它为自己构建了组织化的强制机制，即"政刑"，在若干领域中进行直接统治；只不过这种直接统治的强制性权力之覆盖范围和穿透力度毕竟极为有限；于是，王权又吸纳了各种先在的人伦、宗教组织，作为国家治理之基础设施。此举既赋予国家历史文化正当性，又使王权可通达于人民。而这些人伦、宗教组织主要是依靠礼组织、运转的，政治权力依靠礼对广阔的社会领域进行治理。

因此，礼治是与王权同步诞生的。在《礼记·礼运》中，孔子论述大同、小康，明言后者之结构性特征是王者以礼治世，并指出："是故礼者，君之大柄也。所以别嫌明微，傧鬼神，考制度，别仁义，所以治政安君也。"礼治是拥有较高自主性的政治权力进行治理的一种重要机制，由此，王权对社会进行了全面覆盖；不过，这种覆盖借助各种人伦、宗教组织，从而呈现出明显的间接统治性质。与其相对应的是强制性直接统治机制，两者共同构成王权统治之基本机制。一个中心、两种机制，就是我们理解礼治之地位、功能及其历史演变的基本框架。

尧舜始创之国家形态是封建制，故虞夏商周之礼治是"封建制礼治"。礼治在国家结构中的功能性改变了礼的性质，它不再是自然的、永恒的，而是历史性的、演化的，故孔子说："殷因于夏礼，所损益，可知也；周因于殷礼，所损益，可知也。"（《论语·为政》）殷周两代之王者在"革命"之际，对前代之礼有所因袭，但也因应时变，自主进行损、益。尤其是周公，以其历史政治理性对夏商两代治理之得失进行比较、反思、甄别，运用相对自主的政治权力，对礼制进行了若干突破性创新。

不过，政治权力制礼作乐的自主性、能动性，常见于立国创制的非常政治时期，当国家转入常态政治后，这一能动性必趋于弱化。封建制国家的基本结构是多中心间接统治，王权被限定于协调多中心权力，必然较多地依靠礼。且封建时代，人们普遍长期共同生活在小型共同体中，礼乐与共同体主义精神相互支持。[①] 因而在三代，礼确实处在无所不在的支配地位，甚至形成"王在礼下"格局，说三代封建制国家以礼治为中心并不为过。[②] 但这种局面将随着历史的演进而被打破。

二、文教国家构建进程中礼治之断裂和重建

春秋中期以降礼崩乐坏到礼治重建的过程，对我们的讨论具有重要意义：在礼崩乐坏的基础上，秦朝建立了以权力直接统治为根本特征的"早期现代国家"，但它很快灭亡；西汉以降，儒家士大夫持续努力，最终重建了一种新的礼治秩序。从中我们可以清楚看到礼治的历史必然性及其在文教国家结构中的地位、功能。

对战国前后礼乐性质、地位、功能之巨变，欧阳修有过准确观察："由三代而上，治出于一，而礼乐达于天下；由三代而下，治出于二，而礼乐为虚名。"（《新唐书·志·礼乐一》）春秋以降，人口增长且大范围流动，战争日益频繁，社会趋于分殊化、复杂化，不能不形成更为详密的规

---

① 姚中秋. 华夏治理秩序史：第2卷. 海口：海南出版社，2012：283-357.
② 同①504-705.

范与更为有力的强制执行机制，刑律乃从礼的支配中逐渐独立出来且体系化，相应地形成司法-行政官僚群体；战争日趋频繁、激烈，军事官僚群体发育成长；这又推动各国提高资源汲取能力，重构社会组织体制，在政治、财政、土地等领域创制立法。

这一过程亦可视为古礼之分殊化。古人论礼，区分经礼、曲礼即仪礼[①]，前者规范不同主体之权力、权利、义务，后者规范人们相互行为之仪节。三代社会相对简单，经礼颇为粗疏，包裹在烦琐的仪礼之中。《礼记·乐记》论治理之道："故礼以道其志，乐以和其声，政以一其行，刑以防其奸。礼、乐、刑、政，其极一也，所以同民心而出治道也。"这就是三代的治理之道，礼乐的权重高于政刑。但春秋末期以后，社会日趋复杂化，各主体之权力、权利、义务急剧地多样化、复杂化，政府不得不对其进行规范，这方面的规则、制度、程序突破礼的结构约束，独立为专业的"政刑"，且取得主导地位——这是在更高程度上重复了尧舜王权突破宗教之礼束缚的过程。

主导这一过程的是高度能动的政治权力，最早由齐桓公、晋文公之类诸侯掌握，而后下移至战争中发展起来的各国强势卿大夫；种种新制度又扩大、集中了政治权力，强化其自主性、能动性。法家则更进一步，论证了其绝对主义性质。《商君书》开篇之《更法》通过对话方式阐明：君王居于礼之上，可任意废弃旧礼、创制立法。这就形成早期现代西方政治哲人所说之"主权"，可随心所欲地立法创制，它是现代政治之构成性要素。[②]

凭借这种绝对主义权力，秦国君臣抛开旧礼，进行了一场彻底、全面的变法，由此构建了一个全新的国家形态，其结构是：王权作为主权者，通过科层化、专业化官僚体系，以统一法律——主要是刑律，直接统治相互平等的国民。秦国由此获得强大的战争能力，打败东方各国，建立了超大规模的、直接统治的皇权官僚郡县制国家。这是人类历史上第一个现代

---

① 《礼记·礼器》："故经礼三百，曲礼三千，其致一也"；《礼记·中庸》："礼仪三百，威仪三千，待其人然后行。"

② 亨廷顿. 变化社会中的政治秩序. 北京：生活·读书·新知三联书店，1989：91-94.

国家①，为与近世现代国家相区分，可称为"早期现代国家"。

不过，这个早期现代国家并没有完全消灭礼治，欧阳修描述此国家之结构曰：朝廷"朝夕从事，则以簿书、狱讼、兵食为急，曰：'此为政也，所以治民。'至于三代礼乐，具其名物而藏于有司，时出而用之郊庙、朝廷，曰：'此为礼也，所以教民。'"（《新唐书·志·礼乐一》）。司马迁也说："至秦有天下，悉内六国礼仪，采择其善，虽不合圣制，其尊君抑臣，朝廷济济，依古以来。"（《史记·礼书》）可见，秦朝只是全盘重置了礼的性质、地位、功能：政刑之治，也即权力的强制直接统治机制是国家治理之主干，礼治退化为朝廷礼仪和国家祭祀之礼。

但这样的国家二世而亡，为此汉初儒者提出矫弊方案：兴德教，作礼乐。前者进展颇为迅速，汉武帝建立公立学校体系，制度化地培养士君子；又建立完备的察举制，士君子制度化地进入政府，成为士大夫，形成士人政府。士人之学在五经，五经所记为礼乐，新兴儒家士大夫群体立刻开始呼吁制礼作乐。此后两千多年间，士人-士大夫群体都是礼治重建之主体，其依据始终是五经。不过，五经所记者乃封建制礼治，与郡县制政治逻辑存在严重冲突，故秦汉以来重建礼治之努力，进展极为缓慢，费时千年始得完成，其进程可划分为三个阶段。②

第一阶段，两种礼治理念冲突，引发激烈政治斗争。

秦汉儒生群体主张重建礼乐，但郡县制政府已有完备的皇室、行政、法律、财税、军事等法律、制度，并由科层化官僚以强大的权力直接统治相互平等的国民。那么，礼治的必要性何在？礼治与权力统治是何种关系？终极问题是，权力统治是否具有优先性？儒生内部发生严重分歧。

叔孙通是现实主义的代表，承认郡县制权力统治之主导性，只是寻求在其框架内制作国家公共生活所需之礼仪，其"所撰礼仪，与律令同录，藏于理官"（《汉书·礼乐志》），礼与刑律处在同等地位。贾谊则呼吁皇帝

---

① 福山. 政治秩序的起源：从前人类时代到法国大革命. 桂林：广西师范大学出版社，2012：109 - 134；姚中秋. 可大可久：中国政治文明史. 北京：华龄出版社，2021：197 - 237.

② 田野. 礼治与国家建设：将中国元素植入政治秩序理论. 世界经济与政治，2020（9）.

"礼遇"大臣，以厉其廉节。董仲舒也有现实主义的一面，承认官僚制，但提议政府兴学校，"以养天下之士"，又呼吁官僚"居君子之位，当君子之行"（《汉书·董仲舒传》）；他也在承认刑律支配地位的前提下引入经义，矫正其苛酷之弊①。

主流儒生群体则坚持激进主义方案，以《春秋》公羊学为代表，要求全盘恢复古礼，其实质是全面恢复以礼治为体之封建制。② 皇帝和法家当然极力反对，拒绝其礼乐重建方案，秦始皇、李斯还发动了焚书坑儒。儒生群体最终推动王莽改制，得以实施其激进主义方案，结果却是巨大的政治混乱。

第二阶段，以礼入律，并制定国家礼典。

王莽改制身败名裂，并造成社会全面混乱，士人认识到恢复古礼即封建制之不可能性，乃在政治上接受了秦制即郡县制，基于权力统治之中心地位与政府、社会分化之事实，采取务实策略，从三方面重建礼治。

首先，以礼义改造行政、司法。儒家士大夫对五经进行抽象，取其原则、精神即"礼义"，据以对郡县制政府的行政、刑律和司法进行局部改造，推动其儒家化。法家理论预设人是原子化的，故"不别亲疏，不殊贵贱，一断于法"（《史记·太史公自序》）；儒家则认为，人天然在血缘性、政治性人伦关系之中，双方的权利、责任是相互而有等差的，政治、法律应予以分别对待，使"贵贱有等，长幼有差，贫富轻重皆有称者也"（《荀子·礼论》），这一原则逐渐渗入行政、刑律之中，实际上是行政、法律迁就人情人伦。③

其次，制定国家礼典。具有里程碑意义的是唐朝的《开元礼》，它摆脱五经束缚，不纠缠古礼，仅记录本朝国家仪节，构成后世礼典之典范。此后历朝所制礼典与政典、刑律有明确分工，仅规范国家礼乐体系，祭祀之礼居其首位。

---

① 黄源盛. 汉唐法制与儒家传统. 台北：元照出版社，2009：7-174.

② 姚中秋. 可大可久：中国政治文明史. 北京：华龄出版社，2021：306-308.

③ 瞿同祖在《中国法律与中国社会》《中国法律之儒家化》中对此有全面论述，参见：瞿同祖. 瞿同祖法学论著集. 北京：中国政法大学出版社，1998.

最后，东汉士大夫依五经大义重建家、族之礼，在政府权力控制体系之外构建了有一定组织性又有人伦情意的家族共同体，成为"士族"，强调以礼治家、治族，形成严整优美之"门风"。① 士族构建了社会性礼治，它是一种自我治理机制——但尚未遍及于庶民。

第三阶段，礼下于庶人，礼治塑造了有情意的社区自治。

中唐以后，士族解体，乡里控制体系松弛，基层民众趋于离散化。宋儒以重建社会为己任，首先兴办教育，培养士人为"在场的"社会领导者；其次多方尝试重新组织民众，最终收敛于祠堂-宗族制。朱子作《家礼》，为之制作礼制，以祠堂为公共空间，"以谨名分、崇爱敬为之本"，以亲亲之情为基础，树立尊尊之义，把民众全面组织到宗族中，并体现"国家崇化导民之意"（《朱子家礼·序》）。家礼广泛流行，下于庶人，虽颇为简易，却把国民普遍组织在有情意的共同体中。国民的首要义务是遵守国家政令、法律，国民礼典则以细致入微的规范塑造有情意的共同体生活形态。

这样，经上千年探索，适应郡县制直接统治模式的新型礼治终于定型，形成复合的"礼法之治"②。杜佑《通典》完整呈现了其结构：全书200卷，首先是《食货》《选举》《职官》共40卷，中间是《礼》100卷、《乐》7卷，最后是《兵》《刑法》《州郡》《边防》共53卷；礼乐相关规范占全书篇幅过半，但列在选举、职官之后，兵刑之前，显示其在国家治理体系中确实很重要，但不是最重要的，只是国家治理的一种功能性机制，政刑等直接统治机制是其存在和发挥作用的前提和基本框架。据此，我们可对礼治在直接统治的郡县制架构内的存在形式和功能概括如下：

第一，实现教育的国家化，塑造合格的国家治理者。帝舜命夔"典乐，教胄子"（《尚书·舜典》）；皋陶阐明德位相应论，既肯定君子之崇高

---

① 陈寅恪.隋唐制度渊源略论稿·唐代政治史述论稿.北京：生活·读书·新知三联书店，2001：260-261.

② 徐忠明."礼治主义"与中国古代法律观念.南京大学法律评论，1998（1）；曾宪义，马小红.中国传统法的结构与基本概念辨正：兼论古代礼与法的关系.中国社会科学，2003（5）；俞荣根，秦涛.律令体制抑或礼法体制?：重新认识中国古代法.法律科学（西北政法大学学报），2018（2）；梁治平.为政：古代中国的致治理念.北京：生活·读书·新知三联书店，2020：251-332.

地位，又要求君子有德。① 夏商周三代，礼乐之教养成君子之德，成为合格的国家治理者。

春秋战国之际，古典礼乐教化制度崩溃，在政教分殊化过程中，孔子创立文教，养成"志于道"之士人，并阐明"为政在人"（《中庸》）、"为政以德"（《论语·为政》）之政治原理。汉武帝将其制度化，并确立儒家之学的官方地位，建立学校、考试、选举制度，这些均在礼治范围内，归奉常或礼部管辖。朱子编写《仪礼经传通解》，"学礼"所占篇幅也是最大的。可见，在早期现代国家中，礼治的首要功能是实现教育的国家化，对国民进行普遍教化，也塑造合格的国家领导性治理者群体。

第二，实现宗教的国家化，建立政、教之间的合作关系。礼起源于早期宗教治理秩序，祭祀之礼是其基础和核心。国家形成之后，王权通过礼治将宗教国家化，建立以敬天、祭祖为中心的国家宗教体系，《礼记·祭法》对此有详尽记载。汉武帝把孔子文教予以国家化；文教又协同郡县制政府制定"祀典"，对各种外来神教和民间神灵崇拜活动予以管理，形成"一个文教、多种神教，众神教统于文教"的格局。

可见，在早期现代国家中，通过礼治，政府对宗教实现了有效管理。在早期宗教治理秩序中，宗教是共同体生活的全部。秦汉以来，皇权则通过礼治实现了宗教的国家化，决定其崇拜对象和祭祀礼仪，使之服务国家目的，证成国家之超验的和历史的正当性；同时教化治理主体和民众，建立其国家认同，这有助于国家整合与秩序稳定。比较而言，在西方，政、教常处于分立甚至对立状态；早期现代西欧各国曾致力于宗教的国家化，但未完全做到，政、教未能有效整合故国家始终有裂解之虞。

第三，实现政治过程的文明化。政治关乎利益的分配，且以暴力为依托，但稳定、和平的常态政治秩序之形成和运转，却有赖于国家治理主体之理性化与节制，此需礼仪之指引和约束："讲信修睦，谓之人利；争夺相杀，谓之人患。故圣人之所以治人七情、修十义，讲信修睦，尚辞让，去争夺，舍礼，何以治之？……人藏其心，不可测度也；美恶皆在其心，

---

① 参见《尚书·皋陶谟》。

不见其色也，欲一以穷之，舍礼何以哉?"（《礼记·礼运》）礼仪控制政治主体的行为，并造就其自我节制之美德。①

汉高祖曾进行过一次政治试验："高帝悉去秦苛仪法，为简易。群臣饮酒争功，醉或妄呼，拔剑击柱，高帝患之。"（《史记·刘敬叔孙通列传》）叔孙通作朝仪，施行于朝堂，"自诸侯王以下莫不振恐肃敬"（《史记·刘敬叔孙通列传》），政治过程得以顺利进行。可见，对国家治理各场景之仪节进行规范，向来是礼治之基本内容，历代所修、冠以"礼"字之政典，比如《开元礼》，即以此为重点。

第四，塑造有情意的共同体生活形态，实现国民生活方式之国家化。礼制规范各色人等的权力、权利、义务，多数可对应于现代法律；区别在于，礼治预设权力、权利、义务展开于人格化的、面对面的关系之中，故全面规范人际交接之仪节。而礼治的性质有过一次重大转变：早期宗教性规范本乎神灵权威，失之苛酷；帝舜命契为司徒，"敬敷五教，在宽"（《尚书·舜典》）。礼的人文化转向使之以人情为本，"称情而立文，因以饰群，别亲疏、贵贱之节"（《礼记·三年问》）。礼仪本乎人情而又引导人情、巩固人情，塑造宽和而有情意的共同体生活形态。《诗经·小雅》收录众多飨宴之诗，可见周室君臣、兄弟其乐融融之共同体生活形态。民众生活在以井田制为中心的共同体中，"死徙无出乡，乡田同井，出入相友，守望相助，疾病相扶持，则百姓亲睦"（《孟子·滕文公上》）。

周秦之变中，这些封建的共同体解体。西汉以后，士人-士大夫在基层社会重建共同体，先有士族之构建，而后礼下于庶人，形成宗族制度。这是本乎亲亲之情的基层共同体，又以尊尊之义进行自我治理，与权力的直接统治机制分工合作，共同构造"集权的简约治理"模式。② 士人-士大夫群体还以礼治引导、改造各地民俗，塑造统一的文化认同，有助于构建

---

① 埃利亚斯考察了从中世纪宫廷的封建礼仪到早期现代的礼貌，再到现代的文明三段演进的西欧"文明化"过程，认为文明就是社会强制与自我强制的相互强化；他也强调，国家只有在人们的行为文明化之后才有可能形成并稳定存在。参见：埃利亚斯.文明的进程：文明的社会发生和心理发生的研究.上海：上海译文出版社，2018.

② 黄宗智.集权的简约治理：中国以准官员和纠纷解决为主的半正式基层行政.开放时代，2008（2）.

统一的国家认同。

　　第五，把国家纳入文明传承的历史统绪之中，赋予其历史文化正当性。血缘性组织和宗教是先于国家形成的，在政治性权力独立之后转化为"社会"、文明；王者在构建国家的过程中，以礼治将其吸纳、予以管理，也就保持了文明的连续性。三代更替，统治集团变换，并调整其政治统治制度和策略，这明显是断裂的，但其礼制以"因"为主，中国文明因此保持了连续性。

　　到春秋后期，政治权力的自主性快速提高，积极创制立法，但功利取向明显：叔向批评子产作刑书，子产回应自己"不能及子孙，吾以救世也"（《左传·昭公六年》）；法家也主张"师今"，"当时而立法"，可见权力统治有明显的短期化倾向。儒家以其历史自觉恢复礼治，接续三代文明传统。后世王朝周期性更替，政治制度变动较大，但通过礼治保持了文明的连续性。礼治把国家纳入文明传承的历史统绪之中，赋予其历史文化正当性。

　　总结言之，在秦汉以降的早期现代国家中，经过法家洗礼、具有高度自主性的政治权力构建了两种国家治理机制。一方面，以政令、刑律等直接统治民众；另一方面，通过礼治，借用各种社会组织间接治理民众。两者接近于迈克尔·曼所说的专制性权力和基础性权力[1]，但不是非此即彼的，而是共同发挥作用。政刑之治和礼治也接近于蒂利所说的直接统治、间接统治[2]，但在蒂利的论述中两者分别是现代国家、古代国家的基本属性，而在中国早期现代国家中，两者融为一体。国家权力通过礼治广幅覆盖、深入穿透国民，塑造日益同质化的共同体生活方式，既有公共的政治生活方式，也有各层级国民的社会生活方式，由此实现了国家对民众之全面"归化"。换言之，礼治以历史为经，以信念和情感为纬，把国家编织为一个所有成员互有情意、置身于历史过程之中、高度文明化的共同体。

---

　　① 曼. 社会权力的来源：第2卷. 2版. 上海：上海人民出版社，2015：68-69.
　　② 蒂利. 强制、资本和欧洲国家：公元990—1992年. 2版. 上海：上海人民出版社，2012：124-129.

这就是中国文明"可大可久"之核心机制。到 19 世纪中期，中国遭遇欧美工业化帝国主义侵略而仍能组织起来进行有效抵抗，清朝覆亡时疆域、人民基本保持完整，充分显示了这一国家形态之强大韧性。当然，外部生存压力还是刺激能动的政治性权力再度兴起、扩张，造就了新一轮礼治崩溃-重建。

三、近世现代国家构建过程中礼治之崩解和重生

秦汉郡县制国家属于早期现代国家，它在封建礼治的废墟上重建了新的礼治，由此实现了国家稳定；那么，今世现代国家是否同样需要礼治？从事实角度看，中西现代国家结构中均有礼治元素之明显存在，尤其是在当代中国，政学两界已有重建礼治之自觉。基于这一事实，我们完全可以超越西方国家理论，对上述规范性问题给出肯定性回答。

就礼治而言，西方现代国家理论与现实历史进程之间存在明显脱节，这一点已见于霍布斯《利维坦》一书。该书前半部分的国家起源论把人自然化为原子化个体，凭其理性计算、以其意志订立契约，设立主权者；主权者基于其自然理性颁布法律，创造出国家和文明。在自然状态乃至霍布斯式国家中，没有人伦、情感，没有共同体、历史[①]，当然也不可能存在礼治。然而，《利维坦》后半部分试图提出解决现实问题的方案，霍布斯就不能不面对教会存在的事实，而再三论证其服从王权之理由——前已阐明，礼治的重要功能正是实现宗教的国家化。

西方主流政治哲学和社会科学基本上沿着自然状态-社会契约论路径展开，人被抽象为理性计算者，按利益最大化逻辑行动，国家行使理性化支配权或进行利益再分配，人际关系、国家都是非人格化的，依靠规则、程序运转。韦伯、迈克尔·曼等人的国家理论都把国家完全视为权力统治现象。但很明显，在"国家"之外还存在一个广大领域，为此，西方社会科学又构造了"社会"理论，但社会与国家（实际上是政府）是分立的，

---

① 姚中秋 . 西方政治哲学的病理分析：以《理想国》《利维坦》为样本 . 探索与争鸣，2018（2）.

处在自发的、自治的、自足的状态。国家-社会二元分立的理论范式不可能容纳礼治。形成于19世纪的人类学倒是高度重视礼治，西方汉学家常以之研究中国传统礼治，费孝通、李安宅等人的礼治研究也深受其影响。但人类学的性质决定了，这些研究普遍将礼、礼治"东方主义化"，视为前现代的、古代的，甚至原始的，反而极大地妨碍了主流理论对现代国家的礼治之关注和研究。[1]

然而在真实历史进程中，人不是理性计算者，政治不是逻辑，国家不是模型。西方各民族的现代国家进程中至关重要的环节都是王权推进教会的国家化，这就是属于礼治。各国的国家公共生活中均有集会、阅兵等礼仪，设计了国旗、国徽、国歌等礼乐，各国相互交往，形成了"宾礼"；各国交战形成的战争法，类似于"军礼"。凡此种种规范、观念构建了权力或作为权力行使的方式，政府对此进行严格规范，政治学称之为"象征"或"符号"[2]，实际上就是礼治。在美国，宪法修正案规定了政教分离原则，但宗教生活仍大量存在于其政治过程中：官员任职时手按《圣经》进行宣誓、美钞背面印刷"我们信神"等，贝拉称之为"公民宗教"[3]，实为"国家宗教"，这属于典型的礼治。欧美各国国民普遍生活在家、族或教会中[4]，国家对其有所管理，同样属于礼治。

在现代中国，礼治经历了崩解-重生的过程。中国被纳入西方主导的世界体系之中而成为半殖民地，翻身的政治逻辑驱动政治权力日益扩张并集中化，穿透古代礼治所依托之各种共同体壁垒，传统礼治因此逐渐崩解。从西方移植来的现代国家理论为此提供了正当性论证。这个过程与周秦之变有一定类似性，"政刑"大幅度扩张，主要有两大表现：政党-国家复合性权力空前地扩展了其覆盖面和穿透力，对国民进行全方位、深度的

---

① 王铭铭. 从"礼治秩序"看法律人类学及其问题. 西北民族研究，2009（4）.

② 王海洲. 国家能力建设的象征维度. 政治学研究，2021（3）；殷冬水. 国家认同建构的文化逻辑：基于国家象征视角的政治学分析. 学习与探索，2016（8）.

③ 贝拉. 美国的公民宗教//陈明，朱汉民. 原道：第十三辑. 北京：首都师范大学出版社，2007.

④ 严复为孟德斯鸠《法意》所写按语中说："欧洲之所谓教，中国之所谓礼。"（严复. 严复集：第4册. 北京：中华书局，1986：1017）

直接统治，其中一个重要渠道是国家法律，宪法、行政法、民法、商法等法律大幅度扩张、独立，法律之治作为一种国家直接统治机制，在国家治理体系中的权重大幅度提高。

然而，直接统治权力对广土众民的冲击仍是有限度的，有相当部分传统礼制以各种方式保留了下来；更重要的是，现代国家构建进程又生成了新礼乐。

今日中国已是一个成熟的现代国家，然而其中存在大量国家法律之外的规范、权力统治之外的治理活动，尤其是中国共产党之组织、治理活动，从性质和过程上看不同于一般意义上的国家治理、权力统治，又不属于西方理论所说的"社会"。它们的性质、地位、功能类似于传统的礼与礼治，我们完全可以视之为现代礼治。

总之，不论在西方、中国，现代国家固然以政治权力、国家法律的直接统治机制为骨干，但也有大量礼治现象，且对国家治理而言至关重要。西方主流政治、社会理论对此却罕有关注，倒是中国近世的特殊处境，促使中国学界在近些年来对此渐有关注：中国成为半殖民地，这决定了现代历史之主题是民族解放和文明复兴。当国家严重落后于西方之时，人们固然更多地看到外来现代军事、政治制度之优势，从而否定自身礼治传统；但当国家逐渐富强、人们看到民族复兴的希望之后，自然产生回归自身文明传统之强烈意愿，包括复兴、重建礼乐传统。这一点首先体现在政治、治理实践中，进而扩展到思想学术界。

近些年来，学界对礼治的看法有极为明显的变化，从负面急剧地转向正面，相关研究已超出人类学、历史学的乡土或历史视野，而有了十分明显的社会、政治现实关怀：儒学界、经学界呼吁制定国民礼仪规范[1]；法学界思考构建新型"礼法之治"[2]，以礼法范式研究党的规范与国家规范的

---

① 彭林. 中华礼乐文明的承传与愿景. 中央社会主义学院学报，2020（6）；全国政协常委王学典：建议编定《国民通礼》. (2022-03-06)[2023-12-09]. http://www.chinanews.com.cn/gn/2022/03-06/9694104.shtml；白玉刚主持召开《国民通礼》座谈会. (2022-04-22)[2023-12-09]. http://www.chinakongzi.org/zgkzjjh/hx/202204/t20220422_548341.htm.

② 俞荣根. 礼法之治：传统良法善治方略钩沉. 法治现代化研究，2017（5）；宣朝庆. 社会治理传统的再发明：以礼治为核心的分析. 上海师范大学学报（哲学社会科学版），2020（6）.

关系、研究"政法"①；政治学界对重建礼治也有初步思考②。学界已认识到，礼治是健全的国家治理体系的重要组成部分，礼治建设是进一步完善国家治理体系的重点。

四、结语

通过对国家-礼治演变历史过程中三个关键节点之历时性-结构性分析，我们有如下理论发现：

第一，关于礼与权力的关系。礼先于国家而存在，组织了早期人伦与宗教生活。国家形成于危机和战争中，有较高自主性、能动性的政治权力是其关键。政治权力为自己建立了强制性直接统治机制，即"政刑"，但其覆盖和穿透能力毕竟有限；为进行有效治理，政治权力又吸纳了礼及其所支撑的社会组织，作为国家治理之基础，这就形成礼治。研究礼治，必须认识到政治权力的优位性及其自主性、能动性。

第二，关于礼治在国家治理体系中的地位和功能。良好国家治理的基本结构是一个中心、两种机制。一个中心就是自主的政治权力，即三代的王权、早期现代国家的皇权、现代国家的主权。政治权力综合运用两种机制进行治理：第一种是政刑之治，即强制性直接统治机制；第二种是相对间接的礼治。前者是政治权力直接构造的，后者则是政治权力对社会组织机制的吸纳；前者是国家的本质所在，但唯有通过后者，政治权力才能对社会进行全面治理、深度归化。

第三，关于礼治的历史演变。政治权力是自主的，因而是自变量，礼治是因变量，其形态必然随政治权力的变化而变化，并由政治权力所塑造。当国家陷入全面秩序危机之时，政治权力凭借其自主性，率先起而应对，并优先扩张强制性直接统治机制，这就必然挤压、摧毁固有的礼治秩

---

① 张中秋. 从礼法到政法：传统与现代中国法的结构与哲学及改造提升. 法制与社会发展，2018（4）；黄文艺. 中国政法体制的规范性原理. 法学研究，2020（4）.

② 任锋. 大国礼治何以重要？：政制崇拜、治体论与儒学社会科学刍议. 孔子研究，2021（6）；任锋. 现代转型中的礼法新说与治体论传统. 江苏行政学院学报，2022（1）；俞可平. 礼法合治与中国人的行为方式：制度与习惯的中国式解读. 中国治理评论，2021（1）.

序。不过，这种冲击总是有限的，且又生成新礼乐；当政治秩序稳定之后，新兴政治权力又重建礼治，从而实现对社会的全面治理。

基于以上发现我们得出如下结论：礼治是健全的国家治理体系之构成性部分，现代国家仍然需要礼治。仅有权力强制、仅有法治是不够的，作为权力直接统治机制，这两者的覆盖面和穿透力终究是有限的，难以及于人伦、宗教、教育、公私生活仪节等广大领域——此即所谓"社会"。但要形成和维系良好公共秩序，国家就不可能对如此广大而重要的领域放任不管，听其"自我治理"，若真如此，人民必然无法深化国家认同，国家难免走向解体。礼治就是权力延伸到这个广大领域的有效机制；在这里，政治权力通常不进行强制，而是采取"修"的策略，即引导、矫正既有的组织及其规范。这种全面的柔性治理可以推动社会的持续"国家化"；反过来，历史、情感、人伦等因素又可以反向塑造国家，使之成为有情意的政治共同体，这样的国家可以成为人民更好的"家园"。

这一结论要求我们超越以权力统治为中心的西方主流国家理论，发展出一个兼容礼治的国家理论。它有助于我们更准确地刻画传统国家治理体系和能力，也有助于引领当代的礼治重建。

第三节 文教的普遍秩序：东亚天下秩序的形成与演变

中国文明是亚欧大陆上两大原生型文明之一，另一个是西亚的两河流域文明。而与后者不同，中国的可耕地面积广阔，人口众多，相比于周边族群具有明显的力量优势，凭此保持了疆域的稳定、历史的连续性和文明的累积性，从而对周边民族和国家拥有明显的文明优势，数千年来持续地辐射周边，周边民族、国家也主动与中国交往、互动、学习，并得以发育成长。这样，在亚欧大陆东部逐渐形成了以中国为领导者的"天下秩序"，其范围由小到大，由大陆延伸到海洋。本节将简单叙述东亚天下秩序形成的过程，重点揭示文教国家形态本身如何辐射、影响周边民族之国家构建与文明发育的。

一、天下秩序的构造原理

中国构建、领导和维护亚欧大陆东部（包括临近的海洋）的天下秩序，主要依靠三个要素：超大规模国家的农业生产力优势、以敬天为中心的儒家价值观念、封建的制度形态。

任何世界性秩序的建立和维系都依靠中心国家的实力，实力的直接呈现是军事力量，其基础则是经济。中国之所以领导建立了天下秩序，首先就是因为中国拥有这种物质实力。

环顾整个亚欧大陆东部乃至于整个亚欧大陆，中国发展农业的地理、气候条件最为优越，尤其是黄河中下游地区、长江中下游地区拥有广袤的可耕地，可以养活大量人口，为政府提供充裕的赋税，有效支撑超大规模国家的运转。凭借着国家的超大规模，中国虽然周期性遭遇外部冲击和内部动荡，却仍能保持国家与文明之连续性，制度、技术、文化等各种文明因素能够积累性地发展，中国有能力建立强有力的政府和庞大而技术先进的军队。这就构成国家实力，中国以此对于周边民族和国家拥有明显优势。

不过，农业生存模式使得统治精英形成了独特的政治计算心智，即对外交往的被动性。周边民族、国家与中国的经济实力、文明水平差距甚大，双方交往的成本-收益是明显不对称的：中国物产丰富、技术发达、文明先进，周边民族与中国交往，只需要付出"土特产"，就可以获得本土所欠缺而经济价值极大之物资、技术和制度。对它们来说，与中国交往，结果是如《周易·泰·象》所说的"小往大来"，因而它们总是积极寻求与中国建立交往关系。

对中国来说则相反。乾隆对马戛尔尼所说的一段话并非没有道理："天朝物产丰盈，无所不有，原不借外夷货物以通有无。特因天朝所产茶叶、瓷器、丝斤为西洋各国及尔国必需之物，是以加恩体恤，在澳门开设洋行，俾得日用有资，并沾余润。"（《清稗类钞·外交类》）今人常以此指责清朝统治者颟顸，不了解世界，但事实上，这恰恰是了解世界之后得出的理性看法。不要说对周边民族和国家，即便对于 1800 年前后的西欧各国，这一说法仍然成立，它们拿不出可出口中国的大宗产品，最终为平衡其对华贸易巨额逆差，其政府支持商人向中国出口印度出产的鸦片。可以说，19 世纪中期以前，中国周边甚至整个世界都不存在与中国经济实力对等的交易对手盘，中国对外交往的经济收益是很低的，是《周易·否·象》所说的"大往小来"。因此，对于发展与周边民族、国家的交往关系，中国向来缺乏积极性、主动性；即便进行交往，也不是出于经济目的，而是出于安全、战略或道德目的。

对外交往被动性的表现之一是厌恶征服倾向。精英们判断一个地方是否具有经济价值，习惯于以其土地是否可以耕种为主要标准。据此判断，周边的草原、山地没有经济价值，间隔海洋的岛国同样没有经济价值。总体上，中国对于占有周边民族或国家缺乏兴趣。当然，有些时候，出于安全和战略考虑，不能不占领某个地区，但农业国家的政治计算心智也经常使其选择主动退出。总体上，中国虽然是亚欧大陆东部最强大的国家，但不是一个扩张性帝国。用西式帝国概念来描述中国古代国家是极不准确的，因为前者都是通过大规模征服建立的，后者却有明显的厌恶征服倾向。

儒家观念正是基于农业生存方式形成的，且所构建的价值、原则和政治原理，又对中国塑造和维护天下秩序指明了方向和方法。

事后来看，天下秩序其实只是一种地区性世界秩序，但我们仍坚持使用"天下秩序"概念，因为"天下"一词明示了这个世界秩序之信念基础——敬天。普遍秩序需以普遍性精神为基础，通常具体化为普世性宗教，我们前面已经阐明，普遍性神灵在西方和中国呈现为不同形态：在西方首先呈现为多神教，进一步发展为一神教；在中国则以敬天为中心，这是天下理念之基础。

敬天决定了天下秩序的基本取向。首先，天兼容各种神灵，中国精英群体因此形成"和而不同"理念，即肯定世界的多样性，并不强求同化他人，而是与不同民族、国家、宗教、文明相互协调共生。其次，天没有人格，没有启示，也就不存在绝对真理，因此中国精英没有传教意识，《礼记·曲礼上》明确指出："礼，闻来学，不闻往教。"不对他人传教，这就是"己所不欲，勿施于人"；若他人主动学习则认真教之，这就是"己欲立而立人，己欲达而达人"（《论语·雍也》）。

就事实而言，历史上中国对周边民族、国家产生过巨大影响，但这更多是后者主动接近、学习的结果。[1] 舜即位之时，咨十有二牧，曰："食［当为钦］哉惟时柔远能迩，惇德允元，而难任人，蛮夷率服。"（《尚书·舜典》）皋陶论王者修德之效果曰："迩可，远在兹。"（《尚书·皋陶谟》）孔子接续这一传统："叶公问政，子曰：'近者说，远者来。'"（《论语·子路》）圣人以为，天下之治依赖于人由近及远的自愿归往。《尚书·禹贡》记禹建立五服之制，最后说："东渐于海，西被于流沙，朔、南暨声教，讫于四海。"明儒邱濬解释曰："振举于此而远者闻焉，是之谓声；轨范于此而远者效焉，是之谓教。其风声教化，虽曰无远不及，然亦惟止于海而已。虽然，其所以渐、被、暨、及者，风闻之声，神化之教，使之闻而慕之，振而动之而已，未尝体国经野，设官分职，而以内治治之也。"（《大学衍义补》）

因此，中国人倾向于承认周边民族、国家之主体性和选择权，由其自主地决定是否学习中国文明以及学习什么。汉儒指出："欲与声教，则治之，不欲与者，不强治也。"（《汉书·严朱吾丘主父徐严终王贾传下》）这里隐含了各民族、国家相互平等之意。

儒家的仁观念也深刻地影响中国对待周边民族、国家的行为。仁是由孝悌之情生发而成的，如《中庸》所说："仁者，人也，亲亲为大。"因此仁不仅仅是博爱的德行，还突出了情感的维度。这一点深刻地影响了中国的对外交往。有情感的博爱当然是拒绝滥用暴力的：

> 丘也闻：有国有家者，不患寡而患不均，不患贫而患不安。盖均无贫，和无寡，安无倾。夫如是，故远人不服，则修文德以来之。既来之，则安之。今由与求也，相夫子，远人不服，而不能来也；邦分

---

① 康灿雄. 中国影响下的文明和国家的形成//卡赞斯坦. 世界政治中的文明：多元多维的视角. 上海：上海人民出版社，2018.

崩离析而不能守也。而谋动干戈于邦内。(《论语·季氏》)

孔子在这里阐述了对外交往的仁政原则。修文德是针对暴力而言的，不过，修文德不是简单地修养道德，文是我们今天所说的文明，既包括物质福利，比如财富、华贵的服章、先进的器具等，也包括思想、价值、信仰等。修文德的意思是持续地改进、提升自身文明，此文明向外溢出，造福于他邦之人，吸引其自愿归来，与华夏建立各种各样的亲善关系，或者作为藩属国，或者作为友邦。当然，维护天下秩序不能没有武备，但绝不可滥用武力，《国语》开篇就阐明了这一点：

> 穆王将征犬戎，祭公谋父谏曰："不可。先王耀德不观兵。夫兵戢而时动，动则威；观则玩，玩则无震。是故周文公之《颂》曰：'载戢干戈，载櫜弓矢。我求懿德，肆于时夏，允王保之。'先王之于民也，懋正其德而厚其性，阜其财求而利其器用，明利害之乡，以文修之，使务利而避害，怀德而畏威，故能保世以滋大。"(《国语·周语上》)

王者的德行体现为拥有强大的武力却能节制征服之野心，而致力于修文德，令天下人怀德而畏威，如此方可为天下所归往，从而维护和扩展天下秩序，其根本特征是和而不同。

中国塑造和维护天下秩序的制度框架则是封建制。

封建制的结构性特征是多中心的间接统治，王的权力并不寻求深入穿透，故其所统领之政治体与其说是国家，不如说是天下秩序。诸侯国在各方面存在巨大差异，甚至在种族上也不相同，有诸夏也有蛮夷戎狄。这些诸侯与王的关系各不相同，这体现为"服制"。《尚书·禹贡》记载五服之制：甸服、侯服、绥服、要服、荒服，由近及远，诸侯对王的臣服程度依次降低，权利、义务也相应降低，《国语》记载："夫先王之制：邦内，甸服；邦外，侯服；侯、卫，宾服；蛮、夷，要服；戎、狄，荒服。甸服者祭，侯服者祀，宾服者享，要服者贡，荒服者王。日祭、月祀、时享、岁贡、终王，先王之训也。"这是一个以王为中心的间接统治秩序，没有明确的边界，因而具有高水平的包容性，理论上可以无限扩展，把任何族群纳入其中。

秦朝建立的郡县制国家则截然不同，皇权通过官僚体系对相互平等的国民进行直接统治，必然要求明确疆域，以便确定国民身份，同时要求政治和文教之同质化。相比于封建制，郡县制是很难包容异质族群的。因此，实行单一郡县制的秦朝对周边民族和国家的策略只有一种——征服，然后实现郡县化，比如征服岭南、朝鲜半岛北部等地。但是，这种做法注定了难以成功，因为边远地区的经济、文化十分落后，完全不具备在政教上进行直接统治的物质条件。

汉朝对秦制的修正，则打破了这一约束。首先，汉初实行郡县-封建二元制，此后历朝都有封建宗室、功臣之事，尽管这通常只是名义上的，但封建制始终是一种现实的制度。其次，汉武帝尊五经为王官学，而五经所记者正是封建之制，儒家士大夫甚至经常有复封建之观念。这样，入汉以来，皇帝、士大夫都熟悉封建制，也就可以将其加以运用，与周边民族、国家建立政治关系。总体上，中国与周边民族、国家所建立的合作性关系都属于封建性的："从汉以后，天下秩序的维持，可说是在秦代（尤其是郡县制）的基础上，活用了封建的封贡原理。"[1] 封建关系是以礼乐维系的，因此也可以说，东亚天下秩序是一种礼治秩序。[2]

当然，并不是所有对外关系都可以归入天下秩序，比如汉朝与匈奴的关系是敌国关系，宋与辽、金的关系是"国际"关系。天下秩序仅可用来描述中国与其他民族、国家之间建立并在其中发挥领导作用（至少中国是这么认为的），通常带有一定上下尊卑关系性质的合作性秩序。这种秩序完全不同于郡县制国家内部的直接统治秩序，尽管两者都是按照仁政原则处理的，但毕竟内外有根本区别。因此，天下秩序可以归入国家间关系范畴中，从而构成一种可与西方比较的世界秩序。

就建立和维护天下秩序而言，超大规模的农业国家为中国提供了力量基础，也塑造了其政治偏好；以敬天为中心的儒家观念提供了政治蓝图；

---

① 高明士. 天下秩序与文化圈的探索：以东亚古代的政治与教育为中心. 上海：上海古籍出版社，2008：75.

② 有学者称之为"天朝礼治体系"，参见：黄枝连. 天朝礼治体系研究：上卷. 北京：中国人民大学出版社，1992.

封建制则提供了制度模板。当然，历史上的天下秩序是高度复杂的，这首先是因为，周边民族、国家在地理上、文化上的状态完全不同，大体可以划分为三个地区：

以草原为主的西、北中国弧地带。中原王朝自形成时起，就与西方、北方民族互动，最终基本上融入中国政治版图。

以朝鲜半岛、越南、日本为主的东亚"汉字文明圈"，尤其是前两者，几度是郡县制中国的一部分，但最终获得政治独立，与中国形成封贡关系。

主要与中国进行贸易的海洋民族，主要分布在东南亚，它们与中国直接交往的时间较晚，且主要是贸易关系。

中国文明对上述三个地区均有影响，我们主要聚焦于政治，因而集中于前两个地区，以揭示中国政教推动其政教发展之机制。实际上，西南地区也长期在郡县制国家管理体系之外，因而在天下秩序之中，但因为其对中原王朝的影响较小且已完全归入中国版图，故不拟讨论。

二、逐鹿中原与中国弧地带的政治发展

第一章第一节已指出，西北-东南关系构成中国政治地理的枢轴。蒙古高原、天山南北、青藏高原从北、西两个方向包裹古代中原王朝，战国以来在此次第兴起的骑马的游牧民族曾与中原王朝密切互动，最终这个地带基本上被纳入中国政治版图，故可称之为"中国弧地带"，其人民则构成"北方民族"。

北方民族的历史角色是非常复杂的。一方面，草原生态脆弱，地域广大，人烟稀少，在大部分历史时期，中原王朝无意统治之，故为外部。但从匈奴开始，北方民族成为中原王朝之最大安全威胁。另一方面，从鲜卑建立北魏开始，北方民族多次入主中原，建立部分统治权，元朝、清朝甚至完整地统治了整个中国。西方学界颇为重视这一现象，又受麦金德地缘政治思想影响，提出"内陆亚洲"即"内亚"概念[①]；以此概念为中心，

---

① 拉铁摩尔.中国的亚洲内陆边疆.2版.南京：江苏人民出版社，2010.

日、美学者逐渐形成所谓"内亚史观",认为内亚游牧民族是世界历史变动的枢纽;内亚在文明上与中原完全不同,故其南下是一种"征服",其所建立的政治体是"内亚性帝国",完全不同于汉人建立的王朝。这种看法当然不符合历史事实。我们的看法是:北方民族之所以能够入主中原,恰恰是因为其程度不等地"中国化"。史学界对此已有大量事实性研究,下面我们主要揭示其中国化式政治发展的动力机制。

我们的讨论始于如下众所周知之事实:在人类创造的主要生业中,草原游牧要到战国之时才形成,尤其是骑马的游牧族群是最晚形成的;而其产业单一,无从自足,天然地对其周边农耕地区有较高的经济依赖性;游牧族群未能实现定居,高度离散,没有文字,缺乏内生的文明发育、积累能力。东北渔猎族群与此相似。[①] 由此事实可以推导出如下命题:唯有通过学习接纳南方农耕文明,游牧族群才能文明化[②],而其文明化水平主要由其当面的南方农耕区之文明水平决定。

常态下,北方民族主要通过贸易等方式进行学习,至于其进攻南方农耕区之战争能力及作为其基础之政治组织能力,则只能在高强度竞争甚至持续的小规模冲突过程中学习,其机制就是汤因比讨论文明起源时提出的"挑战-刺激模式"[③]。游牧民族的军事力量绝不是现成的、永恒的,唯有在政治上组织起来,分散的游牧者才具有大规模南下的力量;而这种组织知识,即政治知识,只能从南方农耕区学习,此可谓之"南方化";当然,它们也要对此知识进行"本土化"。这样,从政治组织化水平和形态来看,北方民族通常是其当面农耕区的"影子"[④]。这是汤因比所说的"挑战-回应"的文明创造模式的极好例证。[⑤]

据此,我们可以按游牧民族当面农耕区之政治组织化水平,把横亘在

---

① 高文德. 中国历史上游牧经济的共性和特性. 中国经济史研究, 1996 (4).

② 赵鼎新讨论过两者的"相互学习",参见:赵鼎新. 儒法国家:中国历史新论. 杭州:浙江大学出版社, 2022:370 - 373.

③ 汤因比. 历史研究:上卷. 上海:上海人民出版社, 2016:第二部 文明的起源.

④ 有学者将游牧帝国称为"影子帝国",参见:巴菲尔德, 石然, 石娜. 影子帝国:中国边疆的游牧帝国的形成. 内蒙古大学艺术学院学报, 2017 (4);巴菲尔德, 石然, 石娜. 影子帝国:中国边疆的游牧帝国的形成(下). 内蒙古艺术学院学报, 2018 (1).

⑤ 汤因比. 历史研究:上卷. 上海:上海人民出版社, 2016:53 - 157.

亚欧大陆中心地带的漫长草原地带划分为东、西两段。西段当面农耕区比较破碎，政治组织化程度较低，草原游牧民族的"南方化"压力较小，无从获取政治组织知识、提升其组织化水平。这样，两者在文明上互为他者，游牧民族南下就构成对农业文明区的征服，且保留较多内亚性。东段则是与中原相毗邻的草原，即"中国弧地带"，深受中国文明的影响。中原农耕区面积巨大，战国、秦汉之时逐渐建立直接统治的郡县制国家，政治组织化程度是当时最高的，故有向北扩张的能力。巨大生存压力促使分散的游牧部族联合起来，逐渐形成历史上第一个游牧政治体——匈奴。此后，中原大一统国家的建立总会周期性地刺激北方民族政治体之兴起。[1]略加考察即可发现，历史上比较广泛地影响了世界的游牧民族多在中国弧地带发展壮大。首先是匈奴兴起，在被中国击溃之后向西迁徙；中古有突厥兴起，其中一支向西迁徙，最后建立奥斯曼帝国；蒙古兴起，冲击了整个亚欧大陆。蒙古草原确系世界历史的枢纽，但这一地位实由中原政教辐射而形成。中原政教的辐射有两种途径：

首先是贸易。游牧民族对南方农耕区经济有高度依赖性，必须持续进行贸易，长城一带毋宁说是一个贸易地带。长期的、数量不菲的贸易带动人员持续流动，知识随之传播；北方民族对南方财富、文明生活样态有所认识，产生向往之情。经济上依赖南方，精神上向往南方，这是北方民族进一步学习中国政教之动力，也是形成中国文明认同之基础。

其次是南方政治、文化精英的流入和吸纳。所谓流入，意谓中原政治斗争失败的精英被迫逃亡北方，不过其能否得到重用，则未可知。所谓吸纳，意谓北方民族产生聚合各部、逐鹿中原意愿后，主动吸纳中原政治文化精英，以获取高级政教知识，这才有可能进行创制立法，构建起组织大规模战争甚至南下入主中原之政治军事能力。

匈奴就是如此兴起之最佳例证。战国时代燕、赵、秦向北方扩张的压力，促使本来离散的草原各部在政治上联合起来；秦汉大一统国家的崛起，又成为其接受中原政教之强大激励；秦汉间战争、汉初政治斗争中的

---

① 巴菲尔德. 危险的边疆：游牧帝国与中国. 南京：江苏人民出版社，2011.

失败者纷纷逃入草原——《史记》的《匈奴列传》等传记对此有大量记载。逃亡者把中原政教知识带进草原，匈奴精英据以建立各种制度，最终建立了历史上第一个草原国家。元朝循同一模式兴起，尽管细节上有所区别。忽必烈曾开府于金莲川，"思大有为于天下，延藩府旧臣及四方文学之士，问以治道"（《元史·卷四 本纪第四 世祖一》），其中包括北方儒者。努尔哈赤、皇太极等统治者很早就主动吸纳中原政治文化精英，又以"清承明制"的原则创制立法，对此学界已有大量研究，无须赘述。因此，后金在入关以前就已是一个"准文教国家"，其与明朝之战，接近于国家内部分裂的政治力量之间的统治权之争。

据此我们可以说，一个北方民族，当其把草原各部联合起来，具备对中原进行大规模战争，尤其是具备南下入主中原之政治、军事能力之时，必然已在文明上完成了一定程度的自我超越而中国化——努尔哈赤、皇太极在入关之前就已有中国正统意识。[1] 此时的北方在政治和文化上已为中国的一部分，只不过是边缘性的，对中原朝廷来说则是政治上的反叛者，但并不是文明意义上的他者。北方民族逐鹿中原的努力使之卷入中国政教旋涡之中而中国化。[2]

因此，即便亚欧大草原各民族确有所谓"内亚性"，中国弧地带北方民族提高其进攻中原之军事、政治、财政能力的过程，却是一个克服其"内亚性"的过程，入主中原的能力取决于其中国性而非其内亚性。这是一个无可逃避的历史辩证法。经历这一根本转化后，北方民族入主中原就相当于中国内部的反叛性政治集团从文明边缘地带进入中心地带，从政治边缘性群体自我提升为主导性群体。

北方民族进入中原、建立统治权之后，立刻可以获得建立一种高度文明的国家之主体和"知识包"，即士人-士大夫和文教。文教提供了构建伦理、社会、政治秩序的完整的知识体系，士人群体掌握它；只要接纳士人进入政府，就可以打开这个知识包，建立一系列价值和制度，它们有助于政权的跃迁，尤其是符合皇权的长远利益。北方草原民族初起之时，一般

---

① 郭成康. 清朝皇帝的中国观. 清史研究, 2005 (4).

② 赵汀阳. 惠此中国：作为一个神性概念的中国. 北京：中信出版社, 2016.

都实行原始的军事贵族民主制。入主中原之后，已经统治了广土众民的农耕区的皇帝必须认真思考，这种制度是否可以实现自身利益最大化？显然不能。因此，入主中原之后，皇帝必然与本族军功贵族发生根本利益冲突，后者希望延续军事民主制，以维护自己的特权，但这不符合皇帝的利益。皇帝的利益与汉人士大夫却是高度相容的，因为士大夫可以打开文教的"知识包"，构建直接统治的文教国家。相比于军事贵族民主制，它更有利于皇权的长远和根本利益：第一，可以论证皇权统治的道德和历史文化正当性；第二，直接统治的郡县制可以有效地控制乃至于消灭军功贵族群体，树立皇权的绝对性；第三，通过编户齐民制度，皇权可以排他性地拥有稳定的财源、兵源；第四，依托中原庞大的财源、兵源，可以消灭并立的政权，甚至可以开疆拓土，成就一番伟业。因此，每一个胡人或北方民族入主北方或中原后，皇帝会与本族军功贵族之间爆发斗争，并与汉人士人-士大夫联合，转向建立文教国家。

当然，由于统治者对此间利害关系的认识有所不同，客观的文化、政治力量对比有所不同，北方民族所建立的王朝的权力结构也就有所不同，但总体趋势则是清楚的，政教中国化的程度不断提高，清朝最终收官，它建立了正统的文教国家，只不过又外挂了一个由满蒙军事贵族掌握的游牧骑兵力量，但它是绝对从属于作为文教国家之皇权的。清朝综合运用农耕区的财政、政治力量和游牧区的军事力量，把中国弧地带完全带入中国政治版图。由此，内亚对于中国不再是外在的威胁，而转化为国家的内部事务——这是中国历史的一个转折点，由此结束了古代时期，进入现代。

内亚史观把中国历史进程置于亚欧大陆框架内研究，这是可取的，北方民族确为中国文明发展历程中的有机构成因素。但北方与中原都不是封闭的、自足的，而是相互构造的；两者之中，北方民族因为文明程度低下而有明显的"生成性"，即通过南方化、中国化——也可以说是经过儒教化，始得以在政治上有所发展，从而成为塑造历史的力量。这一历史的辩证法，与中国历史的连续性共同发挥作用，推动迭次兴起的北方民族在政治上持续演进、累积性发展，最终收尾于清朝入主中原，并把中国弧地带全面纳入中国政治版图。

三、东亚世界的文教国家构建

儒教文明圈主要包括朝鲜半岛、越南，在一定程度上也包括日本。它们与中国共同构成了"汉字文明圈"或"东亚世界"。① 它们深受中国文明的影响，儒教具有标识性，亦可称之为儒教文化圈。不过，我们必须注意儒教的独特性质：它不是神教而是文教，积极地支持、协同政治权力，因此，儒教文化圈发生的主要历史故事并不是宗教的传播而是政治的跃迁，即文教国家之构建。

朝鲜半岛、越南、日本与中国文明发生实质性关系，始于秦汉时代。② 秦朝征服了越南北部、朝鲜半岛北部，并将其郡县化；汉武帝继续这一进程，且扩大了范围。但是，距离是统治的最大敌人，对于直接统治体制来说尤其如此：直接统治需要投入巨额成本，但其人民并不习惯而逃避；其地文明程度低下，无力提供基本税赋，弥补其统治成本。成本-收益的极端不均衡迫使中原统治力量撤出，但又不能不与其发生关系，乃依照封建制原则，建立册封-朝贡关系，成为藩属国；其性质类似于周王与诸侯之关系。

因此，从秦汉到唐宋，朝鲜、越南均经历了郡县化与藩属化之间的多次反复。在此过程中，中国政教逐渐传入越南、朝鲜。传入机制有两种，一种是郡县制下士大夫的教化，另一种是藩属化时代的主动学习。从越南案例中我们可以比较清晰地看到郡县化的教化机制。

自秦始皇征岭南，经过南越国的强化统治，以及汉武帝时期的大规模征服，越南北部逐渐郡县化。郡县化统治把中原的经济、政治、教育等领域的价值、观念、制度带入。比如，东汉名将马援平定越人叛乱之后，"所过辄为郡县治城郭，穿渠灌溉，以利其民。条奏越律与汉律驳者十余事，与越人申明旧制以约束之，自后骆越奉行马将军故事。"（《后汉书·

① 日本学者较早提出这个概念，参见：西嶋定生. 东亚世界之形成//刘俊文. 日本学者研究中国史论著选译：第2卷. 北京：中华书局，1993；韩昇. 东亚世界形成史论：增订版. 北京：中国方正出版社，2015.

② 为行文方便，下文涉及古代历史时，分别以朝鲜、越南、日本称之，而不再一一对应古地名。

383

马援列传》)《后汉书·循吏传》记载两汉之际在越南担任太守的两位官员之事迹：

> 九真俗以射猎为业，不知牛耕，民常告籴交址，每致困乏。(任)延乃令铸作田器，教之垦辟。田畴岁岁开广，百姓充给。又骆越之民无嫁娶礼法，各因淫好，无适对匹，不识父子之性，夫妇之道。延乃移书属县，各使男年二十至五十，女年十五至四十，皆以年齿相配。其贫无礼娉，令长吏以下各省奉禄以赈助之。同时相娶者二千余人。是岁风雨顺节，谷稼丰衍。其产子者，始知种姓，咸曰："使我有是子者，任君也。"多名子为"任"。于是徼外蛮夷夜郎等慕义保塞，延遂止罢侦候戍卒。

> 初，平帝时，汉中锡光为交址太守，教导民夷，渐以礼义，化声侔于延。王莽末，闭境拒守。建武初，遣使贡献，封盐水侯。领南华风，始于二守焉。

儒家士大夫首先传授生产技术、规范政治和法律秩序、规范基本礼仪，推动其人民的文明化。在此基础上才有儒教之传入，东汉末年、三国时代的士燮兄弟曾分任交趾太守、合浦太守、九真太守、南海太守：

> 燮体器宽厚，谦虚下士，中国士人往依避难者以百数。耽玩《春秋》，为之注解。陈国袁徽与尚书令荀彧书曰："交趾士府君既学问优博，又达于从政，处大乱之中，保全一郡，二十余年疆场无事，民不失业，羁旅之徒，皆蒙其庆，虽窦融保河西，曷以加之? 官事小阕，辄玩习书传，《春秋》左氏传尤简练精微，吾数以咨问传中诸疑，皆有师说，意思甚密。又《尚书》兼通古今，大义详备。闻京师古今之学，是非忿争，今欲条《左氏》、《尚书》长义上之。"其见称如此。(《三国志·卷四十九 吴书四》)

朝鲜、越南摆脱郡县化之后，仍愿以封贡之礼成为中国藩属，固然是因为其畏惧于中国的强大，但也是因为其欲学习中国政、教，提高其国家治理能力。因而到藩属化时代，朝鲜、越南反而更为积极主动地学习中国政教。

以新罗为例，贞观二十二年（648年），新罗已经初步统一朝鲜，女王真德遣其弟国相、伊赞子金春秋及其子文正来朝："春秋请诣国学观释奠及讲论，太宗因赐以所制《温汤》及《晋祠碑》并新撰《晋书》。"（《旧唐书·卷一百九十九上》）唐睿宗垂拱二年（686年），新罗王政明遣使来朝，"因上表请《唐礼》一部并杂文章，（武）则天令所司写《吉凶要礼》，并于《文馆词林》采其词涉规诫者，勒成五十卷以赐之"（《旧唐书·卷一百九十九上》）。这样的学习取得了颇为显著的成效，开元二十五年（737年），玄宗如此评价新罗："新罗号为君子之国，颇知书记，有类中华。"（《旧唐书·卷一百九十九上》）

日本孤悬于东海之上，其与中国建立关系，几乎均出自其主动学习中国政教之自主性。通过持续派遣遣唐使，系统学习唐代制度、文化、技术，从而逐渐建立了有效进行统治的政教制度。此为众所周知者，兹不赘述。①

正是因为长期学习中国，越南、朝鲜逐渐具备了自主地建立国家并有效治理的能力，唐宋之际，日本建立"律令制国家"；贞观后期，新罗统一朝鲜半岛；五代十国时期，吴权在罗城（今河内）自立为王。这些取得独立政治地位的国家仍与中国建立藩属关系，这就形成了"东亚世界"。②

唐以后，除了元朝的短暂例外，宋、明、清的治理都偏于文治，与此相应，对外也倾向于克制使用武力，乃与朝鲜、越南建立了稳定的宗藩关系，它们也更加系统地接受中国政教，尤其是深度地儒家化。其中最为重要的发展，是引入科举制度，造就士大夫阶层③，国家治理能力得以持续提高，接近于中国式直接统治的文教国家，朝鲜在这方面的进步最为明显，故《明史·卷三百二十 列传第二百八 外国一》记载："朝鲜在明虽称属国，而无异域内。"

---

①　韩昇.遣唐使和学问僧.北京：中华书局，2010.

②　对此过程的完整描述，参见：何肯.东亚的诞生：从秦汉到隋唐.北京：民主与建设出版社，2021.但该书没有讨论越南.

③　高明士.天下秩序与文化圈的探索：以东亚古代的政治与教育为中心.上海：上海古籍出版社，2008.

据此，我们认为，东亚儒教文明圈在一定程度上是郡县制文教国家文明圈，这一点不同于基督教、伊斯兰教、印度教文明圈。汉以来的儒教与郡县制国家制度互嵌，支持树立王权的崇高地位，塑造士大夫阶层，提供建立郡县、律令、礼乐等制度之知识。朝鲜、越南接受儒教，即等于接受了建立郡县制文教国家的一整套知识。

这一历史传统是现代东亚形成发展型国家和儒教资本主义模式之价值和制度渊源。二战以来，日本、韩国，还有新加坡、中国台湾取得了全球瞩目的发展成就，学界据此提出"发展型国家"理论，其核心就是官僚制政府发挥规划、整合、管理作用，另有学者总结其为儒教资本主义。很显然，这是文教国家辐射的结果。

经由以上对东亚天下秩序的讨论，我们可以得出如下结论：文教国家是有普遍性的，因为文教兼容各种地方性信仰，提供有效的政治主体、制度与技术，即文教蕴含着构建文教国家的知识包。这让我们可以设想，文教国家形态在当代世界是有普遍化之可能的，中国式现代化的成功将让这一点变成现实。我们可以大胆预言：未来世界政治发展之基本趋势就是源于中国的文教国家之普遍化。

结 论

文教国家的比较优势

本书致力于揭示中国国家形态之构成性原理，尤其是全面分析经周秦之变、秦汉之变而凝定且持续存在两千多年的文教国家之价值、结构与运转机制。这一工作可为理解古代中国政治提供一个理论框架，但我们的主要目的是基于历史性研究发展政治理论，并以新理论思考改善现实之道。全书各章分析文教国家的具体构成，再三指出其与现实之间的关联，至此，我们可以明确地提出如下论断：当代中国的国家形态就是传统文教国家之创造性发展，即奠基于工业化生产方式之上、以现代政治组织和技术予以强化的现代文教国家。

这就引出一个重大的理论和现实问题：中国式现代文教国家在现代世界是否具有正当性？在西方主流国家理论中这是成疑问的，甚至只能得到否定回答。如果我们要证成中国式现代文教国家的世界历史正当性，就必须反思、批判西方主流国家理论——"导论"已设定了这一任务并做过讨论，但大体上是泛泛而论。在我们对文教国家进行了全面讨论之后，则可进行更有针对性的批判和论证。在这篇结论中，我们将以文教国家为尺度，反思和批判形成于西方且广泛流行于全世界的两种现代国家形态"正统"——民族国家和自由主义国家，以证成文教国家之当代普遍意义。

一、提出文教国家概念的理由

过去百余年间，中国致力于构建足以应对外部危机、实现文明复兴的现代国家，相关历史性和规范性研究成为学界中心议题。但中国是因为失败而被纳入世界体系的，所以学界常以西方为尺度进行历史性研究、做出规范性判断：传统中国是天下秩序，应转型为西式民族国家形态；传统中国实行王权专制统治，应转型为西式自由民主国家形态，如此等等。

进入 21 世纪，中优西劣的治理绩效对比明显，尤其是中国式现代化的初步成功，促使学界开始质疑西式国家形态的优越性，反思转型命题，转而重新认识历史中国，再基于历史认识，通常是按照历史连续性原则，构想可欲的现代国家形态，比如徐勇团队深入研究历史上的家户制，提出"家户制国家"概念①，并强调这一核心组织要素使得中国的国家形态保持了历史连续性②。学界对西方民族国家的反思尤多③；赵汀阳较早以天下观念反思民族国家，进而认为传统中国是"内含天下的国家"④；另有学者强调中国是"文明国家"，甘阳较早提出这一命题，并主张"通三统"⑤；学者对此概念持续进行哲学讨论⑥，政治学界也逐渐接受之⑦。"文明国家"相对准确地描述了中国的国家形态，不过"文明"是学术上的一般性概念，辨识度不高。

本书在比较宗教学视野中，将孔子之教或儒教定性为"文教"；基于文教在秦汉以来国家的构造与运作过程中所发挥之决定性作用，我们把由此形成的国家形态界定为"文教国家"。我们认为，这个表述足以构成一个"标识性概念"：它综合了宗教与政治两个维度，有利于我们从政、教关系视角对中国型国家进行结构性刻画和历史性描述，并进行跨文明的比较性研究，发现其普遍的理论和政治意义。

文教之所以带入宗教维度，首先是因为宗教在国家构造与运作中具有仅次于政治权力的重大作用。历史地看，稳定的共同体联结纽带有三种——血缘、宗教和政治性权力。第一种是自然形成的，但可联结之共同

①　黄振华．家户制与家户国家：中国国家形态的一个解释框架．东南学术，2021（5）.

②　徐勇．历史延续性视角下的中国道路．中国社会科学，2016（7）.

③　马戎．族群、民族与国家构建：当代中国民族问题．北京：社会科学文献出版社，2012；马德普．跳出西方"民族国家"的话语窠臼．政治学研究，2019（2）.

④　赵汀阳．惠此中国：作为一个神性概念的中国．北京：中信出版社，2016.

⑤　甘阳．从"民族-国家"走向"文明-国家"．21 世纪经济报道，2003 - 12 - 29（2）；甘阳．通三统．北京：生活·读书·新知三联书店，2007.

⑥　孙向晨．民族国家、文明国家与天下意识．探索与争鸣，2014（9）；白彤东．民族问题、国家认同、国际关系：儒家的新天下体系及其优越性//许章润，翟志勇．历史法学：第 10 卷．北京：法律出版社，2016.

⑦　张维为．文明型国家．上海：上海人民出版社，2017；张会龙，朱碧波．中华国家范式：民族国家理论的省思与突破．政治学研究，2021（2）.

体规模极为有限，故文明意义上的国家联结纽带主要是后两者，而其结合方式决定国家基本形态。在政、教两者之中，宗教的起源早于政府且深入人心，并程度不等地组织化，从而构建出意识形态权力；又以各种机制塑造多种基础性社会组织，从而构建出广泛的社会性权力，与政治权力几乎同样有力，可能与政治权力竞争——神教普遍有这种倾向，也有可能被政治权力整合——文教就是如此。不管是哪种情形，宗教都会全面、深刻地塑造国家的结构，并影响其运作。相比于政治组织和制度的快速变化，宗教长期保持稳定；即便一时衰败，也总是通过原教旨主义运动，焕发出强大力量。因此，宗教属于布罗代尔所说的位于底层的长时段历史性力量，经常成为国家重建之基础性推动力。雅斯贝斯认为，"轴心时代"形成的普遍性宗教构成各文明之"枢轴"，此后的文明历史基本绕此运动。① 韦伯形容宗教为文明的"扳道工"②，迈克尔·曼谓之"铺轨车"③；从历史制度主义角度看，共同体对其宗教有强烈"路径依赖"。因此，研究国家形态，必须高度重视宗教的结构性、引导性作用。

对现代国家而言，宗教或其现代替代物仍是其构成性要素，尽管有显、隐之别。比如在公认最为现代的美国，清教构成"美国信条"的重要来源④，深刻塑造了美国政治的基本逻辑与其对外行动模式⑤，因此托克维尔把清教视为"美国政治设施中的最主要设施"⑥。同样，当代中国高度重视党员-干部的教育培训和普遍的精神文明建设。正是因为意识到国家的文明根底，亨廷顿认定冷战结束后世界政治的核心议题是文明冲突——这个论断存在严重偏颇，但也确实指出了文明对于国家存续、国家认同之决定性意义。

就此而言，西方现代主流国家理论是与现实严重脱节的，要害在于去文明化、去历史化。现代西方主流社会科学理论的基础是自然状态-社会

---

① 雅斯贝斯.历史的起源与目标.桂林：漓江出版社，2019.
② 韦伯.儒教与道教.北京：商务印书馆，1995：19.
③ 曼.社会权力的来源：第1卷.2版.上海：上海人民出版社，2015：36.
④ 亨廷顿.美国政治：激荡于理想与现实之间.北京：新华出版社，2017：25.
⑤ 张宇燕，高程.美国行为的根源.北京：中国社会科学出版社，2016：16-64.
⑥ 托克维尔.论美国的民主：上卷.北京：商务印书馆，1988：339.

契约论，在这里，自然化的个体经由共同订立契约建立国家，这样的国家是完全形式化、程序化的，历史、文明均被取消了。在这一观念传统约束下，韦伯虽然广泛讨论了宗教，却未将其纳入现代国家概念之中，反而认定现代国家是价值中立的。迈克尔·曼的社会权力四种来源分析框架把意识形态权力排在第一位，但其现代国家概念同样不见宗教或文明。[①] 这种形式化的国家理论是缺乏可信的解释力的。

　　现实存在的所有国家都是历史地形成的，因而总是在特定条件下形成的，我们在第一章分析了地理条件、生产方式以及宗教基础。国家是大范围人群高度组织化的产物，而人必定是因为文明的种种要素而结成群体的，因此，国家的形成和运转必然受其文明的全面约束，而文明通常是由宗教或意识形态设定和集中表达的。因此，国家是历史性存在物，也是文明性存在物。文明历史地构建其国家，反过来，国家也塑造、发展文明。不可能存在无文明的国家。历史政治学的首要方法论用意就是指出国家的历史性、文明性。历史是国家的本体，文明是国家的规范。只有引入历史和文明，国家理论才能走出形式化陷阱，面向生动、丰满的国家有机体，具体地解释其真实的构成与发展变化。[②] 更一般地说，现代民族国家、自由主义国家或民主国家也都不是纯粹形式化、程序化的，而有其特定的宗教或意识形态内容。

　　文教国家概念指明了秦汉以来中国国家形态的宗教根底，把国家内置于文明框架，构建了一个历史地形成的、生动的、丰满的研究对象。以此概念为中心，本书在比较视野下全面研究了文教国家的结构与运作机制。我们的基本论点是：轴心突破之后形成的人类普世性宗教约有两大基本类型：孔子所创"文教"自成一体；广义西方各种宗教可归为一个类型，基督教是其典型，以人格化神灵崇拜为中心，可谓之"神教"。从教义上看，文教是入世的，对政治权力采取认可、支持的态度；神教是出世的，对政治权力采取疏离、对抗的态度。[③] 这两种类型的宗教构成中西政治发展之

---

　　① 曼．社会权力的来源：第1卷．2版．上海：上海人民出版社，2015：28-36.

　　② 杨光斌．什么是历史政治学？．中国政治学，2019（2）.

　　③ 迈克尔·曼分别谓之超越性意识形态和振奋性意识形态，基督教是前者的典型，儒家是后者的典型。参见：曼．社会权力的来源：第1卷．2版．上海：上海人民出版社，2015：30，274.

铺轨车：秦汉时代形成文教国家，文教协同政治权力覆盖、穿透一切族群、宗教、社会组织，使之无从发育、抗衡政治权力，由此，文教国家保持了结构稳定性和历史连续性。至于广义西方则形成了强有力的神教统治秩序，神教自我神圣化而抗衡政治权力，并塑造出各种分立的、自我神圣化的社会性权力。

本书主体部分的研究主要展开于历史范围内，但历史政治学的范式要求我们以历史性研究所获之理论认识回应当代问题——在全书的最后环节，我们将完成这一任务。国家的历史性保证了这一工作的可信性：19 世纪中期以来的各种巨变没有打断文教国家的连续性，中国式现代国家大体上就是一个现代文教国家，以各种现代的价值、制度、技术强化了传统的文教国家的结构。① 当然，西方式国家结构同样保持了连续性：中世纪政、教分立造就的种种社会性权力，在近世欧美各国现代国家构建进程中与寻求扩张的王权相抗衡，形成民族国家和自由主义国家。因此，现代世界政治舞台上的政治竞争主要就体现为中国式现代文教国家与西方式民族国家、自由主义国家之间的竞争——这一点在今天已经非常明显。西方 19 世纪以来的富强，使后者在理论上被普遍化为现代国家之唯一合法形态，中国的现代国家建设也一度以之为方向，尤其是在学术领域。但到了今天，中国式现代化的初步成功与当代西方普遍存在的国家衰败，已足以让我们反转立场，以文教国家的实践和理论为尺度，反思、批判西方民族国家、自由主义国家形态及其理论，从而证成文教国家之历史正当性与现代文教国家之当代普遍性。

二、概述文教国家的形成与结构性特征

我们首先对本书关于文教国家的研究略作总结。

面对全面文明危机，孔子的策略是返回历史，收集先王政典，编纂为六经之"文"；兴办学校，作为教化机制；弟子学六经之"文"，在既有内

---

① 姚中秋. 中国式现代国家的形态特征及其理论意涵. 学术前沿，2023（10）.

在品质基础上"文之以礼乐"（《论语·宪问》），成为"文质彬彬"（《论语·雍也》）的士君子。士君子之志是齐家、治国、平天下，即改善人间伦理政治秩序，尤其是以政治权力富民、教民。从世界宗教类型学角度，可将孔子之教定性为"人文化成之教"，简称"文教"，其教义可概括为敬天孝亲、学以成人，其取向基本上是入世的。

尽管如此，文教与新兴的同样普遍性的郡县制政府权力之间仍发生了冲突。法家认为，秩序稳定的根本在于王权政府拥有绝对权威，为此，商君、李斯积极推动建立中央集权的官僚制，以行政性权力对民众进行全面的直接统治，也就将其转化为相互平等的国民（nation）——而这是古今之变的关键。封建制的结构性特征是间接统治（indirect rule），现代国家则努力实现直接统治（direct rule）。① 秦朝在人类历史上第一次做到这一点，故可谓之第一个现代国家。②

基于尊王观念，儒家对此并无太大异议，但认为还应尊重士人，兴起教化礼乐，以塑造良好社会风气。③ 法家却担心这将制造出独立于政府的社会性权力，如李斯提议焚书时所说："主势降乎上，党与成乎下。"（《史记·秦始皇本纪》）事实证明，这种认识是短视的，没有看到文教支持政治权力的功能，也忽略了文教安顿国民生命之功能——从古典秩序中游离出来的个体需要教化来安顿其个体生命，社会也需要教化体系来重建和组织。对于无视、消灭文教的后果，汉初儒者有清楚认识，贾谊说："商君违礼义，弃伦理，并心于进取，行之二岁，秦俗日败。"（《新书·时变》）董仲舒谓秦制"使习俗薄恶，人民嚚顽，抵冒殊捍"（《汉书·董仲舒传》）。另一方面，摈斥文教，官吏同样缺乏必要的政治道德意识，其行政司法活动反而损害秩序，如张释之说："且秦以任刀笔之吏，争以亟疾苛察相高，其敝徒文具，亡恻隐之实。以故不闻其过，陵夷至于二世，天下

---

① 蒂利. 强制、资本和欧洲国家：公元 990—1992 年. 2 版. 上海：上海人民出版社，2012：124 - 129.

② 福山. 政治秩序的起源：从前人类时代到法国大革命. 桂林：广西师范大学出版社，2012：19 - 20，109 - 134.

③ 荀子曾对秦国君相阐述过这一点，参见：姚中秋. 荀子说秦与秦之儒化：《荀子》相关章节疏解. 原道，2019（1）.

土崩。"(《汉书·张冯汲郑传》)

汉开国以后，儒生群体推动朝廷复古更化。汉武帝采纳儒生建议，表彰五经，推明孔氏，把文教融入直接统治的郡县制政府中。其枢纽是选举制，制度化地吸纳儒生进入政府，形成"士大夫"和"士人政府"。由此，文教国家初步形成，而后持续发展、完善，至宋明达到其成熟状态。

在文教国家中，政、教相互渗透而一体化，政府成为教化主体，文教支持政府，同时以各种方式引领政府、矫正其偏失，形成政教兼体而分用的结构：儒家士人-士大夫群体横跨文化-社会-政治领域，教与政在相当程度上重叠，此即"兼体"；这个群体同时运用政和教两种机制治理民众，此即"分用"。文教国家的政、教兼体分用结构既不同于西方中世纪之政教合一，也不同于西方现代之政教分离。因此，文教国家形成之后，没有发生李斯所担心的情况，事实正好相反，文教十分有力地支持了郡县制政府的政治权力，使之做到了真正的直接统治。

第一，文教以敬天为本，通过"天命论"，把王者关联于天，为皇帝进而为政府的统治权提供了排他性的超验正当性，更易为人民普遍认同。

第二，文教改造了权力主体。秦制中的刑名吏是专业化官僚，遵循利益最大化行为逻辑，如韩非子所说："君以计畜臣，臣以计事君，君臣之交，计也。"(《韩非子·饰邪》)这导致政府内部监督约束成本过高。士大夫则"志于道"，具有忠诚、公共精神、责任心等政治品德，内在的激励-约束机制使之更为审慎、公正地行使政治权力。

第三，文教国家丰富了政府的治理工具箱，至少有三个：首先，政府拥有了教化权，教化民众以国家认同；教化与行政、司法相辅相成，提高治理效率。其次，创造了政治审议机制。用政治-行政两分法来考察，秦制政府仅有行政，士大夫则有政治主体性意识和创造性精神，即有政治意识。政府内部也发展出审议性政治机制。由此，政府提高了其权力适应性，能够及时回应民众诉求，构建民众的政治认同。最后，政府与社会建立合作关系，事实上是政府权力统摄社会性权力。大量士人确实以教化、领导宗族、兴办公益事业等方式构建社会性权力，但其与士大夫同在一个文化-政治领导者群体中，故其所教化于民众的价值首先是认同国家，其所建立的社会性权力通常自觉地接榫于政府权力。借用迈克尔·曼的分析性概念，秦制政府仅有"专制性权力"，对民众，其直接统治权力实际上难以切身、入心；士人政府则构建了"基础性权力"，即通过构建基层社会的组织基础，政府权力低成本地弥散于民众之中，实现了权力的"在场化"，从而进行更为有效的"归化"，尤其是在精神上塑造其国民身份认同。①

可见，文教结构性地扩展了政府的权力，更为重要的是，文教赋予了政府权力比较充足的道德正当性，政府得以构建出高水平的自主性，从而有意愿也有能力全面控制军事权力和经济权力，对全体民众进行广泛覆盖与深度穿透。也就是说，文教反而提高了直接统治的效率，实现了高水平的国家整合，有效地建立了民众的国家认同，并将其塑造为国民。② 文教与政治权力协同实现了直接统治和普遍的国民身份认同，这两点至关重要；至于其他特征，我们将在以下的比较性考察中再行讨论。

19 世纪中期以来，中国遭遇外部猛烈冲击，尤其是西方国家和自由主义国家理念广为流传，各方提出的现代国家构建方案几经变换，但最终，经由中国共产党的实践，仍定型于文教国家，从结构上看，其识别性特征有：第一，从政治主体来看，中国共产党与其干部群体在精神气质上与士人-士大夫群体之间存在明显连续性，均有比较明显的知识、政治和道德先进性，积极发挥"身教"、模范带头作用；第二，从权力形态看，中国共产党与士人-士大夫群体一样，自我构建了全方位的领导权，以之为中心构建了复合的权力体系，对全体民众进行高水平的直接统治；第三，从职能上看，与士人政府一样，党及其所领导的政府对全体国民进行人文教化，《宪法》第二十四条明确规定了这一权力。

当然，当代文教国家中的政、教，相比于古代得到大幅度强化。首先，现代文教是融合中西的，既有中国化马克思主义，也有以儒家为主干

① 这里引用的概念，参见：曼. 社会权力的来源：第 2 卷 . 2 版 . 上海：上海人民出版社，2015：68 - 69.

② 赵鼎新. 东周战争与儒法国家的诞生. 上海：华东师范大学出版社，2006：159 - 164；周光辉，赵德昊. 教化：大一统国家韧性的形成路径. 探索与争鸣，2021（4）.

的中华优秀传统文化，而前者本身就是马克思主义与后者相结合的产物。其次，党具有高度组织性、纪律性和集中统一，其所支持的政治直接统治权力得到明显加强，对国民进行更为广泛的覆盖、更为深入的穿透。因此，当代中国是一个强化版文教国家，而非西式自由主义国家，这一点无需赘论；当代中国亦非西方式民族国家，下文将予详论。

三、以文教国家反思西方古代神教统治秩序

现代欧美思想学术以民族国家和自由主义国家为国家基本形态，世界上大多数现代国家也确实转型为这两种形态——尽管经常遭遇挫折、失败。那么，中国为什么自成一格，没有"转型"，而保持了文教国家的历史连续性？一方面需要辨析文教国家保持连续之机理，另一方面需要弄清西方何以形成民族国家、自由主义国家。为得到真相，我们暂时撇开西方既有理论，重返其历史，从中可见，民族国家与自由主义国家均生成于西方神教秩序的历史土壤中，因而并不具有普遍性，亦非现代国家之可欲状态。

广义西方的普世宗教基本上是出世的会众神教。首先有出世之志，三大一神教最为典型，教其信众追寻另一世界的真正家园；其次，信众在既有人伦、政治组织之外构造了高度内聚的精神团契，经常制度化为教会，甚至形成教会科层制。这样，神教在精神和组织上裂解了国家，构造出信仰与政治的分裂、教会治理与政府统治的分裂、教民身份与国民身份的分裂。这一点在《圣经·旧约》时代已基本定型。

《圣经·旧约》开篇记载耶和华神以其言辞创造天地万物与人，又通过先知对人颁布神律，全面规范人的行为；先知、士师以神律裁判人间是非曲直，因而最早的犹太国家是一个教权制政府。但教权缺乏军事能力，不足以保护人民，以色列人乃要求建立王权。《圣经·旧约·撒母耳记上》详记其形成过程：拥有教权的撒母耳选定扫罗并"膏扫罗作王"，在王者扫罗违背其意志后又予以废黜，显示教权在位格上高于王权。沃格林评论此事之深刻含义："扫罗王权统治的这个反王国传统的版本已经创造了西方政治最重要的符号体系之一。通过把希伯来《圣经》（the Bible）吸收到

基督教的《圣经》（the Scripture）之中，撒母耳与扫罗之间的关系已经变成了对世俗统治进行精神控制的范式。"①

基督教形成于罗马帝国内，两者重演了这样的关系。基督教是典型的个人救赎性宗教，信众欲超出现有人伦政治组织，在宇宙中寻找家园；基督教"把神圣和世俗、精神和物质融为一体，旨在创造出一种超越性社会……它们是和帝国相竞争的社会组织"②。会众活动逐渐制度化，形成教会。教会建立奉献制、执行神律，权力日益扩张，类似于政府。帝国不得不承认其为国教，但教会终究有其独立政治意志，最终导致帝国解体。欧洲早期现代的人文主义者通常把帝国的衰亡归咎于基督教："既然宗教的伟大目标是求得来世生活的幸福，如果有人说基督教的介入，或者至少对它的滥用，对罗马的衰亡具有某种影响，我们也完全可以不必惊愕或气恼。"③ 帝国解体后，教会成为权力覆盖西欧的准帝国。依杨庆堃的宗教分类学，基督教是最典型的"制度性宗教"④，事实上它建立了一个帝国式宗教政府，尽管其权力残缺不全，但也足以阻止北方蛮族建立统一的、高水平整合的政治体；破碎的世俗政治版图又让其长期保持强大权力，以至于格列高利七世颁布《教皇敕令》（二十七条），从法律上确立了教权对世俗王公的统治权，形成比较完整的神教统治秩序。

总之，古代西方一神教的强大权力，造成其文明内部深刻的、全方位的结构性分裂，这产生一系列长远后果，其中两点强有力地约束了西欧后来的现代国家构建。

首先，人民有教民、国民两重身份，且两者极不均衡。世俗君主统治人民的肉体，塑造其"国民"身份；教会统治人民的灵魂，塑造其"教民"身份。相比较而言，后者更为直接、切身，居于支配地位，故教民经常无视、否定政府权威，甚至分裂国家。直到今天，教民与国民身份的两分、冲突，仍是各种神教文明面临之根本挑战。西式民族意识就与其教民

① 沃格林. 秩序与历史：以色列与启示. 南京：译林出版社，2010：349.
② 曼. 社会权力的来源：第1卷.2版. 上海：上海人民出版社，2015：401.
③ 吉本. 罗马帝国衰亡史：下册. 北京：商务印书馆，1997：144.
④ 杨庆堃. 中国社会中的宗教：宗教的现代社会功能及其历史因素之研究. 上海：上海人民出版社，2007：35.

意识有密切关系。

其次，世俗权力软弱而缺乏道德正当性和政治自主性。宗教垄断了道德解释权，但其所倡导的道德是出世的，经常是反政治的；政治则被划归卑下的世俗领域——西方社会科学所倡导的国家价值中立、道德与法律分立、善与权利分立之类观念，均由此发展而来。由此，政府权力缺乏道德正当性，要么归顺于教权，沦为其工具，这是中世纪西方政治的基本形态；要么停留在纯粹暴力、利益层面，沦为权力政治和利益政治，这是现代国家和国家间关系的基本状态。政府缺乏道德自主性的结果是缺乏政治自主性，也就缺乏必要的覆盖和穿透能力：首先，无法覆盖和穿透教会，对教民进行直接统治；其次，教会、政府的分立又制造了一个广阔的权力缝隙地带，各种社会、经济力量滋生于其中，政府同样无力覆盖和穿透，只能以利益与之进行交换。这些力量持续发育，挤压政府权力，这就是形成现代自由主义国家的社会基础。

总之，西方一神教是"厚的"宗教，其人格化神灵不仅是超越的（transcendent）也是临在的（immanent），且无所不在的（omnipresence），故神教对其信众进行全方位的深度控制，使之脱离人伦、政治秩序，形成坚固的教民意识。相比较而言，孔子文教则是"薄的"宗教，大体上满足于教化人民以基础性人伦规范和公共道德，即教人"成人"——既成为好人，积极承担伦理责任；又成为好国民，忠君爱国。因此，文教近似于卢梭意义上的公民宗教，旨在培养人民普遍的"社会性的感情"[①]。作为公民宗教，文教构建了民众共识性的道德伦理观念和统一的国民身份意识。[②]

文教之"薄"又使其可以兼容、统摄神教，从而形成"一个文教、多种神教，众神教统于文教"的中国式复合宗教结构。人民可以各信其教，本土神教或外来神教，皇权士人政府和文教对此都是宽容的；但也以文教对其加以引导、施加压力，使之接受孝亲、忠君价值。[③] 这样，人民普遍

---

① 卢梭. 社会契约论. 3 版. 北京：商务印书馆，2003：181.

② 陈明. 公民宗教：儒教之历史解读与现实展开的新视野//王中江，李存山. 中国儒学：第9 辑. 北京：中国社会科学出版社，2014.

③ 范丽珠，陈纳. 论政治伦理与信仰教化的耦合关系：中华本土宗教的社会学理论建构之刍议. 复旦学报（社会科学版），2021（5）.

有双层精神生活：私人性质的神灵崇拜、公共性质的文教，后者持续渗透前者。可见，文教自身没有创造分立的教民意识，还协同政治权力遏制其他各种宗教的教民意识，树立和持续强化普遍的国民意识。因此，文教国家是一个统治没有身份标签的普遍的国民的政治性国家，具有极高水平的国家整合，在其中很难形成分立性、对抗性经济、社会、文化组织。

四、以文教国家反思西式民族国家

西欧的现代国家构建进程与中国的战国秦汉之大变颇为相似，历史社会学常就此进行比较性研究。两者的初始条件大不相同，最后结果也大相径庭：中国定型于文教国家，西方神权统治秩序却框定了现代国家起源、发展的路径，使之定型于民族国家和自由主义国家。这是西式现代国家的两个高度相关的面相，前者形成于早期现代，构成其现代国家之"体"；后者形成于19世纪以来，呈现其现代国家之"形"。我们先来考察前者。

格林菲尔德曾精辟指出西式民族国家理念、形态与西方一神教传统之间的历史、精神联系，"尽管民族主义在本质上是世俗主义的，但我们应该懂得，它只能在某种宗教环境中产生出来。它是某种特殊文明的产物。这种文明是一种独特的、自我封闭的、自足的和自生的文化变体……造就民族主义的那种文明是由犹太教的一神教论宗教传统为之奠定基础的。通过让一个上帝来统治万物，犹太教一神教就将客观现实展现为一个宇宙统一体，亦即一个始终有序的整体"。他也明确指出，"很显然，多神论文化显然就不可能有这种概念"①。赵鼎新也指出，现代西方的民族认同观念的精神渊源是犹太教的"选民"观念。②

犹太先知创造一神教，旨在整合分立的各部为统一的犹太民族。先知宣告，神"拣选"了犹太人，并与之订立盟约："你们要归我为圣，因为我耶和华是圣的，并叫你们与万民有分别，使你们作我的民。"（《圣经·旧约·利未记》）这里出现了明确的分别意识，有学者解释："这种分离是

---

① 格林菲尔德. 民族主义：走向现代的五条道路. 上海：上海三联书店，2010：中译本前言3.
② 赵鼎新. 帝国政治和主导性意识形态：民族运动起源、发展和未来. 二十一世纪，2021 (6).

某种意义上的上升，是由普通民族上升为特殊民族，由世俗民族上升为神圣民族。"① 犹太人通过自我神圣化，成为自我封闭的民族，与他者区隔，此即"尚异性"，即拒绝与他者兼容、融合的倾向。② 据此可以说，犹太教构建了第一个西方类型的"民族"，其构成要素是：一群人基于"选民"意识而自我神圣化，形成族群等级意识，贬抑他者；自我封闭，竭力保持内部同质化，排斥他者。孙砚菲将此倾向概括为"零和性"③。

基督教突破了犹太民族的封闭性，向异邦人开放，从而成为普世性宗教，为具有政治普遍性的罗马帝国所接纳。帝国崩溃后，罗马教会享有普遍统治权，塑造出统合众多邦国、族群的基督教世界（christendom），民众首先具有教民意识，而这是超越国界的，因而当时的欧洲是有普遍主义精神的。但是，一神教又内在地、持续地滋生"宗派"，且各派基于内在于一神教的独断意识而彼此难以兼容，基督教世界也就周期性地出现制度性分裂、敌对。16 世纪的宗教改革就是非常重要的一次分裂，与当时西欧的战争、资本主义在大西洋世界体系内的发育共振，最终形成了诸多分立的民族和民族国家。

宗派化神教对西欧各民族的构建发挥了决定性作用。宗教改革冲击波之后，世俗君权扩展、深化其权力，威斯特伐利亚体系确认其疆域性"主权"；绝对主义的王权寻求整合其治下人民，实现直接统治，这就需要培育民众的国家认同；而人民普遍信仰神教，王权不能不以之构建人民的身份认同。威斯特伐利亚体系确立了"教随君定"原则，各国陆续确立某个新教宗派为国教，以其为中心展开特殊主义的民族构建，比如：以本国文字翻译《圣经》，构建国语、国文体系，且自夸为神的语言文字；建立国教神学；追溯本国教会历史，借以构建国家的神圣历史叙事④；基于神教礼仪建立独特的国家、民众日常生活仪节；等等。

早期现代各国政府进行这些努力之用意是政治性的，旨在塑造统一的

---

① 傅有德. 犹太教中的选民概念及其嬗变. 文史哲，1995（1）.

② 傅有德. 论犹太人的尚异性. 世界宗教文化，2010（2）.

③ 孙砚菲. 零和扩张思维与前现代帝国的宗教政策：一个以政教关系为中心的分析框架. 社会学研究，2019（1）.

④ 王晴佳，李隆国. 外国史学史. 北京：北京大学出版社，2017：168 - 180.

国民意识。但是，此时的宗派化神教已弱化了普遍主义精神，尤其是新教复活、强化了《圣经·旧约》的"选民"意识。选民意识渗入国民意识之中，形成了民族意识，其根本特征是自我神圣化，贬抑、排斥他者。① 新教奉行的是基督教的原教旨主义，加尔文主义是更激进的原教旨主义，因而零和性民族意识在英美表现得最为明显。② 科利叙述"英国人意识"形成的过程，把新教列为第一，并特别强调新教对天主教的神圣战斗所发挥的重大作用。③ 至于美国人，更是通过清教信仰构建其认同的，清教徒基于选民意识与印第安土著严格区隔，且视之为敌人。④

也就是说，教民意识的"死人之手"紧紧地拉住了欧美的国民意识塑造进程，使之半途而废，从而形成民族意识，因而，西式民族其实是停留在从教民通往国民的半路上的未完成物。⑤ 一神教的选民意识、自我神圣化、零和排他性等精神倾向构成西方民族主义之精神基底，民族国家也就带有强烈宗教性，与生俱来地带有选民意识、自我神圣化、排外性——这一点在信仰清教的美国最为明显。

当然，相比于中世纪教权的广泛支配，民族意识、民族国家形态毕竟增强了国民认同的程度，西欧国家的政治组织化水平还是有所提高的，民族的自我神圣化甚至可以凭借同质化形成组织优势。但我们必须承认，西欧的现代国家构建其实没有达成博丹、霍布斯等哲人所设定的目标，民族国家很难说是完整意义上的现代政治性国家，而存在与生俱来的结构性缺陷，既有反思性研究对此已有很多讨论。

第一，高度同质化且自我神圣化的民族观念导致政府不能同等接纳其疆域内的所有人民，而是以宗教和以宗教为中心的种族等理由进行区别、

---

① 关于英格兰循此构建民族意识的过程，参见：格林菲尔德．民族主义：走向现代的五条道路．上海：上海三联书店，2010：第一章 上帝的长子：英格兰.

② 迈克尔·曼也指出"新教国家的民族认同发展得比天主教国家快"（曼．社会权力的来源：第1卷．2版．上海：上海人民出版社，2015：575）。

③ 科利．英国人：国家的形成，1707—1837年．北京：商务印书馆，2017：第一章 新教.

④ 贝拉．背弃圣约：处于考验中的美国公民宗教．北京：商务印书馆，2016：第一章 美国的起源神话，第二章 作为被上帝拣选民族的美国.

⑤ 关于国民与民族、族群间的关系，参见：周平．国民对现代国家的意义．武汉大学学报（哲学社会科学版），2021（2）.

清洗。欧美各国在现代国家构建过程中普遍以驱逐或屠杀的方式进行种族清洗，西方观念所驱动的世界各地民主化与国家构建进程，也几乎总是伴随着大规模的种族清洗。①

第二，一神教的选民意识很容易诱发种族主义。犹太人已经显示了这一点，新教传统中形成的英国、美国同样有明显的种族主义倾向。英美在近世的强大力量又强化了这一点。② 后冷战时代，美国人一度有普遍主义精神，但近些年来，对于"我们是谁"的焦虑日趋严重③；清教白人种族主义正在成为其主流意识形态。

第三，相互排斥的民族意识造成既有大规模政治体的持续裂解。西欧的民族国家构建瓦解了普遍的基督教世界，进而瓦解了神圣罗马帝国、奥匈帝国等。欧洲各国内部目前都存在二次甚至三次分裂的强大观念和政治力量。西方式民族主义观念在世界各地都制造了大规模政治体的分裂和解体。

第四，民族的自我神圣化把民族国家组成的威斯特伐利亚式国际社会锁定在永恒战争状态，现代欧洲更深地陷入霍布斯式"丛林状态"；欧美列强也习惯于对外征服、掠夺，近代中国就是西方式民族国家零和扩张性的受害者。

基于以上理由我们可以说，扎根于一神教零和性精神的西方式民族观念和民族国家形态并不可取。但它们对现代中国确实产生过一定影响：中国接连失败于欧美之后，知识分子不能不"师夷长技以制夷"，梁启超的《新民说》就阐述了建立民族国家的明确意愿。然而，这些思考立刻面临如下难题：在中国，作为国家主体的"民族"是谁？如何构建这个"民族"？学界争论不休，其中的明智者逐渐认识到，西式民族概念不足以解释中国历史。④ 更为重要的是，在社会政治实践领域，现代国家构建并没

① 曼．民主的阴暗面：解释种族清洗．北京：中央编译出版社，2015.
② 卡赞斯坦．英美文明与其不满者：超越东西方的文明身份．上海：上海人民出版社，2018.
③ 亨廷顿．谁是美国人？：美国国民特性面临的挑战．北京：新华出版社，2010.
④ 比如梁启超关于中华民族的论述《历史上中华民族之观察》和《中国历史上民族之研究》，参见：梁启超．饮冰室合集：第11册．北京：中华书局，1989.

有走向西式民族国家，因为在这种国家形态中难以形成西方式民族。

秦汉以降，文教支持的政治权力就有力地塑造国民共同体，其构造性原理是"柔远能迩"（《尚书·尧典》）：王者对于臣民，不分其种族、族群、宗教信仰，只看其是否服从王政、接受文教。因而，文教国家是相对纯粹的政治性国家，人民是相对纯粹的政治性国民，比如"汉人"就是政治性的概念，仅仅意谓汉朝政府治下之人。[①] 在漫长的历史中，文教协同政治权力遏制各种族群、宗教、地方的隔阂，熔铸政治性国民共同体，在其中不可能形成自我神圣化的、排他性的民族。

这一漫长历史构成现代国家构建的引领性、约束性"轨道"。晚清虽然短暂出现过反满主义，但只是昙花一现，很快就归于政治性国民主义。梁启超也超越了《新民说》的论述，提出"中华民族"概念，其中虽有"民族"之词，似有建立西式民族国家之意，但其取向却与之完全相反：西式民族主义倾向于自我封闭与排斥，中华民族观念却致力于合与和。[②] 辛亥革命之后朝野共同拟定的《清帝逊位诏书》在一定程度上接受了这一观念："仍合满、汉、蒙、回、藏五族完全领土为一大中华民国。"正是在这种观念的引领下，多族群的帝制清朝转换为共和的中华民国的历史过程中，没有发生大规模的种族排斥和清洗——而这广泛存在于广义西方诸古代帝国崩解的过程中。现代中国因此基本保持了清朝的疆域和人口，各种力量持续对统合性的文教和政治权力进行强化。[③]

中国共产党同样接续了这一传统：虽然引入了苏联的民族观念，却始终坚持培育、铸牢中华民族共同体意识。在政治维度上，虽然实行民族区域自治制度，党的领导权却全面覆盖、深入穿透，具有强大整合能力；在文教方面，积极传播中国化马克思主义和中华优秀传统文化，推动宗教中国化，以国家政治意识驯服地方意识和教民意识，以构建各族人民普遍的国民意识。因此，当代中国不是西方意义上的民族国家，而是一个政治性"国民国家"。

---

① 费孝通.中华民族多元一体格局：修订本.北京：中央民族大学出版社，1999：169 - 170.

② 马戎.中华文明的基本特质.学术月刊，2018（1）.

③ 李怀印详尽分析了这一历程，并对民族国家观念在中国的适用性有所反思.参见：李怀印.现代中国的形成：1600—1949.桂林：广西师范大学出版社，2022.

当然，中国式文教国家也没有对外扩张意识，对此学界已有很多讨论，无须赘述。文教中国塑造了一个和而不同、共生互惠的普遍世界秩序，构建人类命运共同体理念是其当代表达。

五、以文教国家反思现代自由主义国家

19 世纪中期以降，自由主义国家在欧美逐渐形成。西方主流意识形态和社会科学将其确立为唯一正当的现代国家形态；尤其是美国进入世界舞台中央以后，积极推广这种国家形态；冷战结束后，这种国家形态似乎成为世界主流。然而短短二三十年后，这种国家形态就陷入全面危机之中。由文教国家的视角可以洞见其根本结构性缺陷，并且同样可溯源于神教统治秩序的历史路径约束。

早期现代西欧各国积极推进教会的国家化，政府权力扩张，教会的组织化、制度化程度则持续下降，后退、转化为"社会"，主要关涉民众私人生活和基层公共事务。同一时期，通过征服建立的大西洋世界体系中的远距离贸易推动资本主义发育。灵魂与金钱紧密结合的结果是形成了一个强大而神圣的"社会"，中世纪教权与王权的分立逐渐转变为社会与政府（西方术语中的国家）之分立。社会仍以宗教作为主要组织机制，英国如是[1]，美国尤其如此，托克维尔对此有所描述[2]。

西方现代政治思想就奠基于这一分立，并将其正当化、神圣化：霍布斯、洛克等人构造社会契约论，预设人最初在自然状态中，其在逻辑上先于政府、先于文明，并以其个人意志共同构造政府（国家）。而且，人在自然状态中是自由的，为建立政府交出部分自由。这些预设赋予自然状态以价值上的优越性——卢梭后来突出了这一点。洛克还想象，人在自然社会中拥有财产权，建立政府的唯一目的是保障先在的财产权，在这里，政府是工具化的，隐含了社会在价值上高于政府的命题——这一点后来日趋

---

① 迈克尔·曼指出"教会在家庭、郊区和广泛权力的活动场所中有长期占统治地位的联系"（曼. 社会权力的来源：第 2 卷. 2 版. 上海：上海人民出版社，2015：249）。

② 托克维尔. 论美国的民主：上卷. 北京：商务印书馆，1988：333-349.

明显且具体化：18 世纪的苏格兰道德哲学论证了社会的价值优先性，亚当·斯密论证了市场机制相对于政府权力的优先性，托克维尔论证了社会自治相对于政府统治的优先性。可见，推动形形色色的"社会"的神圣化是现代西方政治思想发展的一条重要线索。

到 1800 年前后，随着工业化与城市化的发展，整体性社会逐渐裂解为分立的利益集团，并同样自我神圣化。美国制宪者最早表达了这一认识：利益、意见和情感让人们分化成为不同利益集团[①]，"野心必须用野心来对抗"[②]；他们据此设计了对权力进行分割、装配使之相互制衡的对抗型政治机制。工业化、城市化推动阶级的分立，政治上逐渐形成两种制度，各种社会群体以之进行政治博弈：一个是政党，作为社会与政府之间的中介；另一个是代议制政府，分立的社会集团各自派遣其代表进入政府，表达自身利益。这两者是自由主义国家的柱石，自由主义意识形态也逐渐在价值上把各种分立的社会群体的意见、诉求神圣化；多元民主论者相信，民主制的优越性就在于每个集团都有权利表达其诉求。[③]

由此更进一步，整体性社会裂解为原子化个体，自由主义则确立了个体的神圣性。穆勒的《论自由》不仅要求政府，而且要求社会尊重个体的自由。在美国的特殊环境中，个体的权利甚至发展成为一种强大的权力——其典型体现是所谓公民持枪权，政府在很多时候被想象成个体的敌人。

总之，自由主义国家的结构性特征是以原子化个体为基本要素的社会-政府二元分立，这个社会是由宗教转化而来的，且在很大程度上由宗教组织，因而是神圣的，与之相对的政府则是卑下、鄙俗的。个体、社会先于政府，在价值上高于政府，人在社会中享受自由，价值的再生产也在社会中进行。就治理而言，个体与其自愿建立的组织之自我治理在价值上是优先的，政府的权力统治只是辅助性的。因此自由主义主张，政府必须保持价值中立，不可涉入道德事务。极端自由主义者更视政府权力为"必

---

① 汉密尔顿，杰伊，麦迪逊．联邦党人文集．北京：商务印书馆，1980：第十篇.
② 同①264.
③ 达尔．民主理论的前言．北京：生活·读书·新知三联书店，1999：译者后记．译者将其理论概括为"以社会制约权力"。

要之恶"，要求对其予以严加防范。

因此，自由主义国家中的政府没有道德正当性，也就缺乏足够政治自主性和能力，仅为多元的社会性价值和利益进行博弈之平台。各种社会性权力快速发育且离散化。到 20 世纪中期，以权利政治的名义，欧美各国兴起文化政治、身份政治，各种亚文化群体自我神圣化，形成一系列"政治正确"教条。政府不能不尽力满足各种身份提出的个别要求，国家乃趋于离散化、部落化，包括排他性种族主义逐渐发育、泛滥①——凡此种种，其实是人类生存状态的返祖。

米格代尔概括第三世界国家的结构性特征为"强社会、弱国家（实际上是政府)"②，但实际上，这是欧美自由主义国家的结构性原则，只是由于其资源丰裕，公共品供应尚较充分，因而尚能维持正常国家秩序。而在广大第三世界，自由主义国家形态始终未能正常运转。有些学者认识到这一结构性缺陷，试图予以矫正，提出"国家（政府）自主性"理论③，福山等人又提出"国家能力"等议题④，但受限于其历史经验，始终未能触及其间所涉及之深层次价值和结构问题，因而终究无济于事。

文教国家的结构与此完全不同。国民必因地域、族群、宗教、阶层、习俗等因素分化成不同群体，社会天然是多元的，问题仅在于如何处理。从逻辑和历史的双重角度看，唯有相对紧凑且可运用暴力的政府具有整合多元社会之意愿和能力。西方一神教把社会神圣化、把政府矮化为没有头脑的侏儒，致其无力统摄前者。中国文教则赋予直接统治的郡县制政府以健全的灵魂，使之有能力整合多元社会为一体；社会仍有存在空间，仍然保持活力，但无从自我神圣化，对抗政治权力，也难以分立到相互排斥的程度。因此，文教国家在结构上是"多元一体"的⑤。

---

① 福山. 身份政治：对尊严与认同的渴求. 北京：中译出版社，2021.

② 米格代尔. 强社会与弱国家：第三世界的国家社会关系及国家能力. 南京：江苏人民出版社，2009.

③ 埃文斯，鲁施迈耶，斯考克波. 找回国家. 北京：生活·读书·新知三联书店，2009.

④ 福山. 政治秩序与政治衰败：从工业革命到民主全球化. 桂林：广西师范大学出版社，2015.

⑤ 费孝通以此形容中国民族格局，参见：费孝通. 中华民族的多元一体格局：修订本. 北京：中央民族大学出版社，1999：3 - 38.

总之，通过统合政教，文教国家能够持续构建、积累其神圣性。在西方国家，圣、俗始终处在结构性分立状态：教会、民族、社会是神圣的，政府则是凡俗、低劣的。但教会垄断权力，必然走向腐败；因为排他性，民族意识极易堕入自然化的种族主义；因为结构的离散化，社会难免堕入文化相对主义和虚无主义。相反，文教的孝亲、敬天是有适度的神圣性的，政府与之分享。以此为基础，文教国家凭其对国民生活的全方位渗透，在历史过程中持续积累其神圣性，成为"即凡而圣"的超大规模精神团契①，这是国家有可能达到的最高的善。

六、结语

至此我们可以得出全书的结论：文教国家是一种具有世界意义的政治事实，以历史绩效来衡量，不论是其古代形态还是现代形态，文教国家均显示出了明显的比较优势。

本书对文教国家的价值、结构和运作机制进行全面研究，在古今贯通、中西比较视野中，对其关键要素进行概念化，提炼出一系列命题，据以初步建立了一个新的国家理论。

从学术角度看，这个理论可以更好解释古代中国，也可以更好地解释当代中国，并可据以反思、批判西方主流政治理论，发展新的普遍性社会科学理论。从实践角度看，在西式民族国家和自由主义国家形态已普遍陷入失灵状态之时，现代文教国家完全有理由、也有条件成为新的典范，引领一场世界性政治发展、国家建设运动。我们相信，这是未来几十年世界政治发展的基本主题。在现有研究的基础上发展以文教国家为基石的社会科学，将为这一运动的展开提供有效知识支援。

---

① 赵汀阳. 惠此中国：作为一个神性概念的中国. 北京：中信出版社，2016：65-68.

参考书目

中文古籍：

《尚书》

《国语》

《左传》

《论语》

《孔子家语》

《商君书》

《孟子》

《荀子》

《韩非子》

《新书》

《春秋繁露》

《韩诗外传》

《史记》

《礼记》

《汉书》

《白虎通义》

《春秋公羊传注疏》

《三国志》

《华阳国志》

《后汉书》

《晋书》

参考书目

《周易正义》

《毛诗正义》

《旧唐书》

《新唐书》

《宋史》

《文献通考》

《元史》

《明太祖宝训》

《潜溪前集》

《大学衍义补》

《周易内传》

《周易外传》

《明史》

《五礼通考》

《清稗类钞》

《文史通义》

《清史稿》

《周易》

外文原典：

《圣经·旧约》

《圣经·新约》

中文著作：

《历史研究》编辑部．建国以来史学理论问题讨论举要．济南：齐鲁书社，1983.

安乐哲．儒家角色伦理学：一套特色伦理学词汇．济南：山东人民出版社，2017.

范忠信，尤陈俊，翟文喆．中国文化与中国法系：陈顾远法律史论集．北京：中国政法大学出版社，2006.

陈来．古代宗教与伦理：儒家思想的根源．北京：生活·读书·新知三联书店，2009.

陈来．仁学本体论．北京：生活·读书·新知三联书店，2014.

陈来．有无之境：王阳明哲学的精神．北京：北京大学出版社，2006.

陈梦家．尚书通论：增订本．北京：中华书局，1985.

陈明．文化儒学：思辨与论辩．成都：四川人民出版社，2009.

陈戌国．中国礼制史．3 版．长沙：湖南教育出版社，2011.

陈寅恪．隋唐制度渊源略论稿·唐代政治史述论稿．北京：生活·读书·新知三联书店，2001.

翟学伟．中国人的关系原理：时空秩序、生活欲念及其流变．北京：北京大学出版社，2011.

丁耘．中道之国：政治·哲学论集．福州：福建教育出版社，2015.

方东美．生生之德：哲学论文集．北京：中华书局，2013.

费孝通．乡土中国．上海：上海人民出版社，2007.

费孝通．中国城镇化道路．呼和浩特：内蒙古人民出版社，2010.

费孝通．中华民族多元一体格局：修订本．北京：中央民族大学出版社，1999.

冯契．冯契文集（增订版）：第 7 卷．上海：华东师范大学出版社，2016.

甘阳．通三统．北京：生活·读书·新知三联书店，2007.

高崇文．古礼足征：礼制文化的考古学研究．上海：上海古籍出版社，2015.

高明士．天下秩序与文化圈的探索：以东亚古代的政治与教育为中心．上海：上海古籍出版社，2008.

郭大顺．追寻五帝：揭幕中国历史纪元的开篇．沈阳：辽宁人民出版社，2010.

韩昇．东亚世界形成史论：增订版．北京：中国方正出版社，2015.

韩昇．遣唐使和学问僧．北京：中华书局，2010.

侯家驹．中国经济史（上、下）．北京：新星出版社，2008.

胡绳．帝国主义与中国政治．北京：人民出版社，1952.

黄光国．儒家关系主义：文化反思与典范重建．北京：北京大学出版社，2006．

黄俊杰．儒家思想与中国历史思维．上海：华东师范大学出版社，2016．

黄源盛．汉唐法制与儒家传统．台北：元照出版社，2009．

黄枝连．天朝礼治体系研究（上、下）．北京：中国人民大学出版社，1992．

蒋庆．公羊学引论．沈阳：辽宁教育出版社，1995．

蒋庆．再论政治儒学．上海：华东师范大学出版社，2011．

金观涛，刘青峰．兴盛与危机：论中国社会超稳定结构．北京：法律出版社，2011．

金观涛．在历史的表象背后：对中国封建社会超稳定结构的探索．2版．成都：四川人民出版社，1984．

李安宅．仪礼与礼记之社会学的研究．上海：商务印书馆，1931．

李伯重．理论、方法、发展、趋势：中国经济史研究新探．修订版．杭州：浙江大学出版社，2013．

李怀印．现代中国的形成：1600—1949．桂林：广西师范大学出版社，2022．

李猛．自然社会：自然法与现代道德世界的形成．北京：生活·读书·新知三联书店，2015．

李泽厚，刘绪源．该中国哲学登场了？：李泽厚2010年谈话录．上海：上海译文出版社，2011．

李泽厚．己卯五说．北京：中国电影出版社，1999．

李泽厚．历史本体论．北京：生活·读书·新知三联书店，2002．

李泽厚．哲学纲要．北京：中华书局，2015．

李泽厚．中国古代思想史论．天津：天津社会科学院出版社，2003．

梁其姿．施善与教化：明清时期的慈善组织．北京：北京师范大学出版社，2013．

梁启超．饮冰室合集．北京：中华书局，1989．

梁漱溟．中国文化要义．上海：上海人民出版社，2005.

梁治平．为政：古代中国的致治理念．北京：生活·读书·新知三联书店，2020.

林承节．印度史．2 版．北京：人民出版社，2014.

刘家和．中西古代历史、史学与理论比较研究．北京：北京师范大学出版社，2013.

刘永华．礼仪下乡：明代以降闽西四保的礼仪变革与社会转型．北京：生活·读书·新知三联书店，2019.

刘泽华．中国传统政治哲学与社会整合．北京：中国社会科学出版社，2000.

刘志伟．贡赋体制与市场：明清社会经济史论稿．北京：中华书局，2019.

马戎．族群、民族与国家构建：当代中国民族问题．北京：社会科学文献出版社，2012.

蒙培元．情感与理性．北京：中国社会科学出版社，2002.

牟钟鉴，张践．中国宗教通史（上、下）．北京：社会科学文献出版社，2000.

钱穆．国史大纲（上、下）．修订第 3 版．北京：商务印书馆，1996.

钱穆．两汉经学今古文平议．北京：商务印书馆，2001.

钱穆．钱宾四先生全集：第 1～54 册．台北：联经出版事业公司，1998.

钱穆．现代中国学术论衡．长沙：岳麓书社，1986.

钱穆．政学私言．北京：九州出版社，2011.

钱新祖．中国思想史讲义．上海：东方出版社，2016.

秦亚青．关系与过程：中国国际关系理论的文化建构．上海：上海人民出版社，2012.

秋风．立宪的技艺．北京：北京大学出版社，2005.

瞿林东．中国史学史纲．北京：北京出版社，1999.

瞿同祖．瞿同祖法学论著集．北京：中国政法大学出版社，1998.

参考书目

饶宗颐. 中国史学上之正统论. 上海：上海远东出版社，1996.

任锋. 立国思想家与治体代兴. 北京：中国社会科学出版社，2019.

任继愈. 中国道教史. 上海：上海人民出版社，1990.

苏秉琦. 中国文明起源新探. 北京：人民出版社，2013.

苏国勋. 理性化及其限制. 北京：商务印书馆，2016.

苏力. 大国宪制：历史中国的制度构成. 北京：北京大学出版社，2018.

孙向晨. 论家：个体与亲亲. 上海：华东师范大学出版社，2019.

孙中山. 孙中山选集（上、下）. 北京：人民出版社，2011.

谭嗣同. 谭嗣同全集：增订本（全二册）. 北京：中华书局，1981.

唐君毅. 文化意识与道德理性. 北京：中国社会科学出版社，2005.

唐君毅. 中华人文与当今世界（上、下）. 台北：台湾学生书局，1975.

唐兰. 中国文字学. 上海：上海古籍出版社，2005.

田天. 秦汉国家祭祀史稿. 北京：生活·读书·新知三联书店，2015.

万明. 中国融入世界的步履：明与清前期海外政策比较研究. 北京：故宫出版社，2014.

王国维. 观堂集林（外二种）. 石家庄：河北教育出版社，2001.

王晴佳，李隆国. 外国史学史. 北京：北京大学出版社，2017.

王亚南. 中国官僚政治研究. 上海：时代文化出版社，1948.

王元林. 国家正祀与地方民间信仰互动研究：宋以后海洋神灵的地域分布与社会空间. 北京：中国社会科学出版社，2016.

王震中. 中国古代国家的起源与王权的形成. 北京：中国社会科学出版社，2013.

王震中. 中国文明起源的比较研究：增订本. 北京：中国社会科学出版社，2013.

吴飞. 人伦的"解体"：形质论传统中的家国焦虑. 北京：生活·读书·新知三联书店，2017.

吴丽娱. 礼与中国古代社会（全四卷）. 北京：中国社会科学出版

社，2016.

萧公权．中国政治思想史．北京：新星出版社，2005.

肖永明．儒学·书院·社会：社会文化史视野中的书院．北京：商务印书馆，2012.

笑思．家哲学：西方人的盲点．北京：商务印书馆，2010.

熊十力．熊十力全集．武汉：湖北教育出版社，2001.

熊十力．原儒．北京：中国人民大学出版社，2006.

徐旭生．中国古史的传说时代：增订本．北京：文物出版社，1985.

徐勇．关系中的国家：第1卷．北京：社会科学文献出版社，2019.

徐勇．关系中的国家：第2卷．北京：社会科学文献出版社，2020.

徐忠明．情感、循吏与明清时期司法实践．南京：译林出版社，2019.

许宝强，渠敬东．反市场的资本主义．北京：中央编译出版社，2001.

许涤新，吴承明．中国资本主义发展史（全三卷）．北京：社会科学文献出版社，2007.

许章润，翟志勇．历史法学：第10卷．北京：法律出版社，2016.

严复．严复集（全书册）．北京：中华书局，1986.

阎步克．士大夫政治演生史稿．北京：北京大学出版社，1996.

杨念群．"天命"如何转移：清朝"大一统"观的形成与实践．上海：上海人民出版社，2022.

杨向奎．大一统与儒家思想．北京：中国友谊出版公司，1989.

杨向奎．宗周社会与礼乐文明．修订本．北京：人民出版社，1997.

杨泽波．儒家生生伦理学引论．北京：商务印书馆，2020.

姚中秋．道统与宪法秩序．北京：中央编译出版社，2017.

姚中秋．可大可久：中国政治文明史．北京：华龄出版社，2021.

姚中秋．华夏治理秩序史：第2卷．海口：海南出版社，2012.

姚中秋．《论语》大义浅说：可大可久的生命之学．北京：中国友谊出版公司，2016.

姚中秋．世界历史的中国时刻．海口：海南出版社，2019.

姚中秋．孝经大义．北京：中国文联出版社，2017.

姚中秋．尧舜之道：中国文明的诞生．北京：中国文联出版社，2016．

姚中秋．原治道：《尚书》典谟义疏．北京：商务印书馆，2019．

姚中秋．重新发现儒家．长沙：湖南人民出版社，2012．

叶航，陈叶烽，贾拥民．超越经济人：人类的亲社会行为与社会偏好．北京：高等教育出版社，2013．

许纪霖，宋宏．史华慈论中国．北京：新星出版社，2006．

张岱年．张岱年全集（全八卷）．石家庄：河北人民出版社，1996．

张维为．文明型国家．上海：上海人民出版社，2017．

张祥龙．家与孝：从中西间视野看．北京：生活·读书·新知三联书店，2017．

张祥龙．孔子的现象学阐释九讲：礼乐人生与哲理．上海：华东师范大学出版社，2009．

张宇燕，高程．美国行为的根源．北京：中国社会科学出版社，2015．

张宇燕，高程．美洲金银和西方世界的兴起．2版．北京：中信出版社，2016．

张忠培，严文明．中国远古时代．上海：上海人民出版社，2010．

赵鼎新．国家、战争与历史发展：前现代中西模式的比较．杭州：浙江大学出版社，2015．

赵汀阳．惠此中国：作为一个神性概念的中国．北京：中信出版社，2016．

郑振满．明清福建家族组织与社会变迁．北京：中国人民大学出版社，2009．

朱海滨．祭祀政策与民间信仰变迁：近世浙江民间信仰研究．上海：复旦大学出版社，2008．

米塞斯．人的行动：关于经济学的论文（上、下）．上海：上海人民出版社，2013．

施德尔．罗马与中国：比较视野下的古代世界帝国．南京：江苏人民出版社，2018．

维斯，霍布森．国家与经济发展：一个比较及历史性的分析．长春：

吉林出版集团有限责任公司，2009.

森哈斯．欧洲发展的历史经验．北京：商务印书馆，2015.

弗兰克．白银资本：重视经济全球化中的东方．2版．北京：中央编译出版社，2008.

马克思，恩格斯．马克思恩格斯文集．北京：人民出版社，2009.

雅斯贝斯．历史的起源与目标．桂林：漓江出版社，2019.

韦伯．经济与社会：第1～2卷．上海：上海人民出版社，2010.

韦伯．儒教与道教．北京：商务印书馆，1995.

韦伯．学术与政治：韦伯的两篇演说．3版．北京：生活·读书·新知三联书店，2013.

韦伯．马克斯·韦伯社会学文集．北京：人民出版社，2010.

埃利亚斯．文明的进程：文明的社会发生和心理发生的研究．上海：上海译文出版社，2018.

蒙森．罗马史：第3卷．北京：商务印书馆，2005.

滕尼斯．共同体与社会．北京：商务印书馆，2019.

罗雪尔．历史方法的国民经济学讲义大纲．北京：商务印书馆，1981.

哈列维．哲学激进主义的兴起：从苏格兰启蒙运动到功利主义．长春：吉林人民出版社，2006.

布罗代尔．论历史（上、下）．北京：北京大学出版社，2021.

布罗代尔．十五至十八世纪的物质文明、经济和资本主义：第1～3卷．北京：商务印书馆，2017.

葛兰言．中国人的信仰．哈尔滨：哈尔滨出版社，2012.

卢梭．社会契约论．3版．北京：商务印书馆，2003.

阿明．不平等的发展：论外围资本主义的社会形态．北京：社会科学文献出版社，2017.

托克维尔．论美国的民主（上、下卷）．北京：商务印书馆，1988.

德里达．论文字学．上海：上海译文出版社，2015.

加尔文．基督教要义（全三册）．北京：生活·读书·新知三联书店，2010.

参考书目

柏拉图. 法律篇. 上海：上海人民出版社，2001.

柏拉图. 理想国. 北京：华夏出版社，2012.

希罗多德. 历史（上、下册）. 详注修订本. 上海：上海人民出版社，2018.

亚里士多德. 政治学. 北京：商务印书馆，1995.

弗里斯. 国家、经济与大分流：17 世纪 80 年代到 19 世纪 50 年代的英国和中国. 北京：中信出版社，2018.

崔格尔. 理解早期文明：比较研究. 北京：北京大学出版社，2014.

古德诺. 政治与行政. 北京：华夏出版社，1987.

艾森斯塔得. 帝国的政治体系. 贵阳：贵州人民出版社，1992.

拉纳. 美国自由的两面性. 上海：上海人民出版社，2021.

沃格林. 秩序与历史：天下时代. 南京：译林出版社，2018.

沃格林. 秩序与历史：以色列与启示. 南京：译林出版社，2010.

巴菲尔德. 危险的边疆：游牧帝国与中国. 南京：江苏人民出版社，2011.

史华慈. 古代中国的思想世界. 南京：江苏人民出版社，2004.

史华慈. 中国的共产主义与毛泽东的崛起. 北京：中国人民大学出版社，2006.

安德森. 想象的共同体：民族主义的起源与散布：增订版. 上海：上海人民出版社，2011.

埃文斯，鲁施迈耶，斯考克波. 找回国家. 北京：生活·读书·新知三联书店，2009.

卡赞斯坦. 世界政治中的文明：多元多维的视角. 上海：上海人民出版社，2018.

卡赞斯坦. 英美文明与其不满者：超越东西方的文明身份. 上海：上海人民出版社，2018.

阿克曼. 我们人民：宪法的根基. 北京：法律出版社，2004.

查尔斯·比尔德，玛丽·比尔德. 美国文明的兴起：上卷. 北京：商务印书馆，2016.

比尔德．美国宪法的经济观．北京：商务印书馆，2017.

蒂利．强制、资本和欧洲国家：公元990—1992年．2版．上海：上海人民出版社，2012.

约翰逊．通产省与日本奇迹：产业政策的成长（1925—1975）．长春：吉林出版集团有限责任公司，2010.

达尔．民主理论的前言．北京：生活·读书·新知三联书店，1999.

哈维．新自由主义简史．上海：上海译文出版社，2010.

诺思．经济史上的结构和变革．北京：商务印书馆，1992.

杜维明．新加坡的挑战：新儒家伦理与企业精神．北京：生活·读书·新知三联书店，1989.

杜维明．中庸：论儒学的宗教性．北京：生活·读书·新知三联书店，2013.

福山．身份政治：对尊严与认同的渴求．北京：中译出版社，2021.

福山．政治秩序的起源：从前人类时代到法国大革命．桂林：广西师范大学出版社，2012.

福山．政治秩序与政治衰败：从工业革命到民主全球化．桂林：广西师范大学出版社，2015.

特纳．美国边疆论（英汉双语）．北京：中国对外翻译出版有限公司，2012.

伯尔曼．法律与革命：西方法律传统的形成．北京：中国大百科全书出版社，1993.

伯尔曼．法律与宗教．北京：生活·读书·新知三联书店，1991.

汉密尔顿，杰伊，麦迪逊．联邦党人文集．北京：商务印书馆，1980.

何肯．东亚的诞生：从秦汉到隋唐．北京：民主与建设出版社，2021.

芬格莱特．孔子：即凡而圣．南京：江苏人民出版社，2002.

黄宗智．华北的小农经济与社会变迁．北京：中华书局，1986.

格根．关系性存在：超越自我与共同体．上海：上海教育出版社，2017.

拉铁摩尔．中国的亚洲内陆边疆．2版．南京：江苏人民出版社，2010.

格林菲尔德．民族主义：走向现代的五条道路．上海：上海三联书店，2010.

霍夫施塔特．美国生活中的反智主义．南京：译林出版社，2021.

施特劳斯，克罗波西．政治哲学史（上、下）．石家庄：河北人民出版社，1993.

卡梅伦，尼尔．世界经济简史：从旧石器时代到 20 世纪末．上海：上海译文出版社，2012.

吉尔平．世界政治中的战争与变革．上海：上海人民出版社，2019.

阿克塞尔罗德．合作的进化：修订版．上海：上海人民出版社，2017.

贝拉．背弃圣约：处于考验中的美国公民宗教．北京：商务印书馆，2016.

达尔，塔夫特．规模与民主．2 版．上海：上海人民出版社，2017.

马立博．中国环境史：从史前到现代．北京：中国人民大学出版社，2015.

巴泽雷．突破官僚制：政府管理的新愿景．北京：中国人民大学出版社，2002.

奥尔森．集体行动的逻辑：公共物品与集团理论．上海：上海人民出版社，2018.

伊利亚德．神圣的存在：比较宗教的范型．桂林：广西师范大学出版社，2008.

牟复礼．中国思想之渊源．2 版．北京：北京大学出版社，2016.

弗格森．巨人．北京：中信出版社，2013.

彭慕兰．大分流：欧洲、中国及现代世界经济的发展．南京：江苏人民出版社，2003.

米格代尔．强社会与弱国家：第三世界的国家社会关系及国家能力．南京：江苏人民出版社，2009.

弗雷德里克森．公共行政的精神．2 版．北京：中国人民大学出版社，2013.

亨廷顿．军人与国家：军政关系的理论与政治．北京：中国政法大学出版社，2017.

亨廷顿．变化社会中的政治秩序．北京：生活·读书·新知三联书店，1989.

亨廷顿．美国政治：激荡于理想与现实之间．北京：新华出版社，2017.

亨廷顿．谁是美国人?：美国国民特性面临的挑战．北京：新华出版社，2010.

斯塔夫里阿诺斯．全球分裂：第三世界的历史进程（上、下册）．北京：北京大学出版社，2017.

斯塔夫里阿诺斯．全球通史：从史前史到21世纪：第7版修订版：上、下．2版．北京：北京大学出版社，2006.

贝克特．棉花帝国：一部资本主义全球史．北京：民主与建设出版社，2019.

王国斌，罗森塔尔．大分流之外：中国和欧洲经济变迁的政治．南京：江苏人民出版社，2018.

王国斌．转变的中国：历史变迁与欧洲经验的局限．2版．南京：江苏人民出版社，2010.

沃尔克．基督教会史．北京：中国社会科学出版社，1991.

内藤湖南．中国史学史．上海：上海古籍出版社，2008.

沙伊德尔．古代中国与罗马的国家权力．北京：生活·读书·新知三联书店，2020.

斯考切波．国家与社会革命：对法国、俄国和中国的比较分析．3版．上海：上海人民出版社，2015.

许田波．战争与国家形成：春秋战国与近代早期欧洲之比较．上海：上海人民出版社，2009.

杨庆堃．中国社会中的宗教：宗教的现代社会功能及其历史因素之研究．上海：上海人民出版社，2007.

沃勒斯坦．现代世界体系：第4卷 中庸的自由主义的胜利：1789—

1914. 北京：社会科学文献出版社，2013.

沃勒斯坦. 现代世界体系：第 3 卷 资本主义世界经济大扩张的第二时期：1730—1840 年代. 北京：社会科学文献出版社，2013.

禹贞恩. 发展型国家. 长春：吉林出版集团有限责任公司，2008.

约翰·R. 麦克尼尔，威廉·H. 麦克尼尔. 麦克尼尔全球史：从史前到 21 世纪的人类网络. 北京：北京大学出版社，2017.

张光直. 考古学专题六讲：增订本. 北京：生活·读书·新知三联书店，2013.

张光直. 美术、神话与祭祀. 北京：生活·读书·新知三联书店，2013.

张光直. 中国考古学论文集. 北京：生活·读书·新知三联书店，2013.

张光直. 中国青铜时代. 北京：生活·读书·新知三联书店，2013.

赵鼎新. 东周战争与儒法国家的诞生. 上海：华东师范大学出版社，2006.

赵鼎新. 儒法国家：中国历史新论. 杭州：浙江大学出版社，2022.

阿瑞基. 漫长的 20 世纪. 南京：江苏人民出版社，2011.

多纳蒂. 关系社会学：社会科学研究的新范式. 上海：格致出版社，2018.

芬利. 古代世界的政治. 北京：商务印书馆，2016.

汤因比. 历史研究（上、下卷）. 上海：上海人民出版社，2016.

汤因比. 一个历史学家的宗教观. 上海：上海人民出版社，2016.

霍布斯鲍姆. 工业与帝国：英国的现代化历程. 北京：中央编译出版社，2016.

霍布斯鲍姆. 极端的年代：1914—1991（上、下）. 南京：江苏人民出版社，1998.

吉本. 罗马帝国衰亡史：下册. 北京：商务印书馆，1997.

史密斯. 民族认同. 南京：译林出版社，2018.

吉登斯. 民族-国家与暴力. 北京：生活·读书·新知三联书

店，1998.

麦迪森．中国经济的长期表现：公元 960—2030 年．上海：上海人民出版社，2008.

肯尼迪．大国的兴衰：1500—2000 年的经济变革与军事冲突（上、下）．北京：中信出版社，2013.

邓刚．中国传统经济：结构均衡和资本主义停滞．杭州：浙江大学出版社，2020.

格罗斯．公民与国家：民族、部族和族属身份．北京：新华出版社，2003.

哈耶克．个人主义与经济秩序．北京：生活·读书·新知三联书店，2003.

霍布斯．论公民．贵阳：贵州人民出版社，2003.

德兰迪，伊辛．历史社会学手册．北京：中国人民大学出版社，2009.

波兰尼．巨变：当代政治与经济的起源．北京：社会科学文献出版社，2017.

阿姆斯特朗．神的历史：珍藏版．海口：海南出版社，2013.

柯林伍德．历史的观念．增补版．北京：北京大学出版社，2010.

科利．英国人：国家的形成，1707—1837 年．北京：商务印书馆，2017.

艾伦．近代英国工业革命揭秘：放眼全球的深度透视．杭州：浙江大学出版社，2012.

曼．民主的阴暗面：解释种族清洗．北京：中央编译出版社，2015.

曼．社会权力的来源：第 1 卷．2 版．上海：上海人民出版社，2015.

曼．社会权力的来源：第 2 卷．2 版．上海：上海人民出版社，2015.

曼．社会权力的来源：第 4 卷．上海：上海人民出版社，2015.

缪勒．宗教的起源与发展．上海：上海人民出版社，1989.

梅因．古代法．北京：中国社会科学出版社，2009.

克罗斯利．走向关系社会学．上海：格致出版社，2018.

斯马特．世界宗教：第 2 版．北京：北京大学出版社，2004.

参考书目

安德森．绝对主义国家的系谱．上海：上海人民出版社，2001.

芬纳．统治史：卷一．2 版．上海：华东师范大学出版社，2014.

斯密．国民财富的性质和原因的研究（上、下）．北京：商务印书馆，1983.

希克．上帝道成肉身的隐喻．南京：江苏人民出版社，2000.

希克．宗教之解释：人类对超越者的回应．成都：四川人民出版社，1998.

北京大学哲学系外国哲学史教研室．古希腊罗马哲学．北京：生活·读书·新知三联书店，1957.

陈瀚笙．帝国主义工业资本与中国农民．上海：复旦大学出版社，1984.

辜鸿铭．辜鸿铭文集（上、下）．海口：海南出版社，1996.

李峰．西周的政体：中国早期的官僚制度和国家．北京：生活·读书·新知三联书店，2010.

刘俊文．日本学者研究中国史论著选译：第 2 卷．北京：中华书局，1993.

秦家懿，孔汉思．中国宗教与基督教．北京：生活·读书·新知三联书店，1990.

瞿同祖．清代地方政府．北京：法律出版社，2003.

赫勒敦．历史绪论（上下卷）．银川：宁夏人民出版社，2015.

张仲礼．中国绅士：关于其在 19 世纪中国社会中作用的研究．上海：上海社会科学院出版社，1991.

外文著作：

STORRS C. The fiscal-military state in eighteenth-century Europe：essays in honour of P. G. M. Dickson. London：Routledge，2009.

BREWER J. The sinews of power：war，money and the English state，1688—1783. Cambridge：Harvard University Press，1989.

FINLEY I M. Ancient slavery and modern ideology. New York：The Viking Press，1983.

WILSON R R. Prophecy and society in ancient Israel. Philadelphia: Fortress Press, 1980.

ZAFIROVSKI M. The protestant ethic and the spirit of authoritarianism: puritanism, versus democracy, and society. Berlin: Springer Link, 2007.

后　记

　　本书尝试以历史政治学方法系统研究保持了历史连续性的中国国家形态的要素、形态与机制，其中进行了大量历史性讨论，但就其性质而言，本书的研究不是历史学的而是政治学的，试图以历史构建理论，期待其不仅可以解释历史，更可以解释现实，甚或对实践的"止于至善"发挥一定作用。

　　算下来，这二十多年来已经出版了不少译著、著作，但这本书的出版对我而言仍有比较特殊的意义，因为至此我终于找到了且自觉运用求学时代以来就已朦胧感知的研究进路——历史政治学，这一方法使得本书成为我完成凤愿的一个阶段性成果。

　　早在中学阶段，我就有了学习、研究历史的志向，因而选择报考了中国人民大学历史系——这在班上同学中还是比较少见的。但1984年入学之时，政、学各方正在积极寻找中国发展之道，时时爆发激烈争论，乃至思想、文化斗争。在这样热烈的气氛中，我很快就认识到，学习历史，应当为了理解中国、解决当下问题。因此，虽身在历史系，却对社会科学理论有极大兴趣，自行研读了很多这方面的著作。

　　不过，研究生毕业之后很长一段时间，我未从事专业学术研究，而是进入行政单位，一度"下海"，又进入媒体、写作时评——现在看来，这段离开学术界的经历还是很有价值的，它让我进入现实，或与现实保持比较直接的联系，从而在进入学术世界时多少有一些现实感，而不至于沉溺于书本的虚幻世界中。

　　当然，即便浪荡于学术圈以外之时，我的学术兴趣始终还是很浓厚的，自行学习并展开学术研究。在20世纪90年代时代大潮的推动下，主要研读经济学、政治理论、法哲学等社会科学理论，翻译出版了十几本译著，基本上都是自由主义倾向的。

差不多十年后，我越过了这个阶段。社会的快速变化推动我深思法律、政治之文明根基，乃转入经学与史学领域——这算部分回到了自己学术的起点，一度被人视为当代儒学的代表人物之一。但与主流儒学圈中学人不同，我始终有比较明确的社会科学方法和问题意识，因而研究历史、解读五经，偏向于运用社会科学方法，以探索解决当代问题的方向、方法；并且逐渐地也就有了一个反向的意识：希望社会科学能从外国的天空降落到中国的大地，基于中国事实创新性地发展理论，乃产生发展历史政治学的念头。

这个念头最早表达在《超大规模国家的治理之道》（《读书》2013 年第 5 期）一文中。这篇文章指出中国国家形态的最明显特征——超大规模，进而探讨历代如何针对超大规模探索有效治理之道，据此对现代学术进行反思："面对多元一体、超大规模这个最重要的事实，中国学界似乎有点手足无措，甚至给予负面评价，视之为难题。因为现代中国的主流政治思想系从西方移植而来，而西方历史上的政治体多数是同质化的、小规模的，其思想学术也有规模恐惧症。"但是，现代中国仍然保持了超大规模，因此，"当下探寻优良治理之道，不应只是面向西方，也不应只是把中国传统当成反面教材。优良治理的诸多制度在现实中就存在，它从遥远的历史深处延伸而来"。据此，我得出如下结论："当代中国可以有一门新的政治学分支：历史政治学。它将进入经学的世界，阐明其中的优良治理之道；它将进入中国政治经验中，掘发其中各种政制之得失。这样的历史政治学乃是'立法者的科学'之最为重要的预备性学科，旨在重述中国治理之道。"这可能是学界第一次明确提出历史政治学概念。

此后几年进行的一系列研究均有这种取向，只是当时并未深入思考其具体研究方法。2017 年进入山东大学儒学高等研究院，进一步思考儒学的社会科学化、社会科学的儒学化，发表了《构建儒家人文与社会科学体系刍议》（《学海》2019 年第 1 期）。当年春天，我决定返回母校，进入国际关系学院，转向专业的政治学研究。

后 记

尚未报到之前，杨光斌院长、好友任锋教授就与我共同讨论人大政治学以及自主的中国政治学发展之方向。我们一致认为，应当回到历史，不仅因为本院有历史性研究的优势，也因为这是中国政治学的最佳突围之路。当时曾考虑借用流行于美国学界的"历史社会学"之名，讨论再三，最终决定采用历史政治学之名——已故国际知名社会科学家朱云汉教授在此过程中起了很大作用。随后我们成立了历史政治学研究中心，采用各种方式，推动学界共同探索历史政治学的研究方向、方法、议题。

我自己在此后三年所进行的研究有了更为明确的方法论自觉。我们商议出版"历史政治学与中国政治学自主知识体系论丛"，乃检视自己既有研究成果，自觉对于中国传统国家形态已有了一个比较完整的刻画，乃编著成为本书。我认为，数千年来，中国的国家形态保持了明显的历史连续性，从而在世界政治史上具有重大的类型学意义，具体言之，就是秦汉初步凝定之"文教国家"。文教概念是我活动于儒学圈时提出的，蒋庆等人主张儒学宗教化，我表示反对，我认为应把儒学定性为人文化成之教即文教。在与杨光斌教授交流时，不经意间言及"文教国家"，杨光斌教授非常敏锐，再三向我说明这是一个重要概念，可用以反思西方的民族国家理论，催我就此写作，本书的结论算是完成了这个任务，论述文教国家优越于西方式民族国家、自由主义国家之处，并明确指出当代中国是一个强化版的现代文教国家。基于这些考虑，本书以文教国家为主标题。

历史政治学是政治学的一种研究进路，因此，本书无意建立历史学的时间性叙事，而是贯通古今，寻求构建一个关于文教国家的结构性叙事，据以发展政治学理论。在此过程中，当然要运用西方既有的政治学概念、理论，但本书始终对其保持批判性反思态度。事实上，本书的主要宗旨是，基于中国文教国家的历史事实，反向地重构政治学基本概念、理论。

当然，设定这样的任务就要求研究者在历史与理论之间往来自如，我自知无此德能，只是心向往之、勉力而为而已。其结果很可能是，从历史学和政治学的角度看都不够专业。但既然我们确定了历史政治学的道路，那就有责任筚路蓝缕，积极实践，哪怕还不够成熟。

本书与我此前出版的两本著作高度相关，力图贯通中国型国家的源与

流：对于源，《原治道：〈尚书〉典谟义疏》（商务印书馆，2019 年）有所
分析，该书通过解读《尚书》开篇"典谟"，分析国家在中国诞生之时的
初始结构；《可大可久：中国政治文明史》（华龄出版社，2021 年）为中国
型国家建立了一个完整的历史性叙事框架；本书则构建了一个结构性叙事
框架，并据以发展政治理论。

近几年来关于历史政治学的思考和研究，多得益于与杨光斌、任锋教
授的交流切磋，我的博士生张泽编制了参考书目，谨表谢忱。

姚中秋

癸卯仲春

图书在版编目（CIP）数据

文教国家：中国国家形态的历史政治学研究/姚中
秋著 . -- 北京：中国人民大学出版社，2024.6
（历史政治学与中国政治学自主知识体系论丛）
ISBN 978-7-300-32840-9

Ⅰ . ①文… Ⅱ . ①姚… Ⅲ . ①政治学－研究－中国
Ⅳ . ①D6

中国国家版本馆 CIP 数据核字（2024）第 097939 号

历史政治学与中国政治学自主知识体系论丛
文教国家：中国国家形态的历史政治学研究
姚中秋　著
Wenjiao Guojia：Zhongguo Guojia Xingtai de Lishi Zhengzhixue Yanjiu

出版发行	中国人民大学出版社		
社　　址	北京中关村大街 31 号	**邮政编码**	100080
电　　话	010 - 62511242（总编室）		010 - 62511770（质管部）
	010 - 82501766（邮购部）		010 - 62514148（门市部）
	010 - 62515195（发行公司）		010 - 62515275（盗版举报）
网　　址	http://www.crup.com.cn		
经　　销	新华书店		
印　　刷	涿州市星河印刷有限公司		
开　　本	720 mm×1000 mm　1/16	**版　　次**	2024 年 6 月第 1 版
印　　张	27.75 插页 2	**印　　次**	2024 年 6 月第 1 次印刷
字　　数	399 000	**定　　价**	138.00 元

版权所有　侵权必究　印装差错　负责调换